米軍基地権と日米密約

米軍基地権と日米密約

奄美・小笠原・沖縄返還を通して

信夫隆司
Takashi Shinobu

1946
1947
1948
1949
1950
1951
1952
1953 ……………… Amami
1954
1955
1956
1957
1958
1959
1960
1961
1962
1963
1964
1965
1966
1967
1968 ……………… Ogasawara
1969
1970
1971
1972 ……………… Okinawa
1973
1974
1975
1976
1977
1978
1979
1980
1981
1982
1983
1984
1985
1986
1987
1988
1989
1990

岩波書店

本書は、平成三〇年(二〇一八年)度日本大学法学部出版助成を受け、日本大学法学部叢書第四〇巻として刊行された。

凡例

一．本書で利用した日米間の条約、協定、交換公文等で、外務省の条約データ検索で検索可能なものは、引用を省略している。

一．本文中に注で特記する必要がある場合には、［　］で記している。

一．年の表記は、原則として、西暦によっている。

一．引用元の旧字旧かなは、そのまま用いている。

目　次

序章　基地権をめぐる日米の相克

日本に米軍「基地」は存在しない

「日本に米軍基地は存在しない」というと不思議に思われるかもしれない。東京近郊の横田基地、沖縄県中部に位置する嘉手納空軍基地、これらは、一般に基地と呼ばれている。しかしながら、こうした通称としての基地のことではない。法的には、日本に基地は存在しないのである。

一九五一年一〇月六日付の「日米安全保障条約の行政協定に関する説明」という外務省の文書がある。同年九月、サンフランシスコ平和条約および日米安全保障条約に署名がなされた。その日米安保条約第三条によって、米軍の日本国内およびその附近における配備を規律する条件は、両政府間の行政協定できめることが明らかにされた。右の文書は、日米行政協定の策定にあたり用意されたものである。そのなかに、基地についてつぎのような記述がある。

安全保障条約の結果として日本が米国に基地を提供するというようなことは、話題にのぼつたことがない。基地とは、一定の土地の範囲を画して年限を定めて軍事目的に使用しうるよう管轄権(ジュリスディクション)を外国政府に与えるものである。かようなものを設定するがごときことは、両政府間で問題とされたことはない。今回の安全保障条約は、日本に対する武力攻撃を阻止するためと極東の平和維持のため米国軍が日本国内及び附近に駐屯することが眼目となつていて、日本はこの軍隊の駐屯に便益を供するものである。北大西洋条約に基いて米国軍隊が西欧諸国に派遣されているのに似た関係である。安全保障条約は基地供与条約ではないのである[1]。基地とは、「一定の土地の範囲を画して年限を定めて軍事目的に使用しうるよう管轄権(ジュリスディクション)を外国政府に与えるもの」と定義されている。日米安保条約に基づき、アメリカ側に提供されるのは基地ではない。日本防衛および極東の平和維持のため、日本に駐留する場合の便益が米軍に提供されるのだという。軍事基地協定の典型的な例として、一九四七年に米比間で結ばれた協定がある。同協定によって、米軍はフィリピン国内の一三ヶ所の軍事基地および関連施設の使用が認められ(一定の土地の範囲を画す)、その期間は九九年となっていた。

軍事基地とは何かに関して、国会でも議論されている。一九五一年一一月一七日の第一二回国会参議院平和条約及び日米安全保障条約特別委員会で、西村熊雄条約局長は、基地を右と同様に説明している。これに、兼岩傳一議員が「そうすると、局長は基地は飽くまでない、決してあり得ないと、ここで明言できるわけですね。」と確認を求めた。西村局長は、「その通りでございます。繰返し明言いたします。」と答えている[2]。さらに、一九五二年二月二〇日の第一三回国会衆議院予算委員会で、岡崎勝男国務大臣は、「軍事基地という観念は全然もつておりません。」と述べている[3]。

基地権とは

日本に基地は存在しないと政府は明言している。それにもかかわらず、アメリカ側の公文書では、基地権(base rights)という用語はごく一般的に用いられている。アメリカ側からみた基地権とは、米軍が日本に駐留することにともなう特権(日米行政協定・日米地位協定に規定されている)を意味する。しかし、実際の基地権はそれよりも広く、米軍の軍事的必要から、在日米軍基地をできるだけ自由に使用する権利という意味合いが含まれている。いくつか例を挙げてみよう。

一九五三年一二月、奄美群島が日本に返還された。その際、極東軍司令官のマーク・W・クラーク准将は、奄美群島が日本に返還されたとしても、行政協定に縛られない、特別協定の締結が必須だと陸軍省に進言している。[4]アメリカは、奄美群島に必要な基地を設置できる明確な権利が必要だ、というのである。行政協定に規定されている米軍の権利を超え、米軍の軍事的必要から基地権はとらえられている。

つぎに、沖縄返還が決まる三年前の一九六六年、米軍は、「V．日本本土および琉球諸島における米基地権の比較」という文書をまとめている。日本本土の基地権と琉球諸島のそれとを比較したものである。[5]それによると、日本本土の基地権には、事前協議制度による制約があるのに対して、琉球諸島ではそうした制約がない。沖縄の場合、米軍は基地を自由に使用できることが詳細に説かれている。

さらに、沖縄返還の際、米軍は日本に対し、よりあからさまな要求を考えていた。一九六七年七月二〇日付のアール・G・ホイーラー統合参謀本部議長から国防長官宛の「琉球基地の将来の使用」と題するメモランダムがある。[6]それによると、この時期、日本からの沖縄返還要求が高まっている。そして、もし沖縄の施政権が日本に返還される場合、その見返りに特別な基地権協定が必要だと説いている。同メモランダムには、「沖縄の施政権を日本へ返還する際に、沖縄の基地に関し、アメリカが最低限主張すべき要求」と題する太平洋軍最高司令部の提言が添付されている。

この提言は多岐にわたる。本書との関連でふたつの基地権を紹介しておこう。[7]ひとつは、日米地位協定によらず、基地を建設、運営、維持、利用、占有、管理する権限である。日米地位協定によれば、こうした事項は日米合同委員会の決定によらなければならない。米軍が一方的にこれらの権限を行使できるわけではない。もうひとつは、刑事裁判権である。公務執行中であるか否かを問わず、罪を犯した米軍将兵(軍属・家族等も含め)に対し、アメリカ側に専属的裁判権があるとすべきだと主張している。また、基地内では、罪を犯した者の国籍を問わず、アメリカに裁判権を行使する権利があるべきだという。いわば治外法権である。これでは、日米地位協定に定められた刑事裁判権の規定がまったく無視され、アメリカ側が一方的に裁判権を行使できる。行政協定第一七条が改正される前の姿を想起させる。

こうした基地権の淵源は、サンフランシスコ平和条約が締結される以前に遡ることができる。一九五〇年九月七日付のディーン・アチソン国務長官からルイス・ジョンソン国防長官宛の書簡に、大統領宛のメモランダムが添付されている。このメモランダムには、日本との平和条約を締結する際、アメリカにとり不可欠と考えられる安全保障上の必要条件が全部で一〇項目列挙されている。そのなかに、「平和条約によって、日本国内の必要と思われる場所に、必要と思われる期間、必要と思われる規模の軍隊を保持する権利が合衆国に許与される。」とある。[8] 九月八日、ハリー・S・トルーマン大統領はこの条件を承認している。さらに、この条件はアメリカ国家安全保障会議文書第六〇号の二(NSC60／2)に盛り込まれ、アメリカの政策となった。[9] つまり、サンフランシスコ平和条約を締結するにあたって、アメリカ側は、日本が主権を回復した後も、無制限の基地権を日本から得ることを意図していたのである。

ただし、基地権とはいってもいささか抽象的である。そこで、一九四九年に北大西洋条約機構(NATO)が設立された当時、アメリカが加盟国にどのような基地権を要求していたのかを明らかにしておきたい。これにより、アメリカが望む基地権とは何かがより鮮明になるであろう。

基地権とは、基地を建設、運営、維持、利用、占有、管理する権限であることはすでに紹介した。これらは基地そのものに関係する。それ以外に、アメリカがNATO加盟国に要求した権利は以下である。

アメリカの軍用機および艦艇が、NATO加盟国に一時的に立ち寄る、あるいは、寄港する権利である。これには、軍用機が給油を受ける権利、故障した際に修理を受ける権利、緊急時に着陸に必要な措置を受ける権利が含まれる。つぎに、地図や海図を作成する権利である。これには現地を測量する権利も含まれる。また、NATO加盟国に軍事物資を貯蔵する権利である。貯蔵の対象には、弾薬および原子爆弾が含まれる。さらに、アメリカが有する既存の権利は、すべて引き継がれる。最後に、そのときの世界情勢に応じ、また、NATOの計画によって、アメリカがNATOの加盟国に必要とされる要員を配備する権利である。[10]

以上のように、基地権には、ただたんに基地を保有・管理することにとどまらず、基地の機能を維持するうえで必要とされる広範な権利が含まれる。

アメリカが考える基地権とは、日米行政協定、あるいは、その後の日米地位協定に定められた米軍の特権をはるかに超え、米軍の戦略的な必要という点からとらえられている。この結果、アメリカ側は、安保条約・地位協定に規定された以上の権利を日本側に要求する。これに対し、日本側は建前上その要求を拒絶する。しかし、結果として、アメリカ側の要求をのみ、それが公にならないよう密約で処理する。このように、基地権という概念を用いることにより、日米間で密約が締結される構造を理解できるようになる。

基地権の物的面(施設・区域)

日本に米軍基地は存在しないとされているにもかかわらず、アメリカは基地権という概念を用い、行政協定・地位協定に規定された権利の範囲を超え、軍事活動の自由をできるだけ確保しようとしてきた。このアメリカが要求する基地権と、安保条約および地位協定(行政協定)上の原則との懸隔を埋めるため、日米間で密約が用いられてきた。本書は、これを実証的に解明することを目的とする。つまり、なぜ日米間で密約が交わされてきたのかとの問いに答えようとするものである。

この解明にあたり、本書では、基地権をおおきくふたつにわけて論じる。ひとつは、基地権の物的面である。米軍が使用する施設・区域に関連する。もうひとつは、基地権の人的面といえるものである。基地には米軍所属員が駐留する。それら所属員が罪を犯した場合、派遣国、受入国のいずれが裁判をおこなうのかという問題である。いわゆる刑事裁判管轄権に関連する。

まず、前者の基地権の物的面についてである。この基地権の問題が明確に浮かび上がるのは、アメリカから日本に領土が返還される場合である。返還前はアメリカの施政下にあったため、アメリカは自由に基地権を行使できた。しかし、返還となると、安保条約および行政協定・地位協定の適用の問題が生じる。アメリカは、これまで享受してきた無制限の基地権という既得権益をできるだけ確保すべく返還交渉に臨む。一方、日本側は、安保条約および行政協定・地位協定の適用に、例外は認められないと主張する。その結果、アメリカ側の要請を日本側は公に認めることはできず、密約という形で受け入れてきたのではないかという仮説が考えられる。

具体的に、アメリカから日本に領土が返還された例は、奄美群島(一九五三年)、小笠原諸島(一九六八年)、沖縄(一九七二年)の三つである。これらをめぐる交渉では、基地(日本側でいうところの施設・区域)の物的な機能がどこまで認められるかが焦点となった。本書では、この三つの事例を中心に、アメリカ側が基地権として何を望んでいたのか、以下を中心に考察する。

第一に、行政協定・地位協定に規定された基地権を超えて、アメリカ側はいかなる権利を日本側に要求してきたかである。奄美返還の場合が、もっともわかりやすいだろう。奄美返還に関する交換公文では、日本および極東地域の安定のため、奄美群島が沖縄の防衛にとって特異の関係にあると記されている。日本政府は、この特異の関係に別段の意味はない、と国会で説明した。しかし、はたしてその通りなのだろうか。当時の日米の外交文書をひもとくと、行政協定にはない特別な義務を日本が負っていたことが明らかとなる。これを糊塗するため、日米合同委員会の議事録に秘密の約束を盛り込むという方法がとられていた。合同委員会の議事録はもともと不公表の扱いとなっているため、密約を隠すにはもってこいの方法であった。

第二は、返還後の小笠原および沖縄に、緊急時に米軍が核を持ち込む問題である。アメリカ側は、緊急時に、返還後の施設・区域に、核を持ち込む必要があると説いていた。一九六〇年の安保改定の際、事前協議制度が導入されたことによって、装備における重要な変更が事前協議の対象となったからである。核の持ち込みは、この装備における重要な変更の典型的な例と考えられる。事前協議制度によって、アメリカ側が施設・区域を使用するにあたり、おおきな制約が課せられた。沖縄の核持ち込み問題については、すでに多くの研究成果が著されている。(11) そこで、本書では、小笠原の核持ち込み問題に焦点をあて、沖縄返還との関連性を明らかにする。

小笠原返還協定交渉における核持ち込み問題は、アメリカ側、とりわけ、軍部にとって満足する結果とはならなかった。そのため、より重要な沖縄の返還にあたって、返還後の沖縄への核持ち込みが明確に認められる秘密合意議事録に、佐藤栄作総理とリチャード・ニクソン大統領が署名したと考えられる。つまり、沖縄返還の際になぜ秘密合意議事録が交わされたのかという問いに対しては、アメリカ側が小笠原返還における核持ち込み問題の処理に不満をいだいていたからという仮説が考えられる。この問題は、一九六八年一月、佐藤総理が施政方針演説で、非核三原則を明確に打ち出したことに起因する。これが、小笠原への核持ち込み問題にも影響を及ぼしたと思われる。小笠原返還と核持ち込み問題、ならびに、この問題と沖縄返還時における核持ち込み問題との関連にあらためて焦点をあてる。

第三の問題として、沖縄返還の際、これまで米軍が使用してきた設備・用地を引き続き使用するためには、地位協定に基づき、合同委員会で施設・区域として新たに指定される必要があった。とくに、この指定が返還までに間に合わない場合、どうするのかという問題が生じる。

この問題は、奄美および小笠原の返還の場合にも存在している。しかし、このふたつの返還の場合、米軍が使用していた設備・用地とはいっても限られていたため、問題視されなかった。この手続が完了しない場合も、米軍が引き続き施設・区域として使用できるとなっていたのである。これは、一九五二年四月に、日本が主権を回復した際、岡崎・ラスク交換公文によって認められた方式であった。ただ、沖縄の場合には、指定対象となる施設・区域の数が多く、あらためてこの方式が問題視された。同時に、アメリカ側が既得権益を失いたくないとする姿勢もうかがえる。

この施設・区域の指定に関連して、沖縄返還の際、核持ち込みを除き、最大の問題となったのが那覇空港の返還である。同空港は沖縄の空の玄関として、民間空港への移管が、沖縄返還の象徴になると考えられたからだ。アメリカ側は、那覇空港を返還するにしても、将来、同空港を軍事的に再利用できる権利を確保することにこだわった。この問題は、普天間基地の辺野古への移転という今日の問題とも関連する。当時、那覇空港に駐屯していた対潜哨戒機(P3)の移設問題という形でこれを論じる。

もうひとつ沖縄に関連する問題をとりあげる。一九六九年一一月に沖縄返還が決まり、一九七二年五月に沖縄が本土に復帰するまで、施政権の移行期間があった。その間、日本政府から沖縄への援助に関連して、日米間で密約が交わされている。これは、基地権というよりも、施政権の問題である。しかし、密約が、なぜ、どのように交わされるのか、密約締結の手口を知る上で重要な事例である。そこで、この問題を紹介したい。

刑事裁判権とは何か

以上が、基地権のうち施設・区域の利用という物的な面の問題である。もうひとつの問題として、基地権の人的な面がある。施設・区域という容れ物があるだけでは、基地は機能しない。基地には米軍所属員(米軍構成員、軍属、およびそれらの家族)が駐留する。米軍所属員には、地位協定(行政協定)の下、さまざまな特権が認められている。そのなかで、日米間でもっともおおきな問題となってきたのが刑事裁判権である。もともとの行政協定第一七条では、米軍所属員に対する裁判権は、アメリカ側が専属的に行使できるとなっていた。それが、一九五三年九月に行政協定第一七条が改正され、いわゆるNATO軍地位協定並みとなった。

このNATO軍地位協定について説明しておこう。一九四九年、東西冷戦が進行するなか、北大西洋における集団安全保障条約として北大西洋条約が署名された。この条約の原加盟国は、アメリカ、カナダ、および、欧州一〇ヶ国であった。NATO軍地位協定とは、この北大西洋条約当事国の軍隊の地位を定めた協定のことである。同協定は、一九五一年六月一九日にロンドンで署名され、一九五三年八月二三日に発効した。このNATO軍地位協定の刑事裁判権条項にならって、行政協定第一七条は改正されている。なお、外務当局は、行政協定締結交渉の際、このNATO軍地位協定のテキストを入手し、「天佑ともいうべき出来事」であったと回顧している。[12] 外国軍隊が他国に常駐するようになるのは、第二次世界大戦後のあらたな現象である。そのため、外国軍隊の地位を定める先例にとぼしく、NATO軍地位協定がその先駆をなすものと考えられたからだ。

行政協定第一七条の改正に戻ろう。この改正の結果、公務執行による米軍所属員の犯罪、あるいは、米軍所属員同士または米軍の安全・財産に対する罪を除き、日本側が裁判権を有するとなった。ところが、この改正にあたって、実質的に重要な事件を除き、日本政府は米軍所属員に対する裁判権を行使するつもりがないことを、その方針として示す密約が存在するのではないかといわれてきた。

この刑事裁判権とは何かを明らかにしておく必要がある。まずは、現行の日米地位協定第一七条に注目してみよう。なお、この規定は、一九五三年九月に改正された行政協定第一七条とまったく同じである。第一七条は、刑事司法に関する規定を除くと、つぎの三項からなっている。

第一項は、日米それぞれの当局が、米軍所属員の犯罪に対して、裁判権(米軍の場合には懲戒権も含む)を有すると規定している。そのため、おおくの罪で日米それぞれの裁判権が競合する。第二項は第一項の例外である。自国で罰することができるものの、他国では罰することができない犯罪について規定している。この場合には、罰することのできる国の当局が専属的裁判権を有する。第三項は、第一項で両国の裁判権が競合する場合、それをどのように調整するかを規定している。同項には「第一次の権利」(以下では、第一次裁判権と呼ぶ)という語句が登場する。裁判権が競合する場合、いずれか一方の国が優先的に裁判権を行使できる場合、それを第一次裁判権と呼んでいる。したがって、たとえば、第一次裁判権を有する国が、裁判権を行使しないと決定した場合には、もう一方の国は第二次裁判権を行使することが可能になる。

後に紹介するジラード事件および伊江島事件は、この第三項に関連する。第三項によれば、以下、ふたつの罪の場合、米軍当局に第一次裁判権がある。ひとつは、米軍の安全・財産に対する罪、ならびに、米軍所属員間の身体もしくは財産に対する罪である。いまひとつは、公務執行中の作為・不作為から生ずる罪である。それ以外のすべての罪については、日本側が第一次裁判権を有する。

さらに、第三項では、第一次裁判権を有する国による裁判権の不行使および放棄が規定されている。裁判権の不行使は、第一次裁判権を有する国が自発的におこなう。これに対し、裁判権の放棄とは、第二次裁判権を有する国からの要請に基づき、第一次裁判権を有する国が裁判権を行使しない場合である。この要請には、規定上、好意的考慮を払わなければならないとなっている。ただ、要請があっても、第一次裁判権を有する国が、犯罪の重大性や国民感情を考慮した結果、裁判権を行使すべきと判断した場合、裁判権を行使できると解釈されている[13]。

以上から、刑事裁判権とは、米軍所属員が罪を犯した場合、日米どちらがその者に対する裁判権を有するのかという、刑事事件に関する裁判管轄権を意味している。刑事裁判権を字義どおりに解釈すると、裁判所が刑事裁判をおこなう権利と解されるかもしれない。しかし、裁判がおこなわれるためには、検察官が起訴する必要がある。それにより、はじめて裁判が開始される。したがって、刑事裁判権とは検察官が起訴できる権利を有するのか否かという問題である。前述のように、たとえば、公務執行中の犯罪は、アメリカ側が第一次裁判権を有する。この場合、アメリカ側が裁判権を行使すれば、日本側の検察官は起訴できない。逆に、アメリカ側が裁判権を行使しなければ、日本側の検察官は起訴できる。このように、刑事裁判権を行使できる、あるいは、できないという問題の核心は、検察官に米軍所属員を起訴する権利があるのか否かである。

刑事裁判権密約といわれるものは、裁判所が裁判をする権利があるかどうかといった問題ではない。検察官が米軍所属員を起訴しようとしても、日米地位協定第一七条が規定する要因以外に、検察官に起訴を思いとどまらせることを日米間で約束していたのかという問題である。

刑事裁判権の問題点

刑事裁判権について、本書ではふたつの問題を取り上げる。ひとつは、刑事裁判権密約である。もうひとつは、米兵による犯罪が、公務執行中のものであるか否かを、だれがどのように判断するのかという問題である。前述のように、公務執行中であれば、アメリカ側が裁判権を有する。逆に、公務執行中でなければ、日本側に裁判権がある。

前者の刑事裁判権密約については、まず、その存否を明らかにしたい。一九五三年に行政協定第一七条が改正された際、刑事裁判権条項がNATO軍地位協定並みとなったことはすでに述べた。しかし、日本側は、実質的に重要な事件を除き、裁判権を行使するつもりがないという一方的陳述をおこなっている。本書では、この一方的陳述が密約であったことを証明する。一方的陳述であるにもかかわらず、なぜ約束といえるのかが問題となる。

行政協定第一七条を改正する前に、国連軍地位協定の締結交渉がおこなわれている。行政協定が米軍の地位を定めているのに対し、国連軍地位協定は、日本に駐留する国連軍の地位を定めたものである。この国連軍地位協定の交渉では、後に行政協定第一七条の改正交渉で展開されるのと似たような議論が日米間でたたかわされている。国連軍地位協定の交渉も参照しながら、この問題を明らかにする。

結論を先取りしよう。この一方的陳述は、日本側が勝手におこなったものではない。日米間の入念な協議を経て、一方的陳述の形式に落ち着いたのである。アメリカ側は、もともと、特に重要な事件を除き、米兵を起訴しないよう日本側に求めた。さらに、アメリカ側は、日本側が米兵を起訴するにしても、その件数を最小限にするよう求めていた。この一方的陳述は、アメリカ側の要求をのむと同時に、日本側が約束であることを否定できるようにするため用いられたのである。

もうひとつの問題は、先にもふれたように、米兵による犯罪が公務執行中にあたるのか否かを、だれがどのように判断するのかである。この公務執行をめぐって、おおきな問題となった事件がふたつあった。ひとつは、一九五七年一月に起きたジラード事件である。群馬県の相馬ヶ原演習場で、ウィリアム・S・ジラード三等特技兵が、空薬莢を拾いにきていた女性を銃撃し、殺害したものである。もうひとつは、一九七四年七月、沖縄県北部の伊江島補助飛行場で、草刈にきていた地元の青年が、キャロル・E・ロック三等軍曹により銃撃され、左手首に全治三週間の傷を負った事件である。

前者のジラード事件は、アメリカ側がジラードの裁判権を行使しないとして、日本側が起訴し、前橋地方裁判所で裁判がおこなわれた。ただし、このジラード事件に関しては、ジラードを重い罪では起訴しないとの密約が存在するといわれている。本書では、これまで明らかにされることのなかったジラード事件に関するアメリカ側の史料、ならびに、前橋地裁における裁判資料を参照しながら、この密約問題を掘り下げたい。

後者の伊江島事件は、ジラード事件とは逆に、日本側が裁判権を行使しないとした事例である。ジラード事件と伊江島事件は、事案が類似しているにもかかわらず、裁判権の行使に関して、正反対の結論になっている。なぜこのような結論になったのかを解明するとともに、公務犯罪の問題点を明らかにする。

以上の論点を解き明かすことにより、本書には類書にない特徴がある。まず、本書の目的にも記したように、アメリカ側が主張する基地権と日本側が主張する安保条約・地位協定上の米軍の権利との相克として問題をとらえなおしている点である。そこに、日米密約が交わされる構造的な問題があるのではないかという仮説を提示している。これにより、これまでばらばらに論じられてきた日米間の密約問題を統一的に理解する枠組みを提供することが可能になる。

もうひとつの特徴として、基地権の問題を物的・人的というふたつの面におおきくわけ、論じている点である。これまでの研究は、領土返還に関しては、奄美、小笠原、沖縄、刑事裁判権に関しては、刑事裁判権密約、ジラード事件、伊江島事件と、個別に論じられてきた(ただし、伊江島事件に関する文献はほとんどない)。これらを共通の枠組みで論ずることにより、領土返還および刑事裁判権の問題を多角的にとらえなおすことができるようになる。

本書の構成

本書は、基地権の物的面である施設・区域にかかわる問題、それに、人的面である米軍所属員に対する刑事裁判権というふたつの面から、基地権をめぐる日米の相克を描いていく。方法として、おおきくこのふたつの面にわけて論ずることも可能であろう。しかし、歴史的背景も考慮し、それぞれの問題について、時間を追いながら論ずる。以下、つぎのような順序となる。

第一章は、刑事裁判権密約を論ずる。一九五三年九月、行政協定の刑事裁判権条項(第一七条)が改正され、NATO軍地位協定並みとなる。公務執行等による犯罪を除き、米軍所属員の犯罪に、日本側が裁判権を行使できるようになった。この改正時、アメリカ側は、特に重要な事件を除き、日本側が米軍所属員に対する裁判権を行使しないよう求めた。その解決策として、日本側は、刑事裁判権分科委員会において、実質的に重要な事件を除き、米軍所属員に対する裁判権を行使するつもりはないとの一方的陳述をおこなっている。行政協定第一七条が改正される前に、国連軍地位協定の締結交渉も進んでいた。この交渉も加味しながら、本章ではこの一方的陳述にいたる全容に迫るとともに、この一方的陳述が日米間の密約であったことを証明する。また、日本の刑事司法手続のなかでこの密約がどのように具体的に運用されてきたのかも明らかにしたい。

第二章は、奄美返還を扱う。奄美返還時、岡崎勝男外務大臣とジョン・M・アリソン駐日大使とが交わした交換公文に、奄美群島は、極東の防衛および安全と特異の関係を有すると記されている。岡崎外務大臣は、国会でこの特異の関係に別段の意味はないと説明した。しかし、本章では、この特異の関係とは、沖縄を防衛するため、当時の行政協定の枠組みを超えた権利(基地権)をアメリカ側に保証する意味があったとの仮説を提示し、それを論証する。このことは日米合同委員会の議事録に明記される。アメリカ側は、奄美群島にいかなる基地権を望んでいたのか、交渉はどのように進められ、最終的に合同委員会の議事録に何が盛り込まれたのかを明らかにする。

第三章は、一九五七年に起きたジラード事件を扱う。ジラード事件は、米兵ジラードにより地元の弾拾いの女性が背中から射殺されるというショッキングな出来事であった。この事件は日本だけでなく、アメリカでもおおきな話題となる。論点は、ジラードの行為がはたして公務執行によるものか否かである。この事件は、米軍が公務証明書を発給したにもかかわらず、日本側が異議を唱えたはじめての事例となった。ところが、ジラードの犯罪が公務執行にあたるのか否かに日米間で結論を出すことなく、アメリカ側はジラードの裁判権を行使しないと日本側に通告する。その結果、ジラードは前橋地方裁判所で裁かれた。
ジラード事件では、このアメリカ側が裁判権を行使しないこととの引き換えに、日本側は傷害致死を超える重い罪ではジラードを起訴せず、また、情状を酌量して、なるべく軽い罪にするよう裁判所に働きかける密約があったのではないかといわれている。アメリカ側の公文書によれば、この密約の存在は明白である。本章では、ジラード事件の全体像を、日米の新史料をもとに解明するとともに、アメリカ側はなぜジラードの裁判権を行使しないとしたのか、密約はどのように交わされたのか、アメリカ側はなぜ密約の存在を公表しているのか、密約は実施に移されたのかを明らかにする。

第四章は、小笠原返還を論ずる。小笠原返還交渉で、もっとも紛糾したのは、返還後の小笠原への核持ち込み問題である。まさに、米軍による基地使用のあり方が問題とされたのである。アメリカ側は、非常時に、返還後の小笠原への核持ち込みをなんらかの形で保証するよう日本側に求めた。この問題は、一九六〇年の日米安保条約の改定によって、いわゆる事前協議制度が導入されたことに起因する。同制度では、装備における重要な変更、つまり、核持ち込みは事前協議の対象となったからだ。一方で、小笠原返還協定が交渉されていた当時、佐藤栄作総理は、施政方針演説で非核三原則を打ち出している。そのため、この非核三原則(とくに「持ち込ませず」)とアメリカ側の核持ち込みの要求とをどのように調整するかという問題が浮上した。

三木武夫外務大臣は、この非核三原則、とりわけ、核を持ち込ませずという原則を小笠原返還協定交渉において、厳格に適用しようとした可能性がある。核持ち込み問題がどのように決着したのか、また、核持ち込み密約は存在したのかを明らかにする。沖縄返還時、佐藤総理とニクソン大統領は、緊急時に沖縄への核の持ち込みを認める秘密合意議事録に署名している。この秘密合意議事録が取り交わされるきっかけに、小笠原返還協定交渉における核持ち込み問題の決着の仕方があったのではないかという仮説が考えられる。本章では、この仮説を検証したい。

第五章は、第四章の小笠原返還に続き、沖縄返還の問題を扱う。まず、施設・区域に関して、日本側は、奄美返還および小笠原返還のときとはまったく異なる方針で交渉に臨んでいる。奄美・小笠原の場合には、返還後に米軍が使用する施設・区域とはいっても、その数はわずかで、住民の生活にもほとんど影響がなかった。これに対し、沖縄の場合、返還後に米軍が使用する施設・区域の数(面積および住民への影響も加え)は、奄美や小笠原の比ではない。そのため、返還時までに合同委員会による施設・区域の指定が完了しない場合、アメリカ側は、返還後も暫定的に施設・区域の使用を許す方法(岡崎・ラスク方式)の採用を日本側に求めた。これは単なる手続の問題ではなく、アメリカ側が基地権をどのようにとらえていたかを示している。さらに、この施設・区域をめぐって、もっとも紛糾したのが、那覇空港の返還および同空港の対潜哨戒機(P3)の移転問題であった。これには、米軍による那覇空港の再使用問題も絡んでいる。これらの問題点を解き明かしたい。

この施設・区域の問題とは別に、沖縄の施政権返還が決まった後、施政権の移行の問題が出てくる。その際、日本から沖縄への財政援助をめぐって、日米間で秘密の了解が交わされている。権限移行合意密約である。この問題は、基地権に直接関連するものではない。とはいえ、日米間でどのように密約が交わされるのかを知るうえで重要な事例である。そこで、この事例の経緯も明らかにする。

第六章は、伊江島事件を論ずる。伊江島事件は、ジラード事件ほど知られてはいない。ただ、米軍側が米兵の銃撃について公務証明書を発給したのに対し、日本側がそれに異議を申し立てた数少ない例のひとつである。伊江島事件では、幸いにも人命は失われていない。とはいえ、ひとつ間違えば、重大な結果をもたらす可能性があった。ジラード事件では、アメリカ側が裁判権を行使しないとしたのに対し、伊江島事件では、日本側が裁判権を行使していない。両事件は事案が類似しているにもかかわらず、なぜこのような異なる結論にいたったのか、それを解き明かす必要がある。

その鍵となるのは、当初、アメリカ側は公務証明書を発給しないと日本側に伝えていたにもかかわらず、発給可能な期限のぎりぎりになって、公務証明書を発給した点である。アメリカ側はなぜ公務証明書を発給したのか、どのような論理を用いて、公務執行中の犯罪と判断するにいたったのかを明らかにする。同時に、公務執行中の犯罪なのかについて、日米の意見が異なる場合、その解決策を見いだす難しさを浮き彫りにしたい。

第一章から第六章までは、時の経過にしたがい、基地権に関する個々の事例を論じる。終章では、基地権の物的および人的というふたつの面から、あらためて日米密約が交わされてきた構造的な問題を整理したい。アメリカ側の要求に、日本側は行政協定・地位協定の規定の枠内で対処しようとする。しかし、最終的には、アメリカ側の要求に応えるべく密約で処理されてきた。奄美、小笠原、沖縄と続く領土返還の際、アメリカ側は基地権として何を望んだのか、結論はどのようになったのかを振り返る。同じく、基地権の人的面として、刑事裁判権密約、ジラード事件、伊江島事件を総合的にとらえなおす。刑事裁判権をめぐり、日米がどのような密約を交わしてきたのかを顧みる。

（1）「日米安全保障条約の行政協定に関する説明」（極秘）、一九五一年一〇月六日、外務省編纂『日本外交文書　サンフランシスコ平和条約　調印・発効』外務省、二〇〇九年、二七七頁。

（2）「第十二回国会参議院平和条約及び日米安全保障条約特別委員会会議録」第二一号、一九五一年一一月一七日、一三頁。

（3）「第十三回国会衆議院予算委員会議録」第二〇号、一九五二年二月二〇日、一五頁。

（4）"The Commander in Chief, Far East (Clark) to the Department of the Army, May 20, 1953"（Top Secret）, *Foreign Relations of the United States*（*FRUS*）, 1952–1954, China and Japan, Volume XIV, Part 2, Document 649. 以下、*Foreign Relations of the United States* は *FRUS* と省略して用いる。

（5）"V. Comparison of U.S. Base Rights in Japan and the Ryukyu Islands," RG319[Entry A1 145] Background Files to the Study "History of the Civil Administration of the Ryukyu Islands," 1945–1978, Container 8, National Archives at College Park, MD.

（6）"Memorandum for the Secretary of Defense, From Earle G. Wheeler (Chairman Joint Chiefs of Staff), Subject: Future Use of Ryukyuan Bases, July 20, 1967"(Top Secret), JU00695, National Security Archive.

（7）"Annex B CINCPAC Recommendations, Minimum Military Requirements US should insist upon RE: Okinawa Bases in Event Administration of Okinawa reverts to Japan" in "Memorandum for the Secretary of Defense, From Earle G. Wheeler (Chairman Joint Chiefs of Staff), Subject: Future Use of Ryukyuan Bases, July 20, 1967"(Top Secret), JU00695, National Security Archive.

（8）"The Secretary of State to the Secretary of Defense (Johnson), September 7, 1950"(Top Secret), *FRUS*, 1950, East Asia and the Pacific, Volume VI, Document 756.

（9）同上の注5を参照。

（10）"Memorandum for the Secretary of the Army, the Secretary of the Navy, the Secretary of the Air Force from the Secretary of Defense, Subject: United States Requirements for Military Rights in NATO Countries and Selected Territories, January 11, 1951"(Top Secret), RG59［Entry A1 1175C］Bureau of European Affairs, Subject Files, 1949–1960, Box 2, National Archives at College Park, MD.

（11）代表的な文献として、波多野澄雄『歴史としての日米安保条約——機密外交記録が明かす「密約」の虚実』岩波書店、二〇一〇年、信夫隆司『若泉敬と日米密約——沖縄返還と繊維交渉をめぐる密使外交』日本評論社、二〇一二年、中島琢磨『沖縄返還と日米安保体制』有斐閣、二〇一二年、信夫隆司『日米安保条約と事前協議制度』弘文堂、二〇一四年、豊田祐基子『日米安保と事前協議制度——「対等性」の維持制度』吉川弘文堂、二〇一五年等がある。また、沖縄返還交渉で、佐藤栄作総理の密使をつとめた若泉敬の生涯を詳細に綴った後藤乾一『「沖縄核密約」を背負って——若泉敬の生涯』岩波書店、二〇一〇年も参照。

（12）外務省編纂『日本外交文書　平和条約の締結に関する調書　第五冊（Ⅷ）』外務省、二〇〇二年、九〇頁。

（13）津田實・古川健次郎『外国軍隊に対する刑事裁判権——日米行政協定及び国連軍協定を中心として』帝国判例法規出版社、一九五四年、二三頁。

第一章　刑事裁判権密約

一　刑事裁判権密約とは

裁判権放棄の「密約」文書

二〇〇八年一〇月二三日、共同通信は、「裁判権放棄の密約文発見　五三年の日米合同委議事録」との見出しのもと、一九五三年に日米両政府が、米兵の犯罪のうち、「重要な案件以外、日本側は裁判権を放棄する」との密約を交わしていたと報じた(1)。

この問題は、これまでも知られていなかったわけではない。行政協定第一七条の改正当時、国務省極東局北東アジア部で日本課長をつとめていたリチャード・B・フィンは、『マッカーサーと吉田茂』という著書で、行政協定第一七条の改正について、つぎのように記している。

とりわけ司法権の問題は解決が難航した。というのも、アメリカがNATO諸国に移譲した以上の司法権保持を国防総省が要求したからである。その姿勢に日本側が強く反発した結果、暫定期間をおいたうえで日本にもNATO方式を適用することで合意が得られた。発生した事件が日本にとって「特別な重要性」を有する場合を除き、日本は刑事事件の一次裁判権を放棄するという非公式な合意が得られたことによって論争のトーンはかなり穏やかなものになった。以後ほぼ四〇年間にわたって日本はこの取り決めを誠実に実施している(2)。また、沖縄返還にあたり、日米合同委員会のアメリカ側委員およびアメリカ政府機関の法律専門家が、刑事裁判権について議論した記録が残されている。これによると、一九五二年、行政協定の刑事裁判権の議論において、日米両政府間で極秘の合意が交わされたとある[注：記録には一九五二年とある。しかし、実際には一九五三年である]。日本政府は、日本にとってきわめて重要(major importance)な事件を除き、第一次裁判権を行使しないと約束した、と記されている(3)。

先の共同通信の報道から約一年半後の二〇一〇年三月、外務省は、「いわゆる「密約」問題に関する調査結果」として、核の持ち込み、ならびに、戦闘作戦行動のための基地使用に関する「密約」対象文書および関連文書を公表した。そのなかに、裁判権放棄の密約に関連する文書が含まれていた。一九五八年の「十月四日総理、外務大臣、在京米大使会談録」という文書である。この文書は、岸信介総理、藤山愛一郎外務大臣、ダグラス・マッカーサー二世駐日米大使が会談したときの様子を記したものである。この会談を機に、日米安保条約の改定、および、附属する行政協定の改正が本格的に議論される。

この文書で、マッカーサー大使は、「一九五三年十月二十八日刑事裁判権に関する分科委員会での合意議事録の中に日本側は或る場合裁判権の行使を譲る趣旨が記録されている。」と発言している(4)。密約調査の過程で、裁判権放棄に関係する密約文書の存在が浮かび上がった。

この件をめぐって、当時の衆議院議員鈴木宗男が、二〇一〇年四月から五月にかけ、「日本駐留米兵の裁判権に係る日米密約に関する質問主意書」を立て続けに政府に提出した。政府としても、「裁判権密約」について、「適切な形で説明責任を果たしていくよう努力したい。」旨を答弁書で述べざるをえなくなる(5)。

こうした経緯を踏まえ、二〇一一年八月二六日、外務省のウェブサイトで、「一九五三年の日米行政協定(日米地位協定の前身)第一七条(刑事裁判権)改正交渉に係る外交記録及び関連資料の公表」がなされるにいたる。これまで不公表だった『日米安全保障条約関係一件　第三条に基づく行政協定関係　刑事裁判権条項改正関係（第一七条）』第一巻—第三巻が公開された[6]。

それだけではなく、日米行政協定に基づき設置された合同委員会の裁判権小委員会刑事部会（刑事裁判権分科委員会）の記録の写し（一九五三年一〇月二二日および同年一〇月二八日の記録）も公開された。これら文書はアメリカ側から提供された。さらに、この件をめぐって、二〇一一年八月二五日に日米合同委員会が開催されている。その際の記録である「日米合同委員会におけるやりとり」も公表された。

この「やりとり」で、一九五三年一〇月の裁判権放棄の発言（一方的陳述）は、日本側の一方的政策的なものであり、合意ではないとアメリカ側は発言している。また、この記録の原本は、アメリカ側のみ保管してきたという。なお、これまで公開された文書のなかで、署名があるのはアメリカ側から提供された文書だけである。これに対し、日本側もアメリカ側と同じ理解である、検察官が被疑者を起訴するか否かは日本の法律に基づくもので日米地位協定とは無関係である、とこの「やりとり」に記されている。このように、日本側が裁判権を放棄したとの文書は、日米間で協議がなされ、公表にいたったのである。

ここで問題となったのは、この日本側の一方的陳述なる文書が、はたして「密約」といえるのか否かであった。たしかに、形式上は「合意」ではない。しかし、一方的陳述だからといって、「合意」文書にあらずとはかならずしもいえない。交渉の経緯から、なぜ一方的陳述という形式が用いられるにいたったのかを明らかにする必要がある。

刑事裁判権放棄の論点

刑事裁判権放棄の問題が登場する経緯を明らかにしておこう。なお、ここで裁判権不行使と放棄の違いを述べておきたい。両者は裁判権を行使しないという効果の点で違いはない。裁判権の不行使とは、第一次の裁判権を有する国が自発的になすものである。これに対し、放棄は、特別の事情に基づき、他方の国からの要請によってなされる[7]。「日米合同委員会刑事裁判管轄権分科委員会において合意された事項」第四〇項に放棄に関する手続が規定されている。刑事裁判権密約は、アメリカ側が個別に裁判権の放棄を要請した場合に、日本側が裁判権を放棄するという問題ではない。日本側が実質的に重要でないと判断した犯罪すべてで、裁判権を行使しないとしたものである。厳密にいえば、裁判権の不行使という語を用いるのが適切であろう。とはいえ、不行使と放棄を区別しないで用いる場合が多く、本書もそれにならうこととする。[8] なお、後に詳しく述べるように、同趣旨の規定を設けているアメリカとオランダとの間の協定では、「放棄」という語が用いられている。

刑事裁判権放棄の問題の経緯に戻ろう。一九五一年九月、サンフランシスコ平和条約ならびに「日本国とアメリカ合衆国との間の安全保障条約」(旧日米安保条約)に署名がなされた。これにより日本は、一九五二年四月二八日、連合国による占領を脱し、主権を回復するにいたった。旧安保条約は全五条からなるきわめて簡潔な文書である。その第三条に、「アメリカ合衆国の軍隊の日本国内及びその附近における配備を規律する条件は、両政府間の行政協定で決定する。」とある。詳細はすべて行政協定に委ねられた。

その行政協定第一七条に、米軍所属員(米軍の構成員および軍属ならびにそれらの家族)が日本国内で犯すすべての罪について、米軍が専属的裁判権を日本国内で行使する権利を有するとある。米軍の裁判権は、日本の主権回復後も占領下とまったく同じ扱いが維持されたのである。しかし、この扱いをめぐり、アメリカ政府内ではつぎのような意見の対立があった。

当時、外国の軍隊が他国に駐留する場合、その地位を定めるもっとも合理的な協定と考えられたのが、一九五一年六月一九日、ロンドンで署名された「北大西洋条約当事国間の軍隊の地位に関する協定」(NATO軍地位協定)である。国務省はこのNATO軍地位協定を日本にもそのまま適用したいとした。

この背景に、明治期、日本が不平等条約の改正に苦しんだ歴史的経緯を、国務省が十分に理解していたことがある。また、一九五一年九月、サンフランシスコ平和条約が締結され、占領期の改革を経て、日本が民主主義国家として再生したことも国務省は評価していた。日本を対等な同盟国として扱う必要がある、と考えていたのである。主権回復後の日本でアメリカが専属的裁判権を行使することは、日本が不平等条約の時代に逆戻りすることを意味する。そうなると、占領期の改革の意義が没却されかねない。また、朝鮮戦争のさなか、アメリカの同盟国、そして、西側諸国の一員として、日本には自由世界の集団安全保障に貢献することが期待されていた(9)。

これに対し、国防省および統合参謀本部(ＪＣＳ)は、日本の刑事司法制度には馴染みがなく、日本を征服された東洋の国と蔑み、ＮＡＴＯ諸国とは同列に扱えないとの立場をとった。そのため、占領当時と同様、アメリカ側が専属的裁判権を行使すると主張したのである。また、こうした主張の背景には、敗戦国日本に対する差別意識があったことは間違いない。刑事裁判権をたてに、米軍将兵に対する嫌がらせの可能性が生じることも懸念された(10)。しかしながら、こうした差別に反対していたのである。国務省は、まさにこうした差別に反対していたのである(11)。

このように、アメリカ政府内での意見がおおきくわかれた。そこで、ハリー・Ｓ・トルーマン大統領がこの問題に裁断をくだすことになる。その結果、ＮＡＴＯ軍地位協定の発効までは、アメリカ側が暫定措置として専属的裁判権を行使する。同協定の発効後は、行政協定第一七条をＮＡＴＯ軍地位協定並みに改正するとなった(12)。しかしながら、アメリカ上院でＮＡＴＯ軍地位協定の批准が難航したことから、アメリカ側は日本側のＮＡＴＯ軍地位協定並みという要求を骨抜きにしようとする。この点については、刑事裁判権密約との関連で後述する。

こうした背景をふまえ、行政協定第一七条第一項では、ＮＡＴＯ軍地位協定が発効したときに備え、「合衆国は、直ちに、日本国の選択により、日本国との間に前記の協定［ＮＡＴＯ軍地位協定］の相当規定と同様の刑事裁判権に関する協定を締結するものとする。」との予告がなされた。米軍所属員に対する専属的裁判権は、ＮＡＴＯ軍地位協定が発効するまでの過渡的な措置と位置づけられたのである。

また、占領中、日本に占領軍として駐留していたのは、米軍だけではない。広島県呉地区を中心に英連邦軍も駐留している。英連邦軍の場合、米軍とはその地位が異なっていた。というのも、英連邦軍には、米軍におけるような安保条約・行政協定の類がなかったからである。そのため、サンフランシスコ平和条約第六条により、日本の主権回復後九〇日以内に、日本から撤退しなければならなかった[13]。さらに、日本には、英連邦軍以外の国連軍も滞在する可能性があった。日本の主権回復後、これらの兵士等の地位も、英連邦軍兵士と同様、扱いが決まっていなかった。米軍を除く国連軍の地位をどのように扱うか、これと関連し、NATO軍地位協定が発効した後の行政協定第一七条の扱いが、日本の主権回復後の懸案事項となる。

NATO軍地位協定の概要

前述のように、行政協定第一七条には、NATO軍地位協定が発効すれば、行政協定を同協定並みに改正することがうたわれていた。これを受け、日本側は外国軍隊の地位に関する協定を締結する場合、NATO軍地位協定に準拠することを強く主張する。NATO軍地位協定が刑事裁判権を議論する際の前提となる。序章で概略を示しているとはいえ、主要な点をあらためて要約しておきたい[14]。

NATO軍地位協定では、派遣国・受入国とも、原則として、それぞれの法令により罰することができる罪について刑事裁判権を有する。なお、同協定では、加盟国は相互に派遣国・受入国になることが前提とされている。犯罪によっては、派遣国の法令では罰せられるが、受入国の法令では罰せられないものもある。たとえば、派遣国の兵士による派遣国への反逆の罪は、受入国の法令では犯罪ではない。その逆のケースも考えられる。こうした犯罪については、派遣国あるいは受入国が、それぞれ専属的裁判権を有する。

この原則から、派遣国・受入国ともに裁判権を有する場合、裁判権が競合する。NATO軍地位協定では、これに対処するためのルールが設けられている。なお、裁判権が競合する場合、優先する裁判権を第一次裁判権、もう一方を第二次裁判権と呼んでいる。

派遣国の軍当局が、第一次裁判権を有する犯罪は以下である。(1)もっぱら派遣国の財産もしくは安全のみに対する犯罪。派遣国の兵士が基地内の倉庫から軍需物資を窃取した場合がこれにあたる。(２)もっぱら派遣国の軍隊所属員間の身体または財産のみに対する犯罪。兵士同士のけんかで、傷を負わせた場合である。(３)公務執行中の作為・不作為から生ずる犯罪。

右以外のすべての犯罪は、罪の軽重を問わず、受入国当局に第一次裁判権がある。第一次裁判権を有する国が、裁判権を行使しないと決定したときは、その旨を相手国の当局に通報しなければならない。また、一方の国が、第一次裁判権を有する他方の国の当局に対し、その権利の放棄が特に重要であることを理由に、第一次裁判権の放棄を要請した場合、他方の国はその要請に好意的考慮を払わなければならない。

行政協定第一七条の改正交渉を振り返ると、アメリカ側は、当初から、日本側が主張したＮＡＴＯ軍地位協定並みを骨抜きにすることをめざした。具体的には、米軍所属員に対する日本側の刑事裁判権の適用を特に重要な犯罪に限定し、それ以外の軽い犯罪については、日本側に裁判権を放棄させようとしたのである。そのため、ＮＡＴＯ軍地位協定並みを強く要望する日本側と、いかに妥協点を見出すかが交渉の焦点となった。しかし、日本側の一方的陳述を記した文書だけで、「密約」の有無は判断できない。なぜ一方的陳述に落ち着いたのか、交渉過程の詳細を見極める必要がある。

二　国連軍暫定協定案と吉田書簡

日本の主権回復と国連軍

一九五二年四月二八日、日本の主権は回復された。日本から占領軍はいなくなる。そこで、主権回復時における国連軍の地位をどのようにすべきかが問題となった。同年三月一二日、日本側は、この問題に対処するための試案(西村熊雄条約局長の試案)を提示する。また、早急に国連軍の地位について協議するようアメリカ政府に要望した。この西村試案は、「日本国における国際連合の軍隊の地位に関する取極」と題するものである。その第九条が刑事裁判権を規定している。同案はNATO方式にならったものであった。(15)

サンフランシスコ平和条約が発効する前日の四月二七日、アメリカ側は、マシュー・B・リッジウェイ国連軍司令官が署名した外務大臣宛の書簡を持参した。書簡には、国連軍の地位に関して「(イ)所要の協定は、平和条約発効後九十日内に必ず締結する。(ロ)施設、役務、裁判権及び経費について、平和条約発効から協定が締結されるまでの間は、暫定的に現状でゆき、協定ができれば、協定に従つてさつ及して調整できる。(ハ)リ司令官の書簡と外務大臣の返簡は日本政府と関係連合国政府との間の協定を構成する。」(傍点は原文)と記されていた。(16) つまり、サンフランシスコ平和条約が発効した後九〇日の間に交渉をおこなう。その間に、国連軍地位協定を締結する。それまでの暫定措置として、交換公文でしのごうという申し出であった。(17)

国連軍に対する刑事裁判権に絞って、この問題の経緯を明らかにしておこう。なお、日本の主権回復後もアメリカが国連軍を代表して日本側と交渉している。これは、朝鮮戦争勃発時の国連安全保障理事会決議で、米軍に統一司令部の司令官を要請し、アメリカ側が受諾したことによる。

日本側は、翌二八日、このリッジウェイの書簡に対する意見書を添え、対案を提示した。意見書によれば、まず形式について、交換公文が日本政府と関係連合国政府との間の協定を構成するとの条項は、対国会関係から削除すべきである。刑事裁判権について、日本側としては現状通りでは受け入れられない、となっていた。また、対案として日本側が希望する原則が掲げられていた。この原則とは、国連軍側が裁判権を行使できるのは、施設内での犯罪、施設外では公務中の犯罪、ならびに、すべての関連当事者が国連軍関係者である犯罪に限られる、というものである。(18) 刑事裁判権に関する国際法・国際慣行にならっていた。

国連軍側と日本側との意見が異なる背景に、国連軍と米軍は同列に置かれるのか、それとも性質が異なるのか、という認識の違いがある。日本にとっての米軍は、日本の依頼により、日本の防衛のために駐屯している。それでも、行政協定によって米軍に専属的裁判権が認められていることに国民は批判的であった。こうした国民の声を背景として、日本側は、占領の継続と受け取られかねない対応は認められず、主権が回復したことを明確に示す必要があった。国連軍の場合、国連協力の趣旨からできるだけの便宜ははかるものの、刑事裁判権に関して、米軍と同列に置くことはできないというのが日本政府の基本方針であった。これに対し、国連軍側は、朝鮮において国連軍は現に戦っている。それは同時に日本の安全にも資する。国連軍が米軍と同列に置かれるのは当然だ、と考えていた[19]。

日本側の意見書に戻ると、同書を受領したアメリカ側は、ただちにリッジウェイ司令官の二七日付の書簡を非公式なものとみなすよう連絡してきた。その結果、日本側の意見書および対案も非公式なものとして取り扱われ、あらためて協議することとなった[20]。

国連軍に対する刑事裁判権をどのように取り扱うべきか、日本側と国連軍側とでは考えが明らかに異なっていた。そこで、二八日午後八時、岡崎勝男国務大臣(岡崎は四月三〇日に外務大臣に就任する)はドイル・ヒッキー国連軍参謀長と会談した。この会談で、岡崎は、最終協定はここ三―四週間のうちにできるから、現在、交渉中である旨を説明してゆけばよいと述べている。これにヒッキーは、「交渉がされている間四月二十八日のステータスをつづけることを書面にしておきたい」との希望を述べ、リッジウェイ国連軍司令官から吉田茂総理宛の書簡案を手渡した。この書簡案には、暫定措置として、施設、役務、裁判権、経費などを一応従前通りでゆくことが記されていた。これに、岡崎は、「ステータス・コ[現状維持]を強調するのは嫌だ」といいきっている[21]。

この会談を受け、事務レベルであらためて書簡案を作成することとなった。書簡案は、四月三〇日、日本側からアメリカ側に手交され、若干の修文を経て確定する。この新たな書簡案(交換公文案)とはいかなるものであったのか、つぎに検討しよう。

暫定交換公文案

交換公文案の内容は、一応、五月二日に妥結している。日本側では、五月六日、書簡案(交換公文の形をとっている)の閣議決定がおこなわれる。[22] この「国際連合軍司令官から日本国外務大臣あての来簡案」の刑事裁判権に関する部分は以下である。

裁判権は、前記の軍隊(軍隊の構成員及びその家族を含む。)に対して従前のように行使することができるが、裁判権又は与えられる特別待遇に関するいかなる事項も、一関係政府の要請があるときは、日本国政府と当該国際連合加盟国政府との間の二国間の交渉の主題とし、且つ、合意されたところに従つて処理することができるものと了解され[る]。[23](傍点は引用者による強調。なお、傍点部分の英文は、in the same manner as heretofore である)

日本側が作成した「来簡要旨」という文書によれば、裁判権に関する部分は、「裁判権の従前どおりの行使。但し、裁判権及び特典に関しては、一関係政府が要請すれば必ず二国間に協議しその決定に従つて処理する。(これは、事件毎に日本政府から要求して協議して処理するようにするためこうしたものである。)」と記されている。[24]

この書簡案の検討がおこなわれていた五月一一日夜、広島県呉地区で、ニュージーランド兵士三名が押し込み強盗事件を引き起こす。この三名は日本側により逮捕された。この件をめぐって、外務省の杉浦宏文書課長と在京米大使館のリチャード・B・フィン書記官が協議している。フィンは、「右兵士三名はいまだ日本側が留置しているが、暫定措置においては、原則的には裁判管轄権は従来の通りであって、たゞ一方の政府が要求するときにはじめてケースバイケースの交渉の対象となる筈であるから、日本側よりニュージーランド側に引渡すべき筈のものと思う」と主張している。[25]

五月一三日、この件をめぐって、フィン書記官、重光晶条約局第三課長、杉浦文書課長があらためて会談した。日本側は、「アメリカ側では暫定措置についての書簡交換の裁判管轄権に関する部分を、原則的には管轄権が従来の如く軍側にあり、関係国の一つが特別扱い等を要求した時はじめて二国間の交渉案件になると解していられるそうだが、日本側はこの箇所を西村局長の意見書の内容［注：ＮＡＴＯ軍地位協定にならうものである］に即して解する立前をとっている。故にこの事件の如く明らかに犯人が所属区域を離れ公務以外の目的でなしたことについては裁判権を日本側にありと主張するのである。」と述べている。(26)

これに対し、フィン書記官は、「日本側のいう様に解釈することは文面より見て不可能であり、英連邦諸国は当然管轄権が原則として自国側にありと主張して引渡しを要求すべく、自分は日本の立場に同情はするが、理論上英連邦側に賛成せざるを得ない。また as heretofore とは「四月二十八日以前の通り」という意味であるということについて西村局長からも確言を得ている。」と反論した。(27)

このように、日本が主権を回復した四月二八日以前と以後で、国連軍の法的地位がどのようになるのか、日米間で意見が食い違っていたのである。アメリカ側は、日本側の解釈を三百代言によるごまかしときびしい目で見ていた。(28)

翌一四日、杉浦・フィン会談で、杉浦は、「我方は裁判管轄権が従来通りというのは、一方当事者よりの要求でバイラテラル・ネゴシエーションが始められない限りそうだというのであって、それが始められれば事態は白紙にもどると解する故に日本側として引渡し要求をうけても必ずしも引渡さなくても済むわけである。」との日本側の考えを示している。さらに、「日本側として一々引渡しに応じなければならないとの義務を負ってはバイラテラル・ネゴシエーション云々は死文になってしまい、国内諸方面を納得させる自信はなく、将来の国連軍協力がやりにくくなるばかりである。」と主張した。(29)

「従来通り」という字句の日本側の解釈は、一方当事者がなんらの要求もしない場合である。ニュージーランド兵士の事件では、ニュージーランドは兵士の釈放を日本側に要求した。こうした要求があれば、事態は白紙に戻るというのが日本側の解釈であった。日本側がリッジウェイ宛書簡に日本側対案を添付していたことを想い起こす必要がある。この対案は、前述のように、ＮＡＴＯ協定方式によっていた。ニュージーランド兵士の事件では、犯人は所属区域を離れ、公務外で罪を犯している。このような場合、日本側は、自国に裁判権がある、と解していた。

繰り返すと、日本側の前提はつぎのようになる。占領軍による専属的裁判権は、日本の主権回復により終了した。占領が継続しているかのような取り扱いはゆるされない。主権回復後は、一方当事者がなんらかの要求をすれば、国際法の一般原則(それがほぼNATO軍地位協定となっている)にしたがい対処するというものである。

この問題は、五月一六日の渋沢信一外務次官とナイルス・W・ボンド在京米大使館参事官との会談でも話し合われている。ボンドは、「米側は原則的にステータス・コ[現状維持]だと前提していたのだから、そうでないとしたら本件交渉を再開しなければならなくなる。」と主張した。これに、渋沢は、「書簡は明かにステータス・コを変更するものである。」と応じている。両者の解釈が根本的に食い違っていることが明らかになった。[30]

この一六日夜、高橋通敏外務省総務課長と杉浦が、法務府意見局の林修三局長と会談している。外務省側は、裁判権について日米の意見が食い違っており、それを何とか実際上の取扱方針で対処できないか、と法を執行する立場にある法務府に協力を要請したのである(法務府は、一九五二年八月より、法務省と改称される)。これに対し、林局長は、「本書簡全体として憲法違反ではないかという問題もあり、また裁判権の箇所を法的基礎なくして実際上の取扱いのみで片づけることは極めて疑わしい問題である」と述べ、協力が難しいことを仄めかした。[31]この「憲法違反ではないか」とは、つぎのような意味である。

この交換公文案は条約ではない。それにもかかわらず、日米安保条約・行政協定に基づく米軍と同等の待遇を国連軍に与えるとなると、法的にみた場合、その根拠がない。したがって、法的拘束力もない。国連軍側に裁判権を認めると、「すべて司法権は、最高裁判所及び法律の定めるところにより設置する下級裁判所に属する。」(憲法第七六条第一項)に違反する。また、交換公文案の内容も、確立された国際法規に一致しない。[32]

敷衍するならば、この交換公文案は、憲法第九八条第二項にある条約とも、確立された国際法規とも解されず、単なる政府間の取極にしかすぎない。国内的には、一般国民を拘束するなんらの効力も有しない。法務府がこのような交換公文に則って措置すると、憲法、刑事訴訟法等の国内法規に違反するというのである。[33]

以上が、交換公文案が違憲ではないかということの理由である。これに対し、行政協定下、米軍が専属的裁判権を有するとの憲法上の根拠は、第九八条第二項の条約遵守義務にあった。

五月二二日、外務省と法務府側との協議はさらに続けられる。その際、佐藤達夫法制意見長官(現在の法制局長官に相当する)は「as heretofore となっていては憲法上説明がつかない。国際法の一般原則によりとしたら個別的解釈で片づき得ることだったろうにと思う。」と発言している。また、岡原昌男検務局長は「現在の形できめた事には我々は従わないとはっきり云って置く」と述べるありさまであった。[34] 法務府側は妥協の余地をまったくみせず、協議は物別れに終った。

法務府側がきわめて強硬な姿勢を示した背景に、五月一七日、刑政長官清原邦一の名で、「外国軍隊の将兵に係る違反事件の処理について」と題する通達(清原通達)が、検事長・検事正宛に発出されていたことがある。この清原通達では、原則として外国軍隊の将兵が犯した罪の裁判権は日本側にある。例外は公務中の犯罪、および、駐留施設内での犯罪であるとされている。国際法の準則にならったものであった。[35]

交換公文案の解釈をめぐって、日本側と国連軍側との間で重大な食い違いが生じた。また、法を執行する法務府は、交換公文案は憲法違反ではないかと指摘している。その結果、五月二二日の岡崎・ヒッキー会談で、暫定協定のための書簡交換は取り止めとし、ただちに本協定の交渉に入ることが決定された。[36] この会談で岡崎は、平和条約発効後九〇日以内に本協定の交渉を終え、それまでの期間、つぎのようなラインで口頭取極を締結するよう提案している。刑事裁判権に関して、日本側は国際法および慣行にならった立場をとる。ただし、冷酷な殺人であるとか、国民の耳目を惹くような事件の場合には、日本官憲により逮捕された国連軍所属員の身柄を国連軍当局にただちに引き渡すことはしない。[37]

さらに、五月二七日、吉田総理とロバート・D・マーフィー駐日大使とが会談した。今後の対応が検討されている。その際、吉田は、アメリカおよび国連軍諸国に最大限の満足を与えたいと思っている、この点を理解して欲しい、と述べている。[38]

吉田書簡

書簡交換を取り止め、本協定の交渉に入ることとなったとはいえ、同交渉がまとまるまでには時間を要する。そこで、五月二八日、吉田総理が木村篤太郎法務総裁と協議した結果、吉田総理からマーフィー大使宛に書簡を発出することがきまった。この書簡の趣旨は、裁判権は一般国際法により行使する、犯人の身柄は特別の場合を除き国連軍側に引き渡す、というものである。[39]

以下に書簡の重要部分を引用する。裁判権だけではなく、それと密接に関連する身柄引き渡しの部分もあわせて引用しておく。

(一) これらの軍隊の構成員及び軍属ならびにそれらの家族に対する裁判権は、国際法及び国際慣習の準則に従つて行使される。

(二) 特にこれらの軍隊の駐留区域外において行われた犯罪事件については、国際法及び国際慣習の確立した準則について不明確の点がある場合には、日本国政府と関係国の当局との間の協議により事件ごとに決定が行われるものとする。

(三) 日本国の当局は、罪を犯したこれらの軍隊の構成員及び軍属並びにそれらの家族を逮捕したときは、次の(四)に掲げる場合を除いて、犯人をその所属国の軍当局に、原則として、引き渡すように取り計らう。

(四) 特別の重要な事由(especial cause of importance)がある場合には、日本国の当局は、犯人を拘置しつつ、前記の(二)のような協議を直ちに行う。このような協議により四十八時間以内に決定が行われない場合には、犯人を、将来日本国の当局に引き渡すべきことを条件として、その所属国の軍当局に引き渡すように努力する。[40]

吉田書簡の(一)(二)は、刑事裁判権に関するものである。まず、国連軍所属員に対する刑事裁判権は、国際法および国際慣習の準則にしたがうことが述べられている。国連軍将兵が、国連軍の施設内、また、場所の如何を問わずその軍務の遂行にあたって犯した刑事事件は、当該国連軍の裁判権によって処理される。ただし、この準則に不明確な点がある場合、日本国政府と関係国の政府当局との間で協議がおこなわれ、決定される。

同書簡の(三)(四)は、司法警察権、つまり、被疑者の逮捕・勾留に関するものである。日本側当局が国連軍所属員を逮捕したときは、特別の重要な事由がある場合を除き、日本国政府と関係国政府当局との間でただちに協議がおこなわれる。この協議の結果、四八時間以内に結論が得られない場合、将来、犯人を日本国の当局に引き渡すことを条件として、その所属国の軍当局に引き渡すよう日本側は努力するとなっている。このように、犯人をその所属国の軍当局に引き渡すことが原則とされている。

吉田書簡の発出を受け、六月二三日、あらためて清原通達が出されている。裁判権に関する基本的原則は、五月一七日付の清原通達と同様である。身柄の取り扱いに、若干の相違がある。とりわけ吉田書簡の(四)にある「特別の重要な事由」とは、新たな清原通達によれば、殺人、放火、傷害致死、強盗または強姦の罪であると具体的に示されている。その他に、国民の耳目を惹く、被害が重大、犯行が悪質などの理由で、国民感情上または事件処理上日本側で身柄を拘束する必要がある事件とされている。この基準は、極秘扱いとされ、国連軍側にも内示しないとなった(41)。

吉田書簡は、純粋に、日本側の取扱方針を一方的に国連軍側に通告したものにすぎない。この書簡の受領を示す文書も国連軍側は発出していない(42)。この点、後の刑事裁判権密約との違いに留意する必要がある。また、吉田書簡は、発出当初、非公表とされた。ところが、この極秘のはずの吉田書簡が思わぬ形で表に出る。

きっかけは英水兵事件である。この事件は、英軍艦ベルファストの一等水兵二名が、六月二九日、神戸で日本人タクシー運転手から一七〇〇円を強奪したうえ、一時的にその自動車の所有を奪ったというものである。そのため、日本官憲は両名を逮捕する。なお、ベルファスト号は、朝鮮戦争に参戦していたわけではなく、親善訪問のため神戸に寄港していた。

七月一日、在神戸英領事はこれらの水兵の身柄を英国官憲に引き渡すよう要請した。日本側当局はこの要請を拒否する。[43]理由は、水兵二名は所属地を離れ、公務外で罪を犯したからというものであった。その後、両名は起訴され、神戸地方裁判所は強盗罪で懲役二年六月の実刑を言い渡した。控訴審の大阪高等裁判所は神戸地裁と同じ懲役二年六月に執行猶予三年の判決をくだしている。これが確定した。英水兵事件は、イギリス側に行政協定と同様の専属的裁判権があるのか、それとも国際法の一般原則に基づき、公務外の犯罪は日本側に裁判権があるのか、その試金石となっていたのである。

八月一六日の『朝日新聞』は、この英水兵事件について、サー・エスラー・デニング英国大使から岡崎大臣宛の八月六日付通告の内容を明らかにしている。その通告とは以下であった。

一、吉田首相は去る五月卅一日付でマーフィー米大使に寄せた書簡で国連軍の裁判管轄権に関する協定が締結されるまでの間は特別重要の事件を除いて、これら国連軍の所属員が日本で犯罪を告発された場合、その懲戒処分のため所属国の軍当局に引渡されるよう日本当局は取り計らうであろうと述べ、かつ、特別重要と判断される事件についても協議するとのことを了解している。

二、このような吉田書簡による保障にもかかわらず、日本の裁判所は裁判管轄権ありとして、二人の水兵に対して二年半の判決を言渡した。管轄権の問題が交渉中である際に、裁判権を行使した点は別としても、二人に言渡された判決は英国政府の見解によれば不当なものであり、また犯罪の性質につり合っていない。[44]

日本政府としてはこの内容に誤りもあり、放置できず、吉田書簡は九月二日の閣議了解により公開された。[45]誤りとされるのは、「特別の重要な事由」はあくまでも犯人の身柄の拘束に関することで、日本側が裁判権を行使することに問題はないという点だと思われる。国連軍地位協定が締結されていないため、国連軍所属員の扱いをどのようにすべきか、問題となっていたのである。この英水兵事件は、国連軍地位協定の交渉にも影を落とすこととなる。次節では同協定の交渉経緯を明らかにする。

三　国連軍地位協定をめぐる交渉

国連軍地位協定の交渉開始

すでに述べたごとく、書簡交換という方法による暫定取極の交渉は挫折してしまった。その結果、本協定の交渉が開始される。一九五二年六月二五日午前、マーフィー大使は岡崎外務大臣を訪ね、国連軍地位協定案(以下、国連軍案と呼ぶ)を手交した(46)。この案は交換公文および附属文書からなっていた。六月二八日、今度は岡崎大臣がマーフィー大使に日本案を手交する。これで双方の案が出揃った(47)。

刑事裁判権に関する国連軍案と日本案とを比較してみよう。国連軍案は国連軍に行政協定を準用するとなっていた。これに対し、日本案はＮＡＴＯ協定方式を取り入れ、その発効に国会の承認を必要とするとなっている(48)。国連軍案と日本案との違いは明らかである。刑事裁判権に関し、協定を結ぶとすれば、ＮＡＴＯ軍地位協定並み(日本案)か、それとも行政協定並み(国連軍案)しかない。それ以外の方法はほとんど考えられない。吉田書簡にある国際法および国際慣習の準則によるという方法では、協定を結ぶ意味がなくなる。とはいえ、日本側では、「何らの規定を設けず、秘密の交換公文により事実上の了解とする」案も検討されていた(49)。

両者の懸隔がおおきく、日本側としても、日本案がなぜ望ましいのか、また、国連軍案が受諾できない理由を国連軍側に説明する必要があった。国連軍側に日本案を納得してもらわなければならなかったからだ(50)。

日本案が望ましいとする理由は以下である。第一に、日本案はＮＡＴＯ軍地位協定の第七条を参考としている。同条は国際的にもっとも合理的な方式である。すでに、米英仏等欧米主要国もＮＡＴＯ軍地位協定の署名を終え、これらの国々が賛成した原則にしたがっている。第二に、行政協定第一七条第五項によれば、ＮＡＴＯ軍地位協定が行政協定発効後一年以内に発効しない場合、日本側の要請があれば、アメリカ側は刑事裁判権の条項を改定するため再考慮するとなっている。新しく締結される国連軍地位協定は、最初からNATO軍地位協定にならった方がよい。第三に、行政協定第一七条のように、派遣国に全面的に排他的裁判権が認められる例は見当たらない。日本に駐留する国連軍の法的な性質から見ても、NATO軍地位協定の方式がもっともよいと考えられる。

一方、国連軍案を受諾できない主たる理由として、日本国内の世論の反発が挙げられている。具体的には以下である。行政協定第一七条では米軍の専属的裁判権が認められている。しかし、国民は、国際法の一般原則および国際慣習により認められた以上の特権が米軍に与えられていると受けとめている。専属的裁判権の規定は、日本の威信を低下させ、独立をそこなうものとして多くの批判がある。米軍が享受している特権を、米軍とは異なる性質を有する国連軍に与えるのは不合理であり、世論が許さない。さらに、国連軍が駐留している呉地区では、国連軍関係者による犯罪が相当件数にのぼっている。それが、現地住民の感情を刺激している。国連軍と現地住民との関係を円滑にするためにも、日本側が一定の範囲内で裁判権を留保する必要がある。

七月二一日、奥村勝蔵参与(奥村は一一月より外務次官に就任する)とボンド参事官との非公式会談がおこなわれた。刑事裁判権について、両者はつぎのような会話を交わしている。

ボンド　最後の問題は裁判権だ。日本の考と英連邦の考とは相当開きがあり、また双方頑張ってゐる。公の席で議論をやりとりしても、はてしがつかぬ。米側としては、仲をとりもたねばならぬ立場だが、何とか日本側が裁判権を持つ建前としつつ英連邦側に実際満足させる様な案ができないものだろうか。(日本で裁判するが刑の執行は国連側にまかすといふのも一案ならんと言ふ)

奥村　自分が裁判官であったとしたら、つまらぬことをした兵隊をつかまえて、不自由な英語を通じて裁判する様なことは面倒だ。事実、兵隊は軍法会議に廻される方を恐れてゐるとの話もある。しかし法務府内部の気持はそうではない。又政府は参議院でコントロールを持たぬ。我々は名を捨てて実をとることが上手ぢやない。しかし何とか解決の端緒を得る必要があるから、下田局長とバッシン法律アタッシエとを中心に少数の人で色々な案について研究して貰ふことにしやう。そうしてゐるうちに、名案に出会ふかも知れない。[51]

こうして、刑事裁判権問題の解決策を探るべく、下田武三条約局長とジュールス・バッシン在京米大使館法律顧問との間で協議が開始される。

バッシン試案

八月二日の下田・バッシン会談で、双方の立場を拘束しないという約束のもと、忌憚のない意見交換がおこなわれた。バッシンはこれまでの国連軍案(日米行政協定を準用したものである)を離れ、いくつかの点で譲歩している。[52]

第一に、日米行政協定の規定を国連軍にも準用するという、従来の国連軍側の主張を放棄する。つまり、国連軍所属員に対して、国連軍側が専属的裁判権を有するとの主張を放棄する。

第二に、専属的裁判管轄権に関する規定を削除する。裁判権に関しては、第一次の(優先的)ものと第二次のものがある、との観念で置き換える。

第三に、国連軍側が優先的(第一次の)裁判権を有する場合とは、国連軍所属員による、(イ)国連軍またはその所属員の財産に対する罪、(ロ)国連軍の安全に関する罪、(ハ)国連軍所属員の身体に対する罪、(ニ)国連軍の公務執行中におこなわれた犯罪である。これらは、犯罪の場所、つまり施設の内外を問わない。

第四に、新たに、犯罪の場所に関する基準を導入する。施設内では、発生するすべての犯罪につき、国連軍はその所属員に対し優先的裁判権を行使する。国連軍所属員が施設内にあるときは、公務遂行中のものと認められる。

第五に、施設外における公務外の犯罪については、吉田書簡にespecial cause of importanceという字句がある。それをヒントにした。ただ、その字句は抽象的過ぎる。重要な犯罪の場合には、日本側が第一次の裁判権を有することとしたい。何が重要かの基準は、暴力を伴うか否かである。具体的には、殺人、強盗、放火、誘拐などだ。それ以外の軽微な犯罪については、国連軍側に優先的裁判権を認める。

以上のバッシン試案は、ほぼＮＡＴＯ軍地位協定にならったものである。ただ、バッシン試案を聞いた下田は、日本側が受け入れるか、疑問を呈している。問題は、重大な犯罪について日本側に第一次の裁判権を認めながらも、それ以外の軽微な犯罪の場合、国連軍側に第一次裁判権があるとしている第五の点であった。下田は、犯罪の軽重を問わず、第一次の裁判権は日本側に認める建前を貫き、軽微な犯罪は、国連軍側が裁判権の放棄を要請した場合、日本側は好意的に考慮するという方式が考えられないかとたずねている。バッシンは、それでは国連軍側がとうてい受け入れないと応じた。

興味深いことに、下田・バッシン会談に関する下田の報告書を読んだ奥村参与は、同報告書にメモを貼り付けている。メモには、「建前は裁判権が我方に在るものとし、実際上、軽微の犯罪は、彼等に裁判権をゆづることにつき、英連邦四ヶ国と秘密の約束をする如き方法なきや」(〇印は原文の強調)と記されていた。[53] これこそがこの問題解決の核心部分であった。軽微な犯罪の場合、日本側は第一次裁判権を放棄するけれども、この部分を秘密にするという方式を奥村は考えていたのである。

解決策の模索

八月四日、今度は、三宅喜二郎参事官とバッシンとの会談が開かれた。バッシンは、先に下田に示したバッシン試案の印象をまず三宅にたずねている。三宅は、「自分個人の感じであるが、「氷を破る」一つの実際的な案であるとは思うが、たとい、マイナー・ケースについてでも日本が管轄権を放棄することを協定の明文に書くことは国会等の関係上困る」と述べている。これに、バッシンは、「放棄という辞句は使わず、斯々の犯罪については日本が国連軍の軍人に対して第一次的の管轄権を有し、斯々の犯罪については国連軍がその所属軍人に対して第一次的管轄権を有すると規定し、さらに、いづれかの一方がその有する第一次的管轄権を放棄した際は他方が第二次的管轄権を有する旨を規定することにしてはどうか」との考えを示した。[54]

三宅は、「右の案でも、実質的な管轄権の放棄が協定の明文に現われることは同様で、日本政府としては困難な立場に置かれる。従って、マイナー・ケースについての管轄権の放棄を如何なるフォーミュラーで定めるかゞ問題である」と指摘している。バッシンは、「国会に対しては、マイナー・ケースで日本側が国連軍の軍人を裁判することは朝鮮戦線における右軍人の活動を不可能ならしめミリタリー・エフェクティーヴネスという大局的利益を害すること及びこの協定は一時的のものであり、NATO協定が発効すればその線に添《ママ》って改訂せられるものであることを説明すればよいのではないか」と述べた[55]。三宅は、軽微な犯罪に対する裁判権放棄を認めてもかまわないとしつつも、公式には放棄できず、実質的に放棄したことを示す形式として、いかなるものがあるかを考えていたのである。

翌八月五日の奥村参与とボンド参事官との会談でも、バッシン試案が検討された。奥村は、バッシンの考えも取り入れながら、私見としてつぎのように述べている。

　バッシンの所謂暴力を伴はざる犯罪(假に便宜上、之を軽微《マイナー・オフェンス》の罪と言ふが)之も国連軍側で優先的に裁判《プライマリ・ジューリスディクション》することを協定の文面に書くことは、不可能である。但し実際上の運用に於て、同様の取計をすることは考へられる。それには、裁判権の相互放棄の條項を援用することである。

　即ち相手方が特に重要と認めるものについては、裁判権の放棄を考慮するとの規定につき、「議事録」の中に、日本が、国連軍の「軍事的能率《ミリタリ・イフェクティブネス》」は国連軍が特に重要と認めるものなることを了承するとの了解を設ける。そして、軽微な罪については、これを国連軍側で裁判することが「軍事的能率」を維持する所以であるとの申出があれば、日本側は裁判権を放棄する。(実際問題としては、検察活動の中止)尤も之には日本で公開の軍事裁判を行ふこと、日本官憲、例へば地元の警察署長を裁判に立會はせる等の條件がある[56]。(○印は原文の強調)

奥村の意見は、裁判権の放棄を協定(議定書)に書くことはできないけれども、運用で対処可能である。そのためには、裁判権の相互放棄を援用するのがよいというものであった。敷衍するならばつぎのようになる。相手方が特に重要と認めるものにつき、裁判権の放棄を考慮するとの規定を協定(議定書)に置く。議事録には、国連軍にとって、特に重要と認める場合とは「軍事的能率」を意味すると書いておく。それを理由に、国連軍側から日本側に、裁判権の放棄の申し出が可能になる。[57] この案の核心は、国連軍側が「軍事的能率」を理由として裁判権の放棄を申し出た場合、日本側はそれを斟酌したうえで、第一次裁判権を放棄するという点にあった。[58]

八月六日午後、下田とバッシンは、バッシン試案の文書化を約束していた。ところが、その直前、バッシンから下田に電話が入った。バッシンは、自分の試案についてイギリス側に当たってみたところ、本件につき日米間で非公式の話し合いが先におこなわれていることに、イギリス側は不満をいだいている。かつ、英水兵に対する判決(八月五日、神戸地裁は英水兵に懲役二年六月の実刑判決をくだした)にイギリス側が激昂している。そのため、とうてい話に乗ってくる空気ではないと伝えてきた。そこで、日米間における本件の話し合いをしばらく延期したいとして、バッシンはその了解を下田に求めたのである。[59]

一方的通報

その後、バッシン試案をめぐる交渉に進捗はみられなかった。それでも、日本側では、裁判権の放棄をどのように表現すべきか、検討が進んでいる。前述のように、バッシンは、国連軍側が裁判権の放棄を要請する根拠として、「軍の能率を維持する必要」を挙げていた。ただ、この判断を国連軍側にゆだねると、すべての事件が裁判権放棄の対象となる可能性がある。それでは日本側が承服できない。また、裁判権の放棄を日本側の「同情ある考慮」に一任したのでは、今度は、国連軍側が納得しない。[60]

そこで、この問題を打開するため、日本側では、実際上、いかなる場合に起訴を見合わせるのか、具体的な基準をあらかじめ作っておく方法が検討されている。法務・外務両省で完全に打合せておけば、支障なく実施できると考えられた。ただし、これだけでは法務・外務両省内での対処方針にすぎない。それをなんらかの形で国連軍側にも知らせておく必要があった。そうしないと、英水兵事件のこともあり、国連軍側としても安心できないと考えられたからだ。奥村参与は、「この了解を何等かの形で国連軍側に内密にでも、通知するのでなければ、交渉は妥結しないであろう。これには反対の意見もあるだろうし、また、秘密の文書を残すことは、「吉田書簡」のこともあり、危惧せざるを得ない、これを押し切ることが必要である。」として、以下の先例を挙げている。

昭和十四年夏、わが天津軍が英租界を包囲して交通遮断した事件は、当時英国側がわが方の要求を全面的に容れたので解決することになつたが、英国側は包囲解除の日時につき確約を得たいと申し出た。外務省でこれを軍側に伝えたところ、軍は、英租界包囲は統帥権の発動である、解除することも統帥権である。これについて外部に約束することはできないと言つた。が種々懇談の結果、結局本件は有田外務大臣からクレイギー英国大使に書簡を送り、「外務省の有する情報によれば、天津英租界の包囲は何月何日何時に解除せらるる趣である」と通知することによつて手を打つことができた。

この先例(約束はしない、ただ知らせる)にならうことはできないものであろうか。すなわち外務大臣から国連軍諸国代表(米大使)に confidential note をもつて『かくかくの犯罪は、わが方で裁判権を留保する(但し、わが方で自発的に放棄する場合もある)かくかくの犯罪は、国連軍の軍事効率維持上重要なりとの理由による要請があれば、起訴を見合せて、犯人を国連軍側の裁判のために引き渡すとのわが法務当局の方針であることを、参考として通報する。

もつともNATO協定との関係において刑事裁判権に関する条項が改訂せられた際は、右方針も再検討せらるべきものと承知せられたい』と通報する案はいかなるものであろうか。[61]

これは天津租界封鎖事件のことである。この先例こそが、後の行政協定第一七条の改正で用いられる方式となる。[62]つまり、約束はしないものの、一方的通報の形式を用い、実質的に「約束」をする。それが、行政協定第一七条の改正では、刑事裁判権分科委員会における日本側代表の一方的陳述となる。

九月一二日の下田・バッシン会談で、下田は日本側の議定書案を提示した。この案は、バッシン試案をもとにしている。バッシン試案は、国連軍側の公式の立場(国連軍には行政協定が準用され、国連軍所属員の犯罪は、派遣国が専属的裁判権を有する)に真っ向から反する内容であった。そのため、バッシン試案を日本側のイニシアティヴで提案されたものと扱って欲しい旨バッシンが要望したからである。

日本側の議定書案は、基本的にNATO軍地位協定にならったものであった。同案の第三項は優先的裁判権に関するものである。派遣国軍当局と日本国の当局が、それぞれどのような犯罪について優先的(第一次の)裁判権を有するかが定められていた。また、同案第三項(c)は裁判権の放棄を規定している。さらに、同項の公式議事録案では裁判権の放棄について、つぎのようになっていた。これには、第一案および第二案がある。ただ、実質的に両案はほぼ同じである。以下、第一案のみを紹介する。

a 日本国による裁判権の行使が朝鮮における国連軍の軍事的能率を著しく害する場合は、派遣国が日本国による裁判権を行使する優先権の放棄を特に重要と認める場合に含められるものと了解する。

さらに殺人、放火、傷害致死、強盗又は強姦の罪にあたる事件その他著しく日本国民の耳目をひき又は被害が重大である事件の場合は、日本国は裁判権を行使する優先権の放棄を考慮し得ないことがあることを了解する。

b 公共の秩序維持を著しく害しあるいは日本の国民感情を著しく刺戟する犯罪は、日本国が当該派遣国による裁判権を行使する優先権の放棄を特に重要と認める場合に含められるものと了解する。(63)

国連軍側が日本側に裁判権の放棄を要請するのは、軍事的能率からである。逆に、日本側が国連軍側に裁判権の放棄を要請するのは、重大な犯罪、あるいは、国民感情を刺激する犯罪の場合である。下田とバッシンはこの日本側の提案を協議した。

右の公式議事録案について、バッシンは、「日本側に優先的裁判権を留保する場合以外の犯罪については、国連側が軍事的効率維持の見地より放棄を要請した場合、日本側は裁判権を放棄する用意がある旨をも議事録に記載し得ざるや」とたずねた。これに、下田は、「日本側にはその用意があるのであり且つその趣旨は議事録の言外の含みとして明瞭に看取し得るのであるから、右を以て満足せられた」いと応答している。さらに、バッシンは、「本案がテクニカル・コミティーに上程された時、席上日本側より口頭を以てその用意ある旨言明し得ざるや」と重ねて要求した。下田は、「右は可能と思考する」と答えている[64]。

バッシンは日本側提案の全貌を把握すると、喜色を浮かべ、「良くやられた。貴方は立派な仕事をされた(Congratulation! You've done fine works.)」、と祝福の言葉を述べている。早速この案を国務省に報告するとともに英連邦側にも伝達するとした[65]。

奥村参与から岡崎外務大臣への九月一三日付の報告にも、日本側提案の要領とは、「規定の表面に於ては、大体NATO通りのもので、「裁判権放棄の規定」の実際的運用に依り処理して行かうとするものです。」と記されている[66]。

この日本側の提案でもって、交渉は一気に進展するかと思われた。しかし、九月下旬になると、アメリカでは、国務・国防両省とも、議会がNATO軍地位協定にどのように対応するかを見極める必要があると判断するようになる。また、行政協定の刑事裁判権条項の再検討が終了するまで、国連軍地位協定の刑事裁判権問題が妥結する見込みはない、というのが両省の見通しであった[67]。在京米大使館の方針としても、日本側の提案を拒絶はしないものの、行政協定第一七条と同等の待遇を求めるとの元々の主張をするのが望ましい、となった[68]。

その後、国連軍側から日本側提案への回答はなかった。事態を打開するため、一一月一二日、日・米・英連邦代表会議が開かれた[69]。さらに、一一月二二日には、二回目の代表会議が開かれている。しかし、双方ともこれまでの原則的立場を述べるにとどまり、交渉に進展はみられなかった[70]。そこで、一二月一三日、日本側は下記の内容の文書を国連軍側に提示したうえで、国連軍側の了解をとりつけた。

(一)吉田書簡の線に沿う実際上の取扱により事件ごとに好意的態度をもつて解決をはかる。(○印は原文の強調)

(二)右取極はNATO発効までの暫定的措置とする。

(三) 右取極は双方の紳士協約とする。[71]

先の清原通達は吉田書簡に見合うよう、つぎのように書き改められた。吉田書簡では、国際法の準則にしたがい、国連軍構成員および軍属の家族の裁判権は日本側にあるとされている。ただ、国際礼譲を重んずる見地から、家族の身柄の取り扱いは慎重を要するとされ、実質的には、国連軍構成員および軍属と同様の扱いとなった。また、六月二三日付検務第二〇二六九号通牒では、犯人の身柄は、できる限り身柄の再出頭の確保を条件として、逮捕後四八時間以内に関係国側に引き渡すとされていた。この逮捕後四八時間以内というのが、吉田書簡に沿って、協議開始後四八時間以内に変更された。[72]

国連軍地位協定の交渉は一九五二年一二月をもって、いったん中断する。一九五三年早々にも、NATO軍地位協定の批准をめぐる審議がアメリカ議会で開始されると予測されたからだ。アメリカ側は、NATO軍地位協定の批准を完了した後に、本格的に国連軍地位協定の協議を始めようと考えていた。結果として、行政協定第一七条の改正が先行する。国連軍地位協定が締結されたのは一九五四年二月である。同協定には、行政協定第一七条の改正と同趣旨が盛り込まれた。そこで、つぎに、行政協定第一七条改正の経緯を跡づけてみよう。

四　行政協定第一七条の改正

NATO軍地位協定の発効

一九五二年四月二八日、日米安保条約の実施規定である日米行政協定が発効した。同協定第一七条の刑事裁判権条項では、日本に駐留する米軍所属員の犯した罪に対し、米軍当局に専属的裁判権が認められていた。[73]ただ、前述のように、これはNATO軍地位協定が発効するまでの過渡的な措置とされ、同条には、その改正に関する規定も盛り込まれた。また、同条第五項では、もし日米行政協定の発効後一年以内にNATO軍地位協定が発効しない場合、日本から要請があれば、刑事裁判権の問題の再考慮をアメリカ側は約束している。

このような規定となるにあたって、アメリカ側では、国務省と国防省(統合参謀本部を含め)との間におおきな見解の相違があったことはすでに述べた。国務省側は、NATO軍地位協定を日本にそのまま適用すべきであると主張した。これに対し、国防省側は、米軍構成員、軍属、およびそれらの家族に対する専属的裁判権をアメリカは保持すべきだとの考えであった(74)。その妥協点が右の第一七条の規定だったのである。

NATO軍地位協定は、日米行政協定が発効して一年にあたる一九五三年四月二七日の時点で、まだ発効していなかった。同年四月上旬、アメリカ上院外交委員会はNATO軍地位協定の審議を始める。その結果、同協定は遠からず批准される見込みとなった。日本政府は、四月一四日、岡崎外務大臣からマーフィー駐日大使宛の書簡で、行政協定第一七条第一項に基づき、刑事裁判権条項を改正したい旨、アメリカ政府に申し入れる。これには日本案も添付されていた。同案は、NATO軍地位協定と同趣旨であった(75)。

アメリカ政府は、四月一六日、日本の申し出を了承する旨回答してきた。上院外交委員会は、四月二三日、NATO軍地位協定を可決している。その後、上院本会議における同協定の審議は、刑事裁判権条項をめぐり長引いた。七月一五日にいたってようやく上院を通過する。ドワイト・D・アイゼンハワー大統領の署名を得て、七月二四日、批准書が寄託された。その三〇日後の八月二三日、同協定は発効の運びとなる。

アメリカ案の提示

一九五三年八月一七日、先の四月一四日付の日本側書簡に対する返書がアメリカ側から届いた。八月一九日以降、外務・法務両省は、アメリカ側と十数回にわたる非公式会談をおこなう。九月一二日をもって、日米はすべての問題に意見の一致をみる。九月二九日に正式会談が開かれ、行政協定第一七条の改正案が採択された(76)。

右の八月一七日付返書で、アメリカ側は刑事裁判権に関する協定の交渉をただちに開始するよう日本側に要請している。同返書には、アメリカ側の議定書案および公式議事録案が添付されていた。議定書案の第一七条第三項に、日米間で裁判権を行使する権利が競合する場合、それを調整する規定が盛り込まれている。同項(a)は、アメリカ側が第一次の裁判権を有する場合である。これは、もっぱら米軍の財産もしくは安全のみに対する罪、または、もっぱら米軍構成員間の身体・財産のみに対する罪、それに、公務執行中の作為または不作為から生ずる罪が対象である。(b)には、(a)以外の罪について、日本側が裁判権を行使するとある。(c)は裁判権放棄に関する規定である。この第三項は、NATO軍地位協定にならったものであった(77)。

問題は、日本国とアメリカ合衆国との間の行政協定第一七条を改正する議定書に関する公式議事録米案(公式議事録案)の方であった。その第三項(c)は以下のようになっている。

日本国政府は、日本国にとつて特に重大であると認められる場合を除く外、合衆国軍隊の構成員若しくは軍属又はそれらの家族に対して裁判権を行使する第一次の権利を行使することを希望しないものとする。……事件が日本国政府にとつて特に重大であると認められる場合には、日本国政府は、その事件について裁判権を行使することを希望する旨を合衆国の当局に通告するものとする(78)。

この内容では、日本にとって特に重大と認められる事件を除き、日本側に第一次裁判権はないことになる。アメリカ側は、この「特に重大」という語句に、日本側が裁判権を行使する事件の数を最小限にするとの意味を込めていた(79)。それだけではない。NATO軍地位協定では、裁判権の放棄は、派遣国側が要請するとなっている。ところが右の議事録案では、日本側が裁判権の行使を希望する場合、受入国たる日本側が派遣国であるアメリカ側当局に通告しなければならない。つまり、日本側が通告しなければ、第一次裁判権はアメリカ側にある(80)。

日本側はこれを最大の問題点ととらえた。このアメリカ案を分析した松平康東参与(日本側首席交渉官)は、「NATO協定、従つて本件議定書の原則を実質的に根本からくつがえし、行政協定改訂の趣旨と背馳するやに見え、若ししからば(あるいは米国防省及び軍側の無理押しなるやも知れず)問題は重大であるとの結論に達した。」と指摘して

いる。(81)このように、アメリカ側は原案を提示した当初からＮＡＴＯ方式の骨抜きをめざしていたのである。(82)

この背景に、アメリカ上院がＮＡＴＯ軍地位協定の批准に同意した際、上院がその意向(the Sense of the Senate)を示したことがある。この意向の内容はつぎのようになっていた。まず、ＮＡＴＯ軍地位協定第七条の刑事裁判権の規定は、将来、アメリカが締結する地位協定の先例とはならない旨が示されている。つぎに、合衆国の軍事管轄下にある者が、受入国当局の裁判に付される場合、その国に駐留する米軍司令官は、アメリカ憲法に含まれる手続上の保障措置にとくに留意しながら、その国の法律を検討しなければならないとされている。さらに、もしこの手続上の保障措置が不十分だと軍司令官が判断した場合、ＮＡＴＯ軍地位協定第七条第三項(c)の規定にしたがって、軍司令官は受入国当局に裁判権の放棄を要請する。もし受入国当局がこの要請を拒否した場合、軍司令官は、受入国がこの要請を受け入れるよう国務省に申し入れるとなっている。(83)

つまり、この上院の意向によれば、駐留国の米軍司令官は、アメリカの憲法上の保障措置をたてに、受入国に対して裁判権の放棄を要請する。これが、ＮＡＴＯ軍地位協定の刑事裁判権の運用に影響を及ぼす。

先のアメリカ案に戻ると、刑事裁判権の実際の運用にあたる法務省は、問題は、「ＮＡＴＯ方式にては日本側が公務外に行われた米軍人の犯罪につき第一次裁判権を有することとなつているのに対し、米側議事録案は、日本国政府は、例外的場合を除き、右裁判権を行使しないものとし、右例外的に日本国政府が裁判権を行使する場合には、その希望を、米当局に通告することを示し、この通告の形式等については、特に規定せず、合同委員会が定めるものとしている点である。この条項に対しては、右は行政協定改訂の意義を没却する」として、アメリカ側の議事録案に強硬に反対した。(84)

また、外務省も、アメリカ側の公式議事録案を、「幾多の点においてＮＡＴＯ方式を逸脱して居り、特に、我方第一次裁判権行使の程度、行使の場合における通告、犯人の身柄の措置に関する公式議事録案は、ＮＡＴＯ方式の原則と例外とを顛倒するものであって、この三つを統合して、今回の改訂を実質的に殆ど骨抜きにせんとする底意がある

のではないかと疑われ、我方としては到底受諾し得ないものである」と受けとめた。(85)

八月一九日、行政協定第一七条の改正をめぐって第一回非公式会談が開かれている。そこで、日本側はアメリカ案を受諾できないと伝えた。(86)その理由は、NATO軍地位協定では派遣国に第一次裁判権が認められるのは、公務執行による犯罪等の例外的な場合にしかすぎず、受入国に広範な第一次裁判権が認められているからであった。アメリカ案では、日本にとって特に重大な事件を除き、日本側に裁判権はないことになる。さらに、NATO軍地位協定では、裁判権放棄の申出は派遣国(米軍)がおこなうことになっている。これに対し、アメリカ案によれば、裁判権の行使を希望する場合、日本側が通告しなければならない。これでは、NATO方式の原則に反する。この結果、NATO軍地位協定の原則を貫きたい法務省と、同協定の方式を骨抜きにしたいと考えるアメリカ側との間に立ち、外務省は妥協点を探ることとなる。

妥協案の模索

八月二一日、三宅参事官とバッシン在京米大使館法律顧問は、昼食を共にしながら刑事裁判権の問題を話し合っている。日米ともこの問題になるべく早く決着をつけたいと考えていた。もし交渉が長引くと、行政協定の刑事裁判権条項はNATO軍地位協定並みに改正されると思っている日本国民が、同協定とは異なる無理な要求をアメリカ側がしているのではないかと疑念をいだく可能性があったからだ。こうなると日米関係をそこないかねない。

バッシンがそれではどうしたらよいかと三宅にたずねると、三宅はアメリカ側の公式議事録案を撤回するよう希望した。これにバッシンは、「日本の第一次裁判権行使の程度に関する日本政府の方針を公式会議の席上日本側代表が陳述し、それを同会議の記録(両国代表が最后にイニシアルする)にとどめる方式はどうか」と提案した。三宅は私見であると断りながら、「その記録が極秘の扱いをされるならば、右の方式は、日本側としても考慮し得る余地があるように思う。しかし、その内容については、米案のように、日本側第一次裁判権の行使を特に重要なものに限ることは不可能であると思う。私見であるが、マイナー、ケースについては、通常、第一次裁判権を行使する積りはないということ位ならば陳述できるのではないかと思う。」(〇印は原文の強調)と述べている。(87)

これが最終的な解決案の原型となる。まず、形式として、公式議事録に載せるのではなく、公式会議の席上、日本政府の方針を日本側が陳述する。それを極秘扱いとする。内容は、日本側としては第一次裁判権を最初から放棄したかのような表現は受け入れられない。重大とはいえない犯罪についても日本側が第一次裁判権を有することとする。しかし、通常、その権利を行使するつもりはないという陳述で済まそうというのである。バッシンは、口頭の了解では誤解を生むおそれがあるので、文書化を求めた。また、極秘扱いは望ましくなく、両国代表が公式議事録とは別の交渉議事録に署名あるいはイニシャルする方法を提案している。

八月二五日、三宅とバッシンはさらに妥協案を検討した。その際、バッシンはアメリカ案を記したトーキング・ペーパーを三宅に手渡している。そのペーパーには、アメリカ側は第一次裁判権の放棄を議事録に記すという形式には執着せず、他の可能な形式、たとえば、交換公文あるいは米大使館に対する一方的書簡でもよい、と記されていた。文書の内容は、アメリカ側の「提案した放棄に関する議事録案の内容を含み且つ日本側の見地から適当と認められる放棄に関する方針のステートメントを大使館を［に］示す」とある。(88) これに対し、三宅は、バッシンが提示した形式は受け入れられないとしつつ、「公式会議等の席上、第一次裁判権の実際的運用の方針乃至見透しを一方的に陳述する位のことならば、法務省も同意するかも知れない」と私見を述べた。(89)

三宅は、「日本側第一次裁判権の行使を日本側にとって「特に重要な」事件に限ることは、NATO方式の原則と例外とを顚倒するもので、その儘では、日本側として到底受諾困難であると思う。しかし、先ず形式の点で米側の譲歩が明かとなったので氷は破られたものとみてよ」い、と交渉が前進しつつあることを示唆した。(90)

アメリカ側の記録にも、このペーパーを読んだ三宅の様子が記されている。三宅は笑みを浮かべ、「氷は破られた(“the ice is broken.”)と思われる」と述べたとある。(91) 繰り返すと、三宅がまとめた会談要録には、「交換公文又は一方的書簡の方法は、日本側として不可能であり、問題にならない。公式会議等の席上、第一次裁判権の実際的運用の方針乃至見透しを一方的に陳述する位のことならば、法務省も同意するかも知れない」と記されている。[92]この点、日本側が受入可能な形式とは、合意された陳述を秘密の交渉議事録に入れ、これに両国代表が署名あるいはイニシャルすることであると三宅は述べた、とアメリカ側に記録されている。この問題に対する日本側の政策は明確であり、それをアメリカ側が納得できるよう、三宅は秘密の了解策を示唆したのである。[93]ただし、アメリカ側は、秘密の扱いを望んではいなかった。[94]

三宅は、裁判権放棄に関するアメリカ案の受け入れは可能だと考えていた。ただ、いかなる事件が日本側にとって重要なのか、その決定権が日本側にある場合にかぎられるという条件付であった。この点、バッシンも、アメリカ案はそれを意図しており、日本側当局が、最大限の裁量をもって、訴追される事件を最小限にすべく、特に重要な事件とは何かを決定してもらえれば、と述べている。三宅は、その点、十分に承知している、と応じた。[95]

この会談を受け、バッシンは日本側の立場をつぎのように記録している。アメリカ側の立場を公式議事録から削除する。その代わり、その内容を交渉議事録の秘密の記録に盛り込む。また、特に重要な事件とは何かを日本側が決定できるとの了解が盛り込まれれば、日本側は受け入れ可能である。[96]

この会談を受け、三宅参事官が作成した日本側代表の陳述案とは以下である。

私は、この規定の実際上の運用に関し、日本国の当局は、日本国にとって特に重要であると認められる事件を除き、合衆国軍隊の構成員、軍属、並びにそれらの家族に対し裁判権を行使する第一次の権利を行使する意思を通常有しない旨こゝに陳述することを許可されている。[97]

八月二六日午後、この案を法務省の検討にまわしたところ、左のような法務省側の最終譲歩案が示された。

日本側においていかなる事情にてらしても重要であるとは認められない事件については、日本側としては裁判権を行使する第一次的の権利を行使する意図を通常有しない。[98]（傍点は引用者による強調）

傍点部分が示すように、第一次裁判権を行使する意図がない場合がきびしく制限されている。二七日夜、松平参与は、この案をもって、在京米大使館のJ・グラハム・パーソンズ参事官と協議した。パーソンズは、形式はこれでよいものの、本省からアメリカ側の原案を堅持せよとの強硬な訓令がきていることを松平に伝えている。そのため、パーソンズはこの案に難色を示した(99)。結局、アメリカ側は日本案を受諾しなかった(100)。交渉は決裂の危機に瀕する(101)。

アメリカ側はなぜNATO軍地位協定に明らかに反するような案を日本側に要求したのだろうか。この謎を解く鍵は、八月二九日の非公式会談で、アメリカ側が、「日本と交渉中の米提案と同一の協定が既にNATOの一国との間に成立しおれること及びNATOの他の二国との間には同様の協定の交渉継続中なることを正式に極秘の含として確言し得べし」と述べている点にある(102)。つまり、アメリカ側はそれらの国々と日本とを同様の取り扱いにするべく、強硬な姿勢を崩さなかったのである。

すでに協定が成立しているNATOの一国とはアイスランドである。交渉中の二国とはイタリアおよびギリシャである(103)。アイスランドは、一九五一年五月八日、米軍の地位に関する協定をアメリカと締結した。機密指定された同協定附属書によれば、アイスランドは、自国にとって特に重要と考えられる事件を除き、裁判権を行使しないと宣言している(104)。日本への案の場合、このアイスランドの先例にならっていた。

アイスランドと同様の協定は、一九五四年八月、オランダと成立している。オランダが裁判権の行使を特に重要と決定する場合を除き、アメリカが要請すれば、オランダは第一次裁判権の行使を放棄する内容である。同じような協定は、ギリシャおよび西ドイツとも締結される。とくにオランダの例は、オランダ方式として知られるようになる。この点については、第三章で詳しく述べる。

最終協定案

交渉に戻ると、八月二九日、アメリカ側は、日本側代表による口頭陳述について、つぎのような案を提示した。

議定書第三項の規定の実際上の運用に関し、私は、日本国の当局が方針として、日本国にとつて例外的に重要であると考えられる事件を除き、通常、合衆国軍隊の構成員若しくは軍属又はそれらの家族で合衆国の軍法に服するものに対し裁判権を行使する第一次の権利を行使する意図を有しない旨陳述することを許可されている。(105)(傍点は引用者による強調)

この案は、先の三宅参事官が作成した日本案に近い。ただし、日本国の当局の「方針」が付け加えられている。傍点を付した「例外的に重要」(exceptional importance)は、三宅案では、「特に重要」となっていた。(106) 最終的には、「実質的に重要」(material importance)となる。九月八日、日本側代表による一方的陳述の内容はつぎのように確定された。以下、その重要性にかんがみ、津田實法務省総務課長の陳述をすべて引用する。

議定書第三項(第一次の裁判権)に関し、

日本側代表津田氏

1　議定書第三項の規定の実際上の運用に関し、私は、日本国の当局が方針として、日本国にとつて実質的に重要であると考えられる事件を除き、通常、合衆国軍隊の構成員若しくは軍属又はそれらの家族で合衆国の軍法に服するものに対し裁判権を行使する第一次の権利を行使する意図を有しない旨陳述することができる。この点に関して、私は、日本国の当局がいずれの事件が日本国にとつて実質的に重要であるかを決定するに当り裁量の自由を有することを指摘しておきたい。(傍点は引用者による強調)

2　日本国が裁判権を行使する第一次の権利を有する事件について日本国の当局が起訴することを決定した場合には、日本国の当局は、その旨合衆国の軍当局に通報する。この通報を行う形式、当局及び期間は、合同委員会によつて定められる。

3　前記1及び2の陳述は、議定書第三項の原則を害するものと解釈してはならない。

議定書第三項に関する私の陳述の解釈に関し、将来紛議の生ずることを避けるため、ここに次のとおり陳述すること適当と考える。

日本国政府が個々の事件について、その裁判権を行使する第一次の権利を行使しないことを決定した場合には、議定書第十七条第三項(c)に従い、なるべくすみやかにその旨を合衆国の当局に通報する。従つて、合同委員会が定める通報の期限を経過する前でその通報がない間は、日本国政府は本条第三項(b)に規定する裁判権を行使する第一次の権利を行使しないものと推定してはならない。前述の私の陳述は、この意味に解釈されなければならない。[107]

この最終案は、当初、合同委員会の日本側代表である松平参与が一方的に陳述する形式となっていた。ただ、日本側は、その陳述をさらに一段下げるよう要請した。アメリカ側もそれを受け入れる。これにより、合同委員会の下部組織である刑事裁判権分科委員会において、日本側代表の津田課長が陳述する形式となった。日本側の希望で、この文書は部外秘となり、配布先も限定された。[108] 津田課長の陳述は、その議事を合同委員会本会議に報告するにとどめ、議定書本文、議定書公式議事録、正式会談議事録のいずれにも掲載しないこととなる。その結果、津田課長の陳述は、公式文書ではまったく触れられず、秘密扱いとなった。

最終案では、他にも、「陳述することを許可されている」から「陳述することができる」へと表現が変更されている。「許可されている」では、津田課長の上職より陳述を許されているというニュアンスが強い。それを「陳述することができる」に変え、津田課長自身の陳述とした。この点も一段下げる工夫である。

日本側の第一次裁判権の範囲に関する日米の違いを整理しておきたい。アメリカ側の原案は、日本にとって特に重要な事件を除き、日本政府は第一次裁判権の行使を希望せず、それを了解事項として公式議事録に盛り込む、という内容であった。日本側の第一次裁判権行使の範囲は、特に重要な事件に限られる。また、その場合も、日本側は裁判権の行使を希望する必要があった。これに対し、採択された案では、日本政府が日本にとり実質的に重要であると認める(この認定は日本側当局の専権に属する)事件以外、通常、第一次裁判権を行使するつもりはないとの運用上の方針を、刑事裁判権分科委員会で日本側代表が一方的に陳述する、となった。すべての事件について、日本側に第一次裁判権があるとの建前は貫かれた。ただし、運用上の方針として、実質的に重要な事件を除き、日本側はその裁判権を行使するつもりはないとされたのである。

行政協定第一七条の改正交渉が実質的に終了した九月一六日、岡崎外務大臣とジョン・M・アリソン駐日大使が会談している。その際、アリソンは、この協定の実施にあたって、日本側はできるだけ柔軟に裁判権を行使し、実際に日本側が裁判権を行使する件数も極力少なくするよう要望した。これに岡崎は、「重要なのは、日本側に裁判権を行使する権利が認められることです。そうすれば、日本側にとって真に重大な事件を除き、日本側官憲は裁判権を行使しようとは思わないと確信しています。」と応じている。続けて、岡崎は、「昨年の神戸での英水兵事件は、双方に多くのことを教えてくれました。」と述べ、「ご心配いりません。」と締めくくった[109]。

以上の交渉を振り返って、日米いずれが実を得たのであろうか。九月一一日、懸案事項がすべて解決した後の松平・パーソンズ会談で、パーソンズは、「今次行政協定改訂交渉においては、最初の米側提案は殆んど全部撤回したか又は重大な修正を受け、大体日本側提案によることとなつた」と述べている[110]。この発言は、多分に、日本側に花を持たせている感がある。アメリカ側は、八月に国務・国防両省が承認したアメリカ側の原案と最終的な案文の内容は一致すると判断していたからだ[111]。

アメリカ側は、文書の形式にはこだわっていない。それよりも、実質的に重要な事件を除き、第一次裁判権を行使しないとの保証を日本側から取り付けることに全力を注いだ。その保証が得られればよく、形式は問題ではなかった。日本側が保証したからこそ、アメリカ側は津田課長の一方的陳述に満足したのである。結果として、交渉の実はアメリカ側が得た。

なお、一九六〇年の安保改定にともない、行政協定も日米地位協定に改められた。その際、改正行政協定第一七条は、そのまま地位協定に引き継がれている。したがって、行政協定第一七条改正の密約は、今日まで受け継がれていると考えてよい。

こうした密約の形式は、行政協定第一七条の改正交渉ではじめて登場したわけではない。すでに述べたように、一九五二年の国連軍地位協定交渉の際、同様の議論が展開されていた。国連軍地位協定交渉が先行し、その時の議論が行政協定第一七条の改正にも引き継がれたのである。

五　密約の意味

刑事裁判権密約の形式

行政協定第一七条の改正の際、刑事裁判権分科委員会の日本側代表である津田課長は、実質的に重要と考えられる事件を除き、裁判権を行使するつもりがないというのが日本政府の方針である旨、一方的に陳述した。これが「密約」といえるのか否か、あらためて検討しておきたい。

なお、行政協定第一七条の改正について、岡崎外務大臣は、一九五三年一〇月二九日の衆議院本会議で、「従来は、原則として米軍当局が軍人、軍属、家族に対して専属的裁判権を持つておりましたのを、ＮＡＴＯ方式に改め、公務執行中の犯罪及びもつぱら米国の安全、財産、または米軍に属する他の軍人、軍属、家族の身体、財産に対する犯罪以外のすべての犯罪に対して、わが国が第一次の裁判権を有することになつたのであります。」と説明している(112)。当然のことながら、津田課長の一方的陳述にはまったく触れていない。

密約を否定する根拠は明白である。一方的陳述を記した文書は日本側の政策を一方的に表明したにすぎない、したがって、約束ではないというものだ。前述のように、二〇一一年八月二五日に開催された日米合同委員会で、この文書は合意ではないことを日米は確認している。形式的に見れば、津田課長の一方的陳述は約束とはいえない。

しかし、実質はどうであろうか。刑事裁判権をめぐり、一九五二年六月から国連軍地位協定の交渉が開始され、一九五三年には、行政協定第一七条が改正された。刑事裁判権をめぐる問題の本質は、両交渉とも同じであった。行政協定第一七条を例にとると、つぎのようになる。

行政協定第一七条を改正する交渉で、最大の争点となったのは、日本側の第一次裁判権の及ぶ範囲を、実質的にどの程度にするかである。公務執行中の犯罪、もっぱら米軍の安全や財産に対する犯罪、米軍構成員同士の犯罪に対し、米軍側が第一次裁判権を行使することにつき、日本側はまったく異論をさしはさまなかった。NATO軍地位協定の通りだったからだ。問題は、犯罪の軽重を理由に、日本が第一次裁判権を実質的に放棄する場合である。これはNATO軍地位協定には規定されていない。アメリカ側は、特に重要な事件を除き、第一次裁判権を行使しないよう日本側に求めた。

日本側としても、軽微な犯罪まで一々裁判をおこなうのはわずらわしく、アメリカ側の要望を受け入れる。ただ、第一次裁判権の放棄を公式にうたうことはできない。日本側の政策として運用することは可能だとした。その形式として、約束ではない一方的陳述が用いられる。さらに、その文書を秘密扱いとするよう日本側は要求した。このようなやり方が発覚しないよう二重三重に工夫がこらされたのである。

繰り返すと、一方的陳述が「密約」といわれる所以は、第一次裁判権を公式には放棄していないものの、実際の運用では、実質的に重要な事件を除き、日本側は第一次裁判権の放棄を一方的陳述の形で保証した点にある。また、そうした一方的陳述の存在を公にすることもなく、その原本の存在が明らかになっても、約束ではないと否定している。国連軍地位協定の交渉、および、行政協定第一七条の改正交渉を検証した結果、この刑事裁判権密約の実態がより明確になった。

国連軍地位協定の交渉において、奥村参与(行政協定第一七条の改正時は外務次官である)は、すべての犯罪に対する第一次裁判権が日本側にあるとの建前をとりながら、特に重要な事件を除き、国連軍側に裁判権をゆずる、そして、それを秘密の約束とする方法を模索していた。後はその約束をいかなる形式で表現するかである。アメリカ側は秘密の約束の存在を記録にとどめようとした。国連軍地位協定の交渉の場合には、それを具体化するまでにはいたらなかったものの、行政協定第一七条の改正では、日本側の一方的陳述となったのである。

国連軍に対する裁判権に関し日本側が発出した吉田書簡と一方的陳述とを比較してみると、その違いがよりわかりやすくなる。吉田書簡は、純粋に、日本の政策を国連軍側に通知したものである。国連軍側は、吉田書簡を受領した旨の書簡も発出していない。吉田書簡の内容を国連軍側と事前に協議することもなかった。これに対し、津田課長の一方的陳述は、アメリカ側と何度も交渉を重ね、結果として、一方的陳述という形式に落ち着いたのである。また、アメリカ側の原案では、津田課長の一方的陳述の内容を公式議事録に記録する、つまり、公にすることになっていた。しかし、裁判権の放棄が少しでも公になることに日本側が強く抵抗したため、秘密扱いとなった。繰り返すと、吉田書簡の場合は、純粋に日本側の一方的な政策の表明にすぎない。これに対し、一方的陳述は、実質的には、日米の合作だったのである。このような解釈は、アメリカ側が形式よりも実質を重視する交渉戦略で臨んでいたことを考え合わせると、より信憑性の高いものとなる。

刑事裁判権密約の実質

右にみたように、津田課長の一方的陳述は、一方的なものであるとはいえ「密約」を構成する。しかし、その内容は、はたして、本当に密約といえるのか否か、あらためて検討する必要がある。というのは、わが国の刑事訴訟法では、いわゆる起訴便宜主義がとられているからだ。刑事訴訟法第二四八条は、「犯人の性格、年齢及び境遇、犯罪の軽重及び情状並びに犯罪後の情況により訴追を必要としないときは、公訴を提起しないことができる。」と規定している。「犯罪の軽重」も公訴を提起するかしないかの判断材料となっている。したがって、津田課長が一方的陳述で実質的に重要な事件を除くとしている点は、「犯罪の軽重」の軽い場合を適用したにすぎないとも考えられる。問題は、刑事訴訟法が定める検察官の公訴権の行使に、米軍所属員の犯罪の場合には、特別な制約が課せられているのか否かである。そこで、もう一度、交渉過程を振り返ってみたい。

行政協定第一七条の改正交渉の山場を迎えた一九五三年八月二五日の三宅・バッシン会談に注目してみよう。このとき、バッシンは三宅にトーキング・ペーパーを手渡している。同ペーパーにはつぎのように記されていた。「もし日本政府が、アメリカ側が提案した放棄に関する公式議事録の内容を含み、日本側の観点から適切と考えられる政策に関する陳述を大使館に提示するなら、交渉は促進されると信ずる。」これを読んだ三宅は微笑みを浮かべ、「氷は破られた」と述べていたことを想起する必要がある。(113)

この会談で、三宅は、このアメリカ側の提案を日本側が受け入れられるのは、特に重要な事件とは何かを日本側が決定できる場合であると釘をさしている。バッシンもそのように理解していると述べた。と同時に、バッシンは、日本側当局がどのような事件が特に重要かを決定する際、起訴の対象を必要最小限に抑えるよう裁量権を最大限に発揮してもらいたいとも要望している。三宅は、この点は十分に理解していると応じた。(114)このことについては、前述の九月一六日の岡崎・アリソン会談も想起する必要がある。

このような交渉の経緯から、日本にとって特に重要な事件、あるいは、実質的に重要な事件を除き、日本側が裁判権を行使するにしても、訴追する事件を可能なかぎり少なくするとの意味合いが一方的陳述には含まれていたことがわかる。刑事訴訟法第二四八条に規定された検察官の公訴提起の権限に制約が課されていることを意味する。検察官は、米軍所属員の犯罪の場合、公訴の提起に慎重にならざるをえない。

また、一九五三年一〇月一三日、アリソン駐日大使が、犬養健法務大臣(このとき、同大臣は外務大臣臨時代理をつとめていた)を往訪した際、同大臣はつぎのように述べている。最近、検察官会同があり、その席で、裁判権に関する新たな行政協定の規定を幅広く解釈することが重要であると指摘した。また、同協定の「行間を読み」、協定の実施にあたっては、最大限に裁量を発揮するよう検察官に要請した。(115)

このように、犬養法務大臣は、米軍所属員が犯した罪について、検察官に裁量を求めていたのである。この点、刑事実務の運用でも裏付けられるのかを検討しておく必要がある。行政協定第一七条が改正された直後、「日本国とアメリカ合衆国との間の安全保障条約第三条に基く行政協定第一七条の改正について」と題する法務省の通達が発出されている。それによると、米軍所属員が犯した罪について、つぎのように規定されている。(116)

裁判権の行使について、「日本側において諸般の事情を勘案し実質的に重要であると認める事件についてのみ右の第一次の裁判権を行使するのが適当である。(117)」これは、津田課長の一方的陳述に沿ったものだ。問題は「実質的に重要」であるか否かの判断基準である。通達によれば、第一次裁判権を行使しない事案として、つぎのように列挙されている。

（イ）一般の標準に従い起訴猶予の処分を相当とするような事案

（ロ）合衆国の軍法に服する家族が犯した犯罪で、その被害法益が全く日本国又は日本国民に関係のない事案即ち、もっぱら合衆国の財産若しくは安全のみに対する罪又はもっぱら他の合衆国の構成員、軍属又はそれらの家族の身体若しくは財産のみに対する罪に係る事案

（ハ）その他諸般の事情を考慮し、実質的に見て、日本側において起訴を必要とする程度に重要であるとは認められない事案(118)

この判断基準をみるかぎり、刑事訴訟法の規定する起訴便宜主義にならい、当然のことを規定しているようにも受けとれる。ところが、米軍所属員を起訴するにあたっては、重要な制約が前提となっていたのである。それが、法務大臣の指揮権である。米軍所属員が犯した罪にかかる事件について、検察官が起訴または起訴猶予の処分をおこなう場合、原則として法務大臣の指揮を受けることとされている。手続としても、米軍所属員が犯した罪にかかる事件について、「起訴又は起訴猶予の処分をするときは、処分請訓規程に準ずる手続によりあらかじめ法務大臣の指揮を受けるものとする。」と定められている。(119)ここに処分請訓規程という聞きなれない規程が登場する。この規程はいかな

るものなのか、つぎに明らかにしたい。

処分請訓規程

処分請訓規程とは、一九四八年四月一日、法務庁検務局秘第三九号によって定められた規程である。[120] この規程は、検察庁法第一四条に基づく。同法第一四条によれば、法務大臣は、検察官を一般に指揮できるものの、個々の事件の取調または処分については、検事総長のみを指揮できる。処分請訓規程第一条には、「左に掲げる罪に係る事件について、起訴又は不起訴の処分を行う場合には、あらかじめ検事長の指揮を受けなければならない。」とある。これを受け、「左に掲げる罪」として、「一　外患に関する罪」から、「十四　過度経済力集中排除法違反の罪」まで、全部で一四の罪が列挙されている。

この処分請訓規程は、それまでの稟請手続を全面的に改正したものである。従来の身分を中心とする稟請は、事件を中心とする請訓に切り替えられた。請訓の必要な事件として、刑法の内乱に関する罪、外患に関する罪、国交に関する罪及び外国の君主もしくは大統領または外国の使節に対して犯された罪等、わが国の存立に重大な関係のある犯罪が挙げられている。そのほか、公職追放、経済民主化及び労働関係など、連合国軍最高司令部がとくに関心を有する犯罪に限定されている。[121] なお、日本の主権が回復した後は、連合国軍最高司令部がとくに関心を有する犯罪は削除され、外患、国交、外国の君主等に対する犯罪、合衆国軍隊の機密を犯す罪(刑事特別法第六条及び第七条)、労働委員会の請求をまって論ずる罪という五つが、検事長の指揮を受けなければならない犯罪となっている。[122] このほか、処分請訓規程の対象となるのは、破壊活動防止法違反事件である。[123]

この処分請訓規程によれば、検事長が同規程第一条により指揮をする場合、検事総長に請訓したうえ、検事総長の指揮を受けなければならない(同規程第三条)。さらにさかのぼり、検事総長が指揮をする場合、法務大臣に請訓したうえ、法務大臣の指揮を受けなければならない(同規程第四条)。このように下位者からの請訓、上位者からの指揮という関係になる。最終的には、処分請訓規程の対象となる犯罪は、検察庁法第一四条に基づき、法務大臣の指揮権下にある。[124]前述のように、検察庁法第一四条は、法務大臣は、個々の事件の取調または処分について、検事総長のみを指揮できる旨規定している。ただ、処分請訓規程にあるように、実際には、検事、検事長、検事総長、法務大臣という順で、下位者から上位者への請訓に基づき、処分請訓規程に列挙された個々の事件は、末端にいたるまで法務大臣の指揮権下にあるのである。

処分請訓規程は、一九五四年一二月二八日に改正されている。改正によって、「アメリカ合衆国並びに国際連合の軍隊の構成員、軍属及びそれらの家族の犯した罪」も処分請訓規程の対象に付け加えられた。この場合には、起訴処分をおこなう場合に限り請訓を要するものとされている。[125]

米軍所属員が犯した罪にかかる事件は、処分請訓規程に列挙された事件および破壊活動防止法違反事件と同列に置かれたことを意味する。右の改正にあるように、実際に処分請訓規程の適用対象となるのは、検察官が米軍所属員を起訴しようとする場合である。その際には検察官は検事長の指揮を仰ぐ必要がある。必然的に、起訴するかどうか、慎重にならざるを得ないことが予想される。これこそが、米軍所属員に対する起訴を必要最小限にすることの実務上の運用なのである。このように、米軍所属員が犯した罪にかかる事件の場合には、検察官の起訴便宜主義に制約が加えられている。実務上、米軍所属員に対する起訴は、慎重な上にも慎重に取り扱われているのである。

実際、検察は、米軍関係者をどの程度起訴しているのであろうか。第三章で論じるジラード事件に関連して、一九五七年六月四日、アイゼンハワー大統領は議会指導者たちと会談している。その際、大統領は、日本が優先的裁判権を有する一万四〇〇〇件の事例のうち、一万三六四二件について、日本側は自発的に裁判権を放棄したと説明している。[126]また、翌五日、上院軍事委員会で、国防省のロバート・デチャート法律顧問が証言している。そのなかで、一九五三年一〇月二九日(行政協定改正第一七条の刑事裁判権条項が発効した日である)以降、日本は、累計で、米軍関係者の犯罪のうち、九七%以上で裁判権を放棄していることを明らかにしている。これには、交通違反は含まれない。

さらに、国防省の記録によれば、行政協定が改正され、発効した一九五三年一〇月二九日から一九五六年一一月三〇日まで、日本が第一次裁判権を有する事件は、一万二五八一件であった。そのうち、日本で裁判に付された事件は三九六件(三・一%)である。実際に刑務所に収容された米軍関係者は八七人のみである。(127)

アメリカが地位協定を締結している他の国々の例では、裁判権を放棄している割合は平均で六〇%程度である。(128)日本の場合、米軍関係者に対する裁判権放棄率がいかに高いか、この数字からも裏付けられる。米軍関係者の起訴を最小限にするという約束を、日本は忠実に守っているのである。

密約方式の原型

行政協定第一七条の改正交渉が妥結した直後の九月二六日、「行政協定刑事裁判権条項の改訂交渉妥結案に関する件」と題する文書が外務省で決裁されている。そのなかに、「我方の交渉方針としては、日米行政協定第十七条第一項に基き、NATO方式による条約上の権利はすべてこれを確保せんがため、NATO方式より逸脱せる米側原案の修正乃至撤回方を強く主張すると共に、他方、軍隊の立場を考慮し、運用の円滑を図るため、条約上の権利を害せざる限度において、実際的解決方式の発見に努め、又、後日に問題を残す秘密協定の排除を旨とした。」(傍点は引用者による強調)とある。(129)確かに、形式的には、秘密協定を結ぶことはなかった。ただ、交渉過程から明らかなように、実質的に重要でない犯罪の場合、日本側は第一次裁判権を行使しないとアメリカ側に保証したのである。

この方式は、核持ち込み密約を示す「討議の記録」(Record of Discussion)に類似する。(130)一九六〇年に改定された日米安保条約には、「日本国とアメリカ合衆国との間の相互協力及び安全保障条約第六条の実施に関する交換公文」が附属していた。安保条約第六条では、米軍は日本における基地を使用できることがうたわれている。これに関しては、安保改定以前から、核の持ち込み、および、戦闘作戦行動のための基地使用が問題になっていた。それらは、同交換公文により日本側と事前に協議することとなったのである。いわゆる事前協議制度の導入である。そして、核搭載艦船の一時寄港、あるいは、核搭載軍用機の一時飛来は、事前協議の対象ではないとのアメリカ側の主張を明確にしたのが「討議の記録」という文書であった。

「討議の記録」は、当時の藤山外務大臣とマッカーサー駐日大使の合意を記録した文書である。事前協議について、「討議の記録」第二項(c)に「合衆国軍用機の飛来、合衆国海軍艦艇の日本領海への立ち入り・寄港に関する現行の手続きに影響を及ぼすとは解釈されない。」と規定されている。一時寄港・一時飛来は、これまで通り事前協議なしに可能であることが示された。(131)

この文書は、核搭載艦船の一時寄港を含む、すべての核搭載艦船の入港が事前協議の対象であるとする日本政府の公式の立場を覆す、重要な文書であった。この文書の解釈をめぐっては議論もあった。しかし、今日では、交渉過程の詳細な分析から、密約文書であったことが証明されている。

「討議の記録」が重要なのは、明確な合意を示すようにはみえない点である。合意文書ではなく、討議の様子を記録しただけなので、たとえこの文書がなんらかの形でリークされても、合意を否定できる仕組みとなっていた。その意味で、行政協定第一七条の改正にともなう一方的陳述と似たような性格を帯びている。アメリカ側としても、核搭載艦船の寄港等が、事前協議制度に縛られず、これまで通りおこなえる必要があった。「討議の記録」は、日本側の保証を示す証拠だった。日本で政権交代も想定され、後の政権をも拘束できるように、文書による保証をアメリカ側は求めたのである。

「討議の記録」および一方的陳述に共通するのは、合意にはみえないものの、実質的にアメリカ側の要求を日本側が保証する形式の文書が利用されていることである。刑事裁判権の場合には、刑事裁判権分科委員会の日本側代表による一方的陳述である。核持ち込みをめぐる事前協議制度では、「討議の記録」であった。このように、一見すると合意にはみえない文書の奥に、「密約」が潜んでいる可能性があることが明らかになった。

(1) http://www.47news.jp/CN/200810/CN2008102301000065.html　なお、この詳細は、『しんぶん赤旗』二〇〇八年一〇月二四日付のウェブ版で報じられている。http://www.jcp.or.jp/akahata/aik07/2008-10-24/2008102401_02_0.html　この密約については、吉田敏浩『密約――日米地位協定と米兵犯罪』毎日新聞社、二〇一〇年、布施祐仁『日米密約――裁かれない米兵犯罪』岩波書店、二〇一〇年を参照。

(2) リチャード・B・フィン(内田健三監訳)『マッカーサーと吉田茂』下、角川文庫、一九九五年、二五六頁。

(3) “Memorandum of Conversation, Legal Matters: US Contractors, Criminal Jurisdiction, Claims, and Land Issues, October 29, 1969”(Secret), RG260[Entry A1 2172]USCAR Records of the Administrative Office(HCRI-AO), Box 81, National Archives at College Park, MD.

(4) 東郷(印)「十月四日総理、外務大臣、在京米大使会談録」(極秘)、一九五八年一〇月四日、いわゆる「密約」問題に関する調査結果、その他関連文書一―一八、外務省。

(5) 「衆議院議員鈴木宗男君提出日本駐留米兵の裁判権に係る日米密約についての外務省の説明等に関する質問に対する答弁書」(答弁第五一一号)、二〇一〇年六月四日受領。

(6) これらのファイルは、外務省のウェブサイトで先行して掲載され、二〇一一年一二月二二日の外交記録公開で、正式に公開されている。

(7) 法務省刑事局『合衆国軍隊構成員等に対する刑事裁判権関係実務資料[検察提要六]』(秘)、検察資料一五八、一九七二年三月、二四頁。

(8) 同上。

(9) “Office Memorandum From John M. Allison to Mr. Rusk, Subject: Joint Chiefs of Staff Comments Regarding the Administrative Agreement between the United States and Japan Implementing Provisions of the Bilateral Security Treaty, August 22, 1951”(Secret), RG59 Central Decimal Files, 1950–1954, Box 2865, National Archives at College Park, MD; “Memorandum for Mr. Rusk, Mr. Johnson, Mr. Bond, Views of Office of United States Political Adviser for Japan Regarding Implementation of Security Treaty, October 8, 1951”(Secret), RG59 Central Decimal Files, 1950–1954, Box 2865, Na-

tional Archives at College Park, MD.

(10) "Memorandum for the President, January 18, 1952"(Secret), RG335〔Entry A1 63〕Correspondence Relating to Japanese Treaty Negotiations, 1951–1952, Box 2, National Archives at College Park, MD.

(11) "Office Memorandum From John M. Allison to Mr. Rusk, Subject: Joint Chiefs of Staff Comments Regarding the Administrative Agreement between the United States and Japan Implementing Provisions of the Bilateral Security Treaty, August 22, 1951"(Secret), RG59 Central Decimal Files, 1950–1954, Box 2865, National Archives at College Park, MD.

(12) "Memorandum for the Secretary of Defense, Subject: Documents Relating to the Japanese Peace Treaty, Omar N. Bradley (Chairman, Joint Chiefs of Staff), August 8, 1951"(Secret), RG59 Central Decimal Files, 1950–1954, Box 2865, National Archives at College Park, MD; "Office Memorandum From John M. Allison to Mr. Rusk, Subject: Joint Chiefs of Staff Comments Regarding the Administrative Agreement between the United States and Japan Implementing Provisions of the Bilateral Security Treaty, August 22, 1951"(Secret), RG59 Central Decimal Files, 1950–1954, Box 2865, National Archives at College Park, MD; "Draft Administrative Agreement Between the United State of America and Japan, January 16, 1952"(Secret), RG59 Central Decimal Files, 1950–1954, Box 2865, National Archives at College Park, MD; "Memorandum for the President, January 18, 1952"(Secret), RG335〔Entry A1 63〕Correspondence Relating to Japanese Treaty Negotiations, 1951–1952, Box 2, National Archives at College Park, MD; "Memorandum for the President From Dean Rusk, Subject: Draft Article on Criminal Jurisdiction, January 22, 1952"(Secret), RG59 Central Decimal Files, 1950–1954, Box 2865, National Archives at College Park, MD.

(13) この九〇日を過ぎても、英連邦軍が駐留できた根拠は、「吉田・アチソン交換公文」(一九五一年九月八日)である。同交換公文で、朝鮮戦争に関連して、日本は国連軍を日本およびその附近において支持する旨を約束している。当時、日本は国連加盟国ではなかったため、一般的な形で国連協力をうたったものである。行政協定にあるような具体的な義務まで負っているとは考えられていなかった。

(14) ＮＡＴＯ軍地位協定の条文は、国立国会図書館調査立法考査局『西ドイツに駐留するＮＡＴＯ軍の地位に関する諸協定』調査資料七五―三、一九七六年三月を参照している。

(15) "Draft Agreement Regarding Status of United Nations Forces in Japan"(極秘)、一九五二年三月一二日、外務省編纂『日本外交文書　平和条約の締結に関する調書　第五冊(Ⅷ)』外務省、二〇〇二年、三八一―四〇五頁。

(16) 「国連軍に対する協力について交換公文の件(経過要領)」(極秘)、一九五二年五月二日、『日本国における国際連合の軍隊の地位に関する協定関係一件』第一巻、B'.2.7.0.3, 外交史料館。

(17) 外務省編纂『日本外交文書　平和条約の締結に関する調書　第五冊(Ⅷ)』外務省、二〇〇二年、四〇六頁。

(18) "Memorandum for the Record, Subject: Discussion with Mr. Okazaki on Standstill Agreement for UN Forces other than US, Present: Mr. Okazaki, Mr. Nishimura, Lt. General Hickey, April 29, 1952"(Secret), RG84[Entry UD 2828A]Japan; U.S. Embassy, Tokyo; Classified General Records, 1952–1963, Box 2, National Archives at College Park, MD.

(19) 「米大使の大臣訪問会談録」(極秘)、一九五二年五月二四日、『日本国における国際連合の軍隊の地位に関する協定関係一件』第一巻、B'.2.7.0.3, 外交史料館。

(20) 「国連軍に対する協力について交換公文の件(経過要領)」(極秘)、一九五二年五月二日、『日本国における国際連合の軍隊の地位に関する協定関係一件』第一巻、B'.2.7.0.3, 外交史料館。

(21) 西村「一九五二年四月二八日午后八時　岡崎国務大臣ヒッキー参謀長会談要旨」、一九五二年四月二八日、『日本国における国際連合の軍隊の地位に関する協定関係一件』第一巻、B'.2.7.0.3, 外交史料館。"Memorandum for the Record, Subject: Discussion with Mr. Okazaki on Standstill Agreement for UN Forces other than US, Present: Mr. Okazaki, Mr. Nishimura, Lt. General Hickey, April 29, 1952"(Secret), RG84[Entry UD 2828A]Japan; U.S. Embassy, Tokyo; Classified General Records, 1952–1963, Box 2, National Archives at College Park, MD.

(22) 外務省編纂『日本外交文書　平和条約の締結に関する調書　第五冊(Ⅷ)』外務省、二〇〇二年、四〇八頁。書簡案の全文は、"(Draft Note from UNC to Japanese Government as of May 6, 1952)"(Confidential), RG84[Entry UD 2828A]Japan; U.S. Embassy, Tokyo; Classified General Records, 1952–1963, Box 2, National Archives at College Park, MD を参照。

(23) 「国際連合軍司令官から日本国外務大臣あての来簡案」(極秘)、一九五二年五月六日、外務省編纂『日本外交文書　平和条約の締結に関する調書　第五冊(Ⅷ)』外務省、二〇〇二年、四〇七頁。

(24)「来簡要旨」、一九五二年五月一三日(と思われる)、『日本国における国際連合の軍隊の地位に関する協定関係一件』第一巻、B'.2.7.0.3, 外交史料館。
(25) 杉浦「国連軍兵士の犯罪に関する件」(秘)、一九五二年五月一二日、『日本国における国際連合の軍隊の地位に関する協定関係一件』第一巻、B'.2.7.0.3, 外交史料館。
(26) 杉浦「国連軍との間の書簡交換に関する件」(秘)、一九五二年五月一三日、『日本国における国際連合の軍隊の地位に関する協定関係一件』第一巻、B'.2.7.0.3, 外交史料館。"Memorandum of Conversation, Subject: United Nations Interim Agreement: Jurisdiction, Participants: Mr. H. Sugiura, Mr. A. Shigemitsu, Mr. R. B. Finn, May 13, 1952" (Confidential), RG84 [Entry UD 2828A] Japan; U.S. Embassy, Tokyo; Classified General Records, 1952–1963, Box 2, National Archives at College Park, MD.
(27) 杉浦「国連軍との間の書簡交換に関する件」(秘)、一九五二年五月一三日、『日本国における国際連合の軍隊の地位に関する協定関係一件』第一巻、B'.2.7.0.3, 外交史料館。
(28) "Letter From Robert J. O. McClurkin (Deputy Director, Office of the Northeast Asian Affairs) to Niles Bond (Counsellor, American Embassy, Tokyo), May 16, 1952" (Confidential), RG59 Central Decimal Files, 1950–1954, Box 4242A, National Archives at College Park, MD.
(29) 杉浦「国連軍との書簡交換に関する件」(極秘)、一九五二年五月一四日、『日本国における国際連合の軍隊の地位に関する協定関係一件』第一巻、B'.2.7.0.3, 外交史料館。
(30) 杉浦「国連軍との書簡交換に関する件」(極秘)、一九五二年五月一七日、『日本国における国際連合の軍隊の地位に関する協定関係一件』第一巻、B'.2.7.0.3, 外交史料館。
(31) 杉浦「国連軍との書簡交換に関する件(法務府意見局林局長訪問)」(極秘)、一九五二年五月一七日、『日本国における国際連合の軍隊の地位に関する協定関係一件』第一巻、B'.2.7.0.3, 外交史料館。
(32)「国連軍の将兵に関する刑事裁判権行使について」、一九五二年五月二〇日、『日本国における国際連合の軍隊の地位に関する協定関係一件』第一巻、B'.2.7.0.3, 外交史料館。
(33)「木村篤太郎法務府総裁から岡崎外務大臣宛書簡」(極秘)、一九五二年五月二〇日、『日本国における国際連合の軍隊の地位に関する協定関係一件』第一巻、B'.2.7.0.3, 外交史料館。

（34）杉浦「国連軍との書簡交換に関する件」(極秘)、一九五二年五月二二日、『日本国における国際連合の軍隊の地位に関する協定関係一件』第一巻、B'.2.7.0.3, 外交史料館。

（35）刑政長官清原邦一発検事正・検事長宛法務府検務第一五九三八号「外国軍隊の将兵に係る違反事件の処理について」、一九五二年五月一七日、『日本国における国際連合の軍隊の地位に関する協定関係一件　刑事裁判権　吉田書簡関係』、B'.2.7.0.3–2–2, 外交史料館。

（36）杉浦「国連軍との協定に関する件」(極秘)、一九五二年五月二七日、『日本国における国際連合の軍隊の地位に関する協定関係一件』第一巻、B'.2.7.0.3, 外交史料館。"Telegram From the Embassy in Japan to the Department of State, No. 244, May 24, 1952"(Confidential), RG84[Entry UD 2828A]Japan; U.S. Embassy, Tokyo; Classified General Records, 1952–1963, Box 2, National Archives at College Park, MD.

（37）"Memorandum for the Record, Subject: Summary of Discussion between Foreign Minister Okazaki and Lieutenant General Hickey on UN Interim Agreement with Japanese Government, May 25, 1952"(Secret), RG84[Entry UD 2828A] Japan; U.S. Embassy, Tokyo; Classified General Records, 1952–1963, Box 2, National Archives at College Park, MD.

（38）"Memorandum for the Record, Subject: Conversation Between Ambassador Murphy and Prime Minister Yoshida Regarding UNC-Japan Agreement, May 28, 1952"(Confidential), RG84[Entry UD 2828A]Japan; U.S. Embassy, Tokyo; Classified General Records, 1952–1963, Box 2, National Archives at College Park, MD.; "Telegram From the Embassy in Japan to the Department of State, No. 280, May 28, 1952"(Confidential), RG84[Entry UD 2828A]Japan; U.S. Embassy, Tokyo; Classified General Records, 1952–1963, Box 2, National Archives at College Park, MD.

（39）杉浦(と思われる)「国連軍との協定に関する件」、一九五二年五月二八日、『日本国における国際連合の軍隊の地位に関する協定関係一件』第一巻、B'.2.7.0.3, 外交史料館。

（40）鹿島平和研究所編『日本外交主要文書・年表』第一巻、原書房、一九八三年、五一八頁。

（41）刑政長官清原邦一発検事長宛法務府検務局検務第二〇二六九号「在日国連軍将兵の刑事事件に関する取扱基準について」、一九五二年六月二三日、『日本国における国際連合の軍隊の地位に関する協定関係一件　刑事裁判権　吉田書簡

関係』、B'2.7.0.3-2-2, 外交史料館。

(42) 外務省条約局「吉田書簡に関する擬問擬答」(秘)、一九五二年九月一日、『日本国における国際連合の軍隊の地位に関する協定関係一件　刑事裁判権　吉田書簡関係』、B'2.7.0.3-2-2, 外交史料館。

(43) 英水兵事件については、「マーフィー米大使発岡崎外務大臣あて書簡訳(二七、七、一〇)」(極秘)、一九五二年七月一〇日、『日本国における国際連合の軍隊の地位に関する協定関係一件』第二巻、B'2.7.0.3, 外交史料館を参照。

(44)『朝日新聞』一九五二年八月一六日。

(45)「国連軍所属員の刑事事件に関する吉田内閣総理大臣書簡の公表に関する件」(極秘)、一九五二年九月二日、『日本国における国際連合の軍隊の地位に関する協定関係一件　刑事裁判権　吉田書簡関係』、B'2.7.0.3-2-2, 外交史料館。

(46)「国連軍との協定に関する件」、一九五二年六月二五日、『日本国における国際連合の軍隊の地位に関する協定関係一件』第一巻、B'2.7.0.3, 外交史料館。"Telegram From the Embassy in Japan to the Department of State, No. 681, June 23, 1953"(Confidential), RG84[Entry UD 2828A]Japan; U.S. Embassy, Tokyo; Classified General Records, 1952–1963, Box 2, National Archives at College Park, MD.

(47) "Telegram From the Embassy in Japan to the Department of State, No. 741, June 23, 1953"(Confidential), RG84[Entry UD 2828A]Japan; U.S. Embassy, Tokyo; Classified General Records, 1952–1963, Box 2, National Archives at College Park, MD.

(48) 岡崎大臣発井口大使(在加)宛公電第九八号「国連軍関係交換公文に関する件」(極秘)、一九五二年七月三日、『日本国における国際連合の軍隊の地位に関する協定関係一件』第二巻、B'2.7.0.3, 外交史料館。

(49)「国連軍との協定に関する交渉対処方針及び国内よ論指導方針について」(極秘)、一九五二年七月七日、『日本国における国際連合の軍隊の地位に関する協定関係一件』第二巻、B'2.7.0.3, 外交史料館。

(50)「刑事裁判権に関する日本側陳述(案)」(極秘)、一九五二年七月一五日、『日本国における国際連合の軍隊の地位に関する協定関係一件』第二巻、B'2.7.0.3, 外交史料館。

(51) 奥村参与、「国連軍協定(ボンドとの非公式会談)」(極秘)、一九五二年七月二一日、『日本国における国際連合の軍隊の地位に関する協定関係一件』第二巻、B'2.7.0.3, 外交史料館。

(52) バッシン試案に関しては、「刑事裁判管轄権に関するバッシン試案」(極秘)、一九五二年八月二日、『日本国における国際連合の軍隊の地位に関する協定関係一件』第一巻、B'.2.7.0.3, 外交史料館、「下田・バッシン會談において先方の仄めかしたる国連軍協定妥協試案の大綱」(極秘)、一九五二年八月二日、『日本国における国際連合の軍隊の地位に関する協定関係一件』第二巻、B'.2.7.0.3, 外交史料館、下田記「国連軍協定に関する件」(極秘)、一九五二年八月三日、『日本国における国際連合の軍隊の地位に関する協定関係一件』第二巻、B'.2.7.0.3, 外交史料館を参照。また、条三「刑事裁判管轄権に関するバッシン試案骨子」(極秘)、一九五二年八月一九日、『日本国における国際連合の軍隊の地位に関する協定関係一件』第一巻、B'.2.7.0.3, 外交史料館も参照。

(53) 下田記「国連軍協定に関する件」(極秘)、一九五二年八月三日、『日本国における国際連合の軍隊の地位に関する協定関係一件』第二巻、B'.2.7.0.3, 外交史料館。

(54) 三宅参事官「国連軍協定に関しバッシン米大使館法律顧問の談話に関する件」(極秘)、一九五二年八月四日、『日本国における国際連合の軍隊の地位に関する協定関係一件』第二巻、B'.2.7.0.3, 外交史料館。

(55) 同上。

(56) 奥村参與「国連軍に関する協定一件(ボンド参事官との會談)」(極秘)、一九五二年八月五日、『日本国における国際連合の軍隊の地位に関する協定関係一件』第二巻、B'.2.7.0.3, 外交史料館。“Memorandum of Conversation, Participants: Katsuzo Okumura, Niles W. Bond, Subject: UN Forces Agreement, August 5, 1952”(Confidential), RG84[Entry UD 2828A]Japan; U.S. Embassy, Tokyo; Classified General Records, 1952–1963, Box 2, National Archives at College Park, MD; “Memo To: N. W. B., Subject: Criminal Jurisdiction for UN Agreement, August 5, 1952”(Confidential), RG84[Entry UD 2828A]Japan; U.S. Embassy, Tokyo; Classified General Records, 1952–1963, Box 2, National Archives at College Park, MD.

(57) この案の詳細については、奥村参與「刑事裁判権に関する規定の要点」(極秘)、一九五二年八月四日、『日本国における国際連合の軍隊の地位に関する協定関係一件』第一巻、B'.2.7.0.3, 外交史料館を参照。

(58) “Telegram From the Embassy in Japan to the Department of State, No. 848, September 8, 1952”(Secret), RG84[Entry UD 2828A]Japan; U.S. Embassy, Tokyo; Classified General Records, 1952–1963, Box 3, National Archives at College

Park, MD.

(59) 下田記「国連軍協定(刑事裁判管轄権)に関する件」(極秘)、一九五二年八月六日、『日本国における国際連合の軍隊の地位に関する協定関係一件』第一巻、B'.2.7.0.3, 外交史料館。

(60) 奥村参与「刑事裁判権に関する規定の要点」(極秘)、一九五二年八月四日、『日本国における国際連合の軍隊の地位に関する協定関係一件』第一巻、B'.2.7.0.3, 外交史料館。

(61) 奥村「国連軍協定の刑事裁判権について」(極秘)、一九五二年八月二七日、『日本国における国際連合の軍隊の地位に関する協定関係一件』第一巻、B'.2.7.0.3, 外交史料館。

(62) この問題については、外務省編纂『日本外交文書　日中戦争』第四冊、六一書房、二〇一一年、二四五七―二七一二頁を参照。

(63)「(日本側新提案仮訳)第□条　刑事裁判権(案)」(極秘)、一九五二年九月一二日、『日本国における国際連合の軍隊の地位に関する協定関係一件』第一巻、B'.2.7.0.3, 外交史料館。

(64) 下田記「刑事裁判管轄権日本側対案提出の件(国連軍協定交渉)」(極秘)、一九五二年九月一二日、『日本国における国際連合の軍隊の地位に関する協定関係一件』第一巻、B'.2.7.0.3, 外交史料館。日本側新提案の詳細は、「(日本側新提案仮訳)第□条　刑事裁判権(案)」(極秘)、一九五二年九月一二日、『日本国における国際連合の軍隊の地位に関する協定関係一件』第一巻、B'.2.7.0.3, 外交史料館を参照。"Telegram From the Embassy in Japan to the Department of State, No. 931, September 16, 1952"(Confidential), RG84[Entry UD 2828A]Japan; U.S. Embassy, Tokyo; Classified General Records, 1952–1963, Box 3, National Archives at College Park, MD. 日本側のメモ(Pro Memoria)は、"Telegram From the Embassy in Japan to the Department of State, No. 931, September 16, 1952"(Confidential), RG84[Entry UD 2828A]Japan; U.S. Embassy, Tokyo; Classified General Records, 1952–1963, Box 3, National Archives at College Park, MD を参照。

(65) 下田記「刑事裁判管轄権日本側対案提出の件(国連軍協定交渉)」(極秘)、一九五二年九月一二日、『日本国における国際連合の軍隊の地位に関する協定関係一件』第一巻、B'.2.7.0.3, 外交史料館。

(66) 奥村「国連軍協定一件」、一九五二年九月一三日、『日本国における国際連合の軍隊の地位に関する協定関係一件』

第二巻、B'.2.7.0.3, 外交史料館。

（67）“Status of UN Forces in Japan, September 24, 1952”(Confidential), RG84[Entry UD 2828A]Japan; U.S. Embassy, Tokyo; Classified General Records, 1952–1963, Box 3, National Archives at College Park, MD; “Telegram From the Department of State to the Embassy in Japan, No. 795, September 25, 1952”(Secret), RG59 Central Decimal Files, 1950–1954, Box 2867, National Archives at College Park, MD.

（68）“Telegram From the Embassy in Japan to the Department of State, No. 1277, October 20, 1952”(Secret), RG84[Entry UD 2828A]Japan; U.S. Embassy, Tokyo; Classified General Records, 1952–1963, Box 3, National Archives at College Park, MD.

（69）松平参与「一一月一二日外相官邸における国連軍協定に関する日、米、英連邦各代表会議会談録」（極秘）、一九五二年一一月一二日、『日本国における国際連合の軍隊の地位に関する協定関係一件』第一巻、B'.2.7.0.3, 外交史料館。

（70）松平参与「国連軍協定刑事裁判権に関する日、米、英連邦代表第二回会議会談録要旨」（極秘）、一九五二年一一月二五日、『日本国における国際連合の軍隊の地位に関する協定関係一件』第一巻、B'.2.7.0.3, 外交史料館。

（71）「国連軍協定交渉対処方針案」（極秘）、一九五二年一一月二六日、『日本国における国際連合の軍隊の地位に関する協定関係一件』第一巻、B'.2.7.0.3, 外交史料館。“Telegram From the Embassy in Japan to the Department of State, No. 1987, December 22, 1952”(Confidential), RG84[Entry UD 2828A]Japan; U.S. Embassy, Tokyo; Classified General Records, 1952–1963, Box 3, National Archives at College Park, MD.

（72）法務省刑事局岡原昌男発検事長・検事正宛法務省刑事局刑事第四三九七七号「在日国連軍の軍隊構成員等の刑事事件に関する取扱基準」（極秘）、一九五二年一二月二七日、『日本国における国際連合の軍隊の地位に関する協定関係一件　刑事裁判権　吉田書簡関係』、B'.2.7.0.3-2-2, 外交史料館。

（73）行政協定第一七条改正交渉にいたる経緯は、外務省条約局「日本国とアメリカ合衆国との間の安全保障条約第三条に基く行政協定第十七条を改正する議定書の解説（未定稿）」、一九五三年九月二八日、『日米安全保障条約関係一件　第三条に基づく行政協定関係　刑事裁判権条項改正関係（第一七条）』第二巻、B'.5.1.0.J/U3-1-2, 外交史料館を参照。

（74）“Memorandum for the President, January 18, 1952”(Secret), RG335[Entry A1 63]Correspondence Relating to Japanese Treaty Negotiations, 1951–1952, Box 2, National Archives at College Park, MD. なお、国務省および国防省のそれぞれの案は、"Draft Administrative Agreement Between the United State of America and Japan, January 16, 1952"(Secret), RG59 Central Decimal Files, 1950–1954, Box 2865, National Archives at College Park, MD を参照。

(75)「日本国とアメリカ合衆国との間の安全保障条約第三条に基く行政協定第十七条を改正する議定書(案)」(極秘)、一九五三年四月一四日、『日米安全保障条約関係一件　第三条に基づく行政協定関係　刑事裁判権条項改正関係(第一七条)』第三巻、B'.5.1.0.J/U3–1–2, 外交史料館。「日米行政協定改訂方申入れに関する外務省発表」、一九五三年四月一四日午後六時、『日米安全保障条約関係一件　第三条に基づく行政協定関係　刑事裁判権条項改正関係(第一七条)』第三巻、B'.5.1.0.J/U3–1–2, 外交史料館。

(76) 外務省条約局「日本国とアメリカ合衆国との間の安全保障条約第三条に基く行政協定第十七条を改正する議定書の解説(未定稿)」、一九五三年九月二八日、『日米安全保障条約関係一件　第三条に基づく行政協定関係　刑事裁判権条項改正関係(第一七条)』第二巻、B'.5.1.0.J/U3–1–2, 外交史料館。法務省刑事局『合衆国軍隊構成員等に対する刑事裁判権関係実務資料[検察提要六]』(秘)、七頁。

(77)「日本国とアメリカ合衆国との間の安全保障条約第三条に基く行政協定第十七条を改正する議定書(アメリカ側案)」(極秘)、一九五三年八月一八日、『日米安全保障条約関係一件　第三条に基づく行政協定関係　刑事裁判権条項改正関係(第一七条)』第三巻、B'.5.1.0.J/U3–1–2, 外交史料館。

(78)「日本国とアメリカ合衆国との間の行政協定第十七条を改正する議定書に関する公式議事録」(極秘)、一九五三年八月一七日、『日米安全保障条約関係一件　第三条に基づく行政協定関係　刑事裁判権条項改正関係(一七条)』第三巻、B'.5.1.0.J/U3–1–2, 外交史料館。原文は、"A Letter From American Embassy to Katsuo Okazaki, Minister for Foreign Affairs, August 17, 1953"(Confidential), RG319[Entry A1 60]Security Classified Correspondence of the Public Affairs Division, 1950–1964, Box 7, National Archives at College Park, MD を参照。

(79) "Memorandum for the Ambassador from John B. Henderson, Department of Defense Representative, Subject: Article XVII Negotiations, August 12, 1953"(Confidential), RG319[Entry A1 60]Security Classified Correspondence of the Public Affairs Division, 1950–1964, Box 7, National Archives at College Park, MD.

（80）このことは、アメリカ側も十分に承知していた。American Embassy, Tokyo, "Negotiation on Criminal Jurisdiction Provisions for the Administrative and U.N. Status of Forces Agreement"(Confidential), August 6, 1953, RG84［Entry UD 2828A］Japan; U.S. Embassy, Tokyo; Classified General Records, 1952–1963, Box 18, National Archives at College Park, MD を参照。

（81）松平参与「行政協定刑事裁判権条項改訂交渉に関する件」（極秘）、一九五三年八月一八日、『日米安全保障条約関係一件　第三条に基づく行政協定関係　刑事裁判権条項改正関係（第一七条）』第一巻、B'.5.1.0.J/U3–1–2, 外交史料館。"Memorandum for the Record, Subject: Article XVII Negotiations - First Informal Meeting, August 19, 1953"(Confidential), RG84［Entry UD 2828A］Japan; U.S. Embassy, Tokyo; Classified General Records, 1952–1963, Box 18, National Archives at College Park, MD.

（82）American Embassy, Tokyo, "Negotiations on Criminal Jurisdiction Provided for the Administrative and U.N. Status of Forces Agreement"(Confidential), August 6, 1953, RG84［Entry UD 2828A］Japan; U.S. Embassy, Tokyo; Classified General Records, 1952–1963, Box 18, National Archives at College Park, MD.

（83）Department of State, *United States Treaties and Other International Agreements*, Volume 4 in Two Parts, Part 2, 1953, Washington DC: United States Government Printing Office, 1955, pp. 1828–1829.

（84）松平参与「行政協定改訂交渉に関する件」（極秘）、一九五三年八月一九日、『日米安全保障条約関係一件　第三条に基づく行政協定関係　刑事裁判権条項改正関係（第一七条）』第三巻、B'.5.1.0.J/U3–1–2, 外交史料館。

（85）三宅参事官「行政協定刑事裁判権条項の改訂に関する三宅、バッシン会談要録」（極秘）、一九五三年八月二五日、『日米安全保障条約関係一件　第三条に基づく行政協定関係　刑事裁判権条項改正関係（第一七条）』第三巻、B'.5.1.0.J/U3–1–2, 外交史料館。

（86）"Telegram From the Embassy in Japan to the Department of State, No. 468, August 20, 1953"(Confidential), RG84［Entry UD 2828A］Japan; U.S. Embassy, Tokyo; Classified General Records, 1952–1963, Box 18, National Archives at College Park, MD.

（87）八月二一日および二五日の三宅・バッシン会談については、三宅参事官「行政協定刑事裁判権条項の改訂に関する三宅、バッシン会談要録」(極秘)、一九五三年八月二五日、『日米安全保障条約関係一件　第三条に基づく行政協定関係刑事裁判権条項改正関係(第一七条)』第三巻、B'.5.1.0.J/U3-1-2, 外交史料館、"Memorandum of Conversation, Subject: Waiver of Jurisdiction in Administrative Agreement, Participants: Jules Bassin, Mr. Miyake, Mr. Shimoda, August 21, 1953"(Confidential), RG84[Entry UD 2828A]Japan; U.S. Embassy, Tokyo; Classified General Records, 1952–1963, Box 18, National Archives at College Park, MD による。以下の引用も同じ文書による。

(88) 三宅参事官「行政協定刑事裁判権条項の改訂に関する三宅、バッシン会談要録」(極秘)、一九五三年八月二五日、『日米安全保障条約関係一件　第三条に基づく行政協定関係　刑事裁判権条項改正関係(第一七条)』第三巻、B'.5.1.0.J/U3-1-2, 外交史料館。

(89) 同上。

(90) 同上。

(91) "Memorandum of Conversation, Subject: Waiver of Jurisdiction in Administrative Agreement, Participants: Jules Bassin (American Embassy), Mr. Miyake (Foreign Office), By Jules Bassin, August 25, 1953"(Confidential), RG84[Entry UD 2828A]Japan; U.S. Embassy, Tokyo; Classified General Records, 1952–1963, Box 18, National Archives at College Park, MD.

(92) 三宅参事官「行政協定刑事裁判権条項の改訂に関する三宅、バッシン会談要録」(極秘)、一九五三年八月二五日、『日米安全保障条約関係一件　第三条に基づく行政協定関係　刑事裁判権条項改正関係(一七条)』第三巻、B'.5.1.0.J/U3-1-2, 外交史料館。

(93) "Memorandum of Conversation, Subject: Waiver of Jurisdiction in Administrative Agreement, Participants: Jules Bassin (American Embassy), Mr. Miyake (Foreign Office), By Jules Bassin, August 25, 1953"(Confidential), RG84[Entry UD 2828A]Japan; U.S. Embassy, Tokyo; Classified General Records, 1952–1963, Box 18, National Archives at College Park, MD.

(94) この点、アメリカ側記録では、なるべく秘密の文書を残したくないというのがアメリカ側の基本方針であった。"Telegram From the Embassy in Japan to the Department of State, No. 516, August 26, 1953"(Confidential), RG84[Entry

UD 2828A]Japan; U.S. Embassy, Tokyo; Classified General Records, 1952–1963, Box 18, National Archives at College Park, MD.

(95) "Memorandum of Conversation, Subject: Waiver of Jurisdiction in Administrative Agreement, Participants: Jules Bassin (American Embassy), Mr. Miyake (Foreign Office), By Jules Bassin, August 25, 1953"(Confidential), RG84[Entry UD 2828A]Japan; U.S. Embassy, Tokyo; Classified General Records, 1952–1963, Box 18, National Archives at College Park, MD.

(96) Ibid.

(97)「3.(c)及び5.(a)に関する日本側代表陳述案」(極秘)、一九五三年八月二六日、『日米安全保障条約関係一件　第三条に基づく行政協定関係　刑事裁判権条項改正関係(第一七条)』第二巻、B'.5.1.0.J/U3-1-2, 外交史料館。

(98) 松平参与「行政協定刑事裁判権条項の改訂交渉に関する件」(極秘)、一九五三年八月二八日、『日米安全保障条約関係一件　第三条に基づく行政協定関係　刑事裁判権条項改正関係(第一七条)』第一巻、B'.5.1.0.J/U3-1-2, 外交史料館。

(99) 岡崎大臣発新木在米大使宛公電第八三二号「行政協定改訂交渉に関する件」(秘)、一九五三年八月二八日、『日米安全保障条約関係一件　第三条に基づく行政協定関係　刑事裁判権条項改正関係(第一七条)』第一巻、B'.5.1.0.J/U3-1-2, 外交史料館。

(100) "Telegram From the Embassy in Japan to the Department of State, No. 556, August 30, 1953"(Confidential), RG59 Central Decimal Files, 1950–1954, Box 2869, National Archives at College Park, MD.

(101) この間の日米間における微妙な交渉については、"Telegram From the Embassy in Japan to the Department of State, No. 590, September 2, 1953"(Confidential), RG59 Central Decimal Files, 1950–1954, Box 2870, National Archives at College Park, MD を参照。

(102) 松平参与「行政協定刑事裁判権条項の改訂交渉に関する件」(極秘)、一九五三年九月二日、『日米安全保障条約関係一件　第三条に基づく行政協定関係　刑事裁判権条項改正関係(第一七条)』第一巻、B'.5.1.0.J/U3-1-2, 外交史料館。"Telegram From the Department of State to the Embassy in Japan, No. 510, August 28, 1953"(Confidential), RG84[Entry UD 2828A]Japan; U.S. Embassy, Tokyo; Classified General Records, 1952–1963, Box 18, National Archives at College

Park, MD. なお、アメリカ側は、この点を機密保持の観点から、日本側に伝えることを躊躇していた。"Memorandum for the Ambassador from John B. Henderson, Department of Defense Representative, Subject: Article XVII Negotiations, August 12, 1953"(Confidential), RG319［Entry A1 60］Security Classified Correspondence of the Public Affairs Division, 1950–1964, Box 7, National Archives at College Park, MD. それでも、この点を伝えたということは、日本側を説得するための材料として必要だと判断したからである。

（103）"Telegram From the Department of State to the Embassy in Japan, No. 510, August 28, 1953"(Confidential), RG84［Entry UD 2828A］Japan; U.S. Embassy, Tokyo; Classified General Records, 1952–1963, Box 18, National Archives at College Park, MD.

（104）"Telegram From the Department of State to the Embassy in Japan, No. 324, July 31, 1952"(Top Secret), RG59 Central Decimal Files, 1950–1954, Box 4242A, National Archives at College Park, MD. また、"Summary of Status of Forces Jurisdiction Arrangements, October 11, 1955," RG84［Entry UD 2525D］Germany Bonn Embassy Political (Status of Forces)Subject Files, 1952–1959, Box 8, National Archives at College Park, MD も参照。なお、その後、附属書は公開され、第三条で刑事裁判権について規定されている。同条はＮＡＴＯ軍地位協定の刑事裁判権にならったものである。詳しくは、"Annex on the Status of United States Personnel and Property," Department of State, *United States Treaties and Other International Agreements*, Volume 2 in Two Parts, Part 2, 1951, Washington DC: United States Government Printing Office, 1952, pp. 1533–1553 を参照。

（105）"Statement by Japanese and American Representatives concerning paragraph 3.(c)at Regular Meeting, August 29, 1953"(Confidential),『日米安全保障条約関係一件　第三条に基づく行政協定関係　刑事裁判権条項改正関係（第一七条）』第三巻、B'.5.1.0.J/U3–1–2, 外交史料館。

（106）「例外的に重要」および「特に重要」をめぐる議論については、"Memorandum of Conversation, Subject: Criminal Jurisdiction Negotiations, Participants: Mr. Bassin, Mr. Henderson, Mr. Matsudaira, Mr. Miyake, Mr. Kanbara, Mr. Tsuda, September 1, 1953"(Confidential), RG84［Entry UD 2828A］Japan; U.S. Embassy, Tokyo; Classified General Records, 1952–1963, Box 18, National Archives at College Park, MD を参照。

(107)「(仮訳)合同委員会裁判権小委員会刑事部会の会談における日本国代表の陳述」(極秘)、一九五三年九月一二日、『日米安全保障条約関係一件　第三条に基づく行政協定関係　刑事裁判権条項改正関係(第一七条)』第二巻、B'.5.1.0.J/U3-1-2, 外交史料館。

(108)岡崎大臣発新木在米大使宛公電第八七六号「行政協定刑事裁判権条項の改訂交渉に関する件」(極秘)、一九五三年九月一〇日、『日米安全保障条約関係一件　第三条に基づく行政協定関係　刑事裁判権条項改正関係(第一七条)』第一巻、B'.5.1.0.J/U3-1-2, 外交史料館。"Telegram From the Embassy in Japan to the Department of State, No. 647, September 10, 1953"(Confidential), RG84[Entry UD 2828A]Japan; U.S. Embassy, Tokyo; Classified General Records, 1952–1963, Box 18, National Archives at College Park, MD.

(109)"Telegram From the Embassy in Japan to the Department of State, No. 704, September 17, 1953"(Confidential), RG84[Entry UD 2828A]Japan; U.S. Embassy, Tokyo; Classified General Records, 1952–1963, Box 18, National Archives at College Park, MD.

(110)松平参与「行政協定改訂に関する件」(極秘)、一九五三年九月一一日、『日米安全保障条約関係一件　第三条に基づく行政協定関係　刑事裁判権条項改正関係(第一七条)』第三巻、B'.5.1.0.J/U3-1-2, 外交史料館。

(111)"Memorandum for the Record from John B. Henderson, Subject: Clearance of Draft United States-Japanese Criminal Jurisdiction Arrangements, October 2, 1953"(Confidential), RG319[Entry A1 60]Security Classified Correspondence of the Public Affairs Division, 1950–1964, Box 7, National Archives at College Park, MD.

(112)「第十七回国会衆議院会議録」第一号(その一)、官報号外、一九五三年一〇月二九日、四頁。

(113)"Memorandum of Conversation, Subject: Waiver of Jurisdiction in Administrative Agreement, Participants: Jules Bassin (American Embassy), Mr. Miyake (Foreign Office), By Jules Bassin, August 25, 1953"(Confidential), RG84[Entry UD 2828A]Japan; U.S. Embassy, Tokyo; Classified General Records, 1952–1963, Box 18, National Archives at College Park, MD.

(114)Ibid.

(115)"Telegram From the Embassy in Japan to the Secretary of State, No. 940, October 13, 1953"(Confidential), RG319

[Entry A1 60]Security Classified Correspondence of the Public Affairs Division, 1950–1964, Box 7, National Archives at College Park, MD.

(116) 刑事局長発検事長、検事正あて、刑事第二七六九五号「日本国とアメリカ合衆国との間の安全保障条約第三条に基く行政協定第一七条の改正について」、一九五三年一〇月七日。この通達は、法務省刑事局『合衆国軍隊構成員等に対する刑事裁判権関係実務資料[検察提要六]』(秘)、一六九―一八五頁に収められている。

(117) 同上、一八〇頁。

(118) 同上、一八一頁。

(119) 同上、一八四頁。

(120) 法務総裁鈴木義男発、検事総長・検事長・検事正宛、法務庁検務局秘第三九号「処分請訓規程」、一九四八年四月一日、法務府検務局『刑事関係報告規程及び処分請訓規程――附属通牒――』(部外秘)、検察資料二一、一九五一年六月、一四九―一五〇頁。

(121) 法務庁検務局長国宗栄発、検事総長・検事長・検事正宛、法務庁検務局秘第三九号「処分請訓規程について」、一九四八年四月一日、および、法務庁検務局長国宗栄発、検事総長・検事長・検事正宛、法務庁検務局秘第六五号「処分請訓規程について再通牒」、一九四八年四月二三日、法務府検務局『刑事関係報告規程及び処分請訓規程――附属通牒――』(部外秘)、検察資料二一、一九五一年六月、一五一―一五四頁。

(122) 法務総裁鈴木義男発、検事総長・検事長・検事正宛、法務省刑事局秘第一六三七号「処分請訓規程」、一九五二年八月一日、法務省刑事局『刑事関係報告規程及び処分請訓規程』(部外秘)、検察資料二九、一九五二年八月、一五九―一六〇頁。

(123) 法務総裁鈴木義男発、検事総長・検事長・検事正宛、法務府検務局秘第一五七〇号「破壊活動防止法違反事件請訓規程」、一九五三年六月一〇日、法務省刑事局『刑事関係報告規程及び処分請訓規程――附　破壊活動防止法違反事件請訓規程――』(部外秘)、検察資料六三、一九五三年六月、一四九頁。

(124) 法務大臣の指揮権については、伊藤栄樹『検察庁法　逐条解説』(新版)、良書普及会、一九八六年、八〇―一一四頁を参照。

(125) 法務省刑事局長井本臺吉発、検事総長・検事長・検事正宛、法務省刑事第三三〇九五号「刑事関係報告規程及び処分請訓規程の改正について」、一九五四年一二月二八日、法務省刑事局『刑事関係報告規程及び処分請訓規程――附破壊活動防止法違反事件請訓規程――』(部外秘)、検察資料七一、一九五四年一二月、一三五―一三六頁。

(126) "Supplementary Notes on the Legislative Leadership Meeting, Washington, June 4, 1957," *FRUS*, 1955–1957, Japan, Volume XXIII, Part 1, Document 166.

(127) "Memorandum For: The Secretary From: G - Mr. Murphy, Subject: Girard Case, June 10, 1957," RG59[Entry UD 33] Records of the Bureau of Far Eastern Affairs, 1957, Box 1, National Archives at College Park, MD.

(128) William S. Girard Case, Hearing before a Subcommittee of the Committee on Armed Services, United States Senate, Eighty-Fifth Congress, First Session, June 5, 1957, Washington, DC: United States Government Printing Office, 1957, p. 12. また、在日米軍を指揮下におさめる米第五空軍の一九五九年一二月から一九六〇年一一月までの一年間の資料によれば、つぎのような数字になっている。日本側が優先的裁判権を有する事件は全部で二〇三八件起こっている。そのうちの一九七五件について、日本側は裁判権を放棄している。裁判権の放棄率は、九六・九一％ということになる。"Headquarters Fifth Air Force, Subject: Exercise of Criminal Jurisdiction by Foreign Tribunals Over U.S. Personnel, December 22, 1960," RG153[Entry A1 1012] Office of the Judge Advocate General, Moral and Impact Reports, 1955–1960, Box 1, National Archives at College Park, MD.

(129) 三宅「行政協定刑事裁判権条項の改訂交渉妥結案に関する件」(極秘)、一九五三年九月二六日、『日米安全保障条約関係一件　第三条に基づく行政協定関係　刑事裁判権条項改正関係(第一七条)』第一巻、B'.5.1.0.J/U3-1-2, 外交史料館。

(130) 「討議の記録」については、信夫隆司『日米安保条約と事前協議制度』弘文堂、二〇一四年、六七―一一九頁を参照。

(131) 同上、七二頁。

第二章　奄美返還

一　特異の関係

奄美群島の返還

サンフランシスコ平和条約に基づき、日本が主権を回復したのは、一九五二年四月二八日である。同条約第三条に、「日本国は、北緯二十九度以南の南西諸島(琉球諸島及び大東諸島を含む。)孀婦岩の南の南方諸島(小笠原群島、西之島及び火山列島を含む。)並びに沖の鳥島及び南鳥島を合衆国を唯一の施政権者とする信託統治制度の下におくこととする国際連合に対する合衆国のいかなる提案にも同意する。このような提案が行われ且つ可決されるまで、合衆国は、領水を含むこれらの諸島の領域及び住民に対して、行政、立法及び司法上の権力の全部及び一部を行使する権利を有するものとする。」とある。北緯二九度以南には奄美群島も含まれた。

一九五三年八月八日、アメリカのジョン・フォスター・ダレス国務長官が東京を訪れた。吉田茂総理大臣および岡崎勝男外務大臣と会談している。同夜、ダレス長官は、奄美群島の返還問題について、「米国政府は、日本政府との間に必要な取極が結ばれ次第、日本国が奄美群島に対する権限を回復するために、平和條約第三条に基き同群島に対して有している諸権利を放棄することを希望します。」との声明を発表した。(1) このダレスの声明を受け、奄美群島の本土への復帰が決まる。いつ、いかなる条件で復帰するのか、それを確定する作業が残された。

アメリカ政府内で奄美返還の決定はどのような経緯をたどったのだろうか。これが、この復帰の条件を決めるうえで、重要な役割をはたしている。振り返っておきたい。

一九五二年八月七日付のアメリカ国家安全保障会議文書第一二五号の二で、日本の主権回復以降におけるアメリカの対日基本政策が定められている。そのなかに、将来、日本政府が、日本本土において米軍による軍事施設の使用をきびしく制限する、あるいは、排除する可能性がある。そこで、アメリカの安全保障上の利益から、琉球諸島および小笠原諸島における基地を、長期にわたり維持する必要性が記されている。(2) ただ、日本との平和条約第三条が適用される琉球諸島、小笠原諸島、および、その他の諸島の内外で、アメリカがどの程度の軍事力を必要とするのかは、国務・国防両省が、今後、大統領に提案する内容にしたがうものとされた。(3) 文書第一二五号の二が策定された際、これらの諸島の扱いについて、両省の意見が一致せず、課題となっていたからだ。(4)

その後、国務・国防両省の事務レベルでこの問題の協議がおこなわれる。国防省および統合参謀本部は、これら諸島すべてを現状のまま保持することが、アメリカの利益にとって不可欠だと考えていた。これに対し、国務省はつぎの考えを持っていた。

沖縄は、極東における国際緊張が続くかぎり、現状のまま保持すべきである。

小笠原諸島は、日本に返還するか、あるいは、帰島を望む住民の帰島がかなえられるよう取りはからうべきだ。

奄美群島は、軍事上の目的を果たすのに必要な権利について日本と合意に達した後、日本に早期に返還すべきである。返還は、政治的にもっとも効果が得られる時期を考慮して決定すべきだ。(5)

このように、国務省は、沖縄は現状維持、小笠原および奄美は返還との方針を立てていたのである。

一九五三年五月一一日から一四日にかけ、ホノルルで、平和条約第三条の諸島の扱いをめぐって、重要な会合が開かれている。会合には、ジョン・M・アリソン駐日大使、フランク・ナッシュ国防次官補、オルム・ルイス内務次官補、および、アーサー・W・ラドフォード太平洋艦隊司令長官(ラドフォードは、一九五三年八月から統合参謀本部議長をつとめる)が出席した。事務レベルの最高責任者が参集した会合といえる。この会合で、国務・国防両省に対し、小笠原諸島は現状のまま保持すべきだと提案することで意見が一致する。残された問題は、奄美群島を日本に返還すべきか否かであった(6)。

国防省は奄美の現状を維持すべきであるとの主張を、国務省は奄美を返還すべしとの主張を、それぞれまったく変えようとしなかった。そのため、一九五三年六月二五日に開催された第一五一回国家安全保障会議の会合で、この問題に決着をつけることとなる。会合の席上、ドワイト・D・アイゼンハワー大統領は、奄美群島の人口が二一万九〇〇〇人であるとの報告を受けると、「これらの群島を日本に返還することは、絶対に必要である」と発言している。これで、この問題に終止符が打たれた(7)。

結局、国務省の提案が採択され、奄美群島の施政権は日本に返還される。ただ、朝鮮戦争の停戦がまだ成立していない情勢にかんがみ、この政策の実施および公表は延期される。この決定から九〇日以内に、国務・国防両省が奄美返還を提案し、その後、国家安全保障会議での検討が終了するまでの延期となった(8)。

ただし、この九〇日を待つことなく、前述のように、八月八日、ダレス国務長官が韓国からの帰途、東京に立ち寄った際、奄美返還が発表された。発表が早められた要因として、七月二七日に朝鮮戦争の停戦協定が成立したことがあげられる。これにより、極東情勢が安定するとの見通しがついたからだ。その他の要因に、一九五三年三月、ソ連共産党書記長ヨシフ・スターリンが死去したことがある。スターリンの死後、ソ連は平和攻勢をかけ、日本との関係改善を模索しているとの情報が日本側から在京米大使館にもたらされていた。かりに日本とソ連との国交樹立が先になり、奄美返還の発表が後になると、奄美返還のインパクトがそこなわれることをアメリカ側は懸念した。さらに、奄美を返還するとの情報がリークされるおそれもあったため、ダレス国務長官が韓国を訪問した機会を利用して、発表となったのである(9)。

特異の関係についての疑問

奄美群島は、一九五三年一二月二五日、本土への復帰をはたしている。復帰にあたり、「奄美群島に関する日本国とアメリカ合衆国との間の協定」(奄美返還協定)が交わされた。同協定は、復帰前日の一二月二四日に両国代表によって署名され、翌二五日、発効した。同協定には附属書が添付され、奄美群島の地理的範囲が記されている。この協定のほかに、公表された文書として、アリソン駐日大使と岡崎外務大臣との交換公文(岡崎・アリソン交換公文)がある。アリソン大使から岡崎大臣宛の書簡の主な部分は以下である。

奄美群島及びその領水は、日本本土と南西諸島のその他の島におけるアメリカ合衆国の軍事施設との双方に近接しているため、極東の防衛及び安全と特異の関係を有する。日本国政府は、この特異の関係を認め、南西諸島のその他の島の防衛を保全し、強化し、及び容易にするためアメリカ合衆国が必要と認める要求を考慮に入れるものと了解される。(傍点は引用者による強調)

これに対する岡崎大臣の返書には、右の了解が繰り返され、「本大臣は、更に、閣下が述べられたことを記録にとどめ、且つ、前記に掲げる了解が日本国政府の了解でもある」と記されている。

この了解の趣旨はこうである。奄美群島は日本本土と沖縄の米軍基地の双方に近接している。そのため、極東の防衛および安全にとって特異の関係がある。日本政府は、この関係を認め、沖縄の防衛にあたっては、アメリカの要求を考慮に入れる。ただ、この「アメリカの要求」とはいかなるものなのか、この交換公文からは明らかでない。

奄美返還時、奄美返還協定(附属書を含む)のほかに、岡崎・アリソン交換公文、および、公式合意議事録が公表されている。しかし、奄美返還についての合同委員会「議事録」は公表されていない[10]。合同委員会の記録は、一般に不公表とされていることによる。これまで、奄美返還交渉について、いくつかの研究成果が著されているもの[11]の、この合同委員会議事録が十分に研究されたとはいえない。こうした文書に密約が盛り込まれることもあるので、慎重な分析を必要とする。というのも、第一章で刑事裁判権密約について検討したように、合同委員会は、密約の温床となっている感があるからだ。

奄美返還協定が審議された一九五三年一二月二四日の参議院本会議で、日本社会党の曽祢益《そねえき》議員が、岡崎・アリソン交換公文にある奄美群島の特異の関係について、「なぜそういうことを書く必要があつたのか、何故に安全保障条約、行政協定にカバーさるべき本来の日本領土と違う関係をここに打出さなければならないか、この点の御説明をされておらない。この点について何らか、我々は勿論そういうことはないと思いますが、何か裏にあるような感じを与えるような協定をお作りになることは甚だ面白くない。」と政府を追及した。岡崎外務大臣は、「特に別段の意味はないということを念を押しまして、この文句をいれたのであります。」と答えている。(12)

岡崎大臣の言うとおりだったのだろうか。曽祢議員は「何か裏にある」との疑念をいだいている。不公表文書の存在によってその疑念は深まった感がある。この不公表文書は、日本側では、一九九一年一〇月の第一一回外交記録公開で明らかになっている。ただ、これまでほとんど注目されていない。(13)

本章は、合同委員会議事録を中心に、奄美返還にあたり、アメリカ側が基地権として何を要求したのか、その要求は同議事録にどのように盛り込まれたのか、交渉過程の分析をとおして、明らかにすることを目的とする。同時に、不公表文書のなかに密約はあったのかを解明する。これにより、その後の小笠原、沖縄へと続くアメリカからの施政権返還において、アメリカ側が基地権として何を重視していたのか、その一端を解き明かしたい。奄美返還をとりあげるのは、日本に基地を置きたいとするアメリカ側の根本的な理由が垣間見え、今日の在日米軍のあり方を知るうえでも重要だからである。

二　奄美返還協定の締結時に交わされた文書

奄美返還時にどのような文書が交わされたのかを確認しておきたい。以下は文書の一覧である。[14]

・奄美群島に関する日本国とアメリカ合衆国との間の協定（奄美返還協定）　署名（公表）

なお、同協定には附属書が添付され、返還対象となる奄美群島の地理的範囲が、緯度・経度で示されている。

・奄美返還協定に係る交換公文　署名（公表）

・合意された公式議事録（公表）

・行政協定下の合同委員会で採択される議事録案（不公表）

・会議の記録（不公表）

全部で五文書である。これらの文書を確定するため、一九五三年一二月二四日、日本国政府代表とアメリカ合衆国政府代表との間で会談が開かれ、「会議の記録」（不公表）が残された。この「会議の記録」にこれら文書が掲載されている。[15]

以下、基地権との関連で、「特異の関係」および返還後の施設・区域がこれらの文書でどのように扱われているのかを中心に検討しよう。なお、「会議の記録」は、前述のように、奄美返還協定等の文書を確定するために開かれた会議の内容を記したものなので、その紹介は省略する。

・奄美返還協定

奄美返還協定の核心部分は、奄美返還を定めた以下の第一条である。

1　アメリカ合衆国は、奄美群島に関し、千九百五十一年九月八日にサン・フランシスコ市で署名された日本国との平和条約第三条に基くすべての権利及び利益を、千九百五十三年十二月二十五日から日本国のために放棄する。日本国は、前記の日に、奄美群島の領域及び住民に対する行政、立法及び司法上のすべての権力を行使するための完全な権能及び責任を引き受ける。

2　この協定の適用上、「奄美群島」とは、附属書に掲げる群島(領水を含む。)をいう。

平和条約第三条の権利をアメリカが放棄し、日本が、行政、立法および司法上のすべての権力を行使するための責任を引き受けるとうたわれている。これが、いわゆる「奄美方式」といわれる返還方法である。サンフランシスコ平和条約には四九ヶ国が署名している。そこで、奄美群島を返還するにあたって、同条約第三条の変更になるため、同条約に署名した国すべての同意が必要だとも考えられる。しかし、実際には、日米二国間の協定で、奄美群島は返還された。その理由は、平和条約の発効によって、アメリカが施政権を行使する地位を得たと考えられるからだ。その地位の変更は、アメリカの意思でおこなえるとの解釈による。実際、平和条約に署名した他の国々も、この方式に異を唱えることはなかった。この奄美方式は、小笠原諸島および沖縄の返還でも踏襲されている。(16)

ただ、この権利放棄に関するアメリカ側の原案では、「平和及び安全の永続する状態が極東において確立されるまでの間、アメリカ合衆国は、この地域における平和及び安全の維持に効果的に寄与することができるように、平和条約第三条に掲げる他の島に関し、現に行使している程度の管理及び権能を維持することを必要とする」(傍点は原文)旨が特記されていた。(17)

この「平和条約第三条に掲げる他の島」とは沖縄・小笠原をさす。それらの島の管理・権能を維持すると記した部分は、日本側の要請によって、最終的には削除されている。これに代り、ダレス国務長官はワシントンで、一二月二四日、ステートメントを発表した。これには、まず、「米国が、脅威及び緊張の状態が極東において存在する間、平和条約第三条に掲げるその他の琉球諸島及び他の島における現在の権力及び権利を引き続き行使することは、アジア及び世界の自由諸国が平和及び安全への協力が成功するためには肝要である」というアメリカ政府の確信が述べられている。それとともに、「米国は、将来相当期間、これらの島の管理者としてとどまる積りである」と述べ、小笠原および沖縄の施政権は返還しないことを明らかにした[18]。

協定第二条は、アメリカ側に使用が認められる施設と区域について、つぎのように規定している。

1　アメリカ合衆国が奄美群島で現に利用している二の設備及び用地は、千九百五十二年二月二十八日に東京で署名され、その後改正された日本国とアメリカ合衆国との間の安全保障条約第三条に基く行政協定に定める手続に従つて合衆国軍隊が使用するものとする。もつとも、避けがたい遅延のため千九百五十三年十二月二十五日前に前記の手続によることができない場合には、日本国は、アメリカ合衆国に対し、その手続が完了するまでの間、これらの特定の設備及び用地を引き続き使用することを許すものとする。

2　日本国政府は奄美大島の名瀬にある測候所の運営を引き継ぐものとし、且つ、行政協定第二十六条に定める合同委員会による協議を通じて合意されるところに従つて気象観測の結果をアメリカ合衆国政府に提供するものとする。避けがたい遅延のため千九百五十三年十二月二十五日に日本国政府がその運営を引き継ぐことができない場合には、現状どおりの運営が、日本国政府がこの責任を引き受ける準備ができる時まで、継続されることが合意される。

ここにいう「現に利用している二の設備及び用地」とは、沖永良部島の航空管制・警報設備および名瀬にある陸軍対諜報部隊分遣隊の施設である[19]。なお、用語について解説しておきたい。序章で述べたように、「日本に米軍基地は存在しない」ことから、領土返還前に米軍が使用していたところは「設備・用地」と呼ばれていた。返還後、行政協定(地位協定)の手続にしたがい、日本から許与された「設備・用地」は「施設・区域」と称される。

・奄美返還協定に係る交換公文

この交換公文は、すでに第一節で引用したので、ここでは繰り返さない。前述のように、奄美群島が、日本本土と沖縄に近接しているため、極東の防衛および安全にとって「特異の関係」を有する旨が記されている。

・合意された公式議事録

この議事録の第一文は、つぎのようになっている。

奄美群島が日米両国の防衛及び安全と特異の関係を有することにかんがみ、日米安全保障条約の精神にのっとり、同群島における防衛施設の設置(飛行場を含む)に関する日本側の将来の計画について、合衆国は、あらかじめ十分に通報されることが日本国政府の意思である。(20)

ここにも「特異の関係」が登場する。奄美群島における「防衛施設の設置に関する日本側の将来の計画」がアメリカ側に通報されると記されている。

・合同委員会議事録

合同委員会議事録は、米軍の軍事上の要請が具体的に示され、奄美群島における米軍の基地権が端的に表現されている。その意味でもっとも重要な文書である。ただ、この文書を表面的になぞっただけでは、アメリカ側の意図を明らかにすることはできない。この点は後述する。また、合同委員会に関する文書は、原則、不公表とされている。なお、この議事録は、一九五四年一月七日に開催された第八一回合同委員会のものであることが明らかになっている。(21)

まず、合同委員会議事録の日本語訳を以下に紹介する。

(1)合衆国代表「行政協定第二条第一項は、奄美群島が日本国及びアメリカ合衆国双方の防衛及び安全と特異の関係を有することとなり、同群島における追加の施設及び区域(航行標識、装置、及び航空管制のための用地、並びに、ラジオ及びレーダーの完全な探知範囲を確保するのに必要な航空管制及び航空警戒管制用地が含まれる。)の緊急な提供が要求されることがある旨を認めているものと了解される。」

日本国代表「両国の防衛及び安全のために奄美群島が有する重要性にかんがみ、日本国政府は、かかる要請が明確かつ個別に施設小委員会を通じて行なわれるときには、できる限り迅速かつ好意的に配慮する。」

(2)合衆国代表「安保条約の遂行に関連し、合衆国軍は、奄美群島及びその領水の上空を飛行する自由並びに同群島の領水を利用する自由を与えられるものと了解する。」

日本国代表「日本国政府は、この了解を確認し、かつ、行政協定の下におけるこれらの問題についての慣行に従つてこの自由を許与する。」

（3）合衆国代表「アメリカ合衆国要員は、将来要求されることのある追加の施設のための区域選定に関連して奄美群島において予備的視察をすみやかに行なうことができることが望ましい。」

日本国代表「日本国政府は、合衆国の要望にこたえうるような機構の設置に関し、施設小委員会における協議に入る用意がある。」

（4）両国代表「行政協定の関連規定に従つて、日本国当局は、自ら又は合衆国軍の要請に基づき、合衆国軍及びその設備の安全及び保護を阻害するごとき敵対的又は有害な装置(例えば、電波妨害施設)を除去し又は破壊するために、奄美群島地域において迅速かつ適切な措置を執る。アメリカ合衆国は、日本国の関係当局の要請に基づき、前記のことを達成するために必要とされる援助を与える。[22]」

合同委員会議事録は、全部で四項目からなる。第一項から第三項は、アメリカ代表および日本代表が、それぞれ見解を述べる形式になっている。第四項のみ、両国代表に共通する見解が記されている。いわば両国の合意である。以下、それぞれの項目をみていくことにしよう。

第一項は、奄美群島が日米双方の防衛および安全にとって、「特異の関係」を有することがあらためて記されている。アメリカ側が日本側に同群島で追加の施設・区域の緊急な提供を要求する場合があるという。この要求に日本側は、合同委員会の施設小委員会を通じ、できる限り「迅速かつ好意的に」配慮するとされている。

第二項は、米軍に、奄美群島およびその領水の上空を飛行する自由、および、同群島の領水を利用する自由がある旨が述べられ、日本側はこの自由を許与するとある。本来、米軍は、演習や訓練空域といった特別な場合を除き、このような自由を有するにもかかわらず、あらためて規定されている。

第三項は、将来、アメリカ側が追加の施設を必要とする場合、その区域の選定についての規定である。アメリカ側は、そのための予備的視察がすみやかにおこなえるよう要望している。これに、日本側は、この要望にこたえるための機構の設置について、施設小委員会で協議に入る用意があると応じている。

第四項は、日米間の明確な合意事項である。米軍に対する電波妨害施設等が奄美群島にある場合、それを除去または破壊するため、日本政府は適切に措置することを約束している。

以上、奄美返還協定が締結された際に交わされた文書を概観してきた。それによると、アメリカ側の防衛(とくに沖縄の防衛)にとって、奄美群島が特異の関係を有するとの前提の下、公式合意議事録および合同委員会議事録に、米軍の基地権が規定されている。ただ、その意味は、以上の文書だけでは明らかでない。そこで、これら文書の策定にあたって、アメリカ側がどのような意図を有していたのかを探ってみよう。

三　アメリカが望んだ基地権

アメリカ側が、奄美群島が有する「特異の関係」にかんがみ、日本側に基地権を要望するのは、第一節で述べたように、奄美返還をめぐる国務・国防両省の考え方の違いに端を発する。国防省は、奄美群島の日本への返還を望んではいなかった。かりに返還するとしても、軍が望む形での返還を希望していたのである。本節では、奄美返還にあたっての軍の要望とはいかなるものであったのか、そして、それが、奄美返還交渉に臨むアメリカ側の原案にどのように反映されたのかを明らかにしたい。

極東軍・在京米大使館沖縄会議

ダレス国務長官が奄美返還を発表した直後の八月一七日から二一日まで、極東軍と在京米大使館の関係者との間で、奄美返還の条件を議題とした会議が沖縄で開かれている。(23) この会議で示された軍事上の要請は、その後の議論におおきな影響を及ぼしている。奄美返還に関するアメリカ側の原案との関連で、この会議でとくに注目される発言を記しておきたい。

海軍および空軍は、将来、奄美群島を使用するにあたって必要となる権利を主張している。これは誘導ミサイルに関連する。たとえば、グアムから中国大陸に向けミサイルを発射する場合、奄美群島に支援設備を置くことが不可欠であるという。そのため、奄美群島内で支援設備を自由に移動する必要があるというのだ。

また、空軍は、奄美群島上空の完全な空域の自由を主張した。具体的には、レーダー妨害装置、および、その他の軍事施設を探索・除去するため、奄美上空のいかなる地点にも自由にアクセスできる取極を交わす必要があるという。

軍側の要求は、将来、必要となる装備にそなえ、奄美返還の取極は、できる限り柔軟であるだけでなく、軍が使用する設備を搬入・使用する権利は無制限でなければならない、というものであった。行政協定下での基地権に、軍は満足していなかったのである。とくに戦争が勃発した場合、行政協定は奄美群島における軍事作戦の遂行にとって障害になると軍はとらえていた。そのため、合同委員会の小委員会を通じ、奄美群島に限定した取極を結ぶ必要があると提案している。具体的には、沖縄の米軍代表、日本政府代表あるいは鹿児島県代表から構成される小委員会を設置する。この小委員会が、奄美群島における追加の土地およびその他の権利を決定するのに対処するというのである。

以上が基地権に関する軍側のおもな要望である。これに対する国務省および在京米大使館の反応は冷ややかなものであった。軍の要望は、米軍が日本本土で有している行政協定上の基地権の範囲を超えるものである。そのため、日本側からそうした権利は得られないとの判断があったからだ。また、在京米大使館は、奄美群島に限定した取極を日本側に求めるべきではない、と考えていた。その理由は以下である。

第一に、もしそうした要求をおこなうと、日本との交渉がきわめて困難になる。これにより、奄美返還の発表によって醸し出された日米の良好な雰囲気が台無しになる。第二に、日本の主権下にある領土に、奄美群島に限定した小委員会を設置するといったように、本土と異なる扱いをした場合、それを正当化するのは困難である。また、日本側もそれを受け入れない。第三に、日本政府がこうした特別な関係を正当化しようとすると、政府はアメリカに対して弱腰であるとか、従属しているとの攻撃を国会で受ける。これによって、反米感情が高まるだけである。第四に、現行の行政協定下でも、アメリカ側が望む権利は得られる。[24]

在京米大使館と極東軍の実務者レベル会合

九月から一〇月の初めにかけ、在京米大使館と極東軍との間で実務者レベル会合が四回開かれている。基地権との関連でいえば、この会合の最大の焦点は、返還後の奄美に日米安保条約および行政協定が適用されるとしても、これらに規定された以上の権利を、日本政府に要求することは妥当なのかであった。軍側は、沖縄を防衛するため、追加の基地権を奄美群島で確保する必要があると考えていた。[25] 具体的にみていこう。

九月二九日に開かれた第三回在京米大使館・極東軍の実務者レベル会合で、極東軍特別代表をつとめたのは、M・C・マクダニエル准将であった。同准将は、軍が琉球諸島の戦略的価値を重視しているとの理由から、沖縄の防衛にとって奄美群島が緊密な関係にあることを強調している。さらに、奄美群島は、沖縄を防衛するため、なんらかの形で引き続き「管理」されなければならないと主張した。奄美群島の基地権は、日本本土のそれとは切り離して考えるべきだ、というのがマクダニエル准将の私見であった。[26]

このマクダニエル准将の主張の要点は、日米安保条約の下、アメリカ側が日本本土で有する以上の権利が奄美群島では必要だということに尽きる。それだけではなく、将来、日本が行政協定に規定された権利をアメリカ側に許与しなくなる事態も想定していた。具体的には、日米安保条約が失効する、日本本土から米軍が撤退する、あるいは、日本の政治状況がアメリカにとって不利になるといった事態である。それを見越して、軍側は奄美群島における必要な権利を主張したのである。[27]

極東軍の原案

この会合で、極東軍側は奄美返還に関する原案を提示している。[28] それは奄美返還を定めた交換公文案および附属書案からなっていた。附属書は軍側の要求をまとめたもので、「軍事権の取り決め」(Arrangements for Military Rights)および「特別取り決め」(Special Arrangements)というふたつの部分から構成されていた。前者が総論、後者が各論である。

前者の「軍事権の取り決め」はⅠからⅣまで四項目からなっている。Ⅰでは、極東における不安定要因がある限り、安全保障上の理由から、アメリカは沖縄を無期限に維持すべきであるとされている。Ⅱでは、同じく沖縄は、アメリカが日米安全保障条約上の義務を遂行するのに資するだけでなく、アメリカ自体の安全保障上の利益にも資するとある。Ⅲには、奄美群島が日本本土および琉球の軍事基地に近接しているため、南西諸島のその他の島々におけるアメリカ側の設備・用地は、日本およびアメリカの防衛・安全にとって特異の関係がある、と記されている。Ⅳには、「特別取り決め」によってアメリカ側に提供される権利は、安保条約および行政協定がたとえ失効したとしても、琉球の基地が維持される限り、失われないと明記されていた。

また、これとは別に、奄美の基地は、世界の他の米軍基地とは状況が異なることも強調されている。つまり、一般に、アメリカが他国で基地を必要とする場合、その国と交渉する。これに対し、奄美の場合には、アメリカは返還するのであるから、アメリカが保持を希望する設備・用地を交渉する必要はない、というのである。このあたりに、米軍の本音が現れている。

つぎに、各論の「特別取り決め」の内容をみていく。在京米大使館との協議を経て、一〇月一日の第四回在京米大使館・極東軍会合で、この「特別取り決め」に若干の修正が加えられている。そこで、この一〇月一日付の「特別取り決め」を検討する。[29] その際、在京米大使館のコメントも参照する。この「特別取り決め」は、全部で一二項目からなっている。奄美返還時に取り交わされる文書に関連する項目を中心にみていこう。

第一項目には、軍事行動に必要な範囲で、アメリカは奄美群島の空域に自由に立ち入ることができるとある。このような空域権は、行政協定の下ですでに許与されているというのが大使館側の意見であった。極東軍は、行政協定が失効した場合に備え、かかる権利の保持も必要だと主張している。

第二項目には、すべての領水を利用する権利があるだけではなく、アメリカは臨検をおこなう権利も保持するとある。アメリカの施政下にあった琉球諸島では、極東軍はかかる権利を保持している。そこで、奄美群島でもそれを維持したいというのが極東軍側の意向であった。この権利には、密輸、破壊活動、および、アメリカの安全に対するその他の脅威に対処するためにおこなう、奄美群島の領水の取り締まり・巡回も含まれる。この項目は、行政協定の範囲を逸脱しているため、こうした権利を設けることに、大使館側は疑問を投げかけている。

第四項目には、電波妨害装置といった敵対的ないし有害な装置を除去あるいは破壊するため、アメリカには、直接、行動する権利があるとされている。大使館側は、平時に財産を破壊するといった行動は、行政協定の範囲を超えると発言している。これに対し、極東軍側は、米軍設備に近接する地域でこうした行動をとろうとしても行政協定の下では制約があるので、行政協定では不十分だと主張した。

軍側がこの電波妨害装置の除去ないし破壊にこだわった理由は、統合参謀本部が、レーダー・システムの有効性の維持および防衛にとくに関心を有していたからである。(30) 沖縄の空軍基地の場合、当時、早期警戒システムの運用には半径二〇〇マイル(約三二〇キロ)が必要であった。同システムは、半径二〇〇マイル内に設置された通信基地から妨害を受ける可能性があったからだ。那覇市から奄美市までの直線距離は約三〇〇キロである。そこで、米軍は、沖縄の軍事基地を防衛するため、奄美群島が行政協定によってしばられないよう望んだのである。(31)

また、第六項目には、奄美に軍事上の施設・区域が必要になる場合を想定し、用地の調査をおこなうため、軍は要員の立ち入り権を確保するとある。さらに、沖縄の軍事的かつ安全保障上の利益を守るため、アメリカ側が不可欠だと決めた土地を日本政府から調達できるとしている。この項目にしたがい、第七項目には、アメリカ側から調達要請の通知があれば、日本政府は迅速にその土地を提供すると記されている。極東軍は、行政協定の用地確保の手続には問題があるととらえていた。この項目は、行政協定の下でアメリカ側が要請する用地を取得できない場合に備えるためであった。

以上、在京米大使館と極東軍の協議の様子を概観してきた。結局、両者の溝は埋まらなかった。極東軍側は、平和条約下で許与されている広範な権利を奄美返還後もそのまま保持することを望んだ。奄美群島およびその領水で、米軍はこうした権利の一方的な行使を求めたのである。また、米軍がこれらの権利を行使するため、安保条約および行政協定の枠外での合同機関の設置も極東軍は提案している。これに対し、大使館側は、極東軍の提案は受け入れられないとして反対した。アメリカ側が、日本本土とは異なる条件を奄美に設定したいと望んでも、日本側は受け入れない、と大使館側は判断していたからである。

極東軍は、日米安保条約が維持できなくなる、日本が中立化する、あるいは、敵対的となるといったように、米軍が日本本土から撤退せざるを得ない事態も想定していた。こうした事態に対処するとき、沖縄の防衛にとって、奄美の基地権は不可欠だというのである[32]。

在京米大使館と極東軍との協議から明らかなように、極東軍の軍事的要望をめぐって、両者の考えは真っ向から対立する。極東軍は、将来、日本側からいつでも必要な施設・区域が許与されること、また、行政協定の範囲を超えた権利が許与される特別な取極が必要だと主張した。これに対し、大使館側は、奄美群島に行政協定を適用するだけで、米軍の権利は十分に確保されると考えていた。もし極東軍が望む追加の権利を規定するなら、不公表の議事録にということになる。当然ながら、そうした文書に日本側が同意すればである[33]。

国務省の原案

以上のように、奄美群島の軍事的利用について、在京米大使館と極東軍との意見は一致しなかった。そのため、国務省は両者の案を折衷させる形で、原案づくりを進める。一一月一三日、ウォルター・ロバートソン国務次官補からナッシュ国防次官補宛の書簡が発出されている。その書簡で、国務省の原案が交渉の基礎になりうるか、ロバートソンはナッシュに問い合わせている。この書簡には、以下の六つの文書が添付されていた[34]。

1．アメリカ側公文　日本の利益のため、アメリカは奄美群島の施政権を放棄する旨が記されている。
2．附属書Ｉ　日米安保条約を奄美群島に適用すること、および、奄美群島と沖縄との戦略的関係(特異の関係)が記されている。
3．附属書Ⅱ　行政協定により米軍に許与される施設および区域が記されている。
4．附属書Ⅲ　財政、行政、司法上の取り決めが記されている。
5．附属書Ⅳ　奄美群島の地理的範囲が示されている。
6．公式合意議事録　奄美群島でアメリカ側が希望する軍事上の権利が列挙されている。

このなかで、基地権との関係でもっとも重要な文書は六番目の公式合意議事録である。極東軍が作成した前述の「特別取り決め」を基に整理されている。最終的にこの文書は、日本側との協議を経て、合同委員会の議事録となる。公式合意議事録および合同委員会議事録の内容ならびに日本側との交渉の様子は、次節以降で明らかにしたい。

このロバートソンの書簡に対するナッシュの返簡は、一一月二〇日に発せられた。それによると、国務省の原案に同意するとなっている。ただし、この国務省案は、国防省にとって受け入れ可能な最低限を示すにすぎないとも記されていた。国務省案に列挙された権利が日本政府から得られない場合、国務・国防両省ですべての事項を再検討するとある。このように、国務省の交渉権限は、国防省により制約を受けていたのである。

四　アメリカ案

奄美群島を返還するためのアメリカ案は、一一月二一日夜、国務省から在京米大使館に届いた。大使館は極東軍との打合せをすませ、一一月二四日午後四時過ぎ、外務省にアメリカ案を提示した。交渉が最終的にまとまるのは一二月二四日である。交渉はちょうど一ヶ月にわたった。

前節に示したように、アメリカ案は、公文案、附属書Ⅰ、附属書Ⅱ、附属書Ⅲ、附属書Ⅳ、公式合意議事録案からなっていた。このアメリカ案を基に、一一月二七日午前、外務省にアメリカ側代表を招致して、第一回正式会談が開かれた。その後、二回の全体会議、法務、軍事および財務の各分科会が何度か開かれ、一二月三日、日米で一応の意見の一致をみている。

最後まで難航した問題は、当時、奄美群島に流通していた現地通貨B円の処理である。アメリカ側は、日本政府がB円を速やかに回収のうえ、米国民政府に無償で引渡すよう求めた。これに対し、日本側は、B円は発行者であるアメリカ側の債務であるとの理由から、回収したB円は、全額米ドルまたは日本において有する円勘定から支払うよう要求する。この問題は、交渉に早く決着をつけたい日本側が折れ、アメリカ案通り、B円は無償で米国民政府に引渡される。これにより、B円の替わりとなる日本円について、新たな予算措置が必要となった。このため、奄美返還にあたっては、交換公文から国会の承認が必要な協定へと変更されたのである(35)。

アメリカ案の概要

前述のように、日米の交渉当事者は、アメリカ案に基づき交渉を進め、一二月初めには、日米妥協案が成立した。最終的に、協定の形がとられたため、当初のアメリカ案、日米妥協案、最終文書と推移する。本章の目的は、これら文書の全容を示すことではなく、日米安保条約および行政協定との関連で、奄美群島が有する特異の関係ならびに同島の基地権がどのように話し合われ、決着したのかを解明することである。そこで、まず、一一月二四日に提示されたアメリカ案の概要を明らかにしておこう。[36]

・公文案

アメリカ政府は、公文及び附属書の規定に従い、奄美群島の領域及び住民に対し行政、立法及び司法上のすべての権力を行使する権利を日本国のために放棄する。平和条約第三条に掲げる他の島(沖縄等)については、平和及び安全の永続する状態が極東において確立されるまでは、現在行使している限度の管理と機能を維持する。[37]

・附属書Ⅰ

返還の日から日米安全保障条約及びそのいかなる実施取極も奄美群島に適用される。将来、アメリカ側が奄美群島に追加の施設・区域を設けたいと希望し、その要請をした場合、合同委員会において緊急性かつ継続性を基に検討される。

・附属書Ⅱ

奄美群島は日米双方の防衛及び安全に特異の関係がある。日本政府はこの関係を十分に認識したうえで、同群島の行政に当たっては、南西諸島の残余の部分におけるアメリカの軍事的必要を考慮に入れる。

米軍が現に使用している二つの施設及び区域(名瀬にある米国民政府奄美チームの宿舎及び沖永良部島のレーダー施設)は行政協定に基づく「施設及び区域」を構成することに日米両政府は合意する。

名瀬の気象観測所は日本政府に引き継がれ、日本政府は無償で気象状況をアメリカ側に通報する。

・附属書Ⅲ

1. 日本政府はB円を速やかに回収し、無償で米国民政府に引き渡す。

2. 返還の日以後、日本政府は予算上及び財政上の全責任を負う。

3．日本政府は奄美群島の郵便制度のすべての財政上の義務を引きうける。
4．日本政府は銀行を指定し、琉球銀行支店の資産購入の話し合いを琉球銀行とおこなわせる。
5．奄美群島の諸機関又は住民が琉球政府その他の機関に負っている債務は、日本政府が肩替りして日本円により支払うこととする。支払日本円は日本から琉球への物資の輸入等の代金決済に充てられる。
6．日本政府は返還の日までのすべての請求権を放棄するとともに、アメリカ側のすべての作為又は不作為の効力を承認する。
7．日本政府は、琉球政府又は米国民政府の裁判所の確定判決を執行する。奄美群島にある琉球政府裁判所に係属中の民刑事裁判は継承する。

・附属書Ⅳ

奄美群島の範囲が記されている。

・公式合意議事録案

奄美群島の領水を含む領域及びその上空に対する行政協定第二条及び第三条の適用に特例を設けるようアメリカ側は要求している。その内容はつぎに述べる。

特異の関係とアメリカ側の公式合意議事録案

これらの文書のなかで、特に問題となるのは、まず、附属書Ⅰに奄美群島は日米双方の防衛および安全に特異の関係がある、とされている点である。この「特異の関係」とはいかなる意味を有するのであろうか。つぎに問題となるのは公式合意議事録案である。これは奄美返還の取極に関する公式合意議事録案の意味である。以下にアメリカ側の公式合意議事録案の全文を紹介する。

アメリカ側提示の公式合意議事録案

1．行政協定第二条第一項は、奄美群島が日米双方の防衛及び安全にとり特異の関係を有するため、奄美群島における追加の施設及び区域(航空支援、装置、及び航空管制のための用地、並びに、ラジオ及びレーダーが十分に届くのを確保するのに必要な用地が含まれる。)がアメリカ合衆国に許与される必要があると認められるものと了解される。

2．行政協定第二条第一項は、空間の自由(freedom of space)の範囲を、奄美群島及びその領水上のすべての地域に拡大しうるものと了解される。

3．行政協定第二条は、安全保障条約を実施するうえで、奄美群島におけるすべての領水の利用がアメリカ合衆国に許与されるものと了解される。

4．行政協定第二条は、今後、必要となりうる追加の施設の候補地を選択する場合、日本国政府に通告のうえ、奄美群島における用地の視察をおこなうことがアメリカ合衆国当局に許与されるものと了解される。

5．行政協定第二条及び第三条は、米軍及び軍事施設の効果的な活動を阻害するごとき電波妨害施設等(これに限られないが)の敵対的又は有害な装置を除去し又は破壊するために、アメリカ合衆国の軍隊が奄美群島の領域、領空及び領水に入ることが許与されるものと了解される。

6．行政協定第三条第一項は、日本国が、奄美群島における飛行場を含めた防衛施設の設置を計画する場合、合衆国と日本国との間で協議がおこなわれるものと了解される。

7．一九五一年九月八日付のアメリカ合衆国国務長官と日本国総理大臣との交換公文は、奄美群島に適用されることが了解される[38]。

公式合意議事録案の項目の多くは、行政協定第二条および第三条に関連する。行政協定第二条は、第一項で、日本はアメリカに対し、安保条約第一条に掲げる目的の遂行に必要な施設・区域の使用を許すこと、ならびに、個々の施設・区域の決定に関することが規定されている。同条の他の項では、取極の再検討、施設・区域の返還、日本側の使用に関することが定められている。

この行政協定第二条に関連して、公式合意議事録案の第一項では、「特異の関係」をふまえ、奄美群島における追加の施設・区域がアメリカにとり許与される必要があると認められることが了解される、となっている。また、公式合意議事録案の第二項では、領空の範囲は、奄美群島及びその領水上のすべての地域に拡大しうること、同案第三項では、アメリカが奄美群島のすべての領水を利用できることが了解事項となるとある。さらに、同案第四項では、アメリカ側が奄美群島に追加の施設を必要とする場合、日本政府に通告のうえ、候補地の選択にあたって、アメリカ側の関係者は用地の視察をおこなえるとなっている。

行政協定第三条は、施設・区域におけるアメリカの広範な管理権を規定している。これに関連し、公式合意議事録案の第五項は、米軍および軍事施設の効果的な活動を阻害すると思われる電波妨害施設等の敵対的または有害な装置を除去しまたは破壊するため、米軍は奄美群島の領域、領空及び領水に入ることができるとされている。

公式合意議事録案の第六項には、日本が奄美群島における飛行場を含め、今後、防衛施設の設置を計画する場合、日米間で協議がおこなわれるとある。

公式合意議事録案の第七項では、一九五一年九月八日付のいわゆる吉田・アチソン交換公文が奄美群島にも適用されることが了解されている。ちなみに、この吉田・アチソン交換公文は、朝鮮戦争に関連して、国際連合の加盟国が国連の行動に参加する場合、加盟国の軍隊を「日本国内及びその附近において支持すること」を日本が許すようアメリカが求め、これに日本が応じる内容となっている。当時、日本は国連の加盟国ではなかったため、このような措置がとられたのである。

以上のように、アメリカ側の公式合意議事録案は全部で七項からなっている。最終的に、第一項から第五項は合同委員会議事録に組み入れられた。第六項は公式合意議事録に、第七項は奄美返還協定第七条の一部となった(アメリカ側の公式合意議事録案の推移は、後掲の表2-1を参照されたい)。このうち、合同委員会議事録は不公表である。

このアメリカ案に対する日本側の主な反応はつぎのようなものであった。「米側案は、主として軍側の意向を尊重して入れたと想像せられる軍事上の問題に重点がおかれ、且つ、公文の交換により、現在米側が使用している二ヶ所の施設は直ちに行政協定に基く施設及び区域になることを要求するとともに、別に議事録として、行政協定が奄美群島に適用される場合の特断の解釈を規定せんとしている。[39]」また、問題点として、附属書Ⅰ、附属書Ⅱおよび公式合意議事録案のなかで、「現在使用中の軍事施設は、日米合同委員会の協議をまたずに直ちに行政協定に基く施設及び区域とみなさんとし、更に、将来における合同委員会の協議を拘束し、或いは奄美群島に対する行政協定の適用に関する解釈を拡張せんとしている。[40]」ことが挙げられている。

要約すると、アメリカ案には、以下のふたつの問題がある、と日本側はとらえていた。ひとつは、合同委員会の決定によることなく、奄美返還それ自体の文書で、返還後の奄美において、米軍が使用できる施設・区域が定められている点である。行政協定第二六条で、日米間の協議機関として、日米合同委員会が設けられている。同条第一項に、「合同委員会は、特に、合衆国が安全保障条約第一条に掲げる目的の遂行に当つて使用するため必要とされる日本国内の施設又は区域を決定する協議機関として、任務を行う。」とある。施設・区域は、合同委員会によって決定されるのである。アメリカ案はこの規定に明らかに反する。

もうひとつは、行政協定が定める米軍の権限の範囲を超え、行政協定ではゆるされない権利が米軍に与えられる点である。これについては、行政協定上の権限をどのように逸脱しているのか、具体的に検討する必要がある。そこで、つぎに、この公式合意議事録案をめぐる日米交渉の経緯をたどることにしよう。

五　奄美返還協定交渉

第一回正式会談

アメリカ案の提示を受け、一一月二七日、外務省で第一回正式会談が開かれる(41)。日本側は中川融アジア局長、下田武三条約局長が、アメリカ側は在京米大使館のサミュエル・D・バーガー参事官、ジュールス・バッシン法務官が出席した。

まず、アメリカ側附属書Iにある「特異の関係」が取り上げられている。アメリカ側は、奄美群島が沖縄及び日本本土の双方にとって、特異の関係にあると明示されることが重要であり、日本側がこの点にとくに留意するよう求めた。日本側はこれに理解を示している。ただし、この関係を日本側が留意するという表現は、附属書ではなく、公式合意議事録に記載するのが望ましいと主張した。また、アメリカ側の公式合意議事録案は行政協定の適用を繰り返しているにしかすぎないとして、日本側は同案に難色を示した。結局、これらの点は、軍事分科会での検討に委ねられた(42)。なお、このとき、軍事、法務、財務の三分科会が設置されている。

この会談で、アメリカ側附属書Iの第一項(安保条約等は奄美群島に適用される)およびアメリカ側附属書II(現行の設備・用地は行政協定に基づく施設・区域を構成する)に替わる日本案が提示されている。それは以下である。

一九五三年□以降［注：空欄には奄美返還の日付が入る］、日本国とアメリカ合衆国との間の安全保障条約及び同条約下のいかなる実施取極も、南西諸島の奄美群島に適用される。

アメリカ合衆国政府及び日本国政府は、奄美群島で合衆国政府が現に使用している二つの設備及び用地は日本国とアメリカ合衆国との間の安全保障条約第三条の行政協定第二六条に規定されている合同委員会の協議を通じ決定されるまで、一九五三年□以降［注：空欄には奄美返還の日付が入る］も合衆国軍により引き続き使用されることに合意した。[43]

日本側は、「現在米側が使用している施設及び区域は合同委員会の決定が行われるまでは、そのまゝ使用することを暫定的に認め、米側から要求のあった奄美群島のみに関する行政協定第二条及び第三条の特例の解釈等はすべて合同委員会に譲りたい旨の申入れ[44]」をおこなっている。この日本案は、返還後の奄美群島には、安保条約およびその実施取極がすべて適用され、奄美群島の施設を返還後にアメリカ側が使用する場合も、合同委員会が決定する必要がある、との内容であった。

第一回軍事分科会

一一月二八日、第一回軍事分科会が開かれた。席上、アメリカ側は、アメリカ案の附属書Ⅰ、Ⅱに替わる先の日本案には、アメリカ側が重要と考えるふたつの点が抜けていると主張している。ひとつは、将来、アメリカ側が奄美群島において追加の施設を要請した場合、アメリカ案(附属書Ⅰ)によれば、合同委員会が緊急に検討することとなっている。この緊急性に関する記述がないというのだ。もうひとつは、奄美群島の特異の関係についての文言が抜けているという点である。軍事分科会では、決着がつかなかったため、これらの問題は次回の正式会談に先送りされる。[45]

アメリカ側の公式合意議事録案をめぐる日米のやりとりをみてみよう。[46]日本側は、まず、アメリカ側の公式合意議事録案の第一項(追加の施設・区域)について、公式合意議事録で、将来、追加される施設へ言及することは適切でないと主張した。替わりに、合同委員会の議事録に同じ内容を盛り込むよう提案している。日本側が提示した議事録案とは以下である。

議事録(合同委員会)

合衆国代表「奄美群島及びその領水は、日米両国の防衛及び安全にとって特異の関係を有することを考慮し、奄美群島における追加の施設及び区域に関し、アメリカ合衆国の要請に日本国政府が特別に配慮することを強く希望する。」

日本国代表「両国の防衛及び安全にとって、奄美群島が重要であることを十分に理解し、日本国政府は、かかる要請が、合同委員会を通じ、明確かつ個別になされれば、できる限り好意的に配慮する。[47]」

アメリカ案では、奄美群島で、アメリカ側が追加の施設・区域を必要とする場合、その要請は日本側が当然に受け入れることとなっていた。これに対し、日本側の合同委員会議事録案では、アメリカ側の要請に日本側が応答する形がとられている。日本側は、行政協定に関する事項は合同委員会の枠組みで対処することを明らかにしようとしたのである。また、アメリカ側の要請は一般的・抽象的なものであってはならず、「明確かつ個別に」なされる必要が強調されている。そのようなアメリカ側の要請に対し、日本側としても、「できる限り好意的に配慮する」となっている。

この日本案では、追加の施設・区域に関してのみ、アメリカ側の要請に日本側が応答する形式がとられている。この形式は、後の合同委員会議事録の原型となる。同議事録のその他の項目にもこの形式が用いられる。

アメリカ側の公式合意議事録案の第二項(奄美群島の領空飛行の自由)について、日本側は、行政協定の下でアメリカ側は領空飛行の完全な自由を有していると説明している。これに対し、アメリカ側は、行政協定の文言は、同案第二項より狭く解釈される可能性があるので、日本側がこの点を明確に了解した旨を表明するよう求めた。その意味は以下である。行政協定の第三条第一項で、アメリカ側は、「施設及び区域への出入の便を図るのに必要な権利、権力及び権能を有する。」とある。この規定をもとに、領空の自由も認められている。しかし、「出入」という限定がついている。それを狭く解釈される場合があるとアメリカ側は考えたのであろう。

アメリカ側の公式合意議事録案の第三項(奄美群島の領水の利用)について、日本側は、同項はきわめて広く解釈される可能性があるとして異を唱えた。射撃区域・演習区域の指定といった事項は、合同委員会が対処することとなっている。同項によって合同委員会の権限が奪われるというのがその理由であった。日本側は、自国の領水をアメリカ側に利用させるにあたって、これまでまったく問題がなかったと主張している。ただ、個人の利益や漁業権が含まれる場合は例外であると補足した。アメリカ側は、日本側の主張を受け入れたものの、奄美群島が有する特異の地理的状況から、米海軍が同海域を巡回する大幅な自由が必要だと主張した。日本側は、かかる自由は行政協定下で与えられていると反論している。ただし、同海域で日本船の拿捕や捜索といった活動は米軍には許されないと主張した。そうした行為は、行政協定の枠外にあり、もしそれを許すと、日本の警察権を侵害するというのである。

アメリカ側の公式合意議事録案の第四項(追加用地の視察)について、行政協定の下で、用地の視察は事前の許可が必要となっている。許可なしに用地の視察ができるよう、行政協定の規定を拡大解釈することはできない、と日本側は主張した。アメリカ側は、沖縄を完全に防衛するためには、レーダー警報装置といった既存の施設を、いつでも移動できるようにしておく必要があると反論している。こうした件を東京の合同委員会に諮っていたのでは適時に対応できず、ただちに視察する必要があるというのだ。さらに、日米安保条約第三条には、「アメリカ合衆国の軍隊の日本国内及びその附近における配備を規律する条件は、両政府間の行政協定で決定する。」とある。そこで、同条に基づき、アメリカ側は、こうした事態に対処するため合意することは許されると主張した。

アメリカ側の公式合意議事録案の第五項(電波妨害施設等の除去)について、奄美群島が返還されると、日本は警察権の行使を引き継ぐので、他国の軍隊が日本の主権に干渉することは許されない、と日本側は主張した。さらに、行政協定第三条は、このような事態には合同委員会が対処すると規定している。私有財産の除去、あるいは、破壊の必要がある場合には、日本の法執行機関がその任にあたる、と日本側は補足した。同条第一項第三文に、「本条で許与される権利、権力及び権能を施設及び区域外で行使するに当つては、必要に応じ、合同委員会を通じて両政府間で協議しなければならない。」とあるからだ。

アメリカ側の公式合意議事録案の第六項(日本の防衛計画)について、日本側は、この要請は「受け入れがたい」と主張した。アメリカ側は「奄美群島では利用可能な用地がかぎられている。そこで、将来の防衛施設に関する日本側の計画を知らせてもらえれば有り難い」、と述べている。そうした日本側の施設が、アメリカ側の将来の計画にとって妨げになるかもしれないというのがその理由であった。日本側は、この問題は、行政協定第三条に、直接、関連するものではないと主張している。

一九五一年九月八日の吉田・アチソン交換公文は、奄美群島が日本に返還されれば、当然、同島にも適用される。そのため、日本側は、アメリカ側の公式合意議事録案の第七項は不要で、削除すべきであると主張した。

この第一回軍事分科会で、アメリカ側の公式合意議事録案をめぐる日米双方の主張はほぼ出揃った。一一月三〇日、第二回正式会談が開かれ、日本側は、あらためて、アメリカ側の公式合意議事録案の内容は、合同委員会議事録に盛り込むよう強く主張する。アメリカ側も、合同委員会の場でアメリカ側の公式合意議事録案の内容に日本側が好意的に配慮することを条件として、合同委員会議事録で対処が可能だと譲歩した。この結果、日米は、合同委員会議事録により対処することで暫定的に合意する。(48)

第二回軍事分科会および第三回正式会談

一二月一日、第二回軍事分科会が開かれ、軍事に関する日本側の新提案がアメリカ側に手交された。(49) 新提案は、文書1、文書2、文書3からなっている。そのうち、文書2は、アメリカ側附属書Iの第一項(安保条約等は奄美群島に適用される)および附属書II(現行の設備・用地は行政協定に基づく施設・区域を構成する)についてである。この文書は、アメリカ側の要請を満たすものであった。以下、日本側の新提案における「特異の関係」およびアメリカ側の公式合意議事録案の扱いを検討していきたい。

文書1は、アメリカ側附属書Iの最後の段落(「特異の関係」)、および、アメリカ側の公式合意議事録案の第六項(日本の防衛計画)に替わるものである。以下となっていた。

(文書1)

奄美群島及びその領水は、日本本土、並びに、南西諸島のその他の島におけるアメリカ合衆国の軍事施設との双方に近接しているため、日米両国の防衛及び安全と特異の関係を有するものと了解される。

この点を了解し、日米安全保障条約の精神にのっとり、奄美群島における防衛施設の設置(飛行場を含む)に関する日本側の将来の計画について、アメリカ合衆国政府と協議することが日本国政府の意思である。(50)

この文書は、最終的な公式合意議事録第一項の原型となる。アメリカ側が強く要望した「特異の関係」が盛り込まれている。また、奄美群島における日本の防衛計画は、安保条約の精神にのっとり、両国間で協議するとされている。日本側は、この文書は最終的な公式合意議事録に盛り込まれるべきだと主張した。アメリカ側は、この文書を研究した結果、アメリカ側が提案した附属書Iの「特異の関係」も含まれており、同文書に満足の意を表している。

第一回軍事分科会で、日本側は、前述のように、アメリカ側の公式合意議事録案に替わるものとして、アメリカ側の要請に日本側が応答する形式の案を提示していた。その全体像を示したのが文書3である。四項目からなっている。この日本側が提示した案は、アメリカ側との協議を踏まえ、日米妥協案となる。最終的に合同委員会の議事録に盛り込まれる。後掲の表2-1の合同委員会議事録(不公表)の1から4にあたる。文書3が提示された際、日米間でどのような議論があったのかを紹介しておく。

第一項は、アメリカ側の公式合意議事録案第一項(追加の施設・区域)に対応し、合同委員会で対処されるべきものであると日本側は主張した。また、アメリカ側の要請に対し、日本側は迅速かつ好意的に対応する意思を表明している。

第二項は、アメリカ側の公式合意議事録案第二項(奄美群島の領空飛行の自由)および同案第三項(奄美群島の領水の利用)を統合したものである。海域を利用する際、米海軍の巡回活動が、合同委員会で協議を必要とする作戦あるいは訓練とならなければ、日本側は異議を唱えないこととなった。

第三項は、アメリカ側の公式合意議事録案第四項(追加用地の視察)に対応する。日本側は、行政協定の下で、用地の視察は、つねに合同委員会に付託したうえ、土地所有者の同意を得る必要があると主張した。事前の承認なしに視察がおこなわれ、私有財産に損害が生じると、行政協定第一八条によって、アメリカ側はその損害を補償しなければならなくなるからだ。日本側はそのような事態にいたることを懸念した。アメリカ側が要請する視察に許可が与えられるよう、全権を有する現地の代表を指名するとの案を、日本側は合同委員会に提示することを示唆した。この案によれば、現地の米軍当局は、名瀬の代表に直接かけあえばよく、東京の合同委員会に諮る必要はなくなる。

第四項は、アメリカ側の公式合意議事録案第五項(電波妨害施設等の除去)に対応する。日本側は、アメリカ側の主張を受け入れている。ただ、行政協定によれば、軍事施設外では、日本側当局が警察活動をおこなう必要がある。そのため、アメリカ側の主張に法的には同意できず、日本側として最善の妥協策を提示したと説明している。

軍事分科会は、以上の四項目を正式会談に付託する。

翌一二月二日、第三回正式会談が開催される。ただ、会議が立て続けに開かれたため、アメリカ側は検討のための時間が必要だと申し出た。そこで、次回の第四回正式会談は、一二月七日に開催される。また、日本側はこれまでの議論を踏まえ、妥協案を作成している。同案は、一二月三日、アメリカ側に提示されている。この案は、交換公文、公式合意議事録、合同委員会議事録という三つの文書からなっていた。

奄美返還協定の締結

以上、一二月初めまでの奄美返還交渉の経緯をたどってきた。奄美返還は、最終的には、国会の承認が必要な返還協定で実施される。これ以降、協定締結にいたるまでの交渉記録は、かならずしも十分に残されているわけではない。とはいえ、いくつか紹介しておきたい。(51) 一二月一二日付の在京米大使館から本省宛の電報には、一二月三日付の日本側作成の妥協案は、「米側提案とは形式が異なるとはいえ、国務省公電第一二一二号に記された当方の基本的立場は実質的に確保されていると思われる。したがって、すべての条項を承認するよう提案する。」とある。(52) この時点で、日米間での実質的な交渉はほぼ終了する。あとは、本省からの承認待ちの状態にあった。

一二月一六日、奄美群島の返還に関する取極は、前述のように、現地通貨Ｂ円を回収後、アメリカ側に無償で引渡すとなったため、取極全体を協定の形式に書き換え、国会の承認を求めることになった。復帰の期日を一二月二五日とすることで、交渉当事者間での意見は一致した。[53] 一六日、下田条約局長は、中川アジア局長とともに、在京米大使館に、バーガー参事官およびバッシン法務官を訪ね、日本側作成の協定案を提示している。バッシンは、協定の内容が交換公文と同じであれば、アメリカ側では上院に諮る必要がないのは当然として、国務省に請訓の必要すらないと述べている。協定案の検討のため、翌一七日、起草委員会を開き、文言を確定する。[54] こうして、一七日には、「奄美群島に関する日本国とアメリカ合衆国との間の協定」、返還協定に関する交換公文、公式合意議事録が作成される。

最終文書を承認するとの国務省の訓令は、一二月二三日午後五時に発せられた(日本時間一二月二四日午前七時)。協定の文言は、二四日午前に開かれた代表者会議で最終調整がおこなわれ、確定している。[55] 同協定案は、同日午後五時過ぎに国会で承認され、午後七時、岡崎外務大臣とアリソン駐日大使が協定に署名した。この結果、日付がかわった二五日午前零時を期して、奄美群島は日本に返還された。[56]

六　特異の関係の意味

すでに述べたように、岡崎・アリソン交換公文に、奄美群島は、本土および沖縄の米軍基地に近接しているため、極東の防衛および安全と特異の関係を有するとある。岡崎外務大臣は、国会で、この特異の関係に別段の意味はないと答弁していた。本当に別段の意味はなかったのであろうか。最後に、この問題を含め、不公表文書の意味とは何か、密約はなかったのかを検証したい。

合同委員会議事録(57)

一一月二四日、アメリカ側が提示したもともとの公式合意議事録案は、おおきく三つに整理された。ひとつは、行政協定第二条・第三条に関連する事項である。これらはアメリカ側の公式合意議事録案では第一項から第五項に相当する。日本側の提案によって、これらの項目は合同委員会議事録に盛り込まれた。二つ目は、奄美群島における日本の防衛計画に関するアメリカ側の公式合意議事録案第六項である。この問題は、本来、日本の内政に属するにもかかわらず、奄美返還に関連しているとの理由で、公式合意議事録の一部となった。三つ目は、アメリカ側の公式合意議事録案第七項、吉田・アチソン交換公文の奄美群島への適用である。自明とはいえ、奄美返還協定第七条で確認された。表2-1は、アメリカ側が提示した公式合意議事録案が、奄美返還協定および関連文書に、どのように取り入れられたのかを示したものである。以下、もっとも重要な合同委員会議事録を検討する。

アメリカ側の公式合意議事録案第一項では、奄美群島における追加の施設・区域はアメリカ側に許与されるとなっていた。これは、施設・区域の設定は合同委員会を通じておこなわれるとの行政協定第二条第一項に明らかに反する。アメリカ側は、奄美群島の「特異の関係」にかんがみ、行政協定によらず、奄美群島では施設・区域を自由に設定することを望んでいたのである。

これに対し、合同委員会議事録の第一項は、こうしたアメリカ側の要請に、日本側は、「両国の防衛及び安全のために奄美群島が有する重要性にかんがみ、日本国政府は、かかる要請が明確かつ個別に施設小委員会を通じて行なわれるときには、できる限り迅速かつ好意的に配慮する。」と応じる内容となった。アメリカ側の要請には、三つの歯止めがかけられている。まず、アメリカ側からこうした要請があれば、行政協定下の施設小委員会で検討されると明記されている。つぎに、アメリカ側の要請は、「明確かつ個別に」おこなわれる必要があると釘を刺している。さらに、アメリカ側の要請に日本側は「迅速かつ好意的に配慮する」と記され、最終的な決定権は、「配慮」する日本側にあると明示されている。日本側は、追加の施設・区域の問題は行政協定の枠組みで対処する、との方針を貫いた。

表 2-1　アメリカ側公式合意議事録案と最終文書の比較

	アメリカ側公式合意議事録案 (1953年11月24日)	最終文書 (1953年12月24日)
追加の施設・区域	1. 行政協定第2条第1項は，奄美群島が日米双方の防衛及び安全にとり特異の関係を有するため，奄美群島における追加の施設及び区域(航空支援，装置，及び航空管制のための用地，並びに，ラジオ及びレーダーが十分に届くのを確保するのに必要な用地が含まれる．)がアメリカ合衆国に許与される必要があると認められるものと了解される．	**合同委員会議事録(不公表)** 1. 合衆国代表「行政協定第2条第1項は，奄美群島が日本国及びアメリカ合衆国双方の防衛及び安全と特異の関係を有することとなり，同群島における追加の施設及び区域(航行標識，装置，及び航空管制のための用地，並びに，ラジオ及びレーダーの完全な探知範囲を確保するのに必要な航空管制及び航空警戒管制用地が含まれる．)の緊急な提供が要求されることがある旨を認めているものと了解される．」 日本国代表「両国の防衛及び安全のために奄美群島が有する重要性にかんがみ，日本国政府は，かかる要請が明確かつ個別に施設小委員会を通じて行なわれるときには，できる限り迅速かつ好意的に配慮する．」
領空・領水の拡大	2. 行政協定第2条第1項は，空間の自由(freedom of space)の範囲を，奄美群島及びその領水上のすべての地域に拡大しうるものと了解される． 3. 行政協定第2条は，安全保障条約を実施するうえで，奄美群島におけるすべての領水の利用がアメリカ合衆国に許与されるものと了解される．	**合同委員会議事録(不公表)** 2. 合衆国代表「安保条約の遂行に関連し，合衆国軍は，奄美群島及びその領水の上空を飛行する自由並びに同群島の領水を利用する自由を与えられるものと了解する．」 日本国代表「日本国政府は，この了解を確認し，かつ，行政協定の下におけるこれらの問題についての慣行に従つてこの自由を許与する．」
追加用地の視察	4. 行政協定第2条は，今後，必要となりうる追加の施設の候補地を選択する場合，日本国政府に通告のうえ，奄美群島における用地の視察をおこなうことがアメリカ合衆国当局に許与されるものと了解される．	**合同委員会議事録(不公表)** 3. 合衆国代表「アメリカ合衆国要員は，将来要求されることのある追加の施設のための区域選定に関連して奄美群島において予備的視察をすみやかに行なうことができることが望ましい．」 日本国代表「日本国政府は，合衆国の要望にこたえうるような機構の設置に関し，施設小委員会における協議に入る用意がある．」
電波妨害施設等の除去	5. 行政協定第2条及び第3条は，米軍及び軍事施設の効果的な活動を阻害するごとき電波妨害施設等(これに限られないが)の敵対的又は有害な装置を除去し又は破壊するために，アメリカ合衆国の軍隊が奄美群島の領域，領空及び領水に入ることが許与されるものと了解される．	**合同委員会議事録(不公表)** 4. 両国代表「行政協定の関連規定に従つて，日本国当局は，自ら又は合衆国軍の要請に基づき，合衆国軍及びその設備の安全及び保護を阻害するごとき敵対的又は有害な装置(例えば，電波妨害施設)を除去し又は破壊するために，奄美群島地域において迅速かつ適切な措置を執る．アメリカ合衆国は，日本国の関係当局の要請に基づき，前記のことを達成するために必要とされる援助を与える．」
日本の防衛計画	6. 行政協定第3条第1項は，日本国が，奄美群島における飛行場を含めた防衛施設の設置を計画する場合，合衆国と日本国との間で協議がおこなわれるものと了解される．	**公式合意議事録(公表)** 1. 奄美群島が日米両国の防衛及び安全と特異の関係を有することにかんがみ，日米安全保障条約の精神にのつとり，同群島における防衛施設の設置(飛行場を含む)に関する日本側の将来の計画について，合衆国は，あらかじめ十分に通報されることが日本国政府の意思である．
吉田・アチソン交換公文	7. 1951年9月8日付のアメリカ合衆国国務長官と日本国総理大臣との交換公文は，奄美群島に適用されることが了解される．	**奄美返還協定第7条** 日本国が当事国である条約及びその他の国際協定(千九百五十一年九月八日にサン・フランシスコ市で署名された日本国との平和条約，同日に署名された日本国とアメリカ合衆国との間の安全保障条約及びこれに基く改正された行政協定，同日に日本国総理大臣とアメリカ合衆国国務長官との間で交換された公文並びに千九百五十三年四月二日に東京で署名された日本国とアメリカ合衆国との間の友好通商航海条約を含む．)は，この協定の効力発生の日から奄美群島について適用されるものとする．

(出典)アメリカ側の公式合意議事録案および最終文書より筆者作成．

アメリカ側の公式合意議事録案第二項および第三項は、奄美群島をめぐる領空・領水の飛行・航行に関するものである。これらは合同委員会議事録では第二項にまとめられている。行政協定第三条第一項によって、米軍は施設・区域だけではなく、領水・空間等も利用できる。奄美群島が本土に復帰すれば、安保条約・行政協定が適用されるので、同項は当然のことを念のために規定したにすぎない。ただし、アメリカ側の隠された意図は、安保条約・行政協定が失効したとしても、奄美群島の領水・空間をこの項により利用できるようにすることにあった。

アメリカ側の公式合意議事録案第四項では、奄美群島で追加の施設・区域が必要な場合、アメリカ側はその用地の視察をおこなえるとしていた。第一項の追加の施設・区域の許与にくわえ、その用地の視察も可能にするためである。合同委員会議事録の第三項における日本側の応答は、第一項同様、施設小委員会を通じておこなわれるという枠がはめられている。ただ、日本側は、アメリカ側の要請に迅速に応じるため、「機構」(machine)を設ける用意がある旨を表明している。この「機構」とは、東京の合同委員会に諮っていたのでは、迅速な対応ができない場合に備え、当時の名瀬に、日本側の現地代表を常駐させ、対応するというものであった。奄美群島の軍事的重要性が、復帰後、とくに高まることはなかったと思われる。この「機構」が現実に活用されたのか否かは不明である。

合同委員会議事録の第一項から第三項は、アメリカ側の要請、それに対する日本側の応答という形式がとられている。これに対し、同第四項は、明確に「合意」の形式がとられた。この第四項のみがなぜこのような形式となったのかは、興味深いところである。

合意内容は、「行政協定の関連規定に従つて、日本国当局は、自ら又は合衆国軍の要請に基づき、合衆国軍及びその設備の安全及び保護を阻害するごとき敵対的又は有害な装置(例えば、電波妨害施設)を除去し又は破壊するために、奄美群島地域において迅速かつ適切な措置を執る。アメリカ合衆国は、日本国の関係当局の要請に基づき、前記のことを達成するために必要とされる援助を与える。」とある。

行政協定第三条第一項で、アメリカ側には、施設・区域だけではなく、その近傍における防衛・管理権が与えられている。ただ、これは、施設・区域への出入の便を図る場合に限られる。奄美群島に米軍に対する電波妨害施設等があると判明した場合、それを除去・破壊するため、日本側が迅速かつ適切に措置する義務を負ったのである。

以上の合同委員会議事録をめぐる交渉の分析から、奄美群島の返還時、アメリカ側が基地権として何を日本側に要求していたのかが明らかになった。これにより、アメリカ側が、基地権をどのようにとらえていたのか、その真意をよみとることができる。ここでは、おおきく三つの点から、基地権に対するアメリカ側の考えを整理しておきたい。

第一に、アメリカ側は、日米安保条約ならびに行政協定を不変なものとは位置づけていなかった。というよりも、日米安保条約が存在しなくなる、あるいは、日本が中立化して米軍が本土から撤退を余儀なくされるといった場合も想定し、アメリカにとって必要な基地権を考えていたのである。

第二に、行政協定に定められた手続を経ることなく、奄美群島を本土とは切り離す形で、奄美群島に特有の基地権をアメリカ側は設けようとしている。具体的には、奄美返還協定およびその関連取極によって、奄美における施設・区域をあらたに設定すること、あるいは、そのための予備調査の実施をアメリカ側は望んでいた。

第三に、返還後の奄美群島が、沖縄と日本の防衛にとって重要な役割を果たすという点をアメリカ側は重視していた。そのため、奄美群島の基地権は、沖縄の防衛、とくに通信施設の防衛上重要なものと位置づけられている。ただし、交渉の結果、基地権に関する問題は、ほとんどが行政協定の枠内に収められた。この例外をなすのが、奄美群島に電波妨害施設等が設置された場合の日本側の対処である。最後にこの問題に触れ、本章を閉じることとしたい。

奄美返還密約

合同委員会議事録の第一項から第三項は、すでに述べたように、アメリカ側の要請、日本側の応答という形式となっている。アメリカ側のもともとの公式合意議事録案には、行政協定を無視する内容も含まれていた。合同委員会に諮ることなく、アメリカ側は奄美群島における追加の施設・区域を設定できる、また、追加用地の視察もおこなえるようになっていたからだ。これに対し、合同委員会議事録では、「施設小委員会を通じて」、「慣行に従つて」等の字句が付け加えられ、全体として、施設・区域については、合同委員会を通じ、取り決められるという原則が貫かれている。ただ、このアメリカ側の要請が公になれば、奄美群島では、米軍は行政協定をないがしろにしようとしているとの批判が噴出したであろう。

残るは、合意の形をとった合同委員会議事録の第四項である。米軍に対する電波妨害施設等が奄美群島にあれば、日本側はそれを除去または破壊する義務を負った。米軍みずから施設・区域外の電波妨害施設等に対処できないからだ。

この電波妨害施設等に関連する行政協定の規定として、第三条第二項第二文に、「合衆国が使用する電波放射の装置が用いる周波数、電力及びこれらに類する事項に関するすべての問題は、相互の取極により解決しなければならない。」とある。その取極のひとつと考えられるのが、「周波数の分配及び妨害除去」(一九五二年六月)と題する合同委員会合意である。そのなかに、「⒁電波監視」という項目がある。それによると、以下のように合意されている。

(イ) 米軍側が不明な根源からの電波により混信を受けた場合、それを日本側に通報し、日本側はその電波を監視すること。監視の結果を混信除去のため混信を与えた方の局を管理する機関に送付すること。右の混信が日本国外から来る電波によるものであれば、監視の結果を米軍側に送付し、米軍側がその混信除去の処置をとること。

(ロ) 米軍側が日本国内の不法電波と認められるものを覚知した場合は、それを日本側に通知すること。日本側が監視した結果、それが米軍所属のものであると判明した時は、それを米軍側に通報し、米軍側がその不法運用を除去すること。

(ハ) 日本側は、監視の結果を、要請があれば、米軍側に送付すること。

（ニ）前記（イ）、（ロ）及び（ハ）の監視に関する情報交換は、郵政省電波管理局と駐日合衆国軍司令部Ｊ６部周波数分配課との間で行うこと。[58]

このうち、合同委員会議事録の第四項に関連すると思われるのは（ロ）である。米軍側が日本国内の不法電波と認められるものを覚知したとき、その電波が米軍所属のものについては述べられている。しかし、それ以外の場合の対処法はここには記されていない。

一九六〇年に行政協定が改定された結果、あらたな日米地位協定第三条第二項第三文には、「日本国政府は、合衆国軍隊が必要とする電気通信用電子装置に対する妨害を防止し又は除去するためのすべての合理的な措置を関係法令の範囲内で執るものとする。」と規定された。日本政府は、法令の範囲内で、米軍の電子装置への妨害を防止・除去するとなっている。これは、行政協定の改定の際に追加された条項である。

この規定について、外務省機密文書である「日米地位協定の考え方・増補版」には、つぎのような説明がある。

ここでの問題は、米側から電波障害除去のため、米軍通信施設周辺の私人の建築制限を求められた場合日本側としていかなる措置がとれるかという点であるが、電波法は、米軍の使用する通信施設については全面的に排除されている（特例法参照）ため、電波法に定める電波障害除去措置はとり得ないことである。現在のところ、この措置のための特別立法はないので、民法により個々の関係私人に当たり問題を解決（高層建築をしないという不作為義務の設定、買収等）するより方法はない。[59]

ここに示されているのは、電波障害となりうる高層建築物の建設の事例である。合同委員会議事録の第四項が想定する事例とは異なる。同項では、敵対的な装置も想定されているからだ。行政協定が改定され、このように規定されたものの、電波障害除去措置ですら有効なものではないと解されている。

奄美群島が有する特異の関係に「特に別段の意味はない」と、岡崎大臣は国会で述べていた。しかし、沖縄を防衛するために奄美群島がはたす役割の重要性から、奄美群島に米軍への電波妨害施設があれば、日本政府は、それを除去または破壊する義務を合同委員会議事録の第四項により負ったことになる。これが「特異の関係」の具体例である。その意味で、同項は密約と考えて差し支えない。また、この第四項だけが「合意」の形式となった理由は、交渉過程にもあったように、アメリカ側の要請に日本側が理解を示したことによる。「行政協定の関連規定に従つて」という文言はあるものの、行政協定第二条・第三条では律しきれない内容を含んでいる、と日本側が判断したからだ。

合同委員会における合意が密約の温床になっている点はすでに指摘したところである。その具体例は、なかなか表にあらわれない。第一章で紹介した刑事裁判権に関する密約は、外務省だけでなく、法務省も関連していたため、きわめて手の込んだ方法が用いられた。これと比較して、この電波妨害施設除去密約は、明確な合意の形式がとられた。

（1）「(仮訳)奄美群島返還に関するダレス米国国務長官の声明」、一九五三年八月八日、『南西諸島帰属問題　奄美群島、日米間返還協定関係』第一巻、リール番号 A'-0146, 外交史料館。

（2）“Note by the Executive Secretary (Lay) to the National Security Council, August 7, 1952”(Top Secret), *FRUS*, 1952–1954, China and Japan, Volume XIV, Part 2, Document 588.

（3）Ibid.

（4）“Memorandum by the Assistant Secretary of State for Far Eastern Affairs (Allison) to the Secretary of State, Subject: Future Disposition of the Ryukyu and Bonin Islands, March 18, 1953”(Top Secret), *FRUS*, 1952–1954, China and Japan, Volume XIV, Part 2, Document 638.

（5）Ibid.

（6）“Office Memorandum, From NA-Mr. Young, FM-Mr. Robertson, Subject: Disposition of the Ryukyu and Bonin Islands, May 22, 1953”(Top Secret), RG59 Central Decimal Files, 1950–1954, Box 4261, National Archives at College Park, MD.

（7）“Memorandum of Discussion at the 151st Meeting of the National Security Council, Washington, June 25, 1953”(Top

Secret Eyes Only), *FRUS*, 1952–1954, China and Japan, Volume XIV, Part 2, Document 655.

（8）Ibid.

（9）"Memorandum to the National Security Council by Walter Bedell Smith (Acting Secretary), August 7, 1953"(Top Secret), RG59 Central Decimal Files, 1950–1954, Box 4261, National Archives at College Park, MD.

（10）本章では、議事録という用語が頻出する。本章に登場する議事録には二種類ある。ひとつは、奄美返還協定交渉において到達した了解事項の記録である。アメリカ側が最初に提示した公式合意議事録案や、最終的な公式合意議事録がこれにあたる。もうひとつは、日米合同委員会の議事録である。こちらは、奄美返還に関連しているものの、合同委員会の所管事項として合意されたものである。

（11）奄美返還に関するもっとも詳細な研究は、ロバート・D・エルドリッヂ『奄美返還と日米関係――戦後アメリカの奄美・沖縄占領とアジア戦略』南方新社、二〇〇三年である。そのほか、杉山茂雄「「奄美方式」と沖縄・小笠原の返還」『法律時報』四〇巻一号、一九六八年一月、二四―二九頁、梶浦篤「奄美諸島返還をめぐる米国の対日・対ソ戦略」『国際政治』一〇五号、一九九四年一月、一一二―一二六頁を参照。奄美復帰全般については、村山家國『新訂　奄美復帰史』南海日日新聞社、二〇〇六年、永田浩三『奄美の奇跡――「祖国復帰」若者たちの無血革命』ＷＡＶＥ出版、二〇一五年を参照。

（12）「第十九回国会参議院会議録」第二号、官報号外、一九五三年一二月二四日、一九―二〇頁。

（13）『南西諸島帰属問題　奄美群島、日米間返還協定関係』第一巻―第六巻、リール番号A'-0146, 外交史料館。

（14）Editorial Note, *FRUS*, 1952–1954, China and Japan, Volume XIV, Part 2, Document 724.

（15）「会議の記録」は、『南西諸島帰属問題　奄美群島、日米間返還協定関係』第三巻、リール番号A'-0146, 外交史料館を参照。なお、この中に、合意された公式議事録は存在しない。ただ、同議事録は、アメリカの公式条約集である *United States Treaties and Other International Agreements* に収録されており、公表されている。詳しくは、Department of State, *United States Treaties and Other International Agreements*, Volume 4 in Two Parts, Part 2, 1953, Washington DC: United States Government Printing Office, 1955, pp. 2939–2940 を参照。

（16）奄美方式については、杉山「「奄美方式」と沖縄・小笠原の返還」、二四―二九頁、および、「小笠原返還におけるいわゆる奄美方式」『時の法令』六三一号、一九六八年二月、一〇―一二頁を参照。
（17）アジア局第五課「奄美群島の返還に関する件」(極秘)、一九五三年一一月二四日、『南西諸島帰属問題　奄美群島、日米間返還協定関係』第一巻、リール番号 A'-0146, 外交史料館。なお、この邦訳は、外務省アジア局第五課「奄美群島返還経緯」(部外秘)、一九五四年一月、六四頁、『南西諸島帰属問題』、リール番号 A'-0146, 外交史料館による。
（18）外務省アジア局第五課「奄美群島返還経緯」(部外秘)、一九五四年一月、附録(三八)、『南西諸島帰属問題』、リール番号 A'-0146, 外交史料館による。
（19）"Memorandum From FE-Mr. Robertson to the Under Secretary, Subject: Military Aspects of Transfer of Amami Group to Japan, November 10, 1953"(Secret), RG59 Central Decimal Files, 1950–1954, Box 4261, National Archives at College Park, MD の Enclosure No. 2.
（20）合意された公式議事録は、先の「会議の記録」の附属文書である。邦訳は、条条「奄美返還取極における軍事関係条項」(極秘)、一九六七年一一月二四日、『小笠原諸島帰属問題』、A'.6.1.1.5, 外交史料館による。
（21）同上。
（22）同上を参照しながら、英文より訳したものである。
（23）沖縄会議については、"Memorandum From J. J. Conroy to Mr. Berger, August 26, 1953"(Secret), RG59 Central Decimal Files, 1950–1954, Box 4261, National Archives at College Park, MD を参照。軍側の要望はこの文書による。
（24）"Telegram From the Embassy in Japan to the Department of State, No. 573, September 1, 1953"(Secret), RG59 Central Decimal Files, 1950–1954, Box 4261, National Archives at College Park, MD.
（25）"Conferences on Arrangements for the Transfer of the Amami Islands, First Meeting, September 2, 1953"(Secret), RG59 Central Decimal Files, 1950–1954, Box 4261, National Archives at College Park, MD.
（26）"Conferences on Arrangements for the Transfer of the Amami Island, Third Meeting, September 29, 1953"(Secret), RG59 Central Decimal Files, 1950–1954, Box 4261, National Archives at College Park, MD.
（27）Ibid.
（28）Ibid.

(29) "Conferences on Arrangements for the Transfer of the Amami Islands, Fourth Meeting, October 1, 1953"(Secret), RG59 Central Decimal Files, 1950–1954, Box 4261, National Archives at College Park, MD.

(30) "Memorandum From FE-Mr. Robertson to the Under Secretary, Subject: Status of Arrangements for Transfer of Amami Group to Japan, October 29, 1953"(Secret), RG59 Central Decimal Files, 1950–1954, Box 4261, National Archives at College Park, MD.

(31) "Telegram From the Commander in Chief, Far East (Clark) to the Department of the Army, C62522. UrmsgDA 939310, May 20, 1953"(Top Secret), *FRUS*, 1952–1954, China and Japan, Volume XIV, Part 2, Document 649.

(32) "Telegram From the Embassy in Japan to the Department of State, No. 957, October 14, 1953"(Secret), RG59 Central Decimal Files, 1950–1954, Box 4261, National Archives at College Park, MD.

(33) "Memorandum by the Assistant Secretary of State for Far Eastern Affairs (Robertson) to the Under Secretary of State (Smith), October 21, 1953"(Secret), *FRUS*, 1952–1954, China and Japan, Volume XIV, Part 2, Document 705; "Memorandum From FE-Mr. Robertson to the Under Secretary, Subject: Status of Arrangements for Transfer of Amami Group to Japan, October 29, 1953"(Secret), RG59 Central Decimal Files, 1950–1954, Box 4261, National Archives at College Park, MD.

(34) "Letter From Walter S. Robertson (Assistant Secretary, Department of State) to Frank C. Nash (Assistant Secretary for International Security Affairs, Department of Defense), November 13, 1953"(Top Secret), RG59 Central Decimal Files, 1950–1954, Box 4261, National Archives at College Park, MD. アジア局第五課「奄美群島の返還に関する件」(極秘)、一九五三年一一月二四日、『南西諸島帰属問題　奄美群島、日米間返還協定関係』第一巻、リール番号A'-0146, 外交史料館。

(35) 交渉経緯全般については、外務省アジア局第五課「奄美群島返還経緯」(部外秘)、一九五四年一月、二七―三七頁、『南西諸島帰属問題』、リール番号A'-0146, 外交史料館を参照。

(36) アジア局第五課「奄美群島の返還に関する件」(極秘)、一九五三年一一月二四日、『南西諸島帰属問題　奄美群島、日米間返還協定関係』第一巻、リール番号A'-0146, 外交史料館、および、外務省アジア局第五課「奄美群島返還経緯」

（部外秘）、一九五四年一月、『南西諸島帰属問題』、リール番号 A'-0146, 外交史料館を参照している。

（37）本文では取り上げていないが、この公文案の後段は、最後まで日米間で難航したところである。アメリカ側は、「平和及び安全の永続する状態が極東において確立されるまで」、沖縄等の南西諸島を期限の定めなしに支配することを明文化しようとした。これに対し、日本側は、沖縄等の住民の本土復帰の希望に配慮し、この文言をやわらげる提案をおこなった。詳しくは、中川記「奄美返還交渉に関する件」（秘）、一九五三年一二月八日、『南西諸島帰属問題　奄美群島、日米間返還協定関係』第二巻、リール番号 A'-0146, 外交史料館を参照。なお、このアメリカ側の文言は、最終的には削除されている。

（38）アジア局第五課「奄美群島の返還に関する件」（極秘）、一九五三年一一月二四日、『南西諸島帰属問題　奄美群島、日米間返還協定関係』第一巻、リール番号 A'-0146, 外交史料館。

（39）同上。

（40）同上。

（41）「奄美群島返還経緯」によると、「奄美群島返還に関する日米間の折衝は、アメリカ側の意向もあり、交渉 negotiation という表現をさけ、取極に関する打合せ discussion for arrangements ということ」になったという。外務省アジア局第五課「奄美群島返還経緯」（部外秘）、一九五四年一月、三六頁、『南西諸島帰属問題』、リール番号 A'-0146, 外交史料館。ただ、アメリカ側文書でも negotiation は用いられており、交渉であることに変わりはない。

（42）"U.S.-Japan Meetings on Arrangements for Transfer of the Amami Islands, First General Meeting, November 27, 1953, 9:30 a.m., Ministry of Foreign Affairs, Tokyo"(Confidential), RG59 Central Decimal Files, 1950–1954, Box 4261, National Archives at College Park, MD.

（43）Ibid.

（44）アジア局第五課「奄美群島返還に関する件」（極秘）、一九五三年一一月二七日、『南西諸島帰属問題　奄美群島、日米間返還協定関係』第二巻、リール番号 A'-0146, 外交史料館。

（45）"U.S.-Japan Meetings on Arrangements for Transfer of the Amami Islands, First Meeting of Sub-Committee on Military Rights, November 28, 1953, 3:00 p.m., Ministry of Foreign Affairs, Tokyo"(Confidential), RG59 Central Decimal

Files, 1950–1954, Box 4261, National Archives at College Park, MD.

（46）Ibid.

（47）Ibid.

（48）“U.S.-Japan Meetings on Arrangements for Transfer of the Amami Islands, Second General Meeting, November 30, 1953, 10:00 a.m., Ministry of Foreign Affairs, Tokyo”(Confidential), RG59 Central Decimal Files, 1950–1954, Box 4261, National Archives at College Park, MD. なお、第二回正式会談の様子を在京米大使館から本省に報告した“Telegram From the Embassy in Japan to the Department of State, No. 1354, November 30, 1953”(Secret), RG84[Entry UD 2828A]Japan; U.S. Embassy, Tokyo; Classified General Records, 1952–1963, Box 24, National Archives at College Park, MD も参照。

（49）第二回軍事分科会については、“U.S.-Japan Meetings on Arrangements for Transfer of the Amami Islands, Second Meeting of Sub-Committee on Military Rights, December 1, 1953, 11:00 a.m., American Embassy, Tokyo”(Confidential), RG59 Central Decimal Files, 1950–1954, Box 4261, National Archives at College Park, MD を参照している。

（50）Ibid.

（51）参考になる文書として、中川記「奄美返還交渉に関する件」(秘)、一九五三年一二月八日、『南西諸島帰属問題　奄美群島、日米間返還協定関係』第二巻、リール番号 A'-0146, 外交史料館がある。

（52）“Telegram From the Embassy in Japan to the Department of State, No. 1458, December 12, 1953”(Secret), RG59 Central Decimal Files, 1950–1954, Box 4261, National Archives at College Park, MD.

（53）アジア局第五課「奄美群島の返還に関する協定案」(極秘)、一九五三年一二月一八日、『南西諸島帰属問題　奄美群島、日米間返還協定関係』第二巻、リール番号 A'-0146, 外交史料館。「次官会議説明資料(一二月二一日次官会議)」、一九五三年一二月二一日、『南西諸島帰属問題　奄美群島、日米間返還協定関係』第三巻、リール番号 A'-0146, 外交史料館。

（54）「備忘」、一九五三年一二月一九日、『南西諸島帰属問題　奄美群島、日米間返還協定関係』第二巻、リール番号 A'-0146, 外交史料館。

(55) 新木大使(米国)発岡崎大臣宛公電第一五四五号「奄美群島返還に関する件」(大至急)、一九五三年一二月二三日、『南西諸島帰属問題　奄美群島、日米間返還協定関係』第二巻、リール番号 A'-0146, 外交史料館。"Record of the Meeting of December 24, 1953, Between Representatives of the Government of Japan and the United States of America on the Agreement concerning the Amami Islands"(Confidential),『南西諸島帰属問題　奄美群島、日米間返還協定関係』第二巻、リール番号 A'-0146, 外交史料館。

(56) 外務省アジア局第五課「奄美群島返還経緯」(部外秘)、一九五四年一月、三六頁、『南西諸島帰属問題』、リール番号 A'-0146, 外交史料館。

(57) "Record of the Meeting of December 24, 1953, Between Representatives of the Government of Japan and the United States of America on the Agreement concerning the Amami Islands"(Confidential),『南西諸島帰属問題　奄美群島、日米間返還協定関係』第二巻、リール番号 A'-0146, 外交史料館。合同委員会議事録の日本語訳は、条条「奄美返還取極における軍事関係条項」(極秘)、一九六七年一一月二四日、『小笠原諸島帰属問題』、A'.6.1.1.5, 外交史料館を参考にしている。同文書によれば、一九五四年一月七日開催の第八一回合同委員会で、議事録に記載されたとある。

(58) 外務省ウェブサイト「日米地位協定各条及び環境補足協定に関する日米合同委員会合意」の「第三条に関連する日米合同委員会合意」による。

(59) 琉球新報社編『外務省機密文書　日米地位協定の考え方・増補版』高文研、二〇〇四年、六一―六二頁。

第三章　ジラード事件

一　ジラード事件から六〇余年

ジラード事件とは

ジラード事件発生から六〇年以上が経過した。この事件は、一九五七年一月三〇日午後一時五〇分頃発生している。犠牲となったのは、群馬県の相馬ヶ原演習場に弾拾いに来ていた地元の主婦坂井なかさん(四六歳)である。なかさんは、演習中のウィリアム・S・ジラード三等特技兵(二一歳)に招き寄せられ、威嚇にあい、逃げようとしたところを後ろから撃たれ、即死した。ジラードは、M1ライフルに装着されたグレネード・ランチャー(手榴弾発射装置)に、使用済み薬莢を込め撃ったのである。当初、この事件は、演習場の地名から、相馬ヶ原事件と呼ばれ、その後、犯人ジラードの名をとり、ジラード事件として広く知られるようになった。ジラードは米陸軍第一騎兵師団の第八騎兵連隊第二大隊F中隊の所属で、自動車運転手をつとめていた。

相馬ヶ原演習場は、当時、米軍と自衛隊が共用していた(1)。同演習場は、群馬県のほぼ中央に位置する。JR高崎駅から北に約一八キロ、西には標高一三九〇メートルの榛名山を望む原野であった。現在、この演習地には自衛隊の相馬原駐屯地が隣接している。

今日、弾拾いといわれてもまったくぴんとこないと思われる。一九五七年当時の日本はいまだ貧しく、とりわけ相馬ヶ原演習場の近くに住む人々にとって、弾拾いはかっこうの現金収入源であった。演習で使用された機関銃や小銃の空薬莢は放置され、また、砲弾の破片などもころがっていた。それらを拾うのである。ただ、弾拾いの人数が増えてくると、われ先にと拾うため、空薬莢が飛び出すと同時に拾う、あるいは、砲弾の着弾点近くに穴を掘り、砲弾が飛んでくるのを待つといったように、非常に危険な弾拾いもおこなわれるようになっていた(2)。

この事件で、米軍は、ジラードの発砲は公務執行中のものであるとの理由で、公務証明書を発給した。ジラードの第一次裁判権はアメリカ側にある、と主張したのである。これに対し、日本側は、ジラードはたしかに演習中に発砲したとはいえ、それは公務とはまったく無関係におこなわれている。第一次裁判権は日本側にあると主張した。

一九五三年九月に改正された日米行政協定第一七条では、米軍関係者による「公務執行中の作為又は不作為から生ずる罪」は、アメリカ側に第一次裁判権があると規定されている(現行の日米地位協定第一七条も同じである)。公務執行中とみられるような犯罪の場合、日米どちらに裁判権があるのか、実際に公務執行中であるか否かの事実認定の問題となる。ジラード事件は、米軍が公務証明書を発給したにもかかわらず、裁判権を行使しなかった。その結果、日本側が裁判権を勝ち取ったはじめての事例である。このジラード事件の意義を明確にするため、当時、極東米軍の刑事裁判権が、他国でどのように扱われていたのかを振り返っておきたい。

極東米軍と刑事裁判権

ジラード事件が発生した一九五七年当時、極東では、ジラード事件以外にも、米兵の刑事裁判権が注目をあびる出来事があった。ふたつ紹介しておきたい。ひとつは、米比軍事基地協定の改定問題である。もっとも難航をきわめたのが刑事裁判権であった。この問題は、日米の刑事裁判権密約とも関連する。もうひとつは、一九五七年五月に、アメリカの軍事裁判法廷の判決に抗議して起こった台北の暴動事件である。ちょうどこの当時、ジラードの裁判権問題が世上を賑わせていたことから、台湾でも米兵の裁判が注目を集めた。

まず、米比軍事基地協定の改定からみていくことにしよう。[3] この協定は、序章でも紹介したように、締約期間が九九年にも及ぶ典型的な軍事基地協定であった。同協定の第一三条に刑事裁判権が規定されている。この協定の刑事裁判権で特徴的なことは、基地の内と外が区別され、規定されていた点である。

基地外で米軍所属員が犯した罪の場合、被害者も米軍所属員である場合を除き、原則として、フィリピン側が裁判権を有していた。これに対し、もっとも問題視されたのが、基地内での犯罪の場合である。同条の第一項(a)によると、アメリカ側が裁判権を行使できる場合は、「基地内で、何人かの犯した罪。但し、犯人及び被害者がともにフィリピン国市民(合衆国軍隊の現役の所属員ではない者)である場合、又は犯罪がフィリピン国の安全に反するものである場合を除く。」とある。[4] 基地内での犯罪は、但し書きの場合を除き、フィリピン国市民が犯した罪も、アメリカ側に裁判権があるとされていたのである。

このような場合、NATO軍地位協定、あるいは、改正された行政協定第一七条では、受入国側または日本側に裁判権がある。フィリピン側はこれに強く反発した。基地内でフィリピン国市民が罪を犯した場合でも、フィリピンは裁判権を行使できず、アメリカ側の裁判権に服さなければならないからだ。フィリピンの法律が及ばない治外法権がアメリカ側に認められていたことになる。

刑事裁判権について、フィリピンは、日本の場合とをつねに比較していた。日本は第二次世界大戦における敗戦国にもかかわらず、フィリピンが日本より不利な立場に置かれていることへの不満が拡がっていた。フィリピン側には、当然のことながら、日米間の刑事裁判権密約は知らされていない。日本側が、実質的に重要な事件を除き、裁判権を行使しないことなど、フィリピン側は知る由もなかった。その結果、一九五六年から始まった米比軍事基地協定の改定交渉において、フィリピン側は、公表されている日米間の刑事裁判権条項と同等の刑事裁判権をアメリカ側に要求したのである。[5] そのため、アメリカ側は、後に述べるように、刑事裁判権密約を公表するよう日本側に求める。ちな

みに、フィリピンにおける刑事裁判権問題は、一九六五年にオランダ方式で決着をみている。(6)

もうひとつの出来事は、レイノルズ事件といわれるものである。この事件は、一九五七年三月二〇日、米軍事顧問団のロバート・G・レイノルズ軍曹が、中華民国の官吏である劉自然をピストルで射殺したことが事の発端である。射殺の理由は、レイノルズの妻が入浴中、劉が覗いたためとされている。その際、レイノルズは劉ともみ合いになり、自衛のため劉を射殺したという。(7)

このレイノルズ事件は、地位協定に基づく刑事裁判権が問題になったのではない。つぎのような経緯がある。第二次世界大戦後、中国における国共内戦は中国共産党軍の勝利に終わる。一九四九年一二月、中華民国政府は台湾に逃れることになった。これにより、中華民国に対するアメリカの軍事上の助言および援助も終了する。ところが、一九五〇年六月に朝鮮戦争が勃発したことによって、アメリカの軍事顧問団が中華民国に派遣される。レイノルズはこの軍事顧問団の一員であった。軍事顧問団の所属員には、一九五一年二月の米華軍事援助協定に基づき、外交特権が与えられていた。さらに、一九五四年一二月には、米華相互防衛条約が締結されている。同条約第七条によって、軍事顧問団とは別に、米軍が台湾に駐留する権利を有することになった。(8) しかし、米華間に地位協定は締結されておらず、それが締結されるのは一九六五年になってからである。(9)

このように、レイノルズは外交特権を有していたにもかかわらず、地位協定が締結されるまでの措置として、米軍の軍事裁判法廷の裁判に付されたのである。判決は一九五七年五月二三日にくだされた。レイノルズの正当防衛が認められ、無罪となる。翌二四日、この判決に憤激したデモ隊が、台北のアメリカ大使館に押しかけ、大使館の門を破って館内に侵入した。デモ隊は大使館を完全に占拠するとともに、大使館の窓ガラス、椅子、机などをことごとく破壊する。さらに、アメリカ国旗を国旗掲揚柱から引きずり降ろして、青天白日旗を掲げたのであった。当初、デモ隊は二、三〇〇人であった。これに一般市民が続々と加わり、最終的には一万人を超える群集が大使館を取り巻いたとされる。(10)

後に詳しく述べるように、日米合同委員会で、ジラードの裁判権をアメリカ側が行使しないことで日米が合意したのは五月一六日である。米兵による犯罪ということで、ジラード事件とレイノルズ事件は類似していたにもかかわらず、ジラードの裁判権は日本側に委ねられる。これに対し、レイノルズには無罪判決がくだされるという結果になった。中華民国に米兵を裁判に付す権限がないだけでなく、裁判の結果が無罪であったことに民衆は憤激した。中華民国には、NATO軍地位協定、あるいは、改正行政協定第一七条並みの刑事裁判権がなかったことによる。それへの不満が、民衆を反米暴動へと駆り立てる要因となったのである。

公務執行中の犯罪の認定権

ジラード事件では、ジラードの犯罪が公務執行中であるか否かがひとつの争点となった。そこで、行政協定第一七条が改正された際、この公務の認定権について、日米間でどのような議論があったのかをまず確認しておく。

NATO軍地位協定では、「公務執行中の作為又は不作為から生ずる犯罪」は、派遣国の軍当局に第一次裁判権があると規定されている。この点は、行政協定第一七条でもまったく同じ扱いである。問題は、公務執行中であるか否かを誰が判断するのかである。そこで、行政協定第一七条改正時におけるアメリカ側の提案をまず検討する。

一九五三年八月一七日、ジョン・M・アリソン駐日大使は岡崎勝男外務大臣宛の書簡で、アメリカ側の議定書案および公式議事録案を提示した。同公式議事録案によれば、行政協定第一七条第三項(a)(ii)について、「軍当局は、同盟国間に通常行われている協力の一部として、罪が公務遂行中に行われたかどうかを決定するものとする。」と記されていた(11)。この案では、公務執行中におこなわれた犯罪であるか否かの認定権は、米軍が有するとなっていた。日本側はこれを問題視する。というのも、法務省は、日本の裁判所が決定すべきであると主張していたからだ(12)。

日本側がアメリカ案に異議を唱えた理由は以下である。第一に、アメリカ案にあるような公式議事録は、NATO軍地位協定には盛り込まれていない。第二に、一九五三年四月のアメリカ上院での公聴会において、国務省法律顧問のハーマン・プレーガーが、公務犯罪であるか否かの決定は、裁判所によっておこなわれると証言した。ただし、この点について、プレーガーの証言は、民事裁判権あるいは請求権に関するものだ、とアメリカ側は主張している。(13)第三に、一九五二年のイギリス訪問軍法(Visiting Forces Act)第一一条第四項では、派遣国の軍当局が発給した公務証明書は、反対の証拠がないかぎり、充分な証拠となると規定されている。つまり、イギリス側の反証が許されている。第四に、アメリカ側の提案では、日本の裁判所の裁判権が損なわれる。(14)

九月三日、アメリカ側はその原案を撤回する。それに代わり、イギリス訪問軍法にならった新案を提示した。(15)この問題は日米間でさらに協議が続けられ、日本側は、刑事訴訟法第三一八条の自由心証主義を追加するよう提案する。アメリカ側もこれを受け入れた。(16)同三一八条には、「証拠の証明力は、裁判官の自由な判断に委ねる。」と規定されている。米軍当局から公務証明書が発給された場合、それは「一応有利な事件」(prima facie case)とされる。これは、相手方の反証がない限り、提出された証拠に基づき公判が開かれ、判決または評決をなし得る事件の意味である。自由心証主義の考えをもとに、反対の証拠が示された場合、米軍当局が発給した公務証明書の証明力を覆すことができる。

この結果、公式合意議事録では、第一七条第三項(a)(ii)はつぎのように規定された。

合衆国軍隊の構成員又は軍属が起訴された場合において、その起訴された罪がもし被告人により犯されたとするならば、その罪が公務執行中の作為又は不作為から生じたものである旨を記載した証明書でその指揮官又は指揮官に代わるべき者が発行したものは、反証のない限り、刑事手続のいかなる段階においてもその事実の十分な証拠資料となる。

前項の陳述は、いかなる意味においても、日本国の刑事訴訟法第三百十八条を害するものと解釈してはならない。(17)

右の記述から、公務執行中にあたるか否かの判断は、最終的に、日本の裁判所によって判断されると思われるかもしれない。しかし、「日米合同委員会刑事裁判管轄権分科委員会において合意された事項」第四三項によれば、公務に関する証明書の取扱は、つぎのようになっている。

議定書第三項(a)(ii)に関する公式議事録に掲げる証明書は、要請に基き、当該被疑者が所属する部隊の指揮官から、犯罪が発生した地の検事正に対し提出されるものとする。かかる要請は、通常、逮捕の通告後直ちに、且つ、公務中に属するものであるか否かが問題となるような特別の場合にのみなされるものとする。このことは、いかなる事件についてもこのような証明書を進んで提出することを妨げるものではない。この証明書は、反証のない限り、公務中に属するものであるという事実の充分な証拠資料となる。反対の証拠は、すべて合同委員会における考慮のため提出される。検事正は、右の反対の証拠があると思料されるときは、直ちに、証明書を発行した指揮官に対しその旨通知するものとする。しかる後、当該事件の終局的処理を不当に遅延せしめないため、十日以内に問題が合同委員会に提案されるか否かについて指揮官に対し通知がなされるものとする。かかる事項の合同委員会への提案はいかなる場合においても急速になされるものとする。(18)

日本側による反対の証拠は合同委員会に提出される。公務の有無は、合同委員会の審議に委ねられることになる。また、合同委員会で問題を解決できない場合、行政協定第二六条第三項（日米地位協定第二五条第三項も同趣旨である）により、それぞれの政府の考慮に委ねられる。最終的には、外交的な決着がはかられるのである。

ジラード事件と密約

ジラードの裁判権が日米どちらにあるのかという問題は、日米合同委員会での協議を経て、事件発生から約三ヶ月半を経た五月一六日に日米間で合意にいたった。ジラードの発砲が公務執行中であるか否かを判断せず、アメリカ側は裁判権を行使しないと表明した。これにアメリカ議会および国民が強く反発する。そのため、チャールズ・E・ウィルソン国防長官は、事件の完全な調査が終わるまで、ジラードをアメリカ側の監督下に置くよう命じた。六月に入り、国務・国防両長官は、ジラードの裁判権は行使しないとあらためて確認する。この問題はこれで終わりではなく、ジラード側は、裁判権の問題をワシントンの連邦地裁に持ち込む。最終的に、七月一一日、連邦最高裁が、ジラードを日本側の法廷に引き渡すとの裁定をくだした。その結果、裁判権の問題は落着したのである。

アメリカ側がジラードの裁判権を行使しないとする際、日米間で密約が交わされている。この密約とは以下である。アメリカ側はジラードの裁判権を行使しない。その代わり、日本側は、傷害致死を超える罪でジラードを起訴しない。また、ジラードの情状を酌量したうえ、なるべく軽い罰とするよう裁判所に促すことを約束したものである。密約は秘匿されるのが通例である。アメリカの公式外交文書集であるＦＲＵＳ(*Foreign Relations of the United States*)に密約に関する記述が掲載されることはまずない。

一例を挙げよう。二〇一〇年に日米密約問題がクローズアップされた。第一章で触れたように、一九六〇年の安保改定時、「討議の記録」(Record of Discussion)という文書が作成され、核搭載艦船の寄港は事前協議の対象ではないとする密約を示すものではないかと話題になった。一九九一年刊行のＦＲＵＳは、「討議の記録」の存在は明らかにしている。しかし、この文書の機密指定は解除されておらず、公開されていない。[19]

これに対し、ジラード事件をめぐる密約は、密約文書そのものは掲載されていないものの、ＦＲＵＳに「秘密の取り決め」(confidential arrangement)、あるいは、「裏取引」(side deal)として堂々と登場する。それも大統領、国務長官、陸軍長官、極東問題担当国務次官補、国防次官補といった、アメリカ政府高官が関係する文書に散見される。こうしたことは、例外中の例外である。ＦＲＵＳを編纂している国務省が、密約の存在を進んで暴露しているようにもみえる。

ジラード事件の先行研究

ジラード事件をめぐる先行研究に触れておきたい。ジラード事件を体系的に明らかにした文献は、二〇一五年に公刊された山本英政『米兵犯罪と日米密約――「ジラード事件」の隠された真実』が唯一といってよい。[20] 同書には、ジラードの犯罪がどのようにおこなわれたのか、米兵を立件する難しさ、ジラードが日本で裁判を受けることが決まった後、アメリカ議会および国民の間に強い反発が起こった様子が詳細に描かれている。さらに、前橋地方裁判所で開かれたジラード裁判の経緯および判決まで、ジラード事件全体を俯瞰したきわめて有益な著作といえよう。また、同書のタイトルに記されているように、ジラード事件をめぐる日米密約が主たるテーマである。

そのほか、末浪靖司は、「日本の裁判を動かした日米密約」および『９条「解釈改憲」から密約まで　対米従属の正体』で、ジラード事件をとりあげている。[21] ＦＲＵＳ所収のジラード事件関連文書を紹介するとともに、アメリカ国立公文書館でジラード事件の密約に関係する文書を発掘している。比較的最近の論考としてはほかに、池田直隆「ジラード事件の再検討」、倉林直子「駐留米軍をめぐる政府と議会の関係」、および、大沼久夫「「ジラード事件」と日米関係」がある。[22]

ジラード事件に関連する英語文献として、Gordon B. Baldwin, “Foreign Jurisdiction and the American Soldier”(1958)が、公務あるいは公務執行中の法的側面を扱った最初の論文として挙げられよう。[23] 最近では、Jaime M. Gher, “Status of Forces Agreements”(2002), Neil Curtin, “We Might As Well Write Japan Off”(2012), Tyler J. Hill, “Revision of the U.S.-Japan Status of Forces Agreement(SOFA)”(2015)といった論考がある。[24] とくに、Neil Curtin の論文は、裁判権という法的問題よりも、ジラードの裁判権をアメリカ側が行使しないとした政治過程に焦点があてられ、参考になる。

以上、ジラード事件に関する日米の先行研究を挙げた。ただ、ジラード事件をめぐる研究はそれほど多いとはいえない。

本章は、ジラード事件をめぐって、日米間で刑事裁判権問題がどのように扱われたかを明らかにする。ジラード事件の場合、最終的に、アメリカ側はジラードの裁判権を行使せず、ジラードの裁判は日本の裁判所でおこなわれた。ただ、その過程で前述のように密約が交わされている。この密約で、日本側は傷害致死を超える罪でジラードを起訴しないとアメリカ側に約束している。この密約を含め、ジラード事件と刑事裁判権問題の全体像を描くことが本章の目的である。

二　ジラードの犯罪

一九五七年七月、連邦最高裁がジラード事件を裁定した際、国防省法律顧問ロバート・デチャートが連邦最高裁に宣誓陳述書を提出している。その宣誓陳述書で、ジラードおよびビクター・ニクルの供述の核心部分が明らかにされている(25)。本節では、アメリカ側の一次史料から、事件発生後の一九五七年二月、ジラードが何を語っていたのかを振り返っておきたい。

ジラードの供述

事件発生から三日後の二月二日、ジラードはＣＩＤ(Criminal Investigation Department 米陸軍犯罪捜査司令部)の取調べに、おおよそ以下の供述をしている。

当日、自分はＭ１ライフルを所持していた。それは部隊の三等軍曹のもので、グレネード・ランチャーが装備されている。モーホン少尉から、六五五ヒル［注：六五五メートルという標高を米軍はそのまま丘の名にしていた。地元では物見塚と呼ばれている］にのぼり、機関銃およびその他の装備を警護せよとの命令を受けた。また、日本人たちをヒルから追い払うようにと指示されている。同じく命令を受けたニクル三等特技兵とともに、ヒルに向かった。ヒルには、弾拾いの男性五人と女性一人がいた。兵士はみな、演習場から日本人たちを追い払うため、グレネード・ランチャーに空薬莢を込め、頭上に向け撃っていた。そこで、自分もそのヒルから日本人を追い払うため、グレネード・ランチャーに、口径三〇カービン弾の空薬莢を装塡して、上にねらいをつけ(aimed it up)、撃ったのである。空包を撃った。この方法で薬莢を撃つことは何度も耳にしたことがある。ただし、殺傷力が十分にあるとは思わなかった。女性が倒れたとき驚愕した。おそろしくなり、混乱してしまった。何をすべきかわからなかった。すぐにヒルからおり、モーホン少尉を探し出して、ヒルで女性を見つけたと報告した。少尉には、自分がやったことを話していない。というのも、保身以外に考えられなかったからだ。この件について、非常に申し訳なく思っている。女性の遺族に自分ができるだけの寄付をしたい。(26)

以上の供述内容を補足しておきたい。まず、当日、ジラードのM1ライフルは故障していたため、上官からグレネード・ランチャー付きのライフルを借用した。このグレネード・ランチャー、すなわち手榴弾発射装置は、M1ライフルの銃口に装着し、空包を装塡・発砲すると、その威力で手榴弾が発射される仕組みとなっている。ジラードの供述にあるように、日本人弾拾いを追い払うため、空薬莢を込め、発射したのである。ジラードには、グレネード・ランチャーを使用する資格がなく、また、同ランチャーに空薬莢を込めて撃つことは禁止されていた。このような威嚇方法が用いられた理由は、同ランチャーに空薬莢を込めて撃つ方が、空包よりも音が大きく、威嚇の効果が増す、と考えられていたからだ。

当日の演習(一月三〇日)では、午前中、実弾が使用されていた。ただ、午後からは、弾拾いの人数が多く、危険なため、空包が用いられた由である。ジラードは、自分のM1ライフルが故障していたため、本来、使用する資格のないグレネード・ランチャー付きライフルを借用した。また、午後の演習では空包が用いられ、同ランチャーに空薬莢を込め発砲したのである。このふたつが重なった結果、事件は起きた。

この件がジラードの犯行であることは、二月一日にはすでに特定されている。警視庁刑事部捜査課長が、二月四日、「群馬県米軍演習場内における米兵の日本婦人射殺事件について」という文書を作成している。それによると、「目撃者等について犯行の状況を聴取するとともに、二月一日午後一時、被疑者を確認するため、米軍側の協力を得て事件当日現場での演習に参加していた米兵等三十数名について目撃者の日本人五名に被疑者を確認させた結果、前記被疑者[ジラード]を指摘した[27]」と記されている。前述のように、二月二日、ジラードはCIDの取調べに対し、なかさんの死に自分が関係していることを供述していた[28]。

公務証明書の発給

二月八日、第八騎兵連隊第二大隊F中隊長のカール・C・エリグッド歩兵中尉名で、前橋地検検事正宛、「公務に関する証明」が発給された。これは、「日米合同委員会刑事裁判管轄権分科委員会において合意された事項」(以下、合意事項と記す)第四三項にしたがったものである。公務証明書には、ジラードは一月三〇日午後一時五〇分キャンプ・ウエア射撃場(相馬ヶ原演習場)で公務を執行していた。反対の証拠がある旨即刻通告がなければ、アメリカ政府はこの事件の司法権を行使するとあった。また、当時の状況がつぎのように記されている。

一九五七年一月三十日、第八騎兵連隊第二大隊はキャンプウエア射撃場に於て日課の訓練に従事していた。F中隊は、空砲射撃を実施していた。ウイリアムSジラード技術伍長は、彼の小隊長から監視人の居ない機関銃の近くの地点に移動してその機関銃とその附近にあつた戦闘資材を監視するよう命令された。ジラードは命令通り機関銃の近くの指定された地点に移動した。警備兵としての任務を遂行中、同伍長は警告の為め使用ずみの薬莢を発射した処それが、使用ずみの薬莢を拾うために射撃場に入つていた群馬県相馬村上新田の坂井なかに当り同女を殺した[29]。

ジラードは、訓練中、機関銃等の監視を上官に命じられている。その任務遂行中、警告のため使用ずみ薬莢を発射したところ、それがなかさんに当ったという内容である。

同じく八日、在京米大使館のアウターブリッジ・ホーシー代理大使が、外務省に岸信介外務大臣を訪ね、米兵射殺事件に遺憾の意を表す書簡を手渡した(30)(なお、岸は、石橋湛山総理の病気退陣を受け、二月二五日に総理に就任している)。その際、ホーシーは岸に対し、訓令に基づくものではなく、私見として、「万一事実により日本側で管轄権が日本側にありとの見解を持つこととなった場合にも、日本側において之を主張しないという様なことも考えて貰いたい」と依頼している(31)。日本側に裁判権があると考えられる場合も、それを主張しないで欲しいというのである。このように、ホーシー代理大使は、ジラードの裁判権を行使しないよう日本側に要請していた。

アメリカ側が公務証明書を発給したのに対し、日本側は、前述の合意事項第四三項にしたがい、二月九日、前橋地検検事正は前記中隊長に、「反対の証拠がある」旨を通知した。その根拠はつぎの通りである。「被疑者は、本件発生時機関銃等を監視すべき命令を受けていたものではあるが、その任務の遂行とは何等関係なく故意に空薬莢を投げあたえ、被害者等を至近距離に呼び寄せた上被害者等に向け発砲したことにより［この事件は］発生したものであることが明らかである(32)。」二月一五日、前橋地検検事正から米軍指揮官に対し、本件を日米合同委員会に提案するとの通知がなされた(33)。ジラードの行為が公務執行中であるのか否か、日米間で意見が一致しなかったからだ。そのため、行政協定第二六条の規定に基づき、同委員会での協議が要請されたのである。

ジラードの送検

ジラードが前橋地検に送検されたのは、二月九日午後三時である。ジラードをどういう罪名で送検するか、群馬県警での協議は難航した。『読売新聞』二月九日の夕刊によると、「相馬ヶ原事件を捜査中の群馬県警本部は八日夜、米軍捜査当局と交換した捜査資料のうち銃の性能などを検討した結果、傷害致死容疑で進む事件処理方針を殺人および殺人未遂［注：殺人は坂井なかさんに対するものである。殺人未遂は、弾拾いに同行していた小野関秀治へのものである］容疑にきりかえ、米軍第八騎兵連隊第二大隊ウィリアム・S・ジラル《マ》ド《マ》特務三等兵(二一)の書類を送ることにきめたが、九日午後一時から来県した関東管区警察局養老公安部長を迎え石岡県警本部長らと再協議の結果、方針を再変更し傷害致死容疑の従前どおりの方針で臨む態度を明らかにし」たとある。[34]当初の罪名である傷害致死を殺人および殺人未遂に変えたが、もとに戻して、傷害致死で送検したのである。罪名が二転三転したというわけだ。五月に裁判権の問題で日米が合意にいたった後、検察はジラードを傷害致死で起訴する。この時の群馬県警による傷害致死での送検が、後の検察の起訴にも影響を及ぼしたと思われる。

この罪名変更は、アメリカ側にも記録されている。二月九日付高崎警察署から憲兵隊長宛の米軍人犯罪報告によれば、ジラードの罪名は、殺人(刑法一九九条)および殺人未遂(刑法二〇三条)となっていた。ところが、同日、罪名変更通知が発出された。さらに捜査を進めたところ、傷害致死(刑法二〇五条)であることが明らかになったという。[35]

ジラードの送検に際しての罪名変更は、いまだその真相が明らかになっていない。上記の『読売新聞』の記事が正しいのか否かは別にしても、アメリカの公文書によれば、ジラードの罪名は、一度は殺人および殺人未遂として通知されている。それが傷害致死に変更された。事件当時、群馬県警本部長であった石岡實が、一九五七年一〇月に発表した手記には、「概ね十日間の激しい捜査と寝不足で、憔悴した刑事部長、捜査一課長等と、あらゆる資料を詳細に検討した結果、「傷害致死罪」で送検することにした。」とある。[36]手記は、殺人での送検にはまったく触れていない。

事件当時、群馬県警本部の捜査一課係長だった志塚政男が、一九九四年に毎日新聞の取材に答えている。それによると、岡田三千左右刑事部長が、「地検で傷害致死に変えられても仕方ないが、県警としては殺人で送致すべきだ」と主張し、捜査に携わった刑事たちも、みな同じ気持ちだったという。この県警の意向により、一度は、アメリカ側にジラードの罪名は殺人および殺人未遂と通知されたわけである。捜査会議では、殺人容疑で固まっていた。ところが、傷害致死容疑での送検である。志塚は、「だれもが意外に思いました。どこからか分からないが、圧力があったのでしょう」と述懐している。[37]

ジラードの員面調書・検面調書

二月一一日、日本側調査団は、アメリカ側関係者(第一騎兵師団の法務官スタンレー・F・レヴィン少佐他)とともに、ジラードを連れ、六五五ヒルに赴き、ジラードの供述をとった。同調査団の主要メンバーは、群馬県警の岡田刑事部長、前橋地検の小縄快郎検事である。現場で、ジラードに黙秘権があることが告げられ、おもに岡田刑事部長が、一問一答形式でジラードを尋問した。(38) ジラードの供述は、司法警察員面前調書(員面調書)として日米双方に記録が残されている。

また、翌一二日、ジラードは前橋地検で小縄検事の尋問を受けている。同じく、ジラードに黙秘権がある旨が伝えられ、一問一答形式で検察官面前調書(検面調書)が作成された。同調書は一四頁からなる。一三頁目にジラードの署名、ならびに、立会人のレヴィン少佐の署名がある。最後の一四頁目に、通訳二名の署名、前橋地検の大沢敬之検察事務官および小縄検事の署名が見てとれる。全頁の右下にジラードの署名、訂正された部分には、ジラードのイニシャルWSGが記されている。すべて英文とはいえ、日本の検面調書とまったく同じ形式である。(39)

これらの調書でジラードは何を語ったのか。これまでの供述との重複を避けながら、重要な部分を取り上げてみよう。ジラードとニクルは、六五五ヒルにのぼり、そこに残された機関銃等を警護するよう、上官のビリー・モーホン少尉から命じられたことはすでに記した。以下、ジラードの供述内容である。

機関銃の側に行くと、少し離れたところに、日本人弾拾いの一団がいた。そこは自分のところから大体二九フィート(約九メートル)前方で、少し上り坂になっている。弾拾いたちに、「サヨナラ」および「ヒヤク」「ハヤク」と告げた。一団は少し移動して、立ち止まった。自分は、M1ライフルに使用済み薬莢を込め、だいたい三〇度から四五度の角度で、腰だめにして、彼らの頭上に向け撃った(fired over their heads)。撃った理由は、彼らを驚かせ、追い払う(scare them away)ためである。自分は、他の兵士が同じように撃っているのを見たことがある。空薬莢はブンブンと音を立てるので、耳にすると恐怖感を覚えると聞いていた。

女性が倒れたところに走っていった。女性は怪我をしていると思った。ニクルのもとに走って戻り、助けを求めた。モーホン少尉を呼んでもらい、女性が怪我をしていると伝えた。この間に、他の日本人たちは、女性を少し移動させた。衛生兵がすぐに到着して、女性が亡くなっていることを告げられた[40]。

ジラードは、岡田刑事部長、小縄検事、レヴィン少佐に対し、日本人弾拾いに危害を加える意思はまったくなかった、と述べている。また、かれは一発だけ撃ったと供述した。これは、現場でなかさんよりも少し前に撃たれそうになった小野関秀治の証言と異なる[41]。さらに、ジラードは、なかさんに、「ママサン」「タクサンシェルズ」[注：空薬莢がたくさんある、との意味である]とは言っておらず、なかさんに使用済み薬莢を投げたこともない、と供述している。

岡田刑事部長および小縄検事はいずれも、最後に、「何かいいたいことがあれば」とジラードにたずねている。ジラードは、「今週月曜日[注：二月一一日のことかと思われる]に日本人女性と結婚する予定だった。」と述べた。岡田刑事部長が、日本人に対し好感を持っているとの意味かとたずねると、ジラードは「そうです。」と答えている。なお、ジラードは、七月五日、末山ハル(二九歳)と結婚式を挙げている[42]。

嘘発見器

二月一四日、ジラードは、嘘発見器(ポリグラフ)を用いた検査を受けている。この検査にジラードが同意したからだ。二月二日の供述で、ジラードは、自分の発砲が日本人女性の死につながったことは認めていた。しかし、同女性に空薬莢は投げておらず、また、撃つつもりもなかったと犯意を否定している。そこで、つぎの質問がジラードに投げかけられた。

a　ニクルが発砲の場面を見ていたことに気付いていますか。
b　日本人女性に向け空薬莢を投げましたか。
c　ニクルが日本人女性に空薬莢を投げていたのを目にしていますか。
d　空薬莢で同女性を撃つつもりでしたか[43]。

検査結果によれば、ジラードは、ｂおよびｄの質問に特別な反応を示したという。ジラードは空薬莢を投げてはいないとしている点、ならびに、女性を撃つつもりはなかったという点に関連する。ジラードはこれらの点について本当のことを言っていない、というのが検査官の所見であった。(44) 米軍側も、ジラードがなかさんに狙いをつけ発砲したのではないか、と疑っていたのである。

ジラードの供述の変化

岡田刑事部長および小縄検事の取調べに対し、ジラードは、なかさんを狙って撃ってはいない、と殺人あるいは傷害致死の犯意を全面的に否定した。二月一五日、これまでの供述および嘘発見器の検査結果を受け、キャンプ・ウィティントン(埼玉県大里郡三尻村)の司令官の命令で、ジラードはキャンプ・ドルー(群馬県邑楽郡大泉町)であらためて聴取を受けている。(45) 以下がジラードの供述である。

以前述べたように、自分はニクルとともにヒルにあがっていき、ニクルは空薬莢を投げていた。自分は、「サヨナラ」といったようなことを言い、日本人たちを驚かせるため、使用済み薬莢を空中に向け撃った(I fired an expended brass cartridge into the air)のを思い出した。人を狙ったものではなく、空中に撃ち、特にだれと意識したものではない。その際、「ドーゾ」と言ったかどうかは覚えていない。それから、グレネード・ランチャーに使用済み薬莢を一発込め、人々のいる方に向け(pointed it in the general direction of the people)、ライフルを撃った。女性が二、三歩進み、倒れたのを見ている。空薬莢がたとえ当ったとしても、傷つけることになるとは思わなかった。その女性を撃つためにライフルの狙いを定めたのではない。しかし、いわゆる腰だめで撃ったので、自分が思ったよりも、彼女の近くにライフルが向いていたかもしれない。日本人に向け空薬莢を投げたことはない。(46)

これまで、ジラードは、発砲したのは一回だけだと述べていた。この供述で、二回発砲したことを認めている。一回目は目撃証人である前述の小野関への発砲である。二回目の発砲がなかさんに対するものであった。また、ジラードは、警告のためライフルを空中に発砲したと語っていた。この供述では、なかさんを狙って撃ったのではないものの、思っていたよりなかさんの近くにライフルが向いていたかもしれないとも述べている。

二月一八日、キャンプ・ウエア(相馬ヶ原演習場)で、小縄検事によりジラードへの事情聴取がおこなわれた。ジラードの供述から主な部分を引用してみよう。

まず、ジラードは、「自分は、機関銃警護の任務についていたとき、グレネード・ランチャーに空薬莢を込めたM1ライフルで二回撃ち、女性が倒れたことに気づいた。」と、二回撃ったことをあらためて認めている。また、空薬莢の性能について、「この事件が起こるまで、空薬莢がどのくらい飛ぶのか正確には知らなかった。ただ、かなり遠くまで飛ぶのはわかっていた。しかし、空薬莢が、二〇ヤード、五〇ヤード、一〇〇ヤード、あるいは、それ以上飛ぶのか、はっきりわからない。事件が起こる前から、空薬莢をこのようにして飛ばすと、まっすぐ飛ぶことは知っていた。」と述べている。このように、空薬莢がかなりの距離、正確に飛ぶことを供述した。発砲については、「一発目は空に向け撃った(I fired at first up into the sky)。二発目は、日本人集団の頭上に向け(in the direction of the group over their heads)撃った。その意味は、たんにライフルをそちらに向け撃ったということだ。このように撃ったら、一人が二、三歩進んで、倒れた。」と、日本人がいる方に向けて撃ったことを認めている。(47)

三　ニクルの証言

事件発生直後

ニクルの場合、事件発生から二日後の二月一日の供述がアメリカ側史料として残されている。なぜ事件現場に行ったのか、ならびに、当日の演習の状況については、ジラードの供述内容とほとんど変わらない。「現場で、女性(坂井なかさん)を撃ったのは誰かを知っているか」との問いに、「知らない」と答えている。また、具体的な供述はおこなっていない(48)。

つぎに、二月一四日、キャンプ・ウィティントンの捜査局で、ニクルはより具体的な供述をしている。事件発生時の様子は以下である。

自分は、六五五ヒル(物見塚)の機関銃のあるところにのぼり、空薬莢を集め、機関銃の方へ投げ始めた。ジラードが日本人に向け空薬莢を投げているのをはっきり見たわけではない。ジラードが"DOZO"と言ったように聞いた。その言葉は、日本人に対し、近づいても大丈夫という意味だったと思う。その後、ジラードが空中に(into the air)向け自分のライフルを腰だめで撃つのを見た。女性が二、三歩進んで倒れた。ジラードは彼女に駆け寄り、様子をうかがっていた。ジラードは日本人たちを呼んで、彼女を連れ去るようにと言おうとしていた。

ニクルのこの供述によれば、なかさんが倒れたことから、ジラードもニクルも、このことを見なければよかった、ここにいなければよかった、と考えるしかなかったという。また、自分は何も見ていないと言えば、ジラードにも自分にとっても都合がいいとしか考えられなかった。ニクルは、「このことをすぐに言わなかったのは申し訳ない。ぞっとして、今でもこのことで頭がいっぱいだ。」と供述している。さらに、事件が起きたとき、ジラードもニクルも、なかさんが死亡したことを知らず、知らされたとき、二人とも震え上がったという(49)。

このように、ニクルは、自分が空薬莢を投げ、日本人弾拾いをおびき寄せたこと、ジラードが腰だめで空中に向けライフルを放ったことを供述したのである。また、なかさんが倒れたことに震え上がり、なかさんがまさか死亡するとは思っていなかったとも供述している。

二月二〇日、ニクルは前橋地検であらためて供述した。ニクルは、最初の供述の際、本当のことを述べていなかったとして、つぎの三点を訂正している。日本人女性が倒れるのを見ていないと述べたけれども、倒れるのを見ている。ジラードは腰だめで撃っていた。自分が空薬莢を投げた。供述調書は、一問一答形式である。ジラードの犯行に関連する重要な部分だけを以下に取り上げておく。

空薬莢を投げる目的は何だったのかと問われると、「本当のことを言うと、ジラードが供述しているかどうかはわからないが、ジラードは自分に空薬莢を投げるようながした。その目的は、日本人が弾を拾いに近づいたとき、頭上に撃って、日本人たちをおどろかすためだった。」と述べている。空薬莢を投げると、日本人たちはどうしたかという問いに、「最初、日本人たちは近づくのをちょっと不安に思っているようだったけれど、拾いに来た。すると、ジラードは彼らに向かって、「ドーゾ」といったような声をかけていた。いずれにせよ、ジラードの発した言葉は、空薬莢を拾っても大丈夫という意味だった。」と説明している。その後のジラードの行動について、「ジラードは銃を持って立ち上がり、自分の右手二フィートばかり離れたところに行った。すると、日本人たちは逃げ出した。おそらく自分たちが狙われていると思ったからだろう。このママさんも走って逃げた。それから、ジラードは腰だめで銃を撃った。」ことを明らかにしている。

さらに、ジラードが撃った後のことをニクルはつぎのように供述している。女性は一、二歩進んで倒れた。ジラードは自分のところに来て、腰を下ろした。自分も腰を下ろしている。ジラードは非常におおきなショックを受けていた。日本人たちが「ドコ」といったようなことを言って、自分たちを呼んだ。自分はジラードに、現場に戻ったほうがいいと伝えている。ジラードは走って女性のところに行き、大声で日本人たちを呼び、誰にも見られず彼女を運び出すよう命じていた。ジラードは自分のところに戻ってきて、彼女に傷を負わせてしまった、どうしたらいい、と問いかけてきた。ジラードは女性のところに行き、彼女をヒル(物見塚)から運び出すよう日本人たちに言いつけていた。ジラードは、モーホン少尉を呼ぶよう自分に頼んだ。そこで、大声でモーホン少尉を呼んだ。モーホン少尉が駆けつけたとき、女性は丘から運ばれていた。

最後に、今日、なぜ詳細を話すつもりになったのかという小縄検事の問いに、「自分は同じ中隊のジラードを友達だと思っている。自分が見たことをそのまま話すと、ジラードをがっかりさせることになる。だから嘘をついた。キャンプ・ドルーに行き、そこの取調官からさまざまなアドバイスを受けた。そこで、自分は本当のことを言おうと決めた。もうひとつの理由は、現場でニクルは見ていた、とジラードが捜査官に語っていたからだ。」と述べている。(50)

合同委員会での協議へ

ジラードおよびニクルの供述を一通りみてきた。ジラードに殺意があったかどうかは別にしても、ジラードになかさんの死の責任があるのは明らかだ。ジラードおよびニクルの供述の変遷から説明がつく。また、ここでは紹介しなかったけれども、日本人目撃者の証言からも裏付けられる。

この事実関係とは別に、日米間で問題となったのは、ジラードの発砲が公務執行中のものであったか否かである。何をもって公務執行中といえるのかという事実判断の問題がからんでくる。そこで、前述のように、二月一五日、前橋地検検事正はこの件を合同委員会に提案する旨をアメリカ側に通知した。(51)

二月二一日開催の第一五六回合同委員会で、日本側は本件を刑事裁判権分科委員会に付託することを提案している。日本側は、公務執行中の犯行ではないとの十分な証拠があると考えていたからだ。アメリカ側は、日米の合同捜査が終了するまで、同委員会への付託を控えるよう申し出た。(52)

アメリカ側では、二月八日に発給した公務証明書に疑義が出されていた。というのも、憲兵隊が用意した捜査報告書には、日本側の主張を裏付けるデータがさらに盛り込まれていたからだ。同報告書は、公務証明書の有効性を再検討するよう極東軍にうながしていた。また、極東軍が作成した報告書でも、裁判権を日本側に譲る可能性が示唆されていた。もし公務証明書を撤回すると、合同委員会で協議する必要がなくなる。(53)アメリカ側は、日本側の主張に説得力があることを認めていたのである。

三月七日に開催された第一五七回合同委員会で、アメリカ側代表のルイス・Ｌ・パークス少将は、本件を刑事裁判権分科委員会に付託するとの日本側提案に同意した。このときのアメリカ側文書に記されたコメントによれば、このアメリカ側の決定を日本側はおおいに喜んだとある。(54) ジラード事件に関する日米の捜査は終了し、舞台は日米合同委員会に移される。

公判廷および実地検証でのニクルの証言

ニクルは、ジラードの同僚で、年齢も同じであった。ジラード事件発生のとき、ジラードのすぐそばにおり、事件の様子を間近で見聞きしたもっとも重要な証人といえる。また、ジラードの犯罪を隠蔽する証言をしてもおかしくないにもかかわらず、法廷ではジラードにとって決定的に不利となる証言をしている。ニクルの証言は、判決にも反映されている。ニクルの法廷での証言は、当時の新聞に断片的に紹介されている。このたび、この事件の裁判記録を保管している前橋地方検察庁からニクルの供述調書を入手できた。そこで、この事件の核心部分、とりわけなかさんが銃撃された場面を中心に、ニクルが何を語っていたのかを紹介しておきたい。

以下、紹介するのは、一九五七年九月二四日の相馬ヶ原演習場の物見塚における現場検証時の証言、一〇月五日の第六回ジラード公判における供述、ならびに、一〇月一九日の実地検証時のニクルの証言で、いずれも裁判長とのやりとりである。

まず、ジラードが発砲したときの様子について、ニクルはつぎのように証言している。

ニクル「ジラードは第一回目を射ち、それから私のいた壕[注：砲弾が炸裂してできた窪み]に戻って日本人に話しかけ、次いで第二回目を発射したのであります。」

裁判長「ジラードはどんなことを言ったのか。」

ニクル「第一回目を発射してからジラードは私の隣に来て座り「ママサン、ダイジョウビ、ママサン、タクサンネ」と言って弾の落ちている方へ手招きしたのであります。」

裁判長「証人はジラードが弾拾いに話をしたのを聞いたと述べたが、その聞いたというのは第一回目の発射音の後であり、第二回目の発射音の前であったのか。」
ニクル「そうであります。第一発目の後であり第二発目の前だったのであります。」
裁判長「ジラードはどんな話をしていたのか。」
ニクル「『ママサン、ダイジョウビ、タクサン、ブラスステイ』と言っていました。そして手招きをして取ってもよいというような合図をしたのであります。」
裁判長「ブラスステイというのはどういう意味か。」
ニクル「薬莢が沢山あるという意味であります。」
ここに出てくる手招きについて、小縄検事が手招きの格好とはどのようなものであったのかを質問している。ニクルは、右手を挙げて指先を上にし、掌を内側に向けて、遠くから近くに呼び寄せるような動作をしながら、「ママサン、ダイジョウビ云々と言ったのであります。」と答えている。
空薬莢がたくさんあるとジラードが声をかけ、手招きをして、なかさんをジラードの近くまで呼び寄せた。それ以降のニクルの証言は以下である。
裁判長「ママサンはここ(ｄ点)まで来てこの辺り(ｅ点)に落ちていた薬莢を拾い始めたのか。」
ニクル「拾い始めました。」
裁判長「証人はそれを見ていたか。」
ニクル「見ておりました。するとママサンはうつむいて拾い始めたのであります。」
裁判長「ジラードが発砲したというのは、ママサンが拾い始めてから後のことでしょう。」
ニクル「そうであります。ママサンが弾を拾い始めたところ、ジラードが壕の中に立ち上がったので、ママさんは向こうの方(７点)へ逃げて行ったのであります。すると間もなくジラードが発砲したのであります。」
裁判長「向こうの方とは倒れた方向か。」

ニクル「そうであります。女の人が倒れた方向であります。」
裁判長「証人はママサンの逃げて行く姿を見たか。」
ニクル「見ました。」
裁判長「それからジラードが発砲したわけか。」
ニクル「そうであります。」
裁判長「ママサンが倒れた地点の方へ逃げ出してからジラードは発砲したのか。」
ニクル「そうであります。ママサンがこの辺り(d点)で拾い始めたところ、ジラードは立上がり(a点)の方に走って来たので、ママサンは逃げ出したのであります。そして丁度倒れた位置まで逃げたときにジラードが発射したのであります。」
裁判長「倒れるまで前後二回発射したというわけか。」
ニクル「そうであります。しかし第一回目は向こうの方(物見塚の南側麓)にいた男の方へ発砲したのであります。」
第一回目の男の方への発砲というのは、小野関へのものである。なかさんが撃たれた場面について、ニクルはつぎのように証言している。
裁判長「証人はジラードが発砲した瞬間女が倒れたのは弾が当たったからだと思ったか。」
ニクル「ジラードはその女の人の方へ銃を向けてそのお尻にでも当てようと思って面白半分に射ったのではないかと思います。」
裁判長「その女の人が倒れたのは弾が当たった為に倒れたと理解したというのか。」
ニクル「当たったから倒れたと感じました。」
裁判長「証人がジラードと共に演習したのは事件当日だけではなくその前にもあったでしょう。」

ニクル「数回ありました。」
裁判長「証人はジラードが冗談半分に射ったと感じたか。」
ニクル「からかい半分にやったんだと感じました。」
裁判長「ジラードというのは、普段冗談というか、からかい半分というかいたずら半分というか、ともかくそういうことをちょいちょいする男か。」
ニクル「私はジラードとそれ程親密な仲ではありませんでしたから、そういうことは分りません。」
裁判長「その女の人が死んだことは知ったでしょう。」
ニクル「知りました。」
裁判長「その日のうちに分ったか。」
ニクル「分りました。倒れてから間もなく、衛生兵がその女の人を丘の上まで運[び]だしたのでそのとき知ったのであります。」
裁判長「その女の人が(7点)附近に倒れたのをジラードも見たと思うが、そのときジラードはどうしてたか。」
ニクル「私のいた壕に戻って来ました。」
裁判長「そしてどうしたか。」
ニクル「ジラードは青ざめた顔をして私に「相当に怪我したようだ。ニクルどうしよう。」と言ったので、私はモーホン少尉を呼びましょうと言ったのであります。」
裁判長「それでモーホン少尉を呼びに行ったのか。」
ニクル「大声でモーホン少尉を呼びました。」
モーホン少尉が来たときのことを、ニクルはつぎのように証言している。
裁判長「そのときジラードはどうしていたのか。」

ニクル「モーホン少尉が来る頃は、ジラードは倒れた婦人のそばへ行っておりました。と同時に日本人がその婦人を抱えて来たのであります。」
裁判長「ジラード自身はその倒れた婦人に手をふれなかったか。」
ニクル「それは知りません。」
裁判長「証人はジラードが倒れた婦人に何か声をかけているのを聞かなかったか。」
ニクル「聞きません。私が聞いたのは、ジラードが日本人に「大丈夫だから裏の方へ連れて行け。」と言っていたのを聞いただけであります。」
裁判長「それは附近にいた日本人に言っていたという趣旨か。」
ニクル「そうであります。」
裁判長「ジラードが発砲したところ、婦人が怪我をして倒れてしまったので、ジラードは非常に驚いたようでしたか。」
ニクル「そのようでした。」
裁判長「ということは、顔色が変ったというだけか、それともほかにまだ根拠があるか。」
ニクル「ぶるぶるふるえておりました。」
裁判長「非常にふるえていたのか。」
ニクル「そうです。声もふるえていました。」
裁判長「そのようなことから、証人にはジラードが非常にびっくりしたように感じたのか。」
ニクル「そうであります。ジラードは実際にやるつもりがなかったので、非常に大きな衝撃を受けたと思います。」
ジラードの発砲時の姿勢について、ニクルはつぎのように証言している。

裁判長「証人はジラードが第一発目を発砲したとき同人がどんな格好をして銃を構えたか知っているか。」
ニクル「知っております。立ったままで肩に銃をあてて射ったのであります。」
これまでのジラードの証言では、ジラードは腰だめで銃を撃ったと述べていた。ニクルは、ジラードが肩にあてて銃を撃ったと説明している。
九月二四日にニクルが現場検証で述べたことについて、ニクルは法廷でつぎのように証言している。ジラード事件発生直後の証言と、公判廷における証言とが食い違っていたので、裁判長はその点を確認している。
裁判長「この前、九月二四日に現場で述べたことおよび本日述べたことは正しいことですか。」
ニクル「正しいことであります。」
裁判長「前にそれと異なった供述をしたのは、誰かにこういう供述をしてくれということを頼まれたことがあるからでしょうか。」
ニクル「そうであります。」
裁判長「誰が証人にそう頼みましたか。」
ニクル「ジラード特技兵であります。」
裁判長「この事件のあったその日のうちに、ジラードから、この事件について嘘の供述をしてくれ、或はこう言って貰いたいという頼みを受けたことがありますか。」
ニクル「あります。私はそのときジラードからわれわれは発砲音もきかなかったし、薬莢もまかなかったと言って貰いたいと言われました。」
なぜニクルが途中から、ジラードの依頼に反する証言をすることになったかについて、ニクルはつぎのように供述している。
裁判長「どうして途中から供述が変るようになったのか。」

ニクル「その理由というのは第一に私の良心がとがめたこと、第二にジラードがやったことについて彼が英雄として取扱われたことであります。

それで私はO大尉［注：O大尉とは、供述調書では黒塗りになっており、Oという記号で示されている］のところに行ってこのことを申し上げましたところO大尉は本当のことを言いなさいと言いましたので、私はジラードのやったことが正しくないのにも拘らず英雄として取扱われたことに対して正しくないと思って当局者に対して後の供述をしたのであります。」

以上が、坂井なかさんの殺害に関するニクルの証言である。この証言から、ジラードは、なかさんを殺害しようとしたわけではなく、冗談半分で撃ったことがわかる。それは、なかさんが倒れたのを見て、ジラードが真っ青になり、体をぶるぶるふるわせていたというニクルの証言から判断できる。

また、ニクルは、当初の捜査段階における供述は、ジラードから嘘の供述をするよう頼まれておこなったことを明かした。ニクルは、供述を変えた理由として、良心がとがめたこと、それに、ジラードが英雄として扱われていることに我慢できなかった点を挙げている。

四　ジラード事件における密約

アメリカ外交文書集（FRUS）に掲載の密約

ジラード事件に関する密約は、FRUSにどのように記録されているのであろうか。まず、この点を確認しておきたい。

日米合同委員会の席上、ジラードの裁判権をアメリカ側が行使しないことで日米が合意したのは五月一六日である。翌一七日、ウィルソン国防長官は、ジラードを日本の法廷での裁判に委ねることを留保した。ここから、ジラード事件をめぐる混迷が始まる。アメリカ政府内でこの問題が決着するのは六月四日である。この日、ジョン・フォスター・ダレス国務長官とウィルソン国防長官は、ジラードに関する日本側の裁判権を認めるとの共同声明を発表した。この間、ジラード事件の密約に関する文書が登場する。順次、紹介しよう。

まず、五月一六日に開催された日米合同委員会の結果を本省に報告した在京米大使館の電報がある。(55) 一九九一年に公刊されたFRUSでは、この電報のなかの密約に関する部分は機密指定が解除されていなかった。しかし、後にアメリカ国立公文書館で公開される。機密指定が解除された部分には、「また、本日、管轄権問題処理のため(FE805302を参照)、ハバード海軍少将及び千葉が、秘密の取り決め(confidential arrangement)に署名した。これは機密扱いとされる。(56)」と記されていた。ここに登場するM・H・ハバードおよび千葉皓アメリカ局長は、日米合同委員会における日米それぞれの代表である。

つぎに、五月二〇日付のウォルター・ロバートソン極東問題担当国務次官補からダレス国務長官宛のメモランダムに、ジラード事件の現状が以下のように報告されている。

ジラードの犯行の件は、できるだけ早く裁判をすることが望ましい。また、日本側、アメリカ側のいずれに管轄権があるのかをめぐり協議は行き詰った。しかし、妥協が成立した結果、アメリカはジラード事件で裁判権を行使しないとの決定をくだした。この決定は、ジラードの犯行が公務執行中に生じたとするアメリカ側の立場を損なうものではない。この妥協の一部として、密約が締結された。それにより、日本は、日本国刑法第二〇五条の傷害致死を超える重い罪でジラードを起訴しないことに同意した。同罪の法定刑は、二年から一五年である［注：現行の法定刑は、三年以上の有期懲役である。また、有期懲役の上限は二〇年となっている］。傷害致死は、日本法のもとでジラードを合理的に起訴するためのもっとも軽い犯罪である。日本はまた、検察のチャネルを用い、裁判所に罪状を考慮させ、可能なかぎり軽い判決をくだすよう促すことに同意した。(57)

ここに先の「秘密の取り決め」の中身が登場する。注目すべきは、「日本はまた、検察のチャネルを用い、裁判所に罪状を考慮させ、可能なかぎり軽い判決をくだすよう促すことに同意した。」という点である。後述のアメリカ陸軍省から極東軍司令官宛の電報ＤＡ９２１９３３では、ジラードをもっとも軽い罪で起訴するとの同意を日本側から取りつけるようにとなっていた。ところが、このメモランダムでは、日本側がジラードの罪を可能なかぎり軽くするよう裁判所に促すというのである。当時の刑事裁判権分科委員会の日本側代表は、第一章の刑事裁判権密約に登場した津田實法務省秘書課長である(職名が総務課長から秘書課長に変わっている)。「処分請訓規程」もあり、検察への影響力の行使は、難しいことではなかったであろう。ただ、裁判にも影響を及ぼすとなると話は別である。

翌二一日、ダレス国務長官の執務室で、国務・国防両省の高官会議が開かれている。国務省側は、ダレス国務長官、ロバート・D・マーフィー政務担当国務次官補、ロバートソン国務次官補が出席している。国防省側からは、ウィルバー・M・ブルッカー陸軍長官およびマーレイ・スナイダー国防次官補が出席した。

同会議で、「日本側はすでに起訴状の送達を終え、裁判の開始日を六月二一日に設定した。裁判官も任命している。合同委員会で日米は合意にいたらなかったものの、その際交わした秘密の取り決め(secret arrangement)にしたがい、日本側はきわめて誠実にことを進めている。」と、日本側がジラードを傷害致死で起訴したことを密約に沿ったものと評価している。また、ダレス国務長官は、「非常に重要なのは、合同委員会での手詰まりを回避するため密約が交わされたということだ。それを軽視する手段をとるべきではない。こうした現実的な解決策は、きわめて都合がよいことがよくある。」と、密約に理解を示している。(58)

さらに、五月二五日、ダレス国務長官はロバートソン国務次官補と電話でこの問題を協議した。ダレスは、「ジラードを殺人で起訴しないというある種の裏取引(side deal)が日本側となされた。」と述べている。(59)同日、国務省が用意した大統領宛メモランダムの草案には、合同委員会で、「アメリカ側代表は、本件で裁判権を行使しないとの決定を日本側に通知した。その代わり、日本側は、極秘の扱いで、できるだけ軽い罪でジラードを起訴するとともに、情状により、最大限、判決を軽くするよう日本の裁判所に促すことに同意した。」と記されている。(60)

五月二八日、アイゼンハワー大統領、ダレス国務長官、ウィルソン国防長官との間で、この件について最終的な協議がおこなわれた。密約を前提として、「裁判権を譲り渡すという約束を守ることで一致」との結論にいたる。[61] これを受け、六月四日、国務・国防両長官により共同声明が発表される。

以上、ジラード事件に関し、密約が記されたアメリカ側公文書を確認した。ＦＲＵＳにすべて掲載され、最初に紹介した文書の一部が非開示であった。これも後に機密指定が解除されている。ＦＲＵＳにこれだけ密約に関する記述が登場するのは異例である。その理由を明らかにするため、密約が交わされた経緯を振り返ってみよう。

合同委員会での協議

ジラードの行為が公務執行中の罪にあたるのか否か、日米の意見が一致することはなかった。その結果、行政協定にしたがい、この件は合同委員会に付託された。合同委員会における公務の定義を確認しておこう。前述の合意事項第三九項に、「議定書第三項(a)(ii)及び同項に関する公式議事録にいう「公務」とは、法令、規則、上官の命令又は軍慣習によつて、要求され又は権限ずけ《ママ》られるすべての任務若しくは役務を指すものとする。」とある。このように、公務の内容はきわめて広範にわたる。[62] わが国の最高裁判所は、一九五五年三月、「公務の執行中」とは「公務執行の過程における」という意味で、「勤務時間中」と解することはできないとの判断を示している。[63]

この問題をめぐって、一九五七年三月七日に開催された第一五七回合同委員会を皮切りに、協議が開始された。同委員会で、本件を刑事裁判権分科委員会に付託することになったのは前述のとおりである。ただ、合同委員会にせよ、刑事裁判権分科委員会にせよ、協議の内容はほとんど公開されていない。簡単な報告書程度の断片的な史料に頼らざるを得ないものの、協議の様子に迫ってみよう。

三月七日の第一五七回合同委員会以降、第一五八回(三月二〇日)、第一五九回(四月四日)、第一六〇回(四月一八日)、第一六一回(五月二日)とほぼ二週間おきに同委員会は開催されている。第一六二回合同委員会(五月一六日)をもって、アメリカ側がジラードの裁判権を行使しないことで日米は合意にいたった。

四月四日開催の第一五九回合同委員会の報告書によれば、刑事裁判権分科委員会で、ジラードの発砲が公務執行中のものであるのか否か、アメリカ側は決定しかねていた。そこで、日本側は、「決定が遅れれば遅れるほど、日本国民と米軍とのわだかまりが高じる可能性がある」と、日米関係を憂慮する発言をしている。また、国会でも政府への圧力が高まっていることに触れると、ハバード少将は、いま少し時間が欲しいと述べた(64)。

四月一八日開催の第一六〇回合同委員会で、日本側代表の千葉アメリカ局長は、アメリカ側の決定を早く伝えるよう強く迫っている。判断に必要な合理的期間はすでに過ぎているというのがその理由であった。また、あらためて国会の圧力が高まっているとの懸念が示された。ハバード少将は、本件は極東軍司令部における最重要課題となっており、現在、検討中である旨を繰り返している(65)。

刑事裁判権分科委員会での協議

刑事裁判権分科委員会での協議の詳細は不明である。とはいえ、三月一二日の同委員会で、ジラードの行為は公務の執行にはあたらないとする証拠が日本側から提示され、検討されている(66)。アメリカ連邦最高裁判所におけるWilson v. Gerard(一九五七年七月一一日)の裁定記録に、同委員会での議論の様子が一部登場する。この記録から、同委員会での日米の主張を垣間見ることができる。三月一二日、日本側はおおむね以下の内容の文書をアメリカ側に提示した。

ジラードとニクルが機関銃の方へ行き、一三時一五分頃、六五五ヒルの南斜面の方向に使用済み薬莢を放り、空薬莢等を拾い集めるために六五五ヒルの南西斜面にいた小野関秀治(男性)および坂井なか(女性)を招きよせ、彼らに「パパサン、ダイジョウブ」「ママサン、ダイジョウブ」等と日本語で叫び、この二人の日本人に、ジラードが放った使用済み薬莢を拾わせようとした。つぎに、ジラードは坂井なかに近くの壕を指差し、「ママサン、タクサンネ」と日本語で叫び、それにより、その壕の中に使用済み薬莢が残っていることを示唆し、壕に入るよう促している。しかし、同じ斜面で使用済み薬莢を拾っていた小野関は、容疑者の行動に疑念を持ち、逃げ出そうとする。それから、容疑者は小野関に向かって、"GE-ROU! HEY!"と叫び、ライフルに装着されたグレネード・ランチャーに空薬莢を装塡し、小野関に向け空包を発射した。続いて、壕の中にいた坂井なかに、"GE-ROU! HEY!"と叫び、なかが六五五ヒルの北斜面に逃げ去ろうとしたのをジラードが見てとり、ライフルの銃座を小脇にかい込み、ちょうど小野関におこなったのと同様、グレネード・ランチャーに使用済み薬莢を装塡し、約八メートルの距離から、なかに向け立撃ちで空包を発射したのである。この結果、ジラードはなかの背中の左側に貫通傷を負わせ、なかは大動脈の切断によって失血にいたり、それが致命傷となった(67)。

以上の事実から、日本側は、ジラードの行為は公務の執行とはおおきくかけ離れ、本件は公務執行中の故意・過失により生じたとは考えられない、と結論づけている。

日米の協議の模様も記されている。アメリカ側は、ジラードの供述のみを頼りとして、それを信頼すると繰り返している。これに対し、日本側は、「本件が公務執行上から生じたものではないと決定するうえで、当方はすべての証拠を検討した。多数の日本人証言者が、事件後すぐに尋問されている。日本人の証言はもちろん、ジラードおよびニクルの証言も検討した。ジラードの意図を判断するには、ジラードの説明だけではなく、すべての証拠を検討する必要がある。その結果、ジラードは日本人たちを脅したうえ、追い払うために発砲したのである。機関銃を警護するためだったというジラードの証言は、信じるに値しない。ジラードの供述には矛盾がある。証拠によれば、発砲は機関銃の警護となんらの関係もないことが示されている。これが当方の立場だ。」と述べ、証拠に基づき、アメリカ側の主張を論破している(68)。

また、ジラードに殺意があったかについて、日本側はどのように判断していたのか。ダグラス・マッカーサー二世駐日大使からダレス国務長官およびロバートソン国務次官補宛の電報から推測がつく。マッカーサーは、「合同委員会で詳細に議論した結果、妥当な判断がくだされた。ジラード事件の論点についてアメリカ側との意見の違いはない、と日本側は受けとめている。日本側は、ジラードがなかさんを意図的に殺害したとは思っていないものの、ジラードの行為によってなかさんが亡くなった責任はジラードにあると考えている。日本側の見方では、ジラードの行為が公務と無関係なことは明らかだ。」と報告している。[69] ここにいう合同委員会とは、実質的には刑事裁判権分科委員会を指しているのであろう。そこでの議論で、ジラードには殺意がなかったと日本側も推定していた。

密約締結にいたる経緯

五月一六日開催の合同委員会で、アメリカ側がジラードの裁判権を行使しないことで日米は合意した。その際、密約が交わされた事実は、これまで見てきたアメリカ側の公文書から明らかである。アメリカ側は、なにゆえ裁判権の不行使という重大な決定をくだしたのであろうか。

極東軍は、公務証明書を発給した手前、ジラードの裁判権を行使しないことなどまったく考えていなかった。極東軍司令官のメッセージであるFE804743に極東軍の立場が明確に示されている。そこには、ジラードの第一次裁判権はアメリカ側にある、と明記されていた。[70]

ところが、四月二六日、事態がおおきく動く。この日、陸軍省からライマン・レムニッツァー極東軍司令官宛の電報DA921933が発せられた。この電報には、これまで示された証拠から、ジラードの裁判権を行使できるのか、陸軍省はきわどいと認識していたことが綴られている。[71]

合同委員会での日米協議は、三月七日から開始され、すでに一ヶ月半が経過していた。そのため、なんらかの結論を出す必要に迫られていた。同委員会で決着がつかない場合、「適当な経路を通じて、その問題をそれぞれの政府に更に考慮されるように移すものとする。」との行政協定の規定(第二六条第三項)に基づき、問題の解決は日米両政府に委ねられる。

この方法に、陸軍省は、「外交チャネルを用いることは、ムダで合理的ではない」、「すみやかに本件の裁判がおこなわれることが望ましい。」と否定的であった。[72] さらに、このDA921933には、「本件にとってもっとも馬鹿げているのは、日本の法廷で判断がくだされることであると思う。」とある。[73]「日本の法廷で判断」とは、ジラードの裁判権が日米いずれにあるのか、日本の法廷で決定されるという意味である。先述のように、陸軍省も、ジラードの発砲が公務執行中にあたるのか否か、きわどい事例だと考えていた。ジラードの行為が公務執行中のものではない、と日本の裁判所によって判断されることを危惧したものであろう。この点、日本の裁判所がこのような判断をする制度になっていないことは、前述のとおりである。陸軍省は制度を誤解したのである。[74]

ＤＡ921933によって、陸軍省はレムニッツァー極東軍司令官に、つぎのような命令をくだした。

貴官は、当方が第一次裁判権を有するとの立場を引き続き維持しながら、日本側と問題の解決を試みることが望ましい。しかし、日本側が当方の立場に同意しなければ(現に同意しないように思われる。)、ジラードを日本側当局の裁判に委ねる権限を貴官に与える。とはいえ、貴官は、公務証明は正しいとする当方の法的立場を引き続き維持すべきである。日本側による裁判を認めるのに必要とあらば、法的立場を依然として維持しながら、公務証明の線を取り下げる権限を貴官に与える。[75]

こうして、刑事裁判権分科委員会での膠着状態を打開するため、ジラードの裁判権を日本側に委ねる権限が、陸軍省からレムニッツァー極東軍司令官に与えられた。この決定にあたって、国務省とはまったく協議されていない。[76] これが大きな問題となる。この点はつぎに触れる。

レムニッツァーへの命令は、これだけではなかった。ＤＡ921933には、「日本側がジラードをもっとも軽い罪で起訴するのは明らかである。ジラードを日本側の裁判に委ねるとの合意に達するまでに、貴官は日本側からこの点に事前に同意を得ることが可能かもしれない。」と記されている。同意を得よとの命令ではなく、いささかあいまいに記されていた。アメリカ側がジラードの裁判権を行使しない代りに、ジラードをできるだけ軽い罪で起訴するとの同意を日本側から取り付けたいというのが陸軍省の本音であった。これが、合同委員会における密約として具体化される。

裁判権不行使の責任

五月一六日、ジラードの裁判権をアメリカ側は行使しないとの報がアメリカ国内に伝えられた。すると、米軍兵士を日本の裁判所に引き渡すなという大合唱が、議会および国民の間で沸き起こる。さらに、ジラードの裁判権不行使を決めたのは国務省であるとの報道がなされ、その責任の追及が始まった[77]。国務省は、国防省が自省に責任を転嫁しようとしているのではないか、との疑いを持つようになる[78]。すでに見たように、合同委員会でアメリカ側がジラードの裁判権を行使しないとしたのは、陸軍省からレムニッツァー極東軍司令官に発せられたＤＡ９２１９３３によってである。

問題が大きくなったことから、ブルッカー陸軍長官は、レムニッツァー極東軍司令官に、つぎのような内容の電報を発することを検討していた。ジラードをただちに軍法会議にかける。また、合同委員会のアメリカ側代表に以下の命令をくだす。まず、合同委員会でアメリカ側がジラードの裁判権を行使しないとした通告を撤回する。つぎに、ジラードの行為は、公務執行中により生じたものであるとのアメリカ側の立場を、再度、主張する[79]。

しかしながら、この電報は発せられなかった。前述のように、五月二一日、ダレス国務長官の執務室で、国務・国防両省の高官会議が開かれている。この会議で、この電報は発しないことを決定した。理由は、ジラードの裁判権を行使しないとしたアメリカ側の立場を、突然かつ一方的に覆すと、日米間の合意を否定するものだと日本側から判断されてしまう。これにより、日米関係、ひいては、極東におけるアメリカの立場を損なうことになるからというものであった[80]。

前述のように、ジラードの行為が公務執行中のものであるのか否か、陸軍省は日本の裁判所によって判断されると誤解していた。合同委員会で問題の解決にいたらない場合、行政協定第二六条により、日米の外交チャネルに解決が委ねられるとなっていたにもかかわらずである。そこで、ジラードをただちに軍法会議にかけ、また、この件を外交チャネルに委ねることを日本側に提案した場合、日本側がどのような反応を示すか、マッカーサー大使に問い合わせることとなった(81)。

この問い合わせにマッカーサー大使は、ジラードを日本の裁判所に委ねるとの合同委員会での合意を覆すことに日本側は同意しない、と国務省に返電している。日本側はすでにジラードの起訴状を裁判所に送達していたからである。また、マッカーサーは、日本の裁判がきわめて公正なものであることを、数字をあげて説明している。さらに、アメリカ側が一方的に裁判権を行使するとなると、合同委員会における日米間の合意を覆すこととなる。これにより、アメリカに対する日本の信頼が失われるだけでなく、日本におけるアメリカの立場が損なわれる、とマッカーサーは警告している。マッカーサーは、第一節で紹介した五月二四日の台北暴動(レイノルズ事件)にも言及して、ジラードを日本の裁判に委ねるようあらためて主張した(82)。

ジラードの裁判権を行使しないとした責任問題に戻ろう。陸軍省からの命令を実行に移す際、国務省、とりわけ在京米大使館がどの程度関与していたかである。国務省の調査によれば、DA921933の内容は、事前に国務省側とはまったく協議されておらず、在京米大使館は、この電報のコピーを受け取ったにすぎないという。在京米大使館との公電のやりとりをすべてチェックした結果、在京米大使館あるいは館員がこの件で助言をしたことを示す証拠はなかった(83)。ダレス国務長官はマッカーサー大使宛の電報で、この事実に間違いがないか、確認するよう要請している(84)。マッカーサーからの回電には、DA921933に大使館がコメントするよう極東軍司令部から文書による要請を受けたものの、大使館側は極東軍にコメントしなかったとある(85)。

事実関係を整理しておこう。DA921933が発出されたのは四月二六日である。その後、この電報のコピーが在京米大使館に回付され、大使館にコメントが求められた。ただ、大使館側はコメントをしなかった。その理由は、五月一日付の国務省公電第二三八一号によって明らかだ。それによると、公務執行中か否かが問題になれば、当然、行政協定の解釈にかかわり、国務省(在京米大使館)が関係することになる。ところが、DA921933により、公務執行の問題は棚上げにされ、ジラードを日本の裁判に委ねる権限が陸軍省から極東軍司令官に与えられた。その結果、公務の問題を論じる意味がなくなってしまった。そのため、国務省側は、コメントは不要と判断したのである。(86)マッカーサー大使は国務省公電第二三八一号を受け取ると、レムニッツァー極東軍司令官と会談している。ジラードの裁判権不行使について、大使館側と事前に協議されていないことをマッカーサーは確認した。(87)

以上の陸軍省と極東軍司令官のやりとり、ならびに、国務省と在京米大使館の公電の記録を見ると、ジラードの裁判権不行使は、陸軍省が主導し、極東軍司令官を通じ、合同委員会に提案されたことがわかる。その過程で、ジラードをなるべく軽い犯罪で起訴するとの同意を日本側から取り付けたいとの陸軍省の希望は、最終的には、合同委員会における密約となって実現した。しかしながら、群馬県警が二月九日にジラードを傷害致死で送検していたこと、さらに、刑事裁判権分科委員会でも、日本側はジラードの殺意を認めるにはいたらなかったことを考え合わせると、日本側にジラードを殺人罪で起訴するつもりはなかったのである。その意味では、日本側からの同意は、念のためだったといえよう。

それよりも興味深いのは、密約が交わされる背景を示す文書が、FRUSに収録されていることである。とくに重要と思われるのは、すでに何度も登場した陸軍省から極東軍司令官レムニッツァー宛の電報DA921933である。米軍内でのやりとりを示す電報は、必要な場合以外、国務省(在京米大使館)側に送られるわけではない。

具体的に示すと、FRUS(1955–1957, Japan, Volume XXIII, Part 1)に収録されている文書は、一九五七年分が全部で二〇〇件である。そのほとんどは、在京大使館と本省とのやりとり、国務省内での会議、国務省と大統領や国防省とのやりとりである。いずれも国務省が関連している。例外が二件ある。ひとつは、一九五七年一月二一日付の極東軍司令官(リッジウェイ)から陸軍省宛の電報である(Document 111)。もうひとつは、ここで問題にしているDA

９２１９３３である。ただ、前者は、国務省と在京米大使館にも発電されている。ということは、ＤＡ９２１９３３のみが国務省および在京米大使館が関係していない電報である。

このことから、ＤＡ９２１９３３がＦＲＵＳに収録されているのは、ジラードの裁判権不行使に国務省は関与しておらず、それが陸軍省の責任であったことをあらためて明確にしたかったからではないかと推測される。国務省は、ＦＲＵＳの編纂にあたって、密約が公になる不利益よりも、自省の立場の擁護を優先したのであろう。

五　ジラード事件の影響

密約の行方

密約に関する問いを検討しよう。ひとつは、なぜＦＲＵＳに密約が堂々と登場しているのかである。これは第四節でおおかた論じた。要約すると、ジラード事件に関する多くの文書がＦＲＵＳに収録されている理由は、ジラードの裁判権を行使しないとした陸軍省の決定に、国務省の責任はなく、陸軍省、ひいては国防省の失策であったことを国務省は明確にしておきたかったからである。その結果、合同委員会で密約が交わされたことも公表せざるを得なかった。なぜなら、アメリカ側がジラードの裁判権を行使しないとしたことと、日本側が傷害致死を超える罪でジラードを起訴しない、また、ジラードの情状を酌量し、なるべく軽い罪とするよう裁判所に促すことは、一体の関係にあったからだ。一方だけの公表で済ますわけにはいかなかった。国務省は、密約が公になる不利益よりも、自省に裁判権不行使の責任がなかったことを明らかにする方を優先した。

なお、密約について、日本側関係者がどのように認識していたのかを紹介しておこう。まず、刑事裁判権分科委員会の日本側代表だった津田實は、一九九四年、毎日新聞のインタビューに、「分科委では裏取引のような協議はなかったと思う。合同委での協議内容は知らない。」と答えている。(88) もし密約が交わされたとしたなら、合同委員会ではないかと示唆しているようにも受けとれる。ただ、この問題の中枢にいた津田が知らないというのは考えにくい。また、ジラード事件の主任検事をつとめた小縄快郎は、密約説について、「全く考えられないこと」と否定している。(89)

密約に関するもうひとつの問いは、密約は実行に移されたのかである。ジラードは、五月一八日、傷害致死で起訴された。まさに密約どおりである。ただ、この傷害致死での起訴は、既定の路線といってよい。群馬県警は迷った挙句、二月九日、ジラードを傷害致死で送検した。検察の判断は、この送検に拘束されないものの、二月一四日、最高検では、前橋地検の酒井正巳検事正および小縄主任検事の上京を求め、佐藤藤佐検事総長をはじめとする最高首脳会議が開かれている。その席上、酒井検事正から捜査経過の説明がなされた。ジラードの行為は単なる過失犯ではなく傷害致死であり、公務執行中とは認められないという報告であった。会議では、この報告に検討を加えた結果、公務外の犯罪で、日本側に裁判権があるとの態度を固めたという。(90)さらに、前述のように、刑事裁判権分科委員会で、日本側は、ジラードがなかさんを故意に殺害したとは推定していなかった。これらを加味すれば、日本側がジラードを殺人罪で起訴する可能性はなかったと思われる。

問題は、はたして、裁判でもこの密約が実行に移されたのかである。検察によるジラードの求刑は懲役五年である。これに対し、判決は、懲役三年、執行猶予四年となった。一般に、検察の求刑に対し、量刑は七掛け(この場合、三年六月)ともいわれる。判決は執行猶予がつく上限の懲役三年になっていることから、いささか軽い印象を受けるけれども、不当に軽いともいえない。

判決には、「タマ拾いの側にも非難さるべき一半の責は免れ難く、これを一兵卒に過ぎない思慮の未熟な被告人のみに、本件事故の全責任を負わせることは相当でない。」とある。「一兵卒に過ぎない」「思慮の未熟な」といった表現で、ジラードの情状を酌量している。さらに、ジラードはたまたまグレネード・ランチャー付きのライフルを借り受けていたことが、「被告人をして稚気を起こさせ」たと、事件の偶発性が強調されている。また、「被告人にとつて致死の結果はもとより、発射薬きようの命中ということがいかに意外な出来事であつたかは、本件発生直後の被告人の周章狼狽ぶりからも容易に推測することができる」と、ジラードの心情に配慮した(91)。

このような判決内容をもって、密約が実行に移されたとは判断できない。また、その証拠もない。ジラード裁判が、アメリカを含め諸外国からも厳正公正なものであったと高く評価されていた点を考え合わせると、密約が裁判に影響を及ぼしたとは考えにくい。

岸総理訪米と米軍撤退

岸総理大臣兼外務大臣は、一九五七年六月一九日から二一日まで、ワシントンDCを訪問し、アイゼンハワー大統領と会談している。ワシントンDCの連邦地裁で、ジラードの身柄を日本側に引き渡すことを禁ずる判決がくだされたのは六月一八日である。まさにジラード事件の渦中に、岸は訪米している。アイゼンハワー大統領の回顧録によれば、「サム・レイバーン下院議長(民主党)が岸首相の訪米を取り消すよう政府に望んでいる」ことをダレス国務長官は大統領に報告している。しかし、アイゼンハワーはその要請を拒否した(93)。

さらに、同大統領の回顧録には、ジラード事件が日本に駐留する米軍戦闘部隊の撤退のきっかけとなったと、つぎのように記されている。

この事件[ジラード事件]はある一国の軍隊が他の国の領土に駐留するときどうしても避けられないまさつを再び示したものだった。私はフォスター[ウィリアム・C・フォスター元国防次官]に、論理的にいってなすべきことは日本からわが軍隊を撤退させることだといった。私としては日本に戦闘師団をとどめておく戦略的必要性を認めなかった。段階的な撤退を始めるのが賢明かもしれないともダレスはほのめかした。その後の会談で私は外国に駐留しているアメリカ軍――どうしても占領軍とみなされがちである――の数を減らす必要を重ねて強調した。撤退計画は直ちに実施された。しかしジラード事件はいぜん未解決のままだった(94)。

アメリカ側史料によれば、六月六日付の国防長官に対する大統領権限によって、日本に駐留する米軍の削減が命じられた由である。[95] この点、日米の事務レベルでも、米軍撤退について話し合われている。日本側は、岸総理訪米の際、この撤退が発表されることを希望していた。[96] 六月二一日に発表された日米共同声明には、「合衆国は、日本の防衛力整備計画を歓迎し、よつて、安全保障条約の文言及び精神に従つて、明年中に日本国内の合衆国軍隊の兵力を、すべての合衆国陸上戦闘部隊のすみやかな撤退を含み、大幅に削減する。」と明記された。[97]

刑事裁判権密約の公表問題

前述のように、六月四日、国務・国防両長官はジラードの裁判権を行使しないとの共同声明を発表した。これ以降、アメリカ議会では、ジラードを日本の裁判所に渡すなという政府への圧力が高まる。それだけではなく、米兵を外国の裁判所で裁くことを禁止せよとの声もあがってくる。

六月二七日、フランク・バウ下院議員(オハイオ州選出・共和党)が、外国の裁判所で米兵が裁判を受けなくてすむようにすることを目的とした法案を下院外交委員会に提出した。米兵の犯罪が外国で裁かれることを許す地位協定の改正ないし廃棄を大統領に要求する内容である。同法案は、一八対八で可決された。[98]

その後、この法案は、対外援助法に追加条項を付して、海外に勤務中の米軍人の裁判権を外国の法廷に渡さないよう勧告するバールソン(民主党)提案となる。七月一七日、同法案は下院の投票に付された。この法案は、ジラードの裁判権を日本側に渡すとのアメリカ政府の決定に反対するだけでなく、この種の事件が起こった場合には、アメリカ側が米軍人の専属的裁判権を有するとの内容であった。これを実現するため、大統領に地位協定の再交渉を要請するとなっている。投票結果は、賛否一三四票の同数であった。法律修正は多数決によらなければならないとの規則により、同法案は否決された。[99]

こうした状況下、アメリカ側は、一九五三年に交わされた刑事裁判権密約の公表を新駐米大使の朝海浩一郎に打診する。朝海は、五月二三日、ワシントンに着任したばかりであった。前任の谷正之は、戦時中、東条英機内閣の外務大臣をつとめ、戦後は、A級戦犯容疑者となる。ただし、谷は不起訴となった。一九五六年から駐米大使をつとめていたとはいえ、戦犯容疑者であった谷に、アメリカ側は冷たかったともいわれる。(100)ジラード事件が起こったこと、また、一九五七年六月に岸総理のはじめての訪米を控え、駐フィリピン大使をつとめていた朝海に白羽の矢が立った。朝海は、六月四日、アイゼンハワー大統領に信任状を奉呈している。奉呈後の会談で、アイゼンハワーはジラード事件に触れ、本件は、警護の任務を遂行するうえで犯した殺人ではない、と明言している。(101)大統領自身、ジラードの行為の公務性を否定していたことになる。

ジラード事件の渦中に、刑事裁判権密約の公表問題が浮上する。刑事裁判権密約については、第一章で詳述した。ここで簡潔に振り返っておこう。一九五三年の行政協定第一七条(刑事裁判権)の改正の際、日米は密約を交わしている。その方法はきわめて巧妙なものである。合同委員会の下部組織である刑事裁判権分科委員会において、同委員会の日本側代表であった津田實法務省総務課長が一方的に陳述する形式となった。この陳述は、行政協定第一七条を改正する議定書本文、議定書公式議事録、正式会談議事録にもいっさい掲載されず、秘密扱いとされた。

津田の陳述の内容は、実質的に重要な事件を除き、通常、日本国当局は、米軍関係者に対する裁判権を行使する意図はなく、それが当局の方針だというものである。一方的陳述にしかすぎないので、形式的にみれば、「約束」とはいえない。二〇一〇年に日米密約問題がクローズアップされ、その後、行政協定第一七条(刑事裁判権)の改正に関する文書も外務省から公表された。その際、二〇一一年八月二五日に開催された「日米合同委員会におけるやりとり」も公表されている。その中で、アメリカ側は、一方的陳述は日本側の一方的政策的なものであり、合意ではないと発言している。「約束」であることを否定した。この解釈に日本側も同調している。しかし、行政協定第一七条改正の交渉過程、ならびに、これに関連する国連軍地位協定の交渉過程を詳細に分析した結果、この一方的陳述とは、「一方的」に名を借りた密約であったことを第一章で証明した。何重にも関門を設け、密約であることが発覚しないよう工夫がこらされていたのである。

こうして、実質的に重要な事件を除き、日本政府は米軍関係者に対する裁判権を行使する意図がない旨を密約でアメリカ側に保証した。協定上は、犯罪の軽重を問わず、公務執行中等の場合を除き、日本側に第一次裁判権があるとされていたにもかかわらずである。

これに対し、NATO軍地位協定の加盟国であるオランダやギリシャは、アメリカとの間で公式に裁判権放棄の約束を交わしている。NATOオランダ方式、あるいは、たんにオランダ方式として知られている方法である。[102] このオランダ方式とはどのようなものかを説明しておこう。

一九五四年八月一三日付のオランダとアメリカとの交換公文第四項は、NATO軍地位協定の実施を規定している。その附属書に、合衆国政府とオランダ政府が合意した了解がある。[103] この了解によると、オランダ当局は、合衆国当局の要請にしたがい、NATO軍地位協定第七条に基づく管轄権行使の第一次的権利を放棄するとある。ただし、オランダ当局がその管轄権の行使を特に重要と決定する場合は除かれる。要は、オランダ当局が特に重要と判断する場合を除き、合衆国当局の要請があれば、オランダ当局は第一次裁判権を放棄する、という内容である。ギリシャの場合は一九五六年に、また、西ドイツの場合は一九五九年に同種の協定をアメリカと締結している。[104]

これと日本とを比較してみよう。日本の場合、密約という形式がとられたため、オランダやギリシャとは異なり、表向きは、なんら裁判権を譲っていない。また、密約でも日本は裁判権を放棄したのではなく、行使する意図はないと表明しているにしかすぎない。これに対し、オランダやギリシャの場合には、アメリカが要請すれば、いずれも第一次裁判権を放棄することとなっている。例外は、これらの国の当局が管轄権の行使を特に重要と決定する場合である。ただし、日本側の最大の譲歩は、アメリカ側の要請の有無にかかわらず、実質的に重要な事件を除き、裁判権を行使しないとしている点である。アメリカ側からみれば、要請するまでもなく、日本は実質的に重要な事件を除き、裁判権を行使しないこととなる。

こうしたオランダやギリシャの例から、アメリカ政府は日本にも刑事裁判権密約を公表するよう要請する。NAT

O軍地位協定の参加国の一部と同様、実質的に重要な事件を除き、米軍関係者が裁判に付されないことをアメリカ側は公にしたかったのである。前述のように、岸総理は六月一九日から三日間、ワシントンDCを訪問した。二〇日、朝海駐米大使とロバートソン国務次官補との会談の際、「日本の刑事裁判権取極の機密指定解除」について話し合われている。(105)

ロバートソンは、六月一五日付のウィルソン国防長官からダレス国務長官宛の書簡に基づく要請だと断ったうえで、刑事裁判権密約の機密指定解除の問題を岸総理と協議するよう朝海大使に依頼した。(106) その際、ロバートソンは、オランダやギリシャとの取極はすでに公表されていると説明している。さらに、「こうした機密解除は、フィリピンおよび他国との地位協定交渉をきわめて容易にする」と付け加えた。前述のように、フィリピンは、当然のことながら、日米間の密約を知らず、日本が刑事裁判権で自国より優遇されていることに不満を表明していたからだ。(107) この依頼に、朝海大使は、総理と協議する、翌二一日に結果を知らせる、と答えている。

二一日夜、朝海は総理主催の答礼レセプションの場で、ロバートソンを脇に呼び、「総理は、現時点で、この取極の機密指定を解除すれば、社会主義者および共産主義者のきびしい追及にさらされ、自らの政権にとってきわめてやっかいなことになると思う」と述べている。こうして、朝海は機密指定の解除に同意できない旨を告げたのである。(108) 結局、刑事裁判権密約が公になることはなかった。前述のように、二〇一一年八月、外務省からその内容が公表されても、日本政府は、密約ではないとの立場を変えていない。

ジラード事件は、アメリカ側が裁判権を行使しないと決定した。沖縄の本土復帰後の一九七四年七月、沖縄県北部の伊江島で、このジラード事件と似たような事件が起きる。いわゆる伊江島事件である。この伊江島事件の場合には、日本側が裁判権を行使しないという結果になった。いずれも米軍演習場内で起こった出来事であるにもかかわらず、正反対の結論が導かれている。その理由を分析することは、刑事裁判権の問題点をより浮き彫りにするうえで重要である。ジラード事件では、公務犯罪の認定権が日米どちらにあるのか、結局、明らかにされることはなかった。伊江島事件では、公務犯罪といえるのはいかなる場合かが議論されている。この伊江島事件については、第六章で検討したい。

（1）相馬ヶ原演習場の歴史は、榛東村誌編さん室編『榛東村誌』榛東村、一九八八年、一六二七―一六六七頁を参照。

（2）『朝日新聞』一九五七年二月七日。

（3）米比軍事基地協定の刑事裁判権の改定問題について、とくに参考になるのは、*FRUS*, 1955–1957, South East Asia, Volume XXII 所収の以下の史料である。Editorial Note, Document 409; "Memorandum From the Assistant Secretary of State for Far Eastern Affairs (Robertson) to the Deputy Under Secretary of State for Political Affairs (Murphy), October 18, 1956"(Secret), Document 415; "Telegram From the Embassy in the Philippines to the Department of State, November 5, 1956"(Secret, Niact), Document 417; "Memorandum From the Special Representative to the Philippines(Bendetsen) to the Secretary of State and the Secretary of Defense (Wilson), December 19, 1956"(Secret), Document 420. フィリピンにおける刑事裁判権問題については、Joseph W. Dodd, *Criminal Jurisdiction under the United States-Philippine Military Bases Agreement: A Study in Conjurisdictional Law*, The Hague: Martinus Nijhoff, 1968 を参照。

（4）国立国会図書館調査立法考査局『日米安全保障条約改定問題資料集』国図調立資料A九四、一九五九年一一月、一二四―一二五頁。

（5）"Memorandum to FE-Mr. Roberston, Subject: Possible Japanese Agreement to Publicize Secret Jurisdiction Waiver, June 18, 1957"(Secret), RG59[Entry A1 1341]Subject Files Relating to Japan, 1954–1959, Box 8, National Archives at College Park, MD.

（6）詳しくは、"Military Bases in the Philippines: Criminal Jurisdiction Arrangements, Department of State, *United States Treaties and Other International Agreements*, Volume 16 in Two Parts, Part 2, 1965, Washington DC: United State Government Printing Office, 1966, pp. 1090–1098 を参照。

（7）レイノルズ事件については、“Memorandum From the Director of the Office of Chinese Affairs (McConaughy) to the Assistant Secretary of State for Far Eastern Affairs (Robertson), May 24, 1957,” *FRUS*, 1955–1957, China, Volume III, Document 252 に詳しく述べられている。また、この事件の全容については、Stephen C. Craft, *American Justice in Taiwan: The 1957 Riots and Cold War Foreign Policy*, Lexington, Kentucky: University Press of Kentucky, 2015 が参考になる。

（8）米華相互防衛条約第七条は、「台湾及び澎湖諸島並びにその周辺にあり、かつ、その防衛のために必要なアメリカ合衆国の陸軍、空軍及び海軍を相互の合意による決定に基き、配置する権利を中華民国政府は、許与し、アメリカ合衆国政府は、受諾する。」と規定している。邦訳は、国立国会図書館調査立法考査局『日米安全保障条約改定問題資料集』、一三七頁による。

（9）Charles L. Cochran and Hungdah Chiu, *U.S. Status of Force Agreements With Asian Countries: Selected Studies*, Occasional Papers/Reprints Series in Contemporary Asian Studies, No. 7, School of Law, University of Maryland, 1979, pp. 65–67.

（10）『朝日新聞』一九五七年五月二五日。

（11）「日本国とアメリカ合衆国との間の行政協定第十七条を改正する議定書に関する公式議事録」(極秘)、一九五三年八月一七日、『日米安全保障条約関係一件　第三条に基づく行政協定関係　刑事裁判権条項改正関係(第一七条)』第三巻、B’.5.1.0.J/U3–1–2, 外交史料館。“A Letter From American Embassy to Katsuo Okazaki (Minister for Foreign Affairs), August 17, 1953”(Confidential), RG319[Entry A1 60]Security Classified Correspondence of the Public Affairs Division, 1950–1964, Box 7, National Archives at College Park, MD.

（12）松平参与「行政協定改訂交渉に関する件」(極秘)、一九五三年八月一九日、『日米安全保障条約関係一件　第三条に基づく行政協定関係　刑事裁判権条項改正関係(第一七条)』第一巻、B’.5.1.0.J/U3–1–2, 外交史料館。松平参与「行政協定刑事裁判権条項の改訂交渉に関する件」(極秘)、一九五三年八月二八日、『日米安全保障条約関係一件　第三条に基づく行政協定関係　刑事裁判権条項改正関係(第一七条)』第一巻、B’.5.1.0.J/U3–1–2, 外交史料館。

(13) "Memorandum for the Record, Subject: Article XVII Negotiations - First Informal Meeting, By John B. Henderson, Department of Defense Representative, August 20, 1953"(Confidential), RG84[Entry UD 2828A]Japan; U.S. Embassy, Tokyo; Classified General Records, 1952–1963, Box 18, National Archives at College Park, MD.

(14) "Telegram From the Embassy in Japan to the Department of State, No. 590, September 2, 1953"(Confidential), RG59 Central Decimal Files, 1950–1954, Box 2870, National Archives at College Park, MD.

(15) 松平参与「行政協定改訂交渉に関する件」(極秘)、一九五三年九月三日、『日米安全保障条約関係一件　第三条に基づく行政協定関係　刑事裁判権条項改正関係(第一七条)』第一巻、B'.5.1.0.J/U3-1-2, 外交史料館。

(16) "Telegram From the Embassy in Japan to the Department of State, No. 611, September 5, 1953"(Confidential), RG84[Entry UD 2828A]Japan; U.S. Embassy, Tokyo; Classified General Records, 1952–1963, Box 18, National Archives at College Park, MD.

(17) 法務省刑事局『合衆国軍隊構成員等に対する刑事裁判権関係実務資料[検察提要六]』(秘)、検察資料一五八、一九七二年三月、一一二頁。

(18) 同上、一四二―一四三頁。

(19) "Record of Discussion Prepared by the Embassy in Japan, Tokyo, January 6, 1960"(Confidential), *FRUS*, 1958–1960, Japan; Korea, Volume XVIII, Document 131. 核持ち込み密約については、信夫隆司『日米安保条約と事前協議制度』弘文堂、二〇一四年、六七―一一九頁を参照。

(20) 山本英政『米兵犯罪と日米密約――「ジラード事件」の隠された真実』明石書店、二〇一五年。

(21) 末浪靖司「日本の裁判を動かした日米密約――米国務省解禁文書が語るジラード事件」『前衛』一九九六年五月号(No. 672)、六三―七六頁、末浪靖司『9条「解釈改憲」から密約まで　対米従属の正体――米公文書館からの報告』高文研、二〇一二年、一四〇―一五八頁。

(22) 池田直隆「ジラード事件の再検討――台湾における事例との比較を中心として」『軍事史学』四六巻二号、二〇一〇年九月、一二七―一四二頁、倉林直子「駐留米軍をめぐる政府と議会の関係――ジラード事件への対応を中心に」『麗澤大学紀要』九三巻、二〇一一年一二月、二五―四四頁、大沼久夫「「ジラード事件」と日米関係」『共愛学園前橋国際

大学論集』一六号、二〇一六年三月、九—三〇頁。

（23）Gordon B. Baldwin, "Foreign Jurisdiction and the American Soldier: 'The Adventures of Girard'," *Wisconsin Law Review*, Vol. 1958, No. 1, January 1958, pp. 52–106.

（24）Jaime M. Gher, "Status of Forces Agreements: Tools to Further Effective Foreign Policy and Lessons To Be Learned from the United States-Japan Agreement," *University of San Francisco Law Review*, Vol. 37, Issue 1, Fall 2002, pp. 227–256; Neil Curtin, "We Might As Well Write Japan Off: The State Department Deals with the Girard Crisis of 1957," *Journal of American-East Asia Relations*, Vol. 19, Issue 2, January 2012, pp. 109–131; Tyler J. Hill, "Revision of the U.S.-Japan Status of Forces Agreement (SOFA): Relinquishing U.S. Legal Authority in the Name of American Foreign Policy," *UCLA Pacific Basin Law Journal*, Vol. 32, Issue 2, Spring 2015, pp. 106–144.

（25）United States Supreme Court, Wilson v. Girard (1957), 354 U.S. 524, pp. 532–537. この最高裁判決については、入江啓四郎「ジラード事件と米国最高裁判決」『法律のひろば』一〇巻八号、一九五七年八月、九—一二頁を参照。

（26）"Statement, Place: Investigation Section, Camp Drew, Japan APO 43, Deponent: Girard, William S., February 2, 1957," RG550[Entry UD WW76]Classified Correspondence Files, 7–1957, Box 7[SUBJECT - GIRARD, WILLIAM S. PROGRESS REPORT], National Archives at College Park, MD.

（27）警視庁刑事部捜査課長「群馬県米軍演習場内における米兵の日本婦人射殺事件について」、一九五七年二月四日、『在本邦駐留軍人刑事事件関係　米国軍人関係　相馬ヶ原事件』第一巻、リール番号D'-0001, 外交史料館。

（28）伊藤「群馬県相馬ヶ原演習場に於る米兵の発砲事故に関する件」、一九五七年二月五日、『在本邦駐留軍人刑事事件関係　米国軍人関係　相馬ヶ原事件』第一巻、リール番号D'-0001, 外交史料館。

（29）法務省刑事局長井本臺吉から外務省欧米局長千葉皓宛法務省刑事局第二八五四号「日米合同委員会への提案について」、一九五七年二月一六日、『在本邦駐留軍人刑事事件関係　米国軍人関係　相馬ヶ原事件』第一巻、リール番号D'-0001, 外交史料館。

（30）文書課長「岸大臣・ホーシー米代理大使会談要旨」(極秘)、一九五七年二月八日、『在本邦駐留軍人刑事事件関係　米国軍人関係　相馬ヶ原事件』第一巻、リール番号D'-0001, 外交史料館。

（31）同上。
（32）法務省刑事局長井本臺吉から外務省欧米局長千葉皓宛法務省刑事局第二八五四号「日米合同委員会への提案について」、一九五七年二月一六日、『在本邦駐留軍人刑事事件関係　米国軍人関係　相馬ヶ原事件』第一巻、リール番号D'-0001, 外交史料館。
（33）同上。
（34）『読売新聞』(夕刊)一九五七年二月九日。
（35）“Report of a crime by a US Forces Personnel, February 9, 1957” and “Re: Change of the name of the crime in the criminal report sent to you today, February 9, 1957,” RG550［Entry UD WW76］Classified Correspondence Files, 7–1957, Box 7［SUBJECT - GIRARD, WILLIAM S. PROGRESS REPORT］, National Archives at College Park, MD.
（36）石岡實「相馬ヶ原の渦中から――ジラード事件一捜査官の覚書」『文藝春秋』一九五七年一一月号、一一八頁。山本英政の調査によれば、この記事は、岡田三千左右群馬県警刑事部長が、石岡本部長に代って書いたものだという。詳しくは、山本『米兵犯罪と日米密約』、六六頁を参照。
（37）『毎日新聞』一九九四年一一月二四日(地方版／群馬)。
（38）“Memo for Major Levin, February 14, 1957,” RG550［Entry UD WW76］Classified Correspondence File, 7–1957, Box 7［SUBJECT - GIRARD, WILLIAM S. PROGRESS REPORT］, National Archives at College Park, MD.
（39）“STATEMENT of Specialist Third Class William S. Gerard given to Yoshiro Konawa voluntarily at the Office of the Procurator of Maebashi on February 12, 1957,” RG550［Entry UD WW76］Classified Correspondence File, 7–1957, Box 7［SUBJECT - GIRARD, WILLIAM S. PROGRESS REPORT］, National Archives at College Park, MD.
（40）“Memorandum for the Record: by Major Stanley F. Levin, February 14, 1957,” RG550［Entry UD WW76］Classified Correspondence File, 7–1957, Box 7［SUBJECT - GIRARD, WILLIAM S. PROGRESS REPORT］, National Archives at College Park, MD を参考にしている。
（41）『読売新聞』一九五七年二月一二日。
（42）『読売新聞』一九五七年七月六日。

(43) "SUBJECT: Lie Detector Examination, Re: Involuntary Manslaughter, February 14, 1957," RG550[Entry UD WW76] Classified Correspondence File, 7–1957, Box 7[SUBJECT - GIRARD, WILLIAM S. PROGRESS REPORT], National Archives at College Park, MD.

(44) Ibid.

(45) "Statement of William S. Girard at Camp Drew, February 15, 1957," RG550[Entry UD WW76] Classified Correspondence File, 7–1957, Box 7[SUBJECT - GIRARD, WILLIAM S. PROGRESS REPORT], National Archives at College Park, MD.

(46) Ibid.

(47) "Statement of Specialist William Girard, February 18, 1957," RG550[Entry UD WW76] Classified Correspondence File, 7–1957, Box 7[SUBJECT - GIRARD, WILLIAM S. PROGRESS REPORT], National Archives at College Park, MD.

(48) "Statement of Victor N. Nickel, at Office of the Provost Marshal, February 1, 1957," RG550[Entry UD WW76] Classified Correspondence Files, 7–1957, Box 7[SUBJECT - GIRARD, WILLIAM S. PROGRESS REPORT], National Archives at College Park, MD.

(49) "Statement of Victor N. Nickel, at Investigation Section Reg Cp Whitt., February 14, 1957," RG550[Entry UD WW76] Classified Correspondence Files, 7–1957, Box 7[SUBJECT - GIRARD, WILLIAM S. PROGRESS REPORT], National Archives at College Park, MD.

(50) "Statement of Victor N. Nickel, at the Maebashi District Procurator's Office, February 20, 1957," RG550[Entry UD WW76] Classified Correspondence Files, 7–1957, Box 7[SUBJECT - GIRARD, WILLIAM S. PROGRESS REPORT], National Archives at College Park, MD.

(51) "Maebashi District Public Procurator's Office, No. Nikki Sho 196, Maebashi, February 15, 1957," RG550[Entry UD WW76] Classified Correspondence File, 7–1957, Box 7[SUBJECT - GIRARD, WILLIAM S. PROGRESS REPORT], National Archives at College Park, MD.

(52) "Report on the 156th Meeting of the Joint Committee, February, 21, 1957"(Confidential), RG84[Entry UD 2828A]Ja-

pan; U.S. Embassy, Tokyo; Classified General Records, 1952–1963, Box 45, National Archives at College Park, MD.

(53) "Telegram From the Embassy in Japan to the Department of State, No. 1869, February 26, 1957"(Secret), *FRUS*, 1955–1957, Japan, Volume XXIII, Part 1, Document 123.

(54) "Report on the 157th Meeting of the Joint Committee, March 7, 1957"(Confidential), RG84[Entry UD 2828A]Japan; U.S. Embassy, Tokyo; Classified General Records, 1952–1963, Box 45, National Archives at College Park, MD.

(55) "Telegram From the Embassy in Japan to the Department of State, No. 2641, May 16, 1957"(Confidential), *FRUS*, 1955–1957, Japan, Volume XXIII, Part 1, Document 136.

(56) "Telegram From the Embassy in Japan to the Department of State, No. 2641, May 16, 1957"(Confidential), RG59 Central Decimal Files, 1955–1959, Box 2918, National Archives at College Park, MD.

(57) "Memorandum From the Assistant Secretary of State for Far Eastern Affairs (Robertson) to the Secretary of State, May 20, 1957"(Secret), *FRUS*, 1955–1957, Japan, Volume XXIII, Part 1, Document 137.

(58) "Memorandum of a Meeting, Secretary Dulles' Office, Department of State, Washington, May 21, 1957, 4:15 p.m." (Secret), *FRUS*, 1955–1957, Japan, Volume XXIII, Part 1, Document 148.

(59) "Memorandum of Telephone Conversations Between the Secretary of State and the Assistant Secretary of State for Far Eastern Affairs (Robertson), Washington, May 25, 1957," *FRUS*, 1955–1957, Japan, Volume XXIII, Part 1, Document 157.

(60) "Draft Memorandum for the President Prepared in the Department of State, Washington, May 25, 1957"(Secret), *FRUS*, 1955–1957, Japan, Volume XXIII, Part 1, Document 158.

(61) "Memorandum for the Record of a Meeting, White House, Washington, May 28, 1957, Noon"(Confidential), *FRUS*, 1955–1957, Japan, Volume XXIII, Part 1, Document 162.

(62) 法務省刑事局『合衆国軍隊構成員等に対する刑事裁判権関係実務資料[検察提要六]』(秘)、一三九頁。

(63) 一九五五年三月三日、最高裁判所第一小法廷。最高裁判所ウェブサイトによる。

(64) "Report of the 159th Meeting of the Joint Committee, April 10, 1957"(Confidential), RG84[Entry UD 2828A]Japan;

U.S. Embassy, Tokyo; Classified General Records, 1952–1963, Box 45, National Archives at College Park, MD.

(65) "Report of the 160th Meeting of the Joint Committee, April 26, 1957"(Confidential), RG84[Entry UD 2828A]Japan; U.S. Embassy, Tokyo; Classified General Records, 1952–1963, Box 45, National Archives at College Park, MD.

(66) "Telegram From the Embassy in Japan to the Department of State, No. 2048, March 18, 1957"(Official Use Only), RG59 Central Decimal Files, 1955–1959, Box 2918, National Archives at College Park, MD.

(67) United States Supreme Court, WILSON v. GIRARD (1957), July 11, 1957, 354 U.S. 524, pp. 540–541.

(68) Ibid., pp. 542–543.

(69) "Telegram From the Embassy in Japan to the Department of State, No. 2733, May 24, 1957"(Confidential), *FRUS*, 1955–1957, Japan, Volume XXIII, Part 1, Document 153.

(70) "Telegram From the Embassy in Japan to the Department of State, No. 2413, April 25, 1957"(Confidential), *FRUS*, 1955–1957, Japan, Volume XXIII, Part 1, Document 129.

(71) "Telegram From the Department of the Army to the Commander in Chief, Far East (Lemnitzer), DA 921933, April 26, 1957"(Confidential), *FRUS*, 1955–1957, Japan, Volume XXIII, Part 1, Document 130.

(72) Ibid.

(73) Ibid.

(74) "Memorandum of a Meeting, Secretary Dulles' Office, Department of State, Washington, May 21, 1957, 4:15 p.m." (Secret), *FRUS*, 1955–1957, Japan, Volume XXIII, Part 1, Document 148.

(75) "Telegram From the Department of the Army to the Commander in Chief, Far East (Lemnitzer), DA 921933, April 26, 1957"(Confidential), *FRUS*, 1955–1957, Japan, Volume XXIII, Part 1, Document 130.

(76) "Memorandum From the Assistant Secretary of State for Far Eastern Affairs (Robertson) to the Secretary of State, May 20, 1957"(Secret), *FRUS*, 1955–1957, Japan, Volume XXIII, Part 1, Document 137.

(77) "Telegram From the Department of State to the Embassy in Japan, No. 2560, May 20, 1957"(Secret, Niact), *FRUS*, 1955–1957, Japan, Volume XXIII, Part 1, Document 140.

(78) "Telephone Call From Secretary Dulles to Murray Snyder, Monday May 20, 1957, 12:47 p.m.," John Foster Dulles: Papers, Telephone Conversations Series, Box 6, Dwight D. Eisenhower Presidential Library.

(79) "Proposed Message to CINCFE, Tokyo (Telephoned from Defense Dept.), May 21, 1957," John Foster Dulles: Papers, General Correspondence Series, Box 1, Dwight D. Eisenhower Presidential Library.

(80) "Letter From the Secretary of State to the Secretary of the Army (Brucker), May 21, 1957," *FRUS*, 1955–1957, Japan, Volume XXIII, Part 1, Document 147.

(81) "Memorandum of a Meeting, Secretary Dulles' Office, Department of State, Washington, May 21, 1957, 4:15 p.m." (Secret), *FRUS*, 1955–1957, Japan, Volume XXIII, Part 1, Document 148; "Telegram From the Department of State to the Embassy in Japan, No. 2576, May 21, 1957"(Secret), RG59 Central Decimal Files, 1955–1959, Box 2837, National Archives at College Park, MD.

(82) "Telegram From the Embassy in Japan to the Department of State, No. 2733, May 24, 1957"(Secret), RG59 Central Decimal Files, 1955–1959, Box 2837, National Archives at College Park, MD.

(83) "Telephone Call From Secretary Dulles to Murray Snyder, Monday May 20, 1957, 12:47 p.m.," John Foster Dulles: Papers, Telephone Conversations Series, Box 6, Dwight D. Eisenhower Presidential Library.

(84) "Telegram From the Department of State to the Embassy in Japan, No. 2560, May 20, 1957"(Secret, Niact), *FRUS*, 1955–1957, Japan, Volume XXIII, Part 1, Document 140.

(85) "Telegram From the Embassy in Japan to the Department of State, No. 2690, May 21, 1957"(Secret, Niact), *FRUS*, 1955–1957, Japan, Volume XXIII, Part 1, Document 141.

(86) "Telegram From the Department of State to the Embassy in Japan, No. 2381, May 1, 1957"(Confidential), *FRUS*, 1955–1957, Japan, Volume XXIII, Part 1, Document 131.

(87) "Telegram From the Embassy in Japan to the Department of State, No. 2690, May 21, 1957"(Secret, Niact), *FRUS*, 1955–1957, Japan, Volume XXIII, Part 1, Document 141.

(88)『毎日新聞』一九九四年一一月二一日。

(89)『毎日新聞』一九九四年一一月二三日。
(90)『読売新聞』一九五七年二月一五日。
(91)「いわゆるジラード事件の判決　前橋地裁三二・一一・一九判決」『判例時報』一三一号、一九五七年一二月一日、七頁。
(92)『読売新聞』(夕刊)一九五七年一一月一九日、『朝日新聞』一九五七年一一月二〇日。
(93)ドワイト・D・アイゼンハワー(仲晃・他訳)『アイゼンハワー回顧録』2、みすず書房、一九六八年、一二七頁。
(94)同上。
(95)"Note by the Secretaries to the Joint Chiefs of Staff on Reduction of U.S. Military Forces Stationed in Japan, June 26, 1957"(Top Secret), RG218[Entry UD 25]Geographic File, 1957, Box 11, National Archives at College Park, MD.
(96)"Message From CINCFE Tokyo Japan to DEPTAR Wash DC, No. FE805390, June 15, 1957"(Secret), RG218[Entry UD 25]Geographic File, 1957, Box 11, National Archive at College Park, MD.
(97)細谷千博・他編『日米関係資料集　一九四五―九七』東京大学出版会、一九九九年、三九九頁。
(98)『読売新聞』(夕刊)一九五七年六月二八日。
(99)『読売新聞』(夕刊)一九五七年七月一八日。
(100)伊奈久喜「朝海浩一郎駐米大使と密約説」『日本経済新聞電子版』二〇一五年五月二三日。
(101)"Memorandum of a Conversation Between the President and the Japanese Ambassador (Asakai), Washington, June 4, 1957"(Confidential), *FRUS*, 1955–1957, Japan, Volume XXIII, Part 1, Document 167.
(102)Frank C. Nash, United States Overseas Military Bases: Reports to the President (Secret), December 1957, Dwight D. Eisenhower Presidential Library, p. 54.
(103)"Netherlands, North Atlantic Treaty, Stationing of United States Armed Forces in the Netherlands, Signed at the Hague August 13, 1954, Entered into Force November 16, 1954," Department of State, *United States Treaties and Other International Agreements*, Volume 6 in Five Parts, Part 1, 1955, Washington DC: United States Government Printing Office, 1956, p. 106.

(104) ギリシャの場合は、「アメリカ・ギリシャ合衆国軍地位協定」第二条に明記されている。“Greece, Defense: Status of United States Forces, Agreement Signed at Athens September 7, 1956; Entered into Force September 7, 1956,” Department of State, *United States Treaties and Other International Agreements,* Volume 7 in Three Parts, Part 3, 1956, Washington DC: United States Government Printing Office, 1957, p. 2558 を参照。西ドイツの場合は、「ドイツ連邦共和国に駐留する外国軍隊に関して北大西洋条約当事国間の軍隊の地位に関する協定を補足する協定」(一九五九年八月三日ボンで署名)第一九条に同趣旨が規定されている。国立国会図書館調査立法考査局『西ドイツに駐留するＮＡＴＯ軍の地位に関する諸協定』調査資料七五—三、一九七六年三月、二六—二七頁を参照。

(105) “Memorandum of Conversation, Subject: Declassification of Japanese Jurisdictional Arrangements, Participants: His Excellency Koichiro Asakai (Ambassador of Japan) and Mr. Walter S. Robertson (Assistant Secretary of State for Far Eastern Affairs), June 20, 1957”(Confidential), RG84[Entry UD 2828A]Japan; U.S. Embassy, Tokyo; Classified General Records, 1952–1963, Box 45, National Archives at College Park, MD.

(106) “Memorandum From FE-Mr. Robertson to the Acting Secretary, Subject: Reply to Secretary Wilson re Japanese Jurisdictional Arrangements, July 30, 1957”(Confidential), RG59[Entry A1 1341]Subject Files Relating to Japan, 1954–1959, Box 8, National Archives at College Park, MD.

(107) 米比軍事基地協定の改正交渉については、信夫隆司「ボーレン・セラノ協定と事前協議制度」『法学紀要』五五巻、二〇一四年三月、一九一—二二三頁を参照。

(108) “Memorandum of Conversation, Subject: Declassification of Japanese Jurisdictional Arrangements, Participants: His Excellency Koichiro Asakai (Ambassador of Japan) and Mr. Walter S. Robertson (Assistant Secretary of State for Far Eastern Affairs), June 20, 1957”(Confidential), RG84[Entry UD 2828A]Japan; U.S. Embassy, Tokyo; Classified General Records, 1952–1963, Box 45, National Archives at College Park, MD. このメモランダムの日付は、六月二〇日になっているものの、二一日の朝海の発言にふれている。

第四章　小笠原返還

一　小笠原核持ち込み密約

小笠原は一九六八年六月に本土に復帰した。二〇一八年で五〇周年の節目の年を迎えている。二〇一一年には世界遺産に登録され、豊かな自然が残り、マリンスポーツの楽園でもある。ただ、今から約五〇年前の小笠原返還交渉の記録をひもといてみると、アメリカの安全保障上の利益が見え隠れする。小笠原の返還は、四年後の沖縄返還とも密接に関連していた。

小笠原返還交渉における最大の争点は、米軍が、非常事態の際、返還後の小笠原に核兵器を貯蔵したいとする意向に、日本側がいかに対処するかであった。小笠原核持ち込み密約が存在するのではないかといわれる所以である。二〇一〇年三月、いわゆる「密約」問題に関する調査報告書が外務省から公表された。その際、沖縄の核持ち込みに関する文書も公開されている。それらのなかに、小笠原の核持ち込み密約を示唆する文書が含まれていた。これは、アメリカ側の公文書でも確認できる。

しかしながら、小笠原の核持ち込み密約とはいかなるものであったのか、かならずしも十分に解明されたとはいえない。そこで、まず、外交文書に記された小笠原の核持ち込み密約について概観してみよう。

外交文書に記された小笠原の核持ち込み密約

一九六九年の沖縄返還交渉では、緊急事態の際、返還後の沖縄への核持ち込み問題をどのように決着させるのか、同年一一月の日米首脳会談にいたるまで日本側では見通しがたたなかった。そのため、日本側にとって、この問題が最大の不安材料となる。アメリカ側は、緊急時に、返還後の沖縄への核持ち込みをなんらかの形で認めるよう日本側に要求する。これに対し、日本側は、非核三原則の手前、「持ち込ませず」にあからさまに反する約束を交わすわけにはいかなかった。

結局、この問題は、一九六九年一一月一九日、佐藤栄作総理とリチャード・ニクソン大統領との首脳会談で、緊急時の核持ち込みを認める秘密合意議事録に両首脳が署名することで決着をみた。同議事録には、極めて重大な緊急事態が生じた際、アメリカ政府は返還後の沖縄に核兵器を持ち込むための事前協議を要請するのに対し、日本政府はその必要をみたすと記されている。

同議事録の存在および作成の経緯は、佐藤総理の密使をつとめた若泉敬・元京都産業大学教授の手記『他策ナカリシヲ信ゼムト欲ス』により、広く知られている(1)。また、二〇〇九年一二月、佐藤総理の次男・佐藤信二によって、秘密合意議事録の現物が公開され、同書の記述が完全に裏付けられた(2)。

この沖縄返還の交渉過程を記した一九六九年の外交記録に、一九六八年四月に小笠原返還協定が締結された際、非常事態において、アメリカ側が返還後の小笠原に核を持ち込む取極があったことをうかがわせる記述がいくつか存在する。それらの記録を順に確認しておこう。

一九六九年六月四日、愛知揆一外務大臣とウィリアム・ロジャーズ国務長官との会談がおこなわれた。その際、返還後の沖縄における米軍基地の使用のあり方が議論されている。この会談に同席したU・アレクシス・ジョンソン国務次官は、「沖縄に戦術核兵器を置けることは抑止力にとってVITALなり」と発言している。さらに、「小笠原返還の際緊急事態における核に関する特別のアレンジメントにつき話し合い、完全に満足すべきものではないが一応合意に達した。しかし沖縄について同じ方式をとるのは困難である。核についても事前協議はＮＯとは限らないことが明らかになるべきであろう」と述べている。(3) ジョンソン国務次官は、小笠原返還協定の交渉の際には、駐日大使として、同交渉におけるアメリカ側代表をつとめた経歴を有する。

八月四日、東郷文彦アメリカ局長[注：一九六八年六月に北米局がアメリカ局に改組されている]とリチャード・Ｌ・スナイダー在京米大使館公使(沖縄返還交渉の首席交渉官)との間で沖縄返還交渉の事務レベル協議がおこなわれた。スナイダー公使は、右の愛知・ロジャーズ会談に触れ、「ジョンソン次官はワシントンで有事持込に言及したと記憶するが、小笠原のケースは軍は極めて不満である。有事持込について何か更に考へられたか。」と東郷にたずねている。これに、東郷局長は、「之は考へれば考へる程むつかしい。恐らく持込みの事前協議と云うよりは option の事前協議と云うことになるのではないか。又使用と云うことになれば戦闘作戦行動であるからそこでまた事前協議と云うことになるのではないか。」と答えている。(4) 「option の事前協議」とは、一律に核持ち込みができないというのではなく、いかなる場合に核持ち込みができ、あるいは、できないのかの線引きを指しているのだろう。

八月八日、ジョンソン次官は下田武三駐米大使と昼食をともにしている。その際、下田は核の問題を取り上げている。ジョンソンは、緊急時に核を貯蔵するための「小笠原方式」(Bonins formula)に比べ、より効果的かつすぐれたなんらかの方式の必要性を強調した。(5) ジョンソンのいう「小笠原方式」とはいかなるものであったのかが問題となる。

佐藤総理が訪米する直前の一一月四日、東郷・スナイダー会談が開かれ、東郷は、沖縄返還時にアメリカ側が核を撤去するとしても、非常時の際、返還後の沖縄にアメリカ側が核を持ち込む問題があることに言及している。東郷は、「大統領が総理にこの点を質問すれば自分の見るところ総理はイエスと言はれると思うが、そうだとしても之を記録に止めようと云うことは別問題」であるとして、記録を残すことに難色を示す。スナイダーは、「非常時持込の問題については小笠原の場合よりは、より明確な話を期待すると思う。」と述べている。(6) この会談の後、佐藤総理とアーミン・H・マイヤー駐日大使との会談が予定されていたからである。その際、佐藤総理からマイヤー大使に、小笠原の例よりも明確に述べることが期待されているという意味である。

一一月五日、国務省のリチャード・B・フィン日本部長が、在米吉野文六臨時代理大使に、緊急時における沖縄への核の再持ち込みについて、つぎのように内話している。「緊急持ちこみをどう表現するかということであり、オガサワラのような秘密協定も一つの方法であるが、これも一〇〇%満足すべきものではない。(7)」と、秘密協定の存在を示唆している。

一一月一〇日の東郷・スナイダー会談で、スナイダーは、本国から訓令に接到していることを明かしている。その訓令には、マイヤー駐日大使から佐藤総理に、「首脳会談の際大統領から有事の際核についてどうされるかという質問がある旨伝えるように」と記されていた。スナイダーは、「コミュニケ及び総理の口頭説明だけですむとは思えない」と東郷に私見を述べている。暗に小笠原返還時の際を想起するが如き様子であった、と東郷はスナイダーが述べたことの印象を記している。(8)

以上の日米に残された公文書の記述から、小笠原返還協定の交渉時、返還後の小笠原への核持ち込みについて、なんらかの秘密協定が交わされたと思われる。ただ、この秘密協定に、アメリカ側、とりわけ軍部は満足していない。沖縄返還交渉で、アメリカ側は、核持ち込みに関する小笠原方式よりも効果的かつすぐれた方式を日本側に求めていたというのである。

つぎに、先行研究は、この問題をどのように論じているのかを検討しておきたい。

先行研究

ロバート・D・エルドリッヂは、『硫黄島と小笠原をめぐる日米関係』という著書で、小笠原の本土復帰の問題をいちはやく、かつ、詳細に論じている。同書には、緊急時における小笠原への核持ち込みについて、三木武夫外務大臣とU・アレクシス・ジョンソン駐日大使が合意した文書（後に紹介する「討議の記録」である）の全文が掲載されている。[9]

この「討議の記録」を要約するとつぎのようになる。ジョンソン駐日大使が、返還後の小笠原に、非常事態における核兵器の貯蔵を希望する。事前協議がおこなわれる際、アメリカ側は日本政府から好意的な反応を期待する。これに、三木大臣は、こうしたことは事前協議の対象ではあるものの、現時点では、協議に応じるとしか言えない、と述べるというものである。

また、エルドリッヂは、小笠原返還協定に調印する直前、核問題が主な理由で、調印式が四月五日まで延期されたことをつぎのように記している。

さらなる協議の後、三木は口頭で日本の自国領内に核兵器を許さないという意思を示し、ジョンソン大使は合意の条件を確かめる声明で応じた。両方の声明は、調印式の公式の文書記録に残らないとの条件で行われた。後に覚書は、外務省の関係者が米国の立場を承認したことを示している。これにより三木は、米国側の要請に同意したと明確に言わなければならないという問題から救われた。[10]

ただ、これだけでは、非常事態における核持ち込みについて、三木とジョンソンとの間で、具体的にどのようなやりとりがあったのかは明らかでない。

太田昌克は、『日米「核密約」の全貌』で、小笠原核持ち込み密約問題をつぎのように論じている。

しかも三木は、上記の「口頭声明」［注：本章でいう「討議の記録」］の最終テキストが確定した後、日本政府は「領土内への核の持ち込みを認めない」という点を付言したいと主張し始め、四月五日の調印式直前の土壇場でジョンソン大使や国務省幹部を大いに憤慨させた。そして、上記「口頭声明」の公式テキストとは別に三木が口頭で「領土内への核の持ち込みは認めない」と発言し、これにジョンソンが反論する場を持つことを前提に、「口頭声明」の記録化がようやく図られた。[11]

「討議の記録」が確定した後、三木が日本領土内に核持ち込みを認めないと主張し始め、土壇場での協議の末、三木とジョンソンがそれぞれの立場について発言したうえで「討議の記録」を残すことで決着した様子がうかがえる。中島琢磨は、「非核三原則の規範化――一九七〇年代日本外交への道程」という論文で、「事前協議に関する討議の記録」(本章でいう「討議の記録」)および「事前協議に関する討議の記録を補足する口頭発言」に触れ、この間の経緯の解明に、より迫っている。(12)

以上とは対照的な解釈をしているのが、真崎翔の『核密約から沖縄問題へ――小笠原返還の政治史』である。「討議の記録」(以下の引用では「小笠原議事録」と呼ばれている)について、同書はつぎのように述べている。

しかしながら、小笠原議事録は後に変更が加えられ、日本による米国への責任転嫁を許さない文面となった可能性がある。つまり、最終的には軍部の主張通り、日本の意思に関係なく返還後の小笠原に核兵器を貯蔵したいという米国の要求を日本が「承認した」という文面となった可能性があるのである。(13)

真崎は日本のとりうる選択肢を分類している。右は、事前協議を実施しない場合のうち、事前協議をするまでもなく許可するにあたる例とされている。(14) 後に述べるように、三木が「核を持ち込ませず」という原則を厳格に適用しようとしていたこととは、正反対の結論が導かれている。

前述のように、小笠原返還時の核の取極に、アメリカ側、とりわけ軍部は不満をいだいていた。そのため、その不満を解消すべく、一九六九年一一月の日米首脳会談の際、佐藤総理とニクソン大統領は、緊急時に、沖縄への核持ち込みを認める秘密の合意議事録に署名したと考えられる。つまり、沖縄返還の交渉時、佐藤とニクソンが秘密合意議事録に署名した理由として、小笠原返還交渉の際、非常時における小笠原への核持ち込みが十分に保証されていない、とアメリカ側が受けとめたからだ、という仮説が考えられる。

したがって、本章の主たる目的は、小笠原返還協定の締結の際、非常事態において、返還後の小笠原に核を持ち込む問題に、日米間でいかなる決着が図られたのかを明らかにすることである。この核の持ち込み問題は、序章で紹介した基地権の内容と直接関連する。とくに、日本の場合には、核の持ち込み問題に国民の関心が高く、また、事前協議制度と非核三原則の「持ち込ませず」とをどのように調整するかという困難な問題があったからである。

それと同時に、奄美返還の際には、「特異の関係」が問題となった。小笠原の返還においても、同様の問題があったのか否かを検証しておく必要がある。奄美返還の際には、米軍の基地権を具体化するため、合同委員会議事録に関連事項が盛り込まれている。小笠原の返還では、核の持ち込みを除く基地権がどのようになったのかを確認しておきたい。

二　小笠原返還の経緯

小笠原返還の前史

小笠原返還の歴史を振り返ると、返還が決まるまでは、主に、旧島民による墓参問題、帰島問題、そして、損害補償問題が話し合われている。

一九五七年九月二三日の藤山愛一郎外務大臣とジョン・フォスター・ダレス国務長官との会談で、ダレスは、帰島問題について研究した結果、旧島民の帰島を認めないと藤山に伝えている。これは、一九五七年六月の岸信介総理訪米の際、ダレスがその研究を約束していたからである[15]。ダレスは、さらに、「国務省は容易に論駁されないのであるが、この問題については軍に理由ありとの結論に達せざるを得なかった。軍は混血系[注：先に帰島を許された欧米系の人々を指している]を帰えしたことも失敗であつたと考えており、右は security reason に由るものである。」と説明している。補償については「実際的解決方法として日米間に検討の用意あり。」と前向きであった[16]。

また、墓参について、両者はつぎのような会話を交わしている。ウォルター・ロバートソン国務次官補も発言している。

ダレス　軍は総ての島民につき全島に亘り帰島反対である。又墓地については戦争による破壊や其の後のジャングル化により跡形もないと言つている。

大臣　墓地がなくなつているから墓参は意味なしと言う様なことは日本政府は言える道理はない。

ダレス　墓地の検分に日本政府の代表を送つて見ては如何。

ロバートソン　軍は日本政府代表を送る facilities はないと言つているし、セキユリテイの関係から墓参のための出入を許すことは出来ない。(17)

墓参問題にとって、セキュリティー(安全保障)がキーワードとなっている。帰島どころか、旧島民の墓参すらも許さない要因となっていたのである。

当時、アメリカが小笠原を重視していた理由はいくつか考えられる。まず、小笠原は、自由世界の主要なシーレーンを監視・防衛するという点から、戦略的にみて重要な地位を占めていた。また、父島には、緊急時に備え、核兵器を貯蔵できる施設も維持されていた。さらに、アメリカは、日本本土および沖縄における基地を失う事態も想定していたのである。もしそれらの基地を失った場合、あらゆる攻撃からグアムおよび太平洋の信託統治領を防衛するため、小笠原諸島が重要な前哨地になると考えられていた。(18)

旧島民の帰島問題は、結局、小笠原の返還が決まるまで解決をみることはなかった。補償(見舞金の支払い)は、一九六一年六月、六〇〇万ドルの支払いで決着した。ただし、旧島民の帰島の要求をなんら害するものではないことが確認されている。墓参問題は、一九六五年一月の佐藤・ジョンソン会談で、アメリカ側が好意的に検討することに同意した。同年四月、在京米大使館から外務省に、島民代表の墓参を許可する旨の通報がなされた。同年五月および翌年五月、硫黄島、父島、母島に、墓参団が派遣されている。(19) アメリカ側は、かつて安全保障を理由に墓参さえも拒否していた。その根拠が、一九六五年には薄れていたことがうかがえる。

薄れた要因は何だったのだろうか。ロバート・S・ノリスらの研究によれば、一九六〇年にポラリスを搭載可能な潜水艦が就役したことがおおきな要因のようだ。核弾頭ミサイルを常備する原子力潜水艦の登場である。一九六四年一二月、ポラリス潜水艦が、太平洋の監視任務をおび、はじめてグアムを出航したという。同年一〇月から一二月の間に、父島から最後のレギュラス(潜水艦発射用の核巡航ミサイル)が撤去され、小笠原から核が完全に撤去された[20]。旧島民の墓参が許されたのは、そのすぐ後だったのである。

小笠原返還をめぐる日米共同声明

旧島民の墓参問題に関連して、一九六五年一月および一九六七年一一月の佐藤・ジョンソン会談の共同声明を確認しておこう。

一九六五年一月、佐藤総理とリンドン・B・ジョンソン大統領との初の首脳会談が開かれた。その際に発表された共同声明第一一項は、つぎのように記されている。

> 大統領と総理大臣は、琉球及び小笠原諸島における米国の軍事施設が極東の安全のため重要であることを認めた。総理大臣は、これらの諸島の施政権ができるだけ早い機会に日本へ返還されるようにとの願望を表明し、さらに、琉球諸島の住民の自治の拡大及び福祉の一層の向上に対し深い関心を表明した。大統領は、施政権返還に対する日本の政府及び国民の願望に対して理解を示し、極東における自由世界の安全保障上の利益が、この願望の実現を許す日を待望していると述べた。(中略)大統領は、旧小笠原島民の代表の墓参を好意的に検討することについて同意した[21]。

この共同声明で、大統領は、「極東における自由世界の安全保障上の利益」について述べている。まさにその利益がそこなわれることのない状態が実現してはじめて、施政権の返還が可能になると示唆されていた。したがって、施政権の返還は、極東情勢の変化待ちである。

これに対し、一九六七年一一月の日米共同声明第七項では、小笠原の返還について、つぎのように記されている。総理大臣と大統領は、小笠原諸島の地位についても検討し、日米両国共通の安全保障上の利益はこれら諸島の施政権を日本に返還するための取決めにおいて満たしうることに意見が一致した。よつて、両者は、これら諸島の日本への早期復帰をこの地域の安全をそこなうことなく達成するための具体的な取決めに関し、両国政府が直ちに協議に入ることに合意した。(22)

このなかで、「日米両国共通の安全保障上の利益はこれら諸島の施政権を日本に返還するための取決めにおいて満たしうる」との文言がある。外務省が準備した「沖縄、小笠原問題に関する擬問擬答」(改訂版)によれば、これは「安全保障上の利益を害なうことなく小笠原の返還を取り決めることは可能であるという趣旨に過ぎ」ないとある。(23)この利益は、「日米両国共通の」とあるところから、少なくともこの地域の安全を担ってきたアメリカの安全保障上の利益がそこなわれない、とアメリカ側が判断したことになる。

小笠原の返還要求

補償問題、それに、墓参問題は決着した。残るは帰島および返還問題である。一九六七年六月の衆議院外務委員会で、三木外務大臣は、ただちに小笠原の全面返還が困難であれば、過渡的に、できるだけ全面返還に近づける処置として、小笠原の帰島問題も検討していきたいと発言している。(24)帰島が先で、返還はその後という認識であった。ところが、返還問題が前面に出てくる。

日本側は、いつごろから、小笠原の全面返還を求めるようになるのであろうか。旧島民の墓参もゆるされ、日本側も小笠原の軍事的価値に疑問をいだき始めていた。一九六七年五月末に開かれた日米安全保障協議委員会(いわゆる2プラス2)の小委員会で、日本側は小笠原諸島の軍事的価値を再検討するようアメリカ側に求めた。(25)これを受け、統合参謀本部は「小笠原諸島の軍事的効用」(Military Utility of the Bonins)と題する六月二九日付の報告書をロバート・マクナマラ国防長官に提出している。

同報告書では、小笠原諸島の軍事的価値はきわだつものではない、とある。しかし、現行の軍事活動のレベルだけで基地の価値は評価できない、と記されていた。また、現時点におけるアジアの安全保障情勢は不安定なため、小笠原諸島の施政権を日本に返還できない、とある。[26] なお、一九六七年二月のモートン・ハルペリン国防次官補代理のメモランダムには、先の「安全保障上の」理由から日本人の小笠原訪問を禁ずることはもはやできないと綴られている。[27]

日本側が小笠原の返還を正式に要求したのは、一九六七年七月一五日の三木大臣とジョンソン大使との会談においてであった。[28] その後、同年九月の三木大臣の訪米、一一月の佐藤総理の訪米へと続き、最終的に佐藤・ジョンソン首脳会談で、小笠原の返還が決まる。

もちろん、この当時、日米間の懸案事項として、小笠原返還の問題だけがあったわけではない。もうひとつの領土問題である沖縄返還に向け、返還時期という時間的要素を共同声明のなかにどれだけ盛り込めるか、また、日本政府がアメリカ側の要請(ベトナム戦争への支持、東南アジアへの経済援助の拡大、国際収支の改善など)にどれだけ応えられるかといった問題が、相互に関連していた。そのなかで、沖縄返還と切り離す形で、小笠原の返還が可能となった。

アメリカ政府内での議論

アメリカ政府内で、小笠原の返還はどのように議論されていたのかを明らかにしておきたい。後の小笠原への核持ち込み密約問題と関連するからだ。

一九六七年一〇月下旬、一一月の佐藤訪米に向け、共同声明の調整がアメリカ側で進んでいる。小笠原の返還に直接関連する国務省、国防省、統合参謀本部の考えは、ほぼつぎのようになっていた。国務省およびマクナマラ国防長官は小笠原の返還に賛成の立場である。これに対し、統合参謀本部は、小笠原の現状維持が望ましく、次善の策として、少なくとも、父島および硫黄島の保有を主張した。[29] いわゆる小笠原の部分返還論である。

前述のように、小笠原の核兵器はすでに撤去され、将来、核を貯蔵する計画も軍にはなかった。ディーン・ラスク国務長官およびマクナマラ国防長官は、小笠原の返還に際し、アメリカ側に核を貯蔵する権利がなくとも、米軍の立場はなんらそこなわれないと考えていた。[30]

実際、小笠原諸島の軍事施設は非常に限られていた。一九六七年六月三日の時点で、同諸島には、七七名(海軍三三名、空軍四四名)の軍人が常駐するだけであった。その他、軍属が五八名である。したがって、統合参謀本部としても、小笠原の軍事的価値を高く評価していたわけではない。将来、緊急事態が発生した場合、それに対応するための非常用基地として、小笠原諸島の活用が考えられていたのである。[31]

東京で交渉にあたっていたジョンソン大使も、統合参謀本部が主張する部分返還に反対であった。日本側は全島一括返還を要求している。安全保障上の明確な根拠もなく、部分返還をおこなえば、小笠原返還の価値がひどくそこなわれるというのがその理由であった。そこで、ジョンソン大使は、部分返還を懸念する意見を本省に具申する。[32] 最終的には、ジョンソン大使の意見具申どおり、小笠原の施政権は一括返還される。

小笠原の一括返還か部分返還かとは別に、小笠原における将来の核貯蔵の問題は、重大な懸案事項として首脳会談まで持ち越される。一一月五日、本省からジョンソン大使宛の訓令が発出されている。それによると、小笠原への核持ち込み問題は、つぎのようになっていた。アメリカ側としては、小笠原諸島へ核兵器を配備する必要性が差し迫っているとは考えていない。今後、起こりうる非常事態に備え、核配備の問題では、アメリカ側が協議する権利を留保する、と佐藤総理および三木大臣に伝える。また、小笠原の解決方法は、沖縄の先例とはならないことを明確にする。この訓令は、統合参謀本部の立場を考慮して発せられた。[33]

ここにいう非常事態とは、具体的には、小笠原へ敵潜水艦による脅威が及ぶ場合、ならびに、琉球およびマリアナ諸島に核兵器を貯蔵できない事態が生じる場合を指している。そのため、それへの対処として、対潜水艦用の核兵器を小笠原に貯蔵することが考えられていた。この点に、日本側からどのようにして了解を取りつけるかがアメリカ政府内で議論されている。そのひとつとして、こうした要請に日本政府が好意的考慮を払い、それをなんらかの形で保証する方法が考えられた。また、理論上は、日本側が事前協議を放棄する案も検討されている(34)。

一一月五日の本省からの訓令を受け、翌六日、三木・ジョンソン会談が開かれている。ジョンソンは小笠原への核貯蔵について、三木につぎのように伝えた。小笠原に関する共同声明の発出に先立ち、あるいは、発出の条件として、小笠原への核兵器の貯蔵に日本側から同意を求めるわけではない。しかし、アメリカ側としては、小笠原の返還が交渉される際、現行の安全保障条約の枠組み内で、日本側に本件を提起し、協議したうえで、合意に達することを望んでいる(35)。

ジョンソンの説明を聞いた三木は、明らかに動揺を示したという。その理由は、本章の第六節で紹介するように、三木が総理在任の際に記したメモにある。アメリカ側の要請は、核を持ち込ませずという日本政府の方針に、明らかに抵触するものであったからだ。

ただし、小笠原への核持ち込み問題が、一九六七年一一月の佐藤・ジョンソン会談で具体的に提起されたわけではない。この問題は、その後の小笠原返還協定交渉の主要な課題となってくる。小笠原への核持ち込み問題をどのように解決するかである。

三　小笠原返還に関する文書

文書一覧

小笠原返還協定が調印された際、日米間でどのような文書が交わされたのかを確認しておきたい。その全体像を示す文書が、明治大学史資料センターに残されている。同大学出身の三木武夫元総理の関連文書である。三木は、一九六六年一二月から一九六八年一〇月まで外務大臣をつとめた。一九六七年一一月の日米首脳会談で小笠原の返還が決まってから、翌六八年四月、小笠原返還協定に署名がなされた時期、三木は外務省の最高首脳として陣頭指揮にあたっていた。

同センターが所蔵する三木武夫関係文書には、これまでの外交記録公開でも明らかにされておらず、また、アメリカ国立公文書館やジョンソン大統領図書館でも非公開となっている文書がある。(36) 三木関係文書を手がかりとして、まず、小笠原返還協定が締結されたときに、いかなる文書が日米間で取り交わされたのかを確認しておこう。

三木関係文書に、［小笠原返還］という表題の文書群がある。その中に、「目次」という文書が存在する。(37)「目次」によると、以下が、小笠原返還協定が署名された際、日米間で交わされた文書の一覧である。

一．小笠原諸島返還協定　（公表）　署名
二．摺鉢山記念碑に関する外務大臣書簡　（公表）　署名
三．先例問題に関する外務大臣発言　（不公表）
四．在小笠原動産購入に関する外務大臣発言　（不公表）
五．事前協議に関する討議の記録　（不公表）「イニシアル」
六．事前協議に関する討議の記録を補足する口頭発言　（不公表）
七．施設区域に関する合同委員会議事録　（不公表）「イニシアル」

全部で七つの文書が作成された。最初のふたつの文書に、（公表）と記されている。これらは外務省の条約データ検索でも確認できる。残りの五文書は不公表とある。返還後の小笠原への核持ち込みに関する文書は、五．および六．である。いずれも手書きの文書で、筆跡から、東郷北米局長の手になるものと思われる。本章では、「事前協議に関する討議の記録」を「討議の記録」、「事前協議に関する討議の記録を補足する口頭発言」を「口頭発言」と記す。「討議の記録」に「イニシアル」と記されている。小笠原返還協定への署名がおこなわれた一九六八年四月五日、

三木外務大臣とジョンソン大使がイニシャルしたという意味である。

このふたつの文書は、その重要性にかんがみ、以下、そのまま記しておく。なお、「討議の記録」の英文は、ジョンソン大統領図書館でも公開されている。両文書の趣旨に違いはない[38]。

・「討議の記録」

（事前協議）――討議の記録

本日の小笠原諸島返還協定署名に先立ち、外務大臣と米大使との間に次の発言が交された。

大使―小笠原或は火山列島に核兵器貯蔵を必要とする様な非常事態生起の際は、米国は此の問題を日本政府に提起し、この様な申出は日本を含む此の地域の死活の安全に不可欠の場合でなければ為されぬことに鑑み、日本政府の好意的な反応を期待するであろう。

大臣―安保条約第六條実施に関する交換公文に従い、日本に在る米軍の装備の重要な変更は、非常事態も含み、日本政府との事前協議の主題とされている。貴大使の言はれた事例は正しく右の事前協議の主題となるものである。この際本大臣は、貴大使の述べられたような場合、日本政府は協議を行うであろうとしか申上げられない[39]。

・「口頭発言」

（「事前協議」の補足）――口頭

大臣―この際核政策に対する日本政府の立場についての最近の公のステートメントに注意を喚起したい。佐藤総理は一月二十七日の今國会の施政方針演説において、「われわれは核兵器の絶滅を念願し、自らもあえてこれを保有せず、その持込みも許さない決意であります。」と述べています。

大使―私は貴大臣の言及された総理のステートメントをよく承知しています。貴大臣がこれに言及されたことは、私が挙げたような場合に、日本政府は安保條約の定めるところに従い協議を行うであらうと云う貴大臣の前のステートメントを変更するものではないと解します。
大臣―然り。[40]

「討議の記録」と「口頭発言」の比較

「討議の記録」の英文ドラフトは、日米双方に残されている。日本側に残されている同案の日付は、一九六八年三月一九日とある。[41]在京米大使館から本省に送られた同案の文面はこれとまったく同じである。発電は三月二一日となっている。したがって、三月二〇日前後に、「討議の記録」の文案が確定したと思われる。

「討議の記録」および「口頭発言」の内容を検討してみよう。問題は、非常時、返還後の小笠原にアメリカ側が核兵器の貯蔵を希望する場合、日本側がどのように応じるかであった。小笠原に残される米軍施設の取り扱いが、日米安保条約の下で処理されることは、一九六七年一一月の日米共同声明に明記されている。同第七項に、「総理大臣と大統領は、米国が、小笠原諸島において両国共通の安全保障上必要な軍事施設および区域を日本国とアメリカ合衆国との間の相互協力及び安全保障条約に基づいて保持すべきことに意見が一致した。」とあるからだ。[42]その際、当然のことながら、日米安保条約第六条の実施に関する交換公文[注：事前協議を定めたもの]も小笠原に適用される。小笠原における核兵器の貯蔵は、装備における重要な変更に該当する。ということは、事前協議の対象となる。

「討議の記録」で、ジョンソン大使は、非常事態生起の際、日本政府に核兵器貯蔵の問題を提起し、日本政府から好意的な反応を期待する、と述べている。これに対し、三木大臣は、事前協議の取極に基づき、協議をおこなうであろうとしか述べられないと返答している。この文面からは、三木大臣は事前協議をおこなうという、当たり前のことを述べているにしかすぎないとも受け取れる。

つぎに、「口頭発言」で、三木大臣は、まず、一九六八年一月二七日の佐藤総理の施政方針演説に触れ、核兵器の持ち込みを許さない点に言及している。これに対し、ジョンソン大使は、佐藤総理による非核三原則の表明があったにしても、先の「討議の記録」の内容に変更はないとの解釈を示した。三木大臣はそれに「然り」と応じている。したがって、「口頭発言」は、「討議の記録」を確認しただけとも解釈される。

しかしながら、「討議の記録」および「口頭発言」は、核持ち込みとは何かを理解するうえで、重要な意味をもっていた。さらに、これらの文書は、沖縄返還交渉時の核持ち込み密約とも関連してくる。これを明らかにするため、次節では、「討議の記録」および「口頭発言」が作成された経緯をできるだけ詳しくたどりたい。その前に、基地権をめぐる合同委員会議事録に触れておこう。

合同委員会議事録

小笠原の返還の際にも、奄美返還のときと同様、基地権について、合同委員会議事録が作成されている。この合同委員会議事録はいかなるものであったのかを明らかにしておきたい。全部で八項目からなっていた。施設・区域については、小笠原返還協定第三条で取り上げられている。具体的には、合同委員会議事録で取り扱われている。以下、同議事録のなかから関連する項目だけを紹介する[43]。

議事録の第一項は、米軍が現に利用している硫黄島および南鳥島の通信施設用地(ロラン局)は、地位協定の手続にしたがって、米軍が使用することを規定している。手続が遅れる場合に備え、「もっとも、避けがたい遅延のためこの協定の効力発生の日までに前記の手続によることができない場合には、日本国は、アメリカ合衆国に対し、その手続が完了するまでの間、これらの特定の用地を引き続き使用することを許すものとする。」とある。これは、奄美返還協定第二条第一項と同趣旨である。岡崎・ラスク交換公文にならっている。

議事録の第二項には、第一項に掲げるものを除き、米軍が小笠原諸島で現に利用している設備・用地は、協定発効の日に、日本側に引き渡される旨が規定されている。いかなる設備・用地が日本側に引き渡されるかは、議事録の第三項で、父島、硫黄島、南鳥島ごとに記載されている。主に、海軍施設、航空基地および関連施設である。この第二項では、日本側に引き渡されることだけが規定されている。この点、議事録の第四項には、「合衆国代表が上に列挙した設備及び用地を維持し、かつ、稼動させるのが日本政府の意図である」と記されている。

議事録について記された日米の史料は断片的なものである。そのため、議事録作成の経緯がかならずしも十分に判明するわけではない。ただ、日本側は、小笠原諸島の軍事施設・区域の交渉において、同諸島に安保条約および地位協定の条件を厳格に適用する方針で臨んでいる。このことは、一九六八年一月八日の東郷北米局長とデービッド・L・オズボーン在京米大使館の首席公使との会談からうかがえる。東郷が、「同島の施設・区域に関して、日本国政府が考えている基本的な原則は、安保条約及び地位協定を厳密に遵守することである。地位協定の通常の手続を経ないで、アメリカが施設の使用を継続すること、あるいは、新たな施設を設置する権利をアメリカが自動的に有することができるといった約束をなすことは、法的に受け入れることができない。」と述べていることからも明らかだ。(44)

議事録のなかでもっとも重要なのは第七項である。同項は、小笠原諸島に関する了解事項として、アメリカ側から提起されたものである。AからDの四項目からなっている。そのうち、基地権に関連するのは、AからCである。その概要は以下のとおりである。

Aのなかで特に重要なのはつぎの規定である。

「上述の第三項に言及された設備及び用地に、将来、日本が実質的に改変を加える場合には、合衆国は、事前に通知される。」

「合衆国政府が、地位協定第二条に従い、施設小委員会を通じて、明確かつ個別にこれら諸島における追加の施設及び区域の使用を要請するとき、日本国政府は、かかる要請に迅速かつ好意的に配慮する。」

後者の追加の施設・区域に関する規定は、奄美返還の際に交わされた合同委員会議事録第一項と同趣旨である。

つぎに、Bは、「合衆国軍は、日本国とアメリカ合衆国との間の相互協力及び安全保障条約に基づく取極に従い、南方諸島及びその他の島の領水、港湾、並びに、これら諸島の領土及び領水の空域を使用することができる。」と規定している。これも、奄美返還の際の合同委員会議事録第二項と同趣旨である。

また、Cは、「地位協定の関連規定に従い、日本国政府は、自ら検知しあるいは合衆国軍の要請に基づき、同地域の合衆国軍により用いられている電子通信機器への妨害を回避し、あるいは除去するため、関連する諸島の地域において、可能な限り迅速に十分な措置をとる。」とある。この規定は、奄美返還時の合同委員会議事録第四項の趣旨を体現したものである。電波妨害に対して日本側がとる措置は、回避あるいは除去となっている。奄美返還時の合同委員会議事録にあった「破壊」といった語は用いられていない。強い調子はやわらげられ、地位協定の規定に従うこととなっている。

議事録の第八項は、第七項のアメリカ側の要請に対する日本側の応答で、つぎのようになっている。「これら了解事項は、わが国政府にとって受け入れ可能である。地位協定第二条第四項(b)の規定に従い、これら諸島で日本国政府により維持される設備及び用地を合衆国がその使用を望むことに関し、日本国政府は、施設委員会が必要な手続を進めることを提案する。」この地位協定第二条第四項(b)とは、米軍が「一定の期間を限つて」施設・区域を使用する場合である。

奄美返還時の合同委員会議事録では、追加の施設のため、区域を選定することに関連して、奄美群島で予備的視察をおこなえることがアメリカ側にとって望ましいとなっていた。そのための機構の設置が、施設小委員会で協議される用意があるとしている。これに関連する事項は、小笠原返還時の合同委員会議事録には盛り込まれていない。行政協定の枠組みを超え、奄美群島に限定した機構を設置することに日本側はもともと抵抗していた。それに加え、おそらく、実際に、そうした機構は設置されなかったことが要因と思われる。

小笠原返還時の合同委員会議事録と、奄美返還時のそれとを比較してみると、小笠原返還の場合、全体として、日本側の要求にしたがい、各項目は安保条約および地位協定の枠内で処理されている。こうなった理由として、小笠原は、奄美群島とは違い、沖縄から距離がある、また、その戦略的重要性が低下していた、というふたつの要因が考えられる。

前者の距離について見ると、奄美群島は沖縄と鹿児島のほぼ中間に位置している。そのため、沖縄とは近接している。とくに、一九五三年当時、日本の政治状況が今後どうなるのか、不透明なところがあったことから、アメリカ側は、沖縄の防衛にとって奄美群島がはたす役割を重視していた。これに対し、小笠原の場合には、地理的に見て、沖縄との関連性は薄くなる。

後者の戦略的重要性の場合、小笠原の核兵器は、返還以前にすでに撤去されていた。また、将来、小笠原に核を配備する計画も軍は持ち合わせていなかった。だからこそ、アメリカ側は旧島民の墓参をゆるしたのである。このように、小笠原の戦略的価値は低下していた。ただ、米軍側は、非常時の場合だけを懸念していたのである。

四 「討議の記録」「口頭発言」作成の経緯

核持ち込みをめぐるアメリカ側の交渉方針

「討議の記録」および「口頭発言」はどのような経緯で作成されたのであろうか。まず、アメリカ側の交渉方針から検討してみよう。

一九六七年一二月二二日付のウィリアム・P・バンディ東アジア太平洋担当の国務次官補からディーン・ラスク国務長官宛のメモランダムに、小笠原返還協定の交渉を開始するための在京米大使館宛訓令案が記されている[45]。実際、これが在京米大使館宛の訓令となる[46]。この訓令に基づき、交渉が進められる。訓令によれば、小笠原の核持ち込みの扱いは、つぎのようになっていた。

小笠原諸島に核兵器を貯蔵・使用する権利をできれば確保したい。しかしながら、本件に日本側が敏感に反応することを考慮する必要がある。また、現時点で、小笠原諸島に核兵器を貯蔵する計画は存在しない。小笠原諸島にアメリカ側が核を貯蔵することに、日本側から同意を得るにしても、それがアメリカ側の利益になるとは考えていない。とはいえ、日本本土に核を貯蔵しようにも政治的な制約がある。そこで、日本本土における制約が小笠原諸島に課されないことを望む。非常事態の際、小笠原諸島に核兵器の貯蔵を受け入れるよう日本政府に要請する。このような要請は同地域の安全にとって不可欠な場合にかぎりおこなわれる。したがって、アメリカ側は日本政府から好意的な反応を期待する。アメリカ側のこうした発言は、なんらかの形で公式記録に残すものの、日本側から返答を求めるつもりはない。

以上の内容は、アメリカ外交文書集（ＦＲＵＳ）に掲載されている。この記述に注９が付されている[47]。それによると、一二月、太平洋軍最高司令官は統合参謀本部に対して、小笠原諸島に核兵器を貯蔵・使用するための無制限の権利を日本側から取得することを提案している。ただ、統合参謀本部内では意見が分かれたという。無制限の権利を主張するグループがある一方、将来、核兵器の貯蔵を考慮すべき事態にいたったとき、この問題を協議することに日本側から同意を得ればよいとするグループもあった。結局、マクナマラ国防長官は、後者のグループの考えを採用した。ジョンソン駐日大使も、同長官同様、こうした無制限の権利を日本側に要求すると、交渉が行き詰まることを懸念していた。そうなると、日米関係に悪影響を及ぼしかねない。この後者のグループの考えが、「討議の記録」の基礎となるのである。

三木・ジョンソン会談（一九六七年一二月二八日）

一二月二八日、将来、小笠原に核を貯蔵する可能性をめぐって、三木とジョンソンは、通訳だけを伴い、会談している。

ジョンソンは、まず、一一月六日の三木・ジョンソン会談を三木に想い起こさせている。前述のように、ジョンソンが返還後の小笠原への核持ち込み問題を提起したときの会談である。その際、三木は動揺を示した。一二月二八日の会談で、ジョンソンは、非常時に小笠原への核持ち込みを日本側に要請する文書を三木に手渡した。ただし、日本政府からこの文書への返答を期待するものではない旨を付け加えている(48)。

これに、三木はつぎのように述べている。アメリカ政府が、小笠原で核兵器使用の可能性を考えるといった非常事態は、日本の利益に深くかかわる。アメリカ側による核貯蔵の要請は、今とは大幅に異なる状況で検討されることになろう。核貯蔵という危機的問題は、小笠原といった特定の地域だけではなく、日本全体の視点から考えなければならない。同じ日本で、原則の線引きが地域によって変わるのは受け入れがたい。また、こうした文書がリークされ、日本政府が直面している根本問題、つまり、沖縄返還が難しくなる事態を案じている。たとえ返答は不要としても、こうした文書をやりとりする必要はないと感じている。

このように、三木は、日本側の返答は不要としても、こうした文書を公式記録として残すこと自体、問題があると考えていたのである。結局、この件は、あらためて協議することとなった(49)。

一九六八年一月四日付の国務省から在京米大使館宛の電報には、核問題について、先に三木に示した内容を日本政府に文書として手交する方式にこだわらない旨が記されている(50)。三木が示唆したように、リークの危険性があるなら、他の方法でもよいというのである。アメリカ側としては、外務省にそうした記録のコピーが保管されるといったように、アメリカ側の立場が受け継がれることが重要だと考えていた。電報のこの部分に括弧書きで、「おそらく一九六〇年の特別な取決めと同じようなやり方でおこなわれる。この取決めはリークされていない。」と記されている(51)。これは、一九六〇年の安保改定の際、核持ち込みをめぐり「討議の記録」が作成されたことを指しているのだろう。

「討議の記録」の作成

その後、日米間でこの問題がどのように扱われたのか、記録からは明らかでない。バンディ国務次官補からラスク国務長官宛の三月二三日付メモランダムによれば、ジョンソン大使は、小笠原の返還に関する一連の文書の交渉が終了したことから、本省の承認を待つのみであると報告している。この一連の文書に、oral statements on nuclear storage がある。「討議の記録」である。同メモランダムによれば、返還協定の調印日は四月二日に予定されている。[52]

このメモランダムで、小笠原における核の貯蔵問題はつぎのように説明されている。アメリカ側は非常時に核の貯蔵を日本政府に要請する。これに、日本政府の好意的な反応を期待する。日本政府は、かかる状況下で、日米安保条約の事前協議に入ることに同意する。

ジョンソン大使は、日本側の好意的な反応を期待するとのこの提案には、わずかに利点があると述べている。というのも、核貯蔵について日本側が協議に入ることを明確に約束しているからだ。ジョンソン曰く、日本側はこれまでこうした立場を明確にすることを避けてきたという。[53]

三月二五日付の国務省発在京米大使館宛公電では、調印式で交わされることになる文書の最終調整がおこなわれている。国務省側では、核貯蔵に関する三木およびジョンソンの発言の文書化は当然だと考えていた。また、この文書の機密指定がいかなるものになるのか、在京米大使館に問い合わせている。[54] このようなやりとりを経て、三月二九日、国務省からジョンソン大使に、小笠原返還協定(関連文書を含め)を締結し、署名する権限が与えられた。[55] 四月二日、牛場信彦外務次官からジョンソン大使に、四月五日午前、小笠原返還協定を承認する閣議がおこなわれるとの通報があった。牛場とジョンソンは、同日午後四時に、調印式をおこなうことで合意する。[56]

三木大臣の異論

四月五日の小笠原返還協定の調印に向け、すべての準備は整ったかに思われた。ところが、調印式の日時を定めた四月二日になって、三木大臣が、「討議の記録」に異論を唱え始める。どのような経過をたどったのであろうか。

四月三日付の国務省発在京米大使館宛公電で、バンディ国務次官補はジョンソン大使に、つぎのように伝えている。三木大臣は、小笠原返還協定に調印する土壇場になって、小笠原の返還の取極、とりわけ核の問題に関する取極(「討議の記録」)を変更しようとしている。貴使(ジョンソン大使)と同様、当方にもいやな後味が残った。三木大臣は、一月二七日の佐藤総理の施政方針演説(非核三原則)に言及すると主張している。この三木の発言を受け入れるにしても、「討議の記録」には、アメリカ側が望みうる最大限のことが盛り込まれていると考えている。ただ、貴使の考えと同様、「口頭発言」はない方が望ましいだろう。土壇場になって、三木がこの方式(「討議の記録」)をみだりに変更しようとするなら、貴使が小笠原返還協定に署名しないとしても、当方は貴使を全面的に支持する。[57]

さらに、この電報によれば、バンディの要請を受け、四月二日夜、リチャード・L・スナイダー日本部長が下田駐米大使と非公式に会談している。その際、スナイダーは、土壇場になって三木が核の問題を変更しようとしていることに不快感を表した。下田大使もこの事態に驚き、ただちに牛場次官に連絡すると述べたという。

ジョンソン大使は、回顧録で、核持ち込み問題に触れてはいないものの、この件についてつぎのように記している。

実質的な争点は三月までには解決していたが、最終的な合意に達するにはさらに時間を要した。この時間的遅れの責任は三木外相にあった。彼は非常に頭の回転が速くて、人間としては感じが悪くなかったが、なかなか決断を下すことができなかった。あるいは小笠原返還が自分よりも、佐藤により多くの政治的利益をもたらすと計算したのかもしれない。どのような理由にせよ、三木はきちんと政府を代表して交渉に当たろうとしなかった。私は国家安全保障会議(NSC)と大統領の承認を得ようと、最終的一括案だと考えていたものを三月にワシントンに送り、双方から承認を得た。しかしその後三木はいくつかの条項を変更すると言い張った。そしてかなり長い交渉の末に、私は再び最終案をワシントンに送らなければならなかった。[58]

さらに、ジョンソン大使は、「三木の態度はまたきわめて悪意に満ちていた。小笠原諸島を日本へ返還するとのわれわれの決定を歓迎するどころか、無作法に振るまい、まるで日本がアメリカに親切を施しているかのような態度を取った。」と述べ、三木を批判している。[59]

本題に戻そう。この点に関する日本側の記録によれば、四月二日、下田大使の公邸で開かれたレセプションの際、スナイダーは非常に思いつめた様子で、館員につぎのように内話した。

目下貴大臣とジョンソン大使との間で返かん後のオガサワラに対する核原則の適用問題に関連して話合いが行きづまつているが、本件は米国では極めて機微な事項であり、せつかくここまでまとまつた交渉がこの段階で御破算になることをおそれている次第であり、バンデイ次官補も事態を深くいう慮しおり何とか日本側の再考を期待したい(60)(下略)

「口頭発言」の作成にいたる経緯は、日本側にも記録が残されている。(61) それによると、大臣の補足発言(「口頭発言」)の件について、牛場次官とジョンソン大使との間で協議がおこなわれた。ジョンソン大使は、大臣の意見としての発言を、別添案のように記録に止める形にしてほしい旨を要請している。その別添案とは以下である。

この際誤解を残さないため、本大臣は、今大使との間に取交したステートメントは、左に引用する一月二十七日国会における佐藤総理大臣の施政方針演説中のステートメントと矛盾するものとは考へない旨を明らかにし、之を記録に止めることとしたい。

「三原則引用(62)」

ジョンソン大使は、三木大臣のこのような発言をなぜ記録として残したかったのであろうか。牛場次官とジョンソン大使との協議によれば、「非核三原則を米側も了解したと云う形になると三原則と非常事態の場合との関係如何と云う点を大使として質問せざるを得ないと云うことになる」からだという。(63) 小笠原への核貯蔵は、装備における重要な変更に当たる。したがって、事前協議の対象となる。非常事態の場合も非核三原則がそのまま適用されると、小笠原に核兵器は貯蔵できないことになる。この点をジョンソン大使は質問しなければならなくなるというわけだ。その場合、「討議の記録」によれば、三木大臣は事前協議に応ずるとしか言えないとなっている。

この別添案が「口頭発言」の原型となる。別添案では、非核三原則を明らかにした佐藤総理のステートメントと、三木大臣のステートメント(「討議の記録」の発言)は矛盾しないとなっていた。これに対し、「口頭発言」では、三木大臣が佐藤総理の非核三原則に言及したことは、「討議の記録」にある三木大臣のステートメントを変更するものではないと解釈される、とジョンソン大使は発言している。三木大臣は、このジョンソン大使の発言に同意する。別添案および口頭発言の趣旨は同じものであろう。以上の経緯から、三木の異論とは、非核三原則の「持ち込ませず」をたてに、小笠原への核持ち込みを拒絶する内容だったことがわかる。

それでは、なぜ三木は異論を唱えたのであろうか。

五　三木外務大臣の国会答弁

「討議の記録」で、ジョンソン大使は、非常時に、小笠原への核貯蔵がありうることを示唆し、日本側に好意的対応を求めた。これに、三木外務大臣は、現時点では、事前協議に応じるとしか言えないと述べている。その後の「口頭発言」で、三木大臣は、一月二七日、佐藤総理が非核三原則を表明したことに言及する。ただ、ジョンソン大使は、三木大臣が非核三原則に触れても、「討議の記録」における三木大臣の発言を変更するものではないとの解釈を示している。三木大臣もこれを受け容れた。このやりとりだけでは、「討議の記録」がいかなる意味を有していたのか、三木大臣は「口頭発言」で、なぜ佐藤総理の非核三原則に言及したのかは不明である。そこで、本節では、「討議の記録」、および、これを補足する「口頭発言」の意味を、当時、非核三原則、とりわけ、核持ち込みが問題となった出来事、ならびに、国会での議論の様子をたどりながら明らかにしよう。

空母エンタープライズの寄港

三木外務大臣が、核持ち込み問題でまず腐心することになるのが、米第七艦隊の原子力空母エンタープライズの寄港問題である。とくに、この問題が興味深いのは、核持ち込みとは何かをめぐる密約問題と絡んでいるからだ。

外務省が、二〇一〇年三月に公開した密約文書のなかで、もっとも注目を集めたのが、東郷文彦北米局長が作成した「装備の重要な変更に関する事前協議の件」と題する一九六八年一月二七日付の手書きのメモである。この文書の欄外に、三木外務大臣を筆頭に、二〇名を超える首相・外相経験者の名が挙げられている。外務当局が、この文書をもとに、核持ち込み問題を首相・外相経験者に説明していたことを示している。三木外務大臣の場合、一九六八年一月三〇日の日付で、「御閲覧済㊡」と手書きで記されている。つぎが佐藤総理である。日付は同年二月五日で、同じく「御閲覧済㊡」とある。

東郷は、このメモの冒頭部分をつぎのように書き始めている。

1．一月一九日大臣(三木)米大使(ジョンソン)会談の際、大臣より空母エンタープライズ等に関する核兵器の問題に関し、何等か「疑念」拂拭の方法なきやとの趣旨を述べられた圣緯ある処、その後二六日小笠原訪問の機上において、米大使より外務次官及び北米局長に対し、次の圣緯を述べた(64)。

この文に続き、一九六〇年一月の安保改定の際に検討された核の持ち込みの問題、とりわけ、米艦船や米軍機の一時立寄りが、事前協議の対象となる核の持ち込みにあたるのか否かについて、ジョンソン大使が述べたことが綴られている。具体的には、一九六三年四月四日の大平正芳外務大臣とエドウィン・O・ライシャワー駐日大使との朝食会から説き起こされ、核持ち込みをめぐる日米の考え方の違いが説明されている。この文書によれば、日本側は、すべての「持込み」(INTRODUCTION)が事前協議の対象だとの立場をとってきた。これに対し、アメリカ側の立場は、「事前協議に云う「持込み」とは持って来て置いておくことで、核兵器搭載の艦船航空機の一時立寄りは「持込み」に該当しないのではないか」というものであった。

ジョンソンは、その根拠として、一九六〇年一月の事前協議制度に関する「討議の記録」を挙げたのである。それによると、一時立寄りが持ち込みにあたらない根拠は、「事前協議は米軍及びその装備の日本国内への配備、並びに艦船航空機が日本の領海及び港へ入る場合の現行の手続を変更するものではない」というその了解事項にあった。アメリカ側の交渉当事者は、具体的に言及しなくとも、これが「一時立寄り」に関するものであることは、日本側にとっても自明であると考えていたという。(65)

なお、東郷はこのメモに、「艦船航空機の「一時的立寄り」について特に議論した記録も記憶もない。」と記している。これが事実に反するものであることは、拙著『日米安保条約と事前協議制度』で論証した。同書を参照されたい。(66)

東郷メモにあった先の一月一九日の三木・ジョンソン会談の当日、エンタープライズは佐世保に入港している。寄港に反対する学生や市民団体が佐世保に集結し、一部は警官隊と衝突した。いわゆる佐世保エンタープライズ寄港阻止闘争である。

このエンタープライズの寄港問題は、国会でも議論されている。エンタープライズは、核、非核両用の空対地ミサイルを装備しているとされ、その寄港は核持ち込みにあたるのではないかという疑念がもたれていた。三木大臣は、「日本の政府が核兵器の持ち込みを認めない、これはもう十分アメリカにも伝えてありますし、アメリカ自身としても十分承知しておりますから、したがって、核弾頭をつけたような核兵器を持ってエンタープライズが入港するということはないと、こういうことを信じております。」と述べている。(67)

三木が東郷メモを読んで、どのような感想をもったかは明らかでない。東郷は、このメモの結論として、この一時寄港の問題は、「差当り、日本周辺における外的情勢、或は国内における核問題の認識に大きな変動ある如き条件が生ずる迄、現在の立場を続けるの他なしと思はれる。」と記している。(68) つぎに、核持ち込み問題をめぐる三木外務大臣の国会での答弁を取り上げてみよう。その前に、佐藤総理の非核三原則の発言を確認しておきたい。

佐藤総理の非核三原則発言

空母エンタープライズが佐世保に寄港してから一〇日も経たない一月二七日、佐藤総理は施政方針演説で、非核三原則を打ち出した。佐藤が、非核三原則について、どのように述べたのかをまず確認しておきたい。

佐藤は、「長期的な展望に立った重要な政治の課題に触れ、国民各位のご理解を得たい」と望み、つぎのように述べている。

まず第一に、二十世紀後半の人類は核時代に生きております。この核時代をいかに生きるべきかは、今日すべての国家に共通した課題であります。

われわれは、核兵器の絶滅を念願し、みずからもあえてこれを保有せず、その持ち込みも許さない決意であります。(69)

このように、「つくらず」には触れていないものの、非核三原則を打ち出している。ただ、佐藤がこのときはじめて非核三原則に言及したわけではない。一九六七年一二月八日の衆議院本会議で非核三原則をすでに提示していた。さらに、同月一一日開催の衆議院予算委員会で、社会党の成田知巳委員が小笠原の返還について質問し、佐藤はそれに答える形で、突っ込んだ議論をおこなっている。このときの討論の様子を追ってみたい。

成田委員は、「いままでの御答弁の中で、小笠原では核保有はいたしません。また核持ち込みもしない、こう答弁されておりますね。これはもう一度御確認いただきたいと思います。」と総理に要望した。佐藤は、「本土方式ということは、ただいまのもしそういうことがあるなら、これは事前協議の対象になる、かように御了承いただきます。」と答えている。また、佐藤は、もし核の持ち込みをするならば、「重大なる装備の変更だから事前協議の対象になるということを、本土並みの場合には当然申すわけです。」とも述べている。(70)

この佐藤の答弁に、成田は納得しなかった。事前協議をおこなえば、イエスもあればノーもあるのではないかという疑念である。成田は、「事前協議のいかんによっては持ち込みを許し得ることがあるのだ、こういうようにもとれますから、そういう誤解のあるような発言はおやめになって、持ち込みはいたしません、その方針は変わらないのなら変わらないと、こう明確にひとつ断言していただきたいのです。」と畳み込んでいる。(71)

さらに、成田は、持ち込ませないとは、返還された地域に、新たに核を持ち込ませないだけではなく、もしあればそれを撤去させるという意味かと問うている。佐藤は、小笠原について本土並みだと繰り返すとともに、「新しく持ち込むこともちろん、また現在あるならば、そういうものの撤去についても十分折衝する」と答えている。[72] 一九六七年一一月の首脳会談で、小笠原の本土復帰が決まり、返還協定交渉の開始が予想されるなか、佐藤自身、小笠原に核を持ち込ませないと答弁していたのである。

「討議の記録」では、アメリカ側から小笠原へ核を貯蔵したい旨の希望があった場合、三木は、それは事前協議の主題であり、「日本政府は協議を行うであろうとしか申上げられない。」と答えている。事前協議に応ずると述べること自体、核の持ち込みが認められる可能性を残すことになる。小笠原には核を持ち込ませない、もし現にあれば撤去させるという佐藤の答弁とは食い違う可能性があった。

この一二月一一日の予算委員会の審議では、小笠原の核持ち込みに関し、主に佐藤総理が答弁に立っている。三木外務大臣はほとんど発言していない。一九六八年、とくに三月になると、核持ち込みの解釈をめぐって、三木大臣自身が答弁に立つ。

核持ち込みとは何か

一九六八年三月の予算委員会で、核の持ち込みとはいかなる意味か、事前協議の対象となる持ち込みとは何かをめぐって、三木大臣自身が何度も答弁に立っている。これから紹介するのは、小笠原へ核兵器を貯蔵する場合のように、明らかに核の持ち込みにあたる事例ではない。公海から公海に核兵器搭載艦船が日本の領海をかすめて航行するといった場合である。

三月一二日の衆議院予算委員会第二分科会議で、社会党の楢崎弥之助分科員は、領海及び接続水域に関する条約第二三条に基づき、核装備艦船には無害航行が認められている点を取り上げている。同条に、「軍艦が領海の通航に関する沿岸国の規則を遵守せず、かつ、その軍艦に対して行なわれた遵守の要請を無視した場合には、沿岸国は、その軍艦に対し領海から退去することを要求することができる。」とあるからだ。楢崎は、「国内法でもそれができるのに、ましてや日米安保条約というアメリカとの条約で、事前協議条項というものをこれほどきびしくしておるならば、その条項に照らして、核装備艦は領海に入っては困るということは言えるじゃありませんか」と質した[73]。

楢崎の発言は、当然、非核三原則の「持ち込ませず」を前提としている。日本の領海内に核搭載艦船が入ることは、「持ち込ませず」に抵触する。そこで、日本側は航行を拒否しなければならないというのである。これに対し、三木はつぎのように答弁している。

事前協議を厳格に解釈したいと考えておる論者の私は一人なんです。したがって、このポラリスの場合においても、ただ一つの公海から公海へ通り抜けるような場合は、これはやはり当然に国際法の慣習、今度できる条約などにもそれを認められておる。しかし、沿岸を通り抜けるのではなくして、そして接岸しなくても、停泊するような形でポラリス潜水艦が領海に入るということは、事前協議の対象にされなければならぬ。ただすうっと通り抜けるような場合はそれを事前協議の対象にはしない[74]。

その他にも、公海から公海へ抜けていくために、日本の領海を抜けていくような場合も、核持ち込みにあたるのではないか、と野党側は質問している。これに、三木は、宗谷海峡や五島列島を挙げ、日本の領海に入る意図がなく、公海から公海へ通り抜けるだけの場合は、事前協議の対象となる核持ち込みにあたらない、と説明している[75]。

「討議の記録」「口頭発言」の意味

このように三木は、国会答弁を通じ、事前協議における核持ち込みとは何かを明らかにしている。核搭載艦船の寄港はもちろん、領海に意図的に入る、あるいは、停泊するといった場合は核持ち込みにあたる。これに対し、日本の領海に入る意図がなく、公海から公海へ抜けるような場合の領海への立ち入りは、事前協議の対象となる核持ち込みではない、との解釈を示している。

「討議の記録」は、こうした微妙な例を取り上げているのではない。小笠原への核貯蔵という、明白に「装備における重要な変更」にあたる場合である。したがって、核貯蔵は事前協議の対象となる。非核三原則をそのまま適用すれば、事前協議にさえ応じられない可能性がある。たとえ応じたとしてもノーと答えざるを得ない事例である。

こうした国会での審議を踏まえ、「口頭発言」は、非核三原則への三木の強い意思を表したものであろう。「口頭発言」で、三木は、一月二七日に佐藤総理が非核三原則を表明したことに言及している。その意図は、これまでの国会での審議の様子から明らかである。非常時といえども、小笠原への核貯蔵は、非核三原則に反し、認められないというものだ。これは、「討議の記録」の内容を明らかに覆すものであった。「討議の記録」では、日本側は少なくとも事前協議に応じるとの姿勢だったからだ。アメリカ側はこれに強く反発したのである。

結局、三木大臣とジョンソン大使は「討議の記録」にイニシャルしたものの、「口頭発言」は記録として残されただけであった。アメリカ側からみれば、非常時に小笠原への核貯蔵がはたして認められるのか、疑念が残った。それが、米軍部の不満の要因だったのである。

前述のように、一九六九年一一月一九日、佐藤総理とニクソン大統領との間で秘密合意議事録に署名がなされた。アメリカ側が緊急時に沖縄へ核を持ち込みたいとして、事前協議がおこなわれた場合、日本側がイエスと述べることを保証したものである。この議事録は、小笠原返還の際、アメリカ側がいだいた不満を解消するとともに、戦略的により重要な沖縄への核持ち込みを確実にするためのものであった。

六　小笠原返還の教訓

「討議の記録」は密約か

本章の主たる目的は、一九六八年の小笠原返還協定が締結された際、返還後の小笠原に核を持ち込む問題に、日米間でどのような決着がはかられたのかを明らかにすることであった。日米間で交わされた「討議の記録」および「口頭発言」、ならびに、当時の国会審議で三木外務大臣が核持ち込みとは何かについて答弁した記録から、つぎのような結論が得られる。

アメリカ側、とりわけ、統合参謀本部のなかには、返還後の小笠原に核兵器を無制限に貯蔵する権利を要求するグループも存在していた。一九六七年一一月の首脳会談直前にも、この要求はアメリカ側から示され、また、返還が決まった後の一二月にも、同様の希望が出されている。

アメリカ側にとっての課題は、これをどのように表現し、記録として残すかであった。アメリカ側も、核持ち込みに対し日本国民が強い懸念をいだいていることを理解し、また、これを文書にすることで、リークされる危険性があることも承知している。そこで、アメリカ側が核貯蔵の希望を述べるのに対し、日本側はそれにストレートに応ずる必要がない文書を作成することになった。その結果が、「討議の記録」という文書である。

「討議の記録」では、アメリカ側の核貯蔵の希望に、三木大臣は、それは事前協議の対象であるから、事前協議に応ずるとしか言えないと述べているだけである。しかし、その応答自体、佐藤総理の打ち出した非核三原則、ならびに、国会での三木大臣の発言から逸脱するものであった。当時、国会で、核持ち込みとして議論されていたのは、核搭載艦船が国際海峡を公海から公海に抜けるような場合である。意図的に領海に入る、あるいは、領海に留まることは、核持ち込みにあたると三木大臣は答弁していた。ましてや核の貯蔵が核持ち込みにあたることは明々白々であった。

したがって、三木大臣は、「討議の記録」という文書を残すこと自体、リークの可能性を考えれば、躊躇したであろう。その契機となったのが、一九六八年一月二七日の佐藤総理の施政方針演説である。前年一二月八日、佐藤総理はすでに非核三原則を表明していた。施政方針演説であらためて同原則を明らかにした。この原則が、小笠原返還との関連で提示されたことは記憶しておく必要があるだろう。小笠原の返還は、核抜き、そして、将来における核持ち込みの禁止を日本側は前提としていたのである。

三木大臣が「討議の記録」をどのように受けとめていたのかは不明である。四月五日、小笠原返還協定への調印が予定されていた。その数日前になり、同大臣は「討議の記録」の修正を申し出た。その後に交わされる「口頭発言」の内容からすると、非核三原則を前面に押し出し、小笠原への核貯蔵は認められないと主張したものであろう。それが、非核三原則を厳格に適用したいと考える三木大臣の結論であった。

しかし、調印がおこなわれる土壇場になって、前言を翻すようなやり方に、アメリカ側は立腹する。場合によっては、協定への調印を拒否する可能性もあった。事務レベルでの交渉を経て、最終的に、三木大臣は、一月二七日の総理の施政方針演説にある非核三原則に言及するものの、事前協議に応ずるという三木大臣の先のステートメントに変更はないと述べる「口頭発言」で落着する。

この「口頭発言」は、日米双方の主張を並べただけで、小笠原の核持ち込み問題がどのようになるのか、かならずしも判然としない。もともと、アメリカ側はこの問題について、日本側の返答を求めないとの方針で交渉に臨んでいた。このことからも明らかなように、小笠原への核持ち込みは、あくまでも可能性の問題、あるいは、仮定の問題にすぎなかった(76)。とはいえ、このあいまいな結論に、米軍部は不満を持つ。より重要な沖縄返還に際し、核の持ち込み問題に明確に決着をつけるよう要求したのである。

すでに述べたように、沖縄返還の場合、一九六九年一一月一九日の日米首脳会談において、佐藤総理とニクソン大統領が大統領執務室脇の小部屋に入り、通訳もはずしたうえで、秘密合意議事録に署名した。緊急時、沖縄への核持ち込みについて事前協議がおこなわれる際、日本側がその必要をみたす内容となっている。事前協議においてイエスと述べることを保証するものであった。

「討議の記録」は、三木大臣が、核持ち込みに関し公表している見解以上のこと、つまり、核貯蔵について事前協議に応ずると答えている点で、「密約」といってよいのかもしれない。なぜこのようにあいまいに述べるかというと、アメリカ側が事前協議を申し出た場合、その申し出自体を拒絶する権限は日本側にはないと思われるからだ。というのも、事前協議制度を定めた「条約第六条の実施に関する交換公文」(いわゆる岸・ハーター交換公文)において、合衆国軍隊の装備における重要な変更(核の持ち込みが含まれる)は、日本国政府との事前協議の主題とすることがうたわれている。つまり、事前協議に応ずること自体は、岸・ハーター交換公文に沿った応答にすぎないとの解釈も可能だからだ。

沖縄の復帰に関する法案が審議された一九七一年一二月の国会で、佐藤総理は、核の持ち込みを事前協議の対象からはずすことはできず、アメリカ側が核の持ち込みを希望した場合、事前協議において、日本側はノーと言う趣旨の答弁をしている(77)。これなども、核持ち込みの事前協議に応ずること自体は、事前協議制度に沿っていることを示唆したものである。したがって、「討議の記録」を密約と断定することは難しい。だからこそ、「討議の記録」では不十分だとして、沖縄返還にあたって、核持ち込みを日本側が明確に認める秘密合意議事録が作成されたのである。

三木大臣は、「口頭発言」で、核貯蔵は非核三原則に反するので許されない、と述べようとした。これが、非核三原則を厳格に解釈しようとする三木の信念に基づくものであるのか、それとも、ただたんにリークをおそれ、みずからに責任が降りかかることへの懸念からなのか、検討の余地がある。たとえば、非核三原則を言い出した佐藤総理の場合を思い起こす必要がある。日米首脳会談が開かれる直前の一九六九年一一月一一日、佐藤総理はマイヤー駐日大使との会談で、非核三原則について、つぎのように述べていた。

核の持込み――「貯蔵」と同義語であろう――につきどういう話がでるか?余計な3原則(ママ)を作ったが、これとぶつからない方法は仲々無いのでは?最後に出て来るのは本問題か――誰にも相談せず悩んできたが、本日の大使のお話しでもあり、外務大臣と相談して肚づもりを作ろう。これは想像の外の問題ではない…(78)

佐藤総理が、「余計な3原則」と述べているように、「持ち込ませず」が、佐藤の本心からでなかったことは明らかである。それでは、三木外務大臣の場合はどうだったのだろうか。三木は、一九七四年一二月から一九七六年一二月まで、総理大臣をつとめた。一九七五年二月一三日の衆議院予算委員会で、社会党の楢崎弥之助議員が、「非核三原則というのは、平時の原則でございますか、それとも緊急時も含めて日本の不変の国是でございますか。」とたずねている。これに三木は、「日本の不変の原則でございます。」と答えている(79)。これ自体は、佐藤総理の答弁と同じである。ただ、前述のように、佐藤総理は、緊急時の場合、沖縄への核の持ち込みが認められる秘密合意議事録をニクソン大統領と交わしていた。

問題は、三木の非核三原則に対する本心は如何である。この点について、明治大学史資料センターの三木関係文書に、三木の手書きのメモが残されている。日付は記されていない。メモの文脈から、三木の総理在任中の一九七五年五月頃に書かれたものと思われる。三木は、事前協議と非核三原則の問題について、つぎのように記している。

> 事前協議をきめている安保條約の條約論からいえば、両者が協議するのであるから両当事者がイエスともノーと[も]いう権利がある。
>
> しかし政策論として、自民党政府の方針は、昭和三十三年以来一貫して非核三原則を堅持してきており、更に昭和四六年十一月の国会決議にて三原則を遵守すべしとの決議もある。私の態度はあらゆる場合に非核三原則の厳守であることは今更いうまでもない。(80)（傍点は引用者による強調）

このメモの傍点部分が、三木の本音なのだろう。三木は、佐藤以上に真剣に非核三原則をとらえ、ジョンソン大使との交渉に臨んでいた。

北方領土問題への教訓

小笠原の返還は、領土返還の条件を考えるうえで、重要な示唆を与えてくれる。前述のように、一九五七年九月、藤山外務大臣とダレス国務長官が会談した際、ダレス国務長官は、旧島民による小笠原への墓参にさえ否定的であったことを想起する必要がある。その理由は、アメリカの安全保障上の利益であった。

それから約一〇年が過ぎ、小笠原の安全保障上の重要性は薄れてくる。その要因として、核兵器を搭載可能なポラリス潜水艦が西太平洋に就役した結果、小笠原に核を貯蔵する必要性がなくなったことが挙げられる。そのため、すでに論じたように、一九六五年一月の佐藤総理とジョンソン大統領との首脳会談で、アメリカは旧島民による墓参を好意的に検討することとなった。このことは、わが国がかかわるもうひとつの重要な領土問題である北方領土問題の解決に、糸口を与えてくれるように思われる。

北方領土問題解決への期待が高まりをみせたのは、二〇一六年一二月におこなわれた日露首脳会談のときである。ロシアのウラジーミル・プーチン大統領が、長門市および東京を訪れ、安倍晋三首相と会談した。北方領土問題および平和条約締結問題について、同年五月の日露首脳会談で、今までの発想にとらわれない「新しいアプローチ」の下、交渉を精力的に進めることで両首脳の認識は一致していたからだ。この五月の会談の際、安倍首相は、日露経済交流の促進に向け、日本側が作業をおこなっていることを紹介している。そのうえで、つぎの八つの項目からなる協力プランを提示したのである。これらは、(1)健康寿命の伸長、(2)快適・清潔で住みやすく、活動しやすい都市作り、(3)中小企業交流・協力の抜本的拡大、(4)エネルギー、(5)ロシアの産業多様化・生産性向上、(6)極東の産業振興・輸出基地化、(7)先端技術協力、(8)人的交流の抜本的拡大である[81]。

安倍首相および外務省の思惑は、こうした共同経済活動を推進しながら、信頼醸成を深め、領土問題の解決につなげようとするものであったと思われる。ところが、一二月の日露首脳会談の記者会見で、プーチン大統領は、つぎのような発言をしている。

ウラジオストクの少し北に二つの海軍基地があり、艦船が太平洋に出て行く。我々はこの地域で何が起きるのか知らなくてはならない。しかし、日米安保条約上の義務を念頭に置き、ロ日関係がどうなっていくのか、私たちには分からない。日本の友人に、こうした微妙な問題とロシア側の懸念を理解してほしい[82]。

プーチン大統領は、日米安保条約に触れている。日米安保条約では、日本の施政が及ぶすべての領域でアメリカは日本の防衛義務を負っている。安保条約第五条第一項に、「各締約国は、日本国の施政の下にある領域における、いずれか一方に対する武力攻撃が、自国の平和及び安全を危うくするものであることを認め、自国の憲法上の規定及び手続に従つて共通の危険に対処するように行動することを宣言する。」とあるからだ。

つまり、北方四島が日本に返還されれば、同島が安保条約の適用地域となる。そこで、プーチン大統領は、北方四島に米軍の活動が及ばないように配慮を求めたと考えられる。二〇一六年一二月二〇日の『読売新聞』は、「北方四島はロシアにとって外国軍艦艇の侵入を防ぐ「防壁」だ。米軍は有事の際に北方領土付近を通過してオホーツク海に侵入するとみられており、仮に返還後の歯舞、色丹2島で米軍が活動することになれば、国後、択捉2島に駐留するロシア部隊は常に脅威にさらされることになる。」と述べている。[83] また、ロシアは、二〇一六年一一月、国後島および択捉島に地対艦ミサイルを配備したほか、二〇一七年二月には、北方領土周辺に新たに一個師団を配備すると表明している。[84] さらに、日本の陸上イージスの配備にロシアは懸念を示し、北方領土を含めた千島列島での軍備増強を加速している。[85]

これまでの日露首脳会談では、ロシアの安全保障上の利益が、議論の俎上にのぼったことはない。しかし、アメリカの領土返還の例から明らかなように、アメリカにとってもっとも重要なテーマは、米軍の基地権、つまり、安全保障上の利益であった。この問題は、共同経済活動が進展し、日露の信頼醸成が深まれば、「自然に」解決されるものではない。ロシアにとっては、まさに、日米安保がどうなるのか、ロシアのこれまでの基地はどうなるのかが、死活的な利益になる。

この問題がもうひとつやっかいなのは、日本はロシアとだけ交渉すれば事足りる、というわけではないことだ。つまり、日米安保条約のもう一方の当事者はアメリカである。その安全保障上の利益もからんでくる。この問題抜きに、領土問題・平和条約締結が進展するとは思えない。日米同盟をどうするか、ロシアとの関係をどうするか、早晩、日本の外交政策が問われる。

(1) 若泉敬『他策ナカリシヲ信ゼムト欲ス』文藝春秋、一九九四年。
(2)『読売新聞』(夕刊)二〇〇九年一二月二二日。
(3) 北米一長「大臣・国務長官第2次会談要旨(追加)」(特秘)、一九六九年六月五日、いわゆる「密約」問題に関する調査結果、その他関連文書二―一六四、三―七三、外務省。
(4) 米局長「スナイダー公使と会談の件」(極秘)、一九六九年八月五日、いわゆる「密約」問題に関する調査結果、その他関連文書二―一七六、三―七九、外務省。
(5) "Telegram From the Department of State to the Embassy in Japan, No. 133630, August 9, 1969"(Secret), JU01111, National Security Archive.
(6) 米局長「米局長スナイダー公使会談の件」(極秘)、一九六九年一一月四日、いわゆる「密約」問題に関する調査結果、報告対象文書一―八、外務省。
(7) 吉野臨時代理大使発外務大臣宛公電第三五一五号「オキナワ及びせん維問題(内話)」(特秘)、一九六九年一一月五日、いわゆる「密約」問題に関する調査結果、その他関連文書三―一一二、外務省。
(8) 北米一長「東郷・スナイダー会談(一一月一〇日午後於局長室)」(極秘)、一九六九年一一月一〇日、いわゆる「密約」問題に関する調査結果、その他関連文書三―一一五、外務省。
(9) ロバート・D・エルドリッヂ『硫黄島と小笠原をめぐる日米関係』南方新社、二〇〇八年、四三四頁。
(10) 同上、四三五頁。
(11) 太田昌克『日米「核密約」の全貌』筑摩書房、二〇一一年、二五九頁。
(12) 中島琢磨「非核三原則の規範化――一九七〇年代日本外交への道程」福永文夫編『第二の「戦後」の形成過程――一九七〇年代日本の政治的・外交的再編』有斐閣、二〇一五年、一六五―一六八頁。
(13) 真崎翔『核密約から沖縄問題へ――小笠原返還の政治史』名古屋大学出版会、二〇一七年、一九一頁。
(14) 同上、九七頁。
(15) "Excerpts from Memoranda of Conversations, n.d."(Secret), RG59[UD 33]Records of the Bureau of Far Eastern Af-

fairs, 1957, Box 1, National Archives at College Park, MD.

(16)「藤山大臣、ダレス国務長官会談録」(極秘)、一九五七年九月二三日、『藤山外務大臣第一次訪米関係一件(一九五七、九)』第二巻、A'.1.5.2.5, 外交史料館。

(17) 同上。

(18) "Point Paper, Subj: Repatriation of Former Bonin Islanders(U), n.d."(Secret), RG59[Entry A1 5413A]Records Relating to Japanese Political Affairs, 1960–1975, Box 3, National Archives at College Park, MD. 小笠原諸島の戦略的重要性については、フランク・C・ナッシュがアメリカの海外基地についてまとめた報告書でも指摘されている。詳しくは、Frank C. Nash, United States Overseas Military Bases: Report to the President (Secret), December 1957, Dwight D. Eisenhower Presidential Library, p. 31 を参照。

(19) 外務省アメリカ局北米第一課「小笠原諸島の返還経緯」(取扱注意)、一九六九年一一月、『小笠原諸島帰属問題　小笠原返還協定関係』第一巻、A'.6.1.1.5–1, 外交史料館。

(20) Robert S. Norris, William M. Arkin, and William Burr, "How much did Japan know?" *The Bulletin of the Atomic Scientists,* Vol. 56, No. 1, January/February 2000, p. 78.

(21)「日米共同声明」、一九六五年一月一三日、細谷千博・他編『日米関係資料集　一九四五―九七』東京大学出版会、一九九九年、六二四―六二五頁。

(22)「日米共同声明」、一九六七年一一月一五日、細谷・他編『日米関係資料集　一九四五―九七』、七五〇頁。

(23) 外務省「沖縄、小笠原問題に関する擬問擬答」(改訂版)(秘)、一九六八年二月、「三木武夫関係文書」、三木 10203–32, 明治大学史資料センター所蔵。

(24)「第五十五回国会衆議院外務委員会議録」第一〇号、一九六七年六月七日、一一頁。

(25) "Memorandum for the Secretary of Defense, Subject: Reversion of the Bonins, May 29, 1967"(Secret), Papers of Morton H. Halperin, Box 1, Lyndon B. Johnson Presidential Library.

(26) "Memorandum From the Joint Chiefs of Staff to Secretary of Defense McNamara, JCSM-376–67, June 29, 1967"(Secret), *FRUS,* 1964–1968, Japan, Volume XXIX, Part 2, Document 86.

(27) "Memorandum for Mr. Steadman, from Morton H. Halperin, Subject: Bonins, February 17, 1967," Papers of Morton H. Halperin, Box 1, Lyndon B. Johnson Presidential Library.

(28) 東郷文彦『日米外交三十年——安保・沖縄とその後』中公文庫、一九八九年、一三七頁。

(29) "Memorandum From EA-William P. Bundy to the Secretary, Subject: Visit of Prime Minister Sato - Action Memorandum, October 21, 1967"(Secret), RG59 Subject-Numeric Files, 1967–1969, Box 2243, National Archives at College Park, MD.

(30) "Memorandum From the President's Special Assistant (Rostow) to President Johnson, November 3, 1967"(Secret), *FRUS*, 1964–1968, Japan, Volume XXIX, Part 2, Document 100.

(31) "Memorandum From the President's Special Assistant (Rostow) to President Johnson, October 27, 1967"(Secret), National Security File, Country File, Japan, Box 253[2 of 2], Lyndon B. Johnson Presidential Library.

(32) "Memorandum From EA-William P. Bundy to the Secretary, Subject: Visit of Prime Minister Sato - Action Memorandum, October 21, 1967"(Secret), RG59 Subject-Numeric Files, 1967–1969, Box 2243, National Archives at College Park, MD.

(33) "Telegram From the Department of State to the Embassy in Japan, No. 65117, November 5, 1967"(Secret), RG59 Subject-Numeric Files, 1967–1969, Box 2249, National Archives at College Park, MD.

(34) "Telegram From the Department of State to the Embassy in Japan, No. 65120, November 5, 1967"(Top Secret), RG59 Subject-Numeric Files, file "POL 19 Bonin Islands." この電報は、National Security Archive が公開している U.S. Nuclear Weapons on Chichi Jima and Iwo Jima の Document 9 による。

(35) "Telegram From the Embassy in Japan to the Department of State, No. 3060, November 6, 1967"(Secret), RG59 Subject-Numeric Files, 1967–1969, Box 2249, National Archives at College Park, MD.

(36) アメリカ側公文書で小笠原返還に関連する文書がすべて収録されていると思われるのが、東京発国務省宛公信 A-1331(一九六八年四月一〇日)である。ただ、「抜き取りカード」(withdrawal card)が挟み込まれているため閲覧できない。RG59 Subject-Numeric Files, 1967–1969, Box 1898, National Archives at College Park, MD.

(37) 表題[小笠原返還]、「三木武夫関係文書」、三木 11306–114, 明治大学史資料センター所蔵。

(38) "Telegram From the Embassy in Japan to the Department of State, No. 6698, March 21, 1968"(Secret), National Security File, Country File, Japan, Box 252[Vol. VII cables[2 of 3]], Lyndon B. Johnson Presidential Library. 以下に「討議の記録」の英文を記しておく。

1. Following negotiated text for recording oral statements to be exchanged between ForMin Miki and me on contingency requiring nuclear storage in Bonins:

Begin Text

A. Prior to the signing of the agreement today on the return of the Bonin and other islands, the following conversation took place between the Foreign Minister and the American Ambassador.

B. The American Ambassador stated: In the event of contingency requiring the use of the Bonin and/or the Volcano Islands for nuclear weapon storage, the United States would wish to raise this matter with the Government of Japan and would anticipate a favorable reaction from the Government of Japan since such a request would not be made unless it were essential for the vital security interests of the area, including Japan.

C. The Foreign Minister stated: Major changes in the equipment of United States Forces in Japan, including those in the event of emergency, are the subject of prior consultation with the Government of Japan in accordance with the Exchange of Notes of January 19, 1960 concerning the implementation of Article VI of the Treaty of Mutual Cooperation and Security. The case you have indicated is precisely one which is subject to the said prior consultation, and at this time I can only say that under the circumstances you cite the Government of Japan will enter into such consultation.

End Text.

(39) 「(事前協議)——討議の記録」(極秘)、日付なし、「三木武夫関係文書」、三木 11306–114, 明治大学史資料センター所蔵。

(40) 「(「事前協議」の補足)——口頭」(極秘)、日付なし、「三木武夫関係文書」、三木 11306–114, 明治大学史資料センター所蔵。

(41) 「小笠原諸島返還関係資料」、"Draft 3-19-68"(Secret)、「三木武夫関係文書」、三木 6738, 明治大学史資料センター所蔵。

(42) 「日米共同声明」、一九六七年一一月一五日、細谷・他編『日米関係資料集 一九四五—九七』、七五〇頁。

(43) 合同委員会議事録の全文は、"Draft Joint Committee Minutes, April 5, 1968"(Confidential), RG59 Subject-Numeric Files, 1967–1969, Box 1898, National Archives at College Park, MD を参照している。以下、議事録については、この文書による。

(44) "Telegram From the Embassy in Japan to the Department of State, No. 4509, January 9, 1968"(Secret), RG59 Subject-Numeric Files, 1967–1969, Box 1898, National Archives at College Park, MD.

(45) "Action Memorandum From the Assistant Secretary of State for East Asia and Pacific Affairs (Bundy) to Secretary of State Rusk, December 22, 1967"(Secret), *FRUS*, 1964–1968, Japan, Volume XXIX, Part 2, Document 107.

(46) "Telegram From the Department of State to the Embassy in Japan, No. 89684, December 27, 1967"(Confidential), RG59 Subject-Numeric Files, 1967–1969, Box 1898, National Archives at College Park, MD.

(47) "Action Memorandum From the Assistant Secretary of State for East Asia and Pacific Affairs (Bundy) to Secretary of State Rusk, December 22, 1967"(Secret), *FRUS*, 1964–1968, Japan, Volume XXIX, Part 2, Document 107.

(48) "Telegram From the Embassy in Japan to the Department of State, №なし, December 29, 1967"(Secret), *FRUS*, 1964–1968, Japan, Volume XXIX, Part 2, Document 108.

(49) Ibid.

(50) "Telegram From the Department of State to the Embassy in Japan, No. 93485, January 4, 1968"(Secret), RG59 Subject-Numeric Files, 1967–1969, Box 1898, National Archives at College Park, MD.

(51) 詳細については、信夫隆司『日米安保条約と事前協議制度』弘文堂、二〇一四年を参照。

(52) "Information Memorandum From the Assistant Secretary of State for East Asian and Pacific Affairs (Bundy) to Secretary of State Rusk, March 23, 1968"(Secret), *FRUS*, 1964–1968, Japan, Volume XXIX, Part 2, Document 118.

(53) Ibid.

（54）"Telegram From the Department of State to the Embassy in Japan, No. 136048, March 25, 1968"(Secret), RG59 Subject-Numeric Files, 1967–1969, Box 1898, National Archives at College Park, MD.

（55）"Telegram From the Department of State to the Embassy in Japan, No. 138456, March 29, 1968"(Secret), RG59 Subject-Numeric Files, 1967–1969, Box 1898, National Archives at College Park, MD.

（56）"Telegram From the Embassy in Japan to the Department of State, No. 7081, April 2, 1968"(Confidential), RG59 Subject-Numeric Files, 1967–1969, Box 1898, National Archives at College Park, MD.

（57）"Telegram From the Department of State to the Embassy in Japan, No. 141066, April 3, 1968"(Secret), RG59 Subject-Numeric Files, 1967–1969, Box 1898, National Archives at College Park, MD.

（58）U・アレクシス・ジョンソン（増田弘訳）『ジョンソン米大使の日本回想――二・二六事件から沖縄返還・ニクソンショックまで』草思社、一九八九年、一八五頁。

（59）同上。また、ジョンソン大使の発言の録音テープであるPapers of U. Alexis Johnson Diaries［Transcripts of Tapes 1–30］, Tape 17–1–2, Lyndon B. Johnson Presidential Library も参照。

（60）下田大使発外務大臣宛公電第一〇一一号「オガサワラ返かん交渉」（特秘、大至急）、一九六八年四月二日、「三木武夫関係文書」、三木 3056, 明治大学史資料センター所蔵。

（61）この文書は、「口頭発言」のすぐ後に配列され、「口頭発言」がなぜ作成されたかを説明している。文書の表題・日付はなく、欄外に「極秘」と記されている。「口頭発言」および硫黄島の記念碑書簡の問題に触れている。表題［小笠原返還］、「三木武夫関係文書」、三木 11306–114, 明治大学史資料センター所蔵。

（62）同上。

（63）同上。

（64）北米局長「装備の重要な変更に関する事前協議の件」（極秘）、一九六八年一月二七日、いわゆる「密約」問題に関する調査結果、報告対象文書一―五、外務省。

（65）同上。

（66）信夫『日米安保条約と事前協議制度』、九二―九八頁。

(67)「第五十七回国会参議院予算委員会会議録」第六号、一九六七年一二月二一日、九頁。
(68) 北米局長「装備の重要な変更に関する事前協議の件」(極秘)、一九六八年一月二七日、いわゆる「密約」問題に関する調査結果、報告対象文書一―五、外務省。
(69)「第五十八回国会参議院会議録」第二号(その二)、一九六八年一月二七日、一二頁。
(70)「第五十七回国会衆議院予算委員会議事録」第二号、一九六七年一二月一一日、一八頁。
(71) 同上。
(72) 同上、一九頁。
(73)「第五十八回国会衆議院予算委員会第二分科会議録」第一号、一九六八年三月一二日、一一頁。
(74) 同上、一一―一二頁。
(75)「第五十八回国会衆議院予算委員会議録」第一八号、一九六八年三月一七日、七―八頁。
(76) "Telephone Call to Mr. WM Bundy, Saturday Nov. 4, 1967, 4:15 p.m.," RG59[Entry A1 5379]Records of Secretary of State Dean Rusk, Box 60, National Archives at College Park, MD.
(77)「第六十七回国会衆議院沖縄及び北方問題に関する特別委員会法務委員会文教委員会社会労働委員会逓信委員会連合審査会議録」第一号(その二)、一九七一年一二月一〇日、三―四頁。
(78) 米一長「佐藤総理・マイヤー米大使会談」(極秘)、一九六九年一一月一一日、いわゆる「密約」問題に関する調査結果、報告対象文書三―一、外務省。
(79)「第七十五回国会衆議院予算委員会議録」第一一号、一九七五年二月一三日、一四頁。
(80) 表題[原稿]、「三木武夫関係文書」、三木 11306-35, 明治大学史資料センター所蔵。
(81) 日露首脳会談については、外務省のウェブサイトによる。
(82)『朝日新聞』二〇一六年一二月一七日。
(83)『読売新聞』二〇一六年一二月二〇日。
(84)『読売新聞』二〇一七年六月二日。
(85)『朝日新聞』二〇一七年一二月一二日。

第五章　沖縄返還

一　沖縄返還の諸問題

核持ち込み問題

返還後の沖縄への核持ち込み密約については、拙著『若泉敬と日米密約』および『日米安保条約と事前協議制度』ですでに詳細を論じた。ここでは、まず、小笠原核持ち込み密約との関連について簡潔に触れておきたい。

第四章で明らかにしたように、返還後の小笠原への核持ち込みは、米軍が具体的に計画していたわけではない。いわば可能性の問題にすぎなかった。アメリカ側は、交渉の当初から、この問題で、日本側から確約を得ようとは考えていない。それでも、アメリカ側は、小笠原返還交渉で、この問題を提起したことを記録として残そうとした。より重要な沖縄返還では、日本側から明確な約束を取り付けようとする。

小笠原の核持ち込み問題の処理に軍部は不満であった。小笠原返還協定交渉における三木武夫外務大臣とU・アレクシス・ジョンソン大使とのやりとりを振り返ってみよう。「討議の記録」で、ジョンソン大使は、非常時における返還後の小笠原への核持ち込み問題を提起し、日本側に好意的な反応を求めた。これに、三木外務大臣は、この問題は事前協議の主題で、協議をおこなうであろうとしか言えないと述べただけである。これでも、アメリカ側にとっては一歩前進だった。というのも、非核三原則の「持ち込ませず」に明らかに反する場合でも、日本側は協議に応じる、と明言しているからだ。

ただし、三木外務大臣は、いったんは「討議の記録」でこの問題を収束させたものの、小笠原返還協定に署名する数日前になって、前言を翻す。一九六八年一月、佐藤総理が施政方針演説で非核三原則をあらためて開陳していた。三木大臣はその非核三原則を援用しながら、小笠原に核の持ち込みはできない旨を明らかにしようとした。とはいえ、すでに「討議の記録」で示した立場、すなわち、非常時にアメリカ側から事前協議の要請があれば、協議に応ずるとの立場を翻すことはなかった。その結果が「口頭発言」である。このような三木の態度は、非常時に本当に小笠原へ核を持ち込めるのか、アメリカ側に疑念が残った。

安全保障上の利益からみて、小笠原とは比較にならないほど重要な沖縄の場合、その返還交渉で、そうした疑念をアメリカ側は払拭しようとした。交渉を振り返ると、アメリカが核持ち込み問題をどのようにとらえていたのかが浮き彫りになる。ニクソン政権は一九六九年一月に誕生した。誕生からわずか四ヶ月後の五月末には、国家安全保障決定メモランダム第一三号によって、沖縄を返還する方針を決めていた。そのたたき台となったのが、三月一二日付のヘンリー・キッシンジャー大統領補佐官からニクソン大統領宛のメモランダムである(1)。この時点で、キッシンジャーは、沖縄を返還する際の条件を描いている。このメモランダムでは、核の問題は、他の問題で日本側から譲歩を引き出すための手段と考えられていた。もちろん、日本側は、そうしたアメリカ側の方針を知る由もない。日本側は「核抜き・本土並み」を掲げ、交渉に臨む。アメリカ側は、日本側に対し核抜きに関する手の内を最後までみせることなく、核抜きを切り札として、日本側から最大限の譲歩を引き出そうとした。

その典型的な例が、いわゆる「縄と糸の取引」である。沖縄返還という二国間の主権にかかわる問題と、アメリカ国内の繊維業界の保護という問題をリンクさせ、日本からアメリカへの繊維輸出を自主的に規制するとの言質を佐藤総理からとりつけた。ただし、佐藤は、ニクソンにとってこの問題がいかに重要であるのかを理解せず、あるいは、軽視してしまった。そのため、一九六九年に沖縄返還が決まって以降、日米関係は戦後最悪といわれるほど悪化する。佐藤総理の密使をつとめた若泉敬をして、繊維交渉を「魑魅魍魎の世界」と言わしめた所以である。(2)

日本側は、繊維の自主規制問題で譲歩しながら、「核抜き・本土並み」という建前は貫いた。しかし、その裏で、佐藤総理とニクソン大統領は、緊急時に沖縄への核の持ち込みを認める秘密の合意議事録に署名していた。したがって、「縄と糸の取引」というのは、実際には、「縄と〝糸プラス核〟の取引」であった。アメリカによる沖縄返還の見返りに、日本側は、繊維の輸出を自主規制すること、それに、緊急時にアメリカによる沖縄への核持ち込みを認めることというふたつの要請をのんだのである。

アメリカ側にとって、この秘密合意議事録は、日本側に対し約束の履行を迫るために作られた文書というわけではない。それよりも、ニクソン大統領にとって緊急時に沖縄に核が持ち込めることを軍部や議会関係者に自信をもって説明するのに必要だった。また、合意議事録は、小笠原返還交渉の際に、軍部がいだいた不満を解消するのに役立つ。

施設・区域をめぐる問題

核持ち込み問題は、米軍が施設・区域をどのように使用するかに直接関連する。事前協議は、米軍によるこの施設・区域の自由な使用に一定の制限を課すために、一九六〇年の安保改定の際、導入された制度である。一九五三年の奄美返還当時は、事前協議は問題とされていない。もっぱら、米軍が施設・区域をどれだけ自由に使用できるかが議論されたのである。第四章で詳述したように、小笠原返還交渉では、核持ち込み問題が重要なテーマとなった。

小笠原返還交渉の場合、核持ち込みを除く施設・区域の扱いは、奄美返還交渉と比較すれば、おおきな問題になっていない。というのも、米軍が小笠原で使用していた施設・区域は、たった二ヶ所にすぎなかったからだ。これに対し、沖縄には数多くの基地(設備・用地)が存在していた。また、それらが住民の生活と密接に関係している。そのため、沖縄における設備・用地を返還後どのようにするかがおおきな問題となった。この問題は多岐にわたる。この章では、ふたつの問題を取り上げる。

米軍がこれまで使用してきた設備・用地を、返還後、引き続き使用するには、地位協定第二条第一項の規定にしたがい、合同委員会で施設・区域として指定される必要がある。一九七二年五月一五日の沖縄返還と同時に日米合同委員会が開催され、返還後、米軍が使用する施設・区域に合意している。この合意は、五・一五メモと呼ばれている。同メモは長らく不公表であったものの、一九九七年三月二五日に全文が公表された(3)。

ただし、すでに述べたごとく、施設・区域の対象とされる設備・用地は多数にのぼるため、返還までにはたしてこの指定がすべて完了するのかという問題があった。連合国軍の占領から日本が主権を回復したときと、類似の問題があったのである。日本の主権回復時には、この指定が完了しない場合、米軍による施設・区域の使用を暫定的に認める岡崎・ラスク交換公文が取り交わされている。この方式は、奄美返還協定および小笠原返還協定でも踏襲された。沖縄返還協定の交渉でも、アメリカ側は、当初、この方式の踏襲を主張した。これに日本側は、占領の継続と受け取られることをおそれ、この方式の導入に強く抵抗する。そこでまず、この問題を取り上げ、この間の経緯を明らかにしたい。

もうひとつの重要な施設・区域の問題に、沖縄返還時における那覇空港の解放問題がある(なお、正確には、那覇空港は、返還前は那覇飛行場と呼ぶべきである。ただ、混乱を避けるため、那覇空港と統一して用いる)。当初、アメリカ側は、それまで使用してきた設備・用地を、返還後は施設・区域としてそのまま使用することを希望した。これに、日本側は、アメリカ側が理解する「本土並み」(本土と同様に安保条約下の事前協議制度が適用され、米軍基地を自由に使用できなくなることだけを意味する)だけでなく、沖縄の人々の要望が強い、基地の縮小(整理・統合)も視野に入れ、交渉に臨んだ。この象徴といえるのが、沖縄の空の玄関である那覇空港の民間への移管であった。また、同空港に駐留していた対潜哨戒機(P3)の撤去問題である。

この問題は、那覇空港の返還だけではなく、P3の移転先、ならびに、その撤去費用をどのように捻出するかという問題とも絡み、沖縄返還協定交渉における最大の懸案事項のひとつとなる。さらに、那覇空港をめぐっては、返還後、緊急時の際、米軍に同空港の使用を認める密約が交わされたのではないかとの疑いもある。

電波妨害について

施設・区域との関連で、奄美および小笠原の返還でも取り上げた電波妨害問題が、沖縄返還ではどのように処理されたのかを確認しておきたい。先に、五・一五メモについて触れた。沖縄返還に際して、同メモのほかに、合同委員会では一〇の文書に合意されている。そのなかに、「沖縄に所在する在日合衆国軍隊の通信施設・区域における電波障害」および「在沖縄の合衆国軍用通信システムの無線回線の無線伝搬妨害」というふたつの合同委員会覚書がある。(4)

両覚書とも趣旨は同じである。日本国政府は、在沖縄の合衆国軍隊が必要とする電気通信・電波、あるいは、無線回線の伝搬妨害を防止しまたは除去するためのすべての合理的な措置を、関係法令の範囲内で執るとしている。「関係法令の範囲内」とされていることから、米軍側に特別な権利を許与しているわけではない。また、後者の覚書では、無線伝搬妨害に関し、「日本国政府は、当該回線の地上投影線上に高さ三一メートルを超える建物又は他の工作物を建設する計画がある場合、これを合衆国に通告する。合衆国は当該建設計画を評価し、妨害発生の有無につき日本国政府に通告する。」となっている。もし当該計画により無線伝搬障害が生じることが判明した場合には、合同委員会で協議する。

これは、明らかに、高層ビルの建築計画の場合を想定している。この問題について、アメリカ局・条約局がまとめた文書(一九七一年三月二〇日付)に、「受信施設にかかる電気障害の排除とマイクロウェーブの伝播障害防止の二点につき米側から問題提起があり、目下資料を検討中。これらの問題については本土においても準拠すべき法令がなく、民事契約ないし話し合いにより一件ごとに解決を図つている。したがつて沖縄についても、かかる方式により実施可能な限度において措置する以外に方法はないと考えられる。」と記されている。(5)右の覚書は、日本側のこの方針に基づき合意された。

施政権移行期の密約

一九六九年一一月の日米首脳会談で、一九七二年中に沖縄を返還することが決まった。実際に沖縄が本土に復帰したのは、一九七二年五月一五日である。返還までに約二年半の期間があった。一〇〇万からの住民が住む沖縄の本土への復帰は、返還日に一挙におこなわれたのではない。徐々に施政権が移行された。この施政権移行期に、日米間で密約が交わされている。この密約は、基地権に直接かかわるものではなく、施政権へのアメリカの執着を示すものである。しかし、密約がどのように交わされるのかを知るうえで重要である。そこで、この解明も本章のもうひとつの目的とする。

この施政権移行期の密約とは、日本政府による沖縄への財政援助にかかわる事項が、施政権の移行に関する文書から削除され、別途、秘密の了解事項として取り交わされたというものである。沖縄返還が決まって以降、日本から沖縄への財政援助は飛躍的に増大した。とはいえ、この援助計画に、依然として、アメリカ側の承認が必要とされていた。沖縄は日本の財政の枠組みにすでに入っているにもかかわらず、アメリカ側が援助計画を承認する建前だった。もしこの事実が公表されれば、沖縄が本土に復帰しつつある状況にそぐわないとの異論が、国会で噴出する可能性があった。そのため、密約として処理されたのである。この問題がなぜ登場することになったのか、この問題の処理はどのようにおこなわれたのか、密約締結の手口を明らかにしたい。

二　施設・区域をめぐる攻防

沖縄返還の条件

一九六九年一一月に開催された日米首脳会談の成果に日米共同声明がある。その第六項に、沖縄返還の重要な条件が記されている。ひとつは、沖縄返還は、日本を含む極東の安全がそこなわれないように実施されなければならないというものである。もうひとつは、これを担保するため、両首脳は、「米国が、沖縄において両国共通の安全保障上必要な軍事上の施設及び区域を日米安保条約に基づいて保持すること」につき意見が一致したとされている点である。(6)したがって、これまでの米軍基地は、日米の安全保障上必要とされるかぎり、日米安保条約に基づき、施設・区域として受け継がれることが、この共同声明に明記されたのである。

このことを前提に、一九七〇年八月三一日、愛知揆一外務大臣とアーミン・H・マイヤー駐日大使との間で会談がおこなわれた。その際、沖縄返還協定のアメリカ案が提示されている。同案第三条が施設・区域に関する条項である。つぎのようになっていた。

現在、アメリカ合衆国が使用のため保持している施設及び区域は、日米安全保障条約及びこれに関連する取極に規定された手続にしたがい、合衆国が保持し続ける。しかしながら、この協定が発効する日まで、特定の施設及び区域に関し、日米間で取極の合意にいたらない場合には、取極の締結に至るまで、日本は合衆国に特定の施設及び区域の継続的使用を許与する。(7)

このアメリカ案を一読した愛知外務大臣は、右の「しかしながら」以降の条項では、アメリカ側の既得権がそのまま引き継がれることになると批判している。これに対し、リチャード・L・スナイダー公使は、同様の条項は、小笠原返還協定にも含まれていると反論した。(8)

この問題が具体的に議論されるのは、一九七〇年一一月一六日の愛知・マイヤー会談においてである。議論の様子はつぎのようになっている。

まず、愛知大臣が、在沖米軍基地に関しては、岡崎・ラスク方式は採用しないこととしていきたいとの希望を述べた。これに、同席のスナイダー公使は、一九五二年に同方式が採用されたのは、時間的余裕がなかったからだと説明している。また、沖縄返還についても弾力的な対応を残しておく必要があり、小笠原返還の場合と同様に考えている旨を付け加えた。

このスナイダーの発言に、愛知大臣は、本件は協定に署名した後、発効のときまでに決着をつけるよう努力するのが筋である。岡崎・ラスク方式は回避すべきであると繰り返し述べている。スナイダーは、もし岡崎・ラスク方式をとらないならば、唯一の代案は、返還協定案をアメリカ議会へ提出する前に、すべての在沖米軍基地につき合意案に同意しておくことであるとの意見を述べた。愛知大臣は、「岡崎・ラスク方式」か、あるいは、協定発効のときまでにすべての手続を完了するかの二者択一ではなく、他の方法も考える余地があるのではないかとの考えを示している。この会談では、日米双方の意見を述べるにとどまり、今後、さらに協議を続けることになった(9)。この「岡崎・ラスク方式」とはいかなるものであったのだろうか。

岡崎・ラスク方式とは

サンフランシスコ平和条約および日米安全保障条約は一九五一年九月に署名された。日米安保条約の第一条は、「平和条約及びこの条約の効力発生と同時に、アメリカ合衆国の陸軍、空軍及び海軍を日本国内及びその附近に配備する権利を、日本国は、許与し、アメリカ合衆国は、これを受諾する。」と定めている。これを受け、同第三条で、「アメリカ合衆国の軍隊の日本国内及びその附近における配備を規律する条件は、両政府間の行政協定で決定する。」とある。

この行政協定は、一九五二年二月二八日に岡崎勝男大臣とディーン・ラスク特別代表との間で署名された。この行政協定の第二条第一項に、「個個の施設及び区域に関する協定は、この協定の効力発生の日までになお両政府が合意に達しないときは、この協定の第二十六条に定める合同委員会を通じて両政府が締結しなければならない。」とある。行政協定への署名の日からサンフランシスコ平和条約および日米安保条約の発効(同年四月二八日)まで、わずか二ヶ月しかなかった。この手続が完了するのか否か、疑念が残される。そこで、この問題に対処するため、岡崎大臣とラスク特別代表との間でさらに書簡が交わされた。その書簡で、ラスク特別代表は岡崎大臣につぎのように要望している。

しかしながら、安全保障条約第一条に掲げる目的を遂行するため必要な施設及び区域の決定及び準備に当っては、避けがたい遅延が生ずることがあるかもしれません。よつて、日本国が、前記の協定及び取極が成立するまでの間、施設及び区域でそれに関する協定及び取極が日本国との平和条約の効力発生の日の後九十日以内に成立しないものの使用の継続を許されれば、幸であります。[10]

これに対し、岡崎大臣は、返簡で、九〇日以内に成立しないものの使用の継続を合衆国に許す、としている。[11] 要は、平和条約発効後九〇日以内に施設・区域に関する取極が成立しない場合、その後もアメリカ側は、これまでの設備・用地を施設・区域として引き続き使用できるとなったのである。

先に、岡崎・ラスク方式は小笠原返還協定でも用いられている旨、スナイダーが述べていたことを紹介した。実際、小笠原返還協定だけではなく、一九五三年の奄美返還協定でも、この岡崎・ラスク方式にしたがっている。両者は、ほぼ同様の文言なので、小笠原返還協定の第三条第一項を以下に紹介しておく。

合衆国軍隊が現に利用している硫黄島及び南鳥島における通信施設用地(ロラン局)は、千九百六十年一月十九日にワシントンで署名された日本国とアメリカ合衆国との間の相互協力及び安全保障条約第六条に基づく施設及び区域並びに日本国における合衆国軍隊の地位に関する協定に定める手続に従つて、合衆国軍隊が使用する。もつとも、避けがたい遅延のためこの協定の効力発生の日までに前記の手続によることができない場合には、日本国は、アメリカ合衆国に対し、その手続が完了するまでの間、これらの特定の用地を引き続き使用することを許すものとする。

小笠原返還後、施設・区域として指定されたのは二ヶ所だけである。また、奄美返還の場合も、ふたつの設備および用地が、行政協定の手続に則って指定されている。日本が主権を回復してからわずか一年半ほどしか経っておらず、当時、この手続に日本側が異論を唱えることはなかった。ところが、沖縄返還では、日本の主権回復時に問題となったことが、あらためて議論される。そこで、岡崎・ラスク交換公文が交わされた経緯をまず明らかにしておこう。

岡崎・ラスク交換公文をめぐる交渉

岡崎・ラスク交換公文とは、占領中、連合国軍(主に米軍)が使用していた設備・用地を、日本の主権回復後、行政協定第二条の施設・区域として使用させることに関する書簡である。行政協定の交渉の結果、岡崎大臣とラスク代表との間で交わされた。

占領中は、接収という形で、多くの設備・用地が有無を言わさず占領軍の使用に供された。日本が主権を回復するにあたって、米軍がこれらの設備・用地を使用したいと望む場合、当然ながら、接収ではなく、日米の合意に基づく必要があるというのが日本側の基本的な方針であった。アメリカ側もこの日本側の方針を受け入れている。ただし、行政協定の交渉が始まったのは、一九五二年一月末である。平和条約が発効する四月二八日まで、三ヶ月弱しかなかった。そこで、日米間での合意が遅れる場合を、アメリカ側は危ぶんだのである。

この施設・区域の指定をめぐる交渉は、行政協定を締結する交渉でも、最後まで難航したもののひとつである。外務省がまとめた『日本外交文書　平和条約の締結に関する調書　第五分冊(Ⅷ)』には、「これが交渉の最終段階で妥結をみた条項となつたのは、やや意外であつた。」との感想が記されている。[12] アメリカ側は、施設・区域の問題は、行政協定交渉の核心部分をなすと位置づけていた。[13]

約一ヶ月にわたる行政協定の交渉期間中、この施設・区域の問題はどのように論じられたのだろうか。以下、そのポイントを明らかにしておきたい。

討議の基礎となったのは、一九五二年一月二四日、マシュー・B・リッジウェイ連合国最高司令官から吉田茂総理に手渡されたアメリカ側の行政協定案である。その第二条の施設及び区域に関する第一項は、つぎのようになっていた。

日本国は、合衆国に対し、安全保障条約第一条に掲げる目的の遂行に必要な施設及び区域の使用を許与することに同意する。個々の施設及び区域は、協定の第二四条［注：最終的には第二六条となる］に定める合同委員会による協議によつて両政府が定めるものとする。この協定が効力を生ずる時に合衆国軍隊が使用している施設及び区域は、合同委員会によつて協定される他の取極が効力を生ずる時まで、合衆国軍隊が使用することができる。施設及び区域は、当該施設及び区域の運営に必要な現存の備品、設備及び定着物を含む。[14]（傍点は引用者による強調）

問題は傍点で記した第三文である。この文言によれば、占領終了時、米軍が使用していた施設・区域は、日本が主権を回復した後も、引き続き使用できる。そのため、日本側はこの第三文を削除するよう要求した。その理由として、「占領軍が徴発し使用している施設・地区《ママ》の解除は朝野の熱望するところであつたし、また、安全保障条約によつてわが国に今後駐屯する合衆国軍隊の使用に供する施設・区域は対等の協力者としての日米双方の間に協議決定すべきものであることは理の当然であるからである。」とある。[15]

この問題の本質は、アメリカ側が、日本の主権回復後も、占領時代の設備・用地を継続して使用したいと望んだことにある。日本側は、主権回復後は、日米は対等な関係になるので、施設・区域の利用の許与は、両国の合意に基づかなければならないと主張した。それでは、なぜアメリカ側は、右のような要求をしたのであろうか。

当初、アメリカ側がこの条項を起草する際には、一定の施設に関するアメリカ側の使用権が失効してしまう事態を避けるため、と説明していた。つまり、短期間であれ、アメリカ側が施設・区域の不法使用者の立場に陥ることのないようにするためというのである。[16]ただ、アメリカ側は、一九五二年二月の時点で、朝鮮戦争がどのように推移するかわからないという要因をかかえていた。そこで、どの施設を解放できるのか、確定できないとも説明している。[17]こうなると、アメリカ側の本音は、施設・区域の使用を可能なかぎり継続したいというところにあったのではないかと疑われる。

実際、アメリカ側は、行政協定の効力発生までに施設・区域について合意にいたらない場合、それらを継続して使用できる保証が欲しいと繰り返し主張している。これに対し、日本側は、施設・区域に関する交渉をすぐに始めるべきである。交渉の結果、どうしても合意できないところがあれば、そのときに、アメリカ案の第三文のようなものを考えるべきだとの立場であった[18]。

この問題の打開策として、日本側は、アメリカ側の求める保証の部分を、行政協定の本文ではなく、附属の交換公文に盛り込むことを提案した。アメリカ側もこの提案を受け入れ、最終的に、岡崎・ラスク交換公文となる。この方式を用いるにあたって、アメリカ側は、交換公文の効力について確認している。つまり、アメリカ側が要求する保証を行政協定本文に盛り込む場合と、交換公文で規定する場合との間に法的に違いがあるのかである。この点につき、岡崎大臣は、まったく違いがないと確言している[19]。

それではなぜ交換公文の方式を用いるのか、アメリカ側は日本側にその説明を求めている。これに対して、岡崎大臣はつぎのように説明した。

現在、占領している設備・用地に米軍は永久に留まるつもりである、と共産主義者などが宣伝している。横浜で新たな徴発がおこなわれたことで、その徴発はアメリカ側が既成事実を積み重ねる証拠と受けとられている。こうした宣伝によって、米軍は誠実なのか、国民の間に疑念が沸き起こっている。したがって、日本政府としては、米軍が現に保持している設備・用地について、早く合意に達したいと望んでいることを、具体的に説明する必要がある。なぜなら、日本国民の間に反米主義が広まるのを憂慮するからだ。そのため、施設・区域に関する日米間の取極は理にかなったものであることを示せば、そうした宣伝の効力を失わせることができる[20]。

この岡崎の説明が、交換公文の使用をきちんと説明しているかどうかは別である。ただ、日本側としては、アメリカ側が要求する保証をのむとしても、なるべく目立たない形にしたいと望んでいたことは確かである。その結果が、岡崎・ラスク交換公文である。

なお、外務省の秘密文書である「日米地位協定の考え方・増補版」によれば、この交換公文によって暫定使用が認められた施設・区域は五〇ヶ所とされている。そのうち、一九ヶ所を除き、行政協定の発効までに、日本側に返還されたという。その一九ヶ所も、行政協定が地位協定に改定されるまでに、通常の手続により、施設・区域に指定されたとある。したがって、岡崎・ラスク交換公文は、形式的にも、実質的にも失効していると説明されている。[21]

岡崎・ラスク方式への異論

岡崎・ラスク方式のなにが問題なのか。その背景を知るために、宮澤喜一の『東京―ワシントンの密談』という著書を紹介したい。宮澤は、当時、池田勇人大蔵大臣の秘書官をつとめていた。平和条約の発効によって、日米関係がおおきく転換したことをつぎのように記している。

しかし当時から、部外者であった私が感じていたことを率直に述べると、講和の発効を境にして、今迄の米軍は日本の主権者としていたものだが、その日からはこちらが主人で向うはお客様、もっとはっきり云えば、その日から米軍はこちらの意思に反して色々やってもらってはならない立場に変るのだ、という原則が行政協定を折衝した人々の間に、時として見失われたかに見える点である。[22]

宮澤の記憶によれば、折衝中の行政協定の草案に、「米国は駐留を希望する地点(「施設及び区域」と云った)について、講和発効後九十日以内に日本側と協議し、日本側の同意を得なければならない。但し九十日以内に協議が整わなければ、整うまで暫定的にその地点に居ってよろしい」という趣旨の規定があったという。[23] 前述のように、たしかにその案が検討されていた。[24]

宮澤は、この「但し」以下を問題視している。「九十日以内に相談せよ、但しまとまらなければ、まとまる迄いてよろしいというのでは、九十日と日を限った意味は全くない。九十日と日を限った意味がなければ、講和が発効して独立する意味が無いということにひとしい。」と、この案を痛烈に批判している。[25] 宮澤は、この草案を見て非常に驚き、この規定の削除を外務省に申し入れる。ところが、この規定は行政協定の本文からは除かれたものの、岡崎・ラスク交換公文に盛り込まれることになった。[26]

本来、右の九〇日という期間は、占領が終了した場合、占領軍が撤退するのに必要な期間として想定されていた。たとえば、サンフランシスコ平和条約第六条(a)には、「連合国のすべての占領軍は、この条約の効力発生の後なるべくすみやかに、且つ、いかなる場合にもその後九十日以内に、日本国から撤退しなければならない。」とある。これに対し、米軍が占領終了後も日本に駐留することになったのは、日米安保条約に基づくものである。

つまり、九〇日という期限を区切ることの意味はこうである。九〇日が経過すれば、これまでの状態は終了する。もしそれ以降も、これまでの関係を継続したいとするなら、当事者間で新たな合意が必要である。そうしなければ、九〇日という期限を区切った意味がなくなる。宮澤は、「極言すれば、今日、日本に駐留している米軍に対する日本人の反感の中には、「大きな顔をしていやがる」という占領の継続のような屈辱感が宿っている、その事の根本の原因は、この行政協定の誤りにあるのだと今日迄私は考えている。」とまで述べている。[27]

以上、宮澤の言を紹介した。実は、これと同じことが、沖縄返還のときに起きる。すでに述べたように、奄美および小笠原返還の場合には、岡崎・ラスク方式は問題にならなかった。合同委員会が施設・区域として指定する対象はきわめて限られていたからだ。これら施設・区域と現地の住民との係りも、大きな問題にはならなかった。これに対し、沖縄返還の場合には、一〇〇万からの住民が稠密な土地に暮らしているだけでなく、施設・区域の数・面積も、奄美・小笠原の比ではなかった。それでは、沖縄返還の際に、この岡崎・ラスク方式はどのように取り扱われたのであろうか。

日米の主張

この問題をめぐる日米の主張を、一九七〇年一一月から一二月にかけての交渉を中心に、整理しておきたい。まず、アメリカ側は、安保条約・地位協定にしたがい、返還後の施設・区域が、合同委員会によって指定されることに異存はなかった。アメリカ側が懸念したのは、実際の返還日までに(この交渉がおこなわれている際には、返還日が一九七二年のいつになるのかはまだ決まっていなかった。返還日が確定するのは、一九七二年一月七日の佐藤・ニクソン会談によってである)、はたしてこの合同委員会の手続が完了するのかどうかである。

指定対象となる施設・区域が多数にのぼるだけでなく、それぞれの施設・区域の境界を画定するというやっかいな作業が残されていたからだ。そこで、合同委員会による指定の手続が完了しない場合のセーフガード(安全装置)が必要だとアメリカ側は主張した。このセーフガードが岡崎・ラスク方式である。米軍が返還前から使用している設備・用地を、引き続き使用できる保証を日本側から取りつけることを意味する。前述のように、スナイダー公使は、行政協定の発効時に岡崎・ラスク方式が用いられたのは、平和条約の発効前に、すべての米軍の基地につき合意を完了する時間的な余裕がなかったからと説明していた。同じことが沖縄返還の場合にも当てはまるというのだ。[28]また、沖縄においても必要な基地は日本側からすべて許与される、と議会に対し説明する必要があるとも指摘している。[29]

これに対し、日本側は、岡崎・ラスク方式は採りえないと主張した。その理由はいくつかある。まず、小笠原の例は、すでに述べたように設備・用地の数および住民の態様からみて、沖縄返還の際の先例とはなりえないことが挙げられている。[30]また、岡崎・ラスク方式は、宮澤の指摘と同様、占領の残滓と受け取られかねない。さらに、沖縄の施設・区域の指定は、地位協定に則っておこなうことが、法的にも政治的にも、唯一、適切な方法だと考えられた。[31]国会との関係でも、たんに現状を追認するだけでなく、個々の施設・区域を「評価」し、安保条約の目的にかなったものであることを日本側が積極的に決め、使用を許与したとする必要があった。[32]また、この機会に、沖縄の施設・区域の整理・縮小を図りたいという日本側の思惑があったことはいうまでもない。[33]

解決策

事態が動くのは、一九七一年四月になってからである。四月八日に開かれた吉野文六アメリカ局長とスナイダー公使との会談で、日本側は、アメリカ案に代る日本案を提示する。その案とは、「日本国は、千九百六十年一月十九日にワシントンで署名された日本国とアメリカ合衆国との間の相互協力及び安全保障条約及びこれに関連する取極に従い、アメリカ合衆国に対し琉球諸島及び大東諸島における施設及び区域の使用を許す。」というものであった。この案は、最終的な成案とほぼ同じである。成案では、「取極に従い、」の後に、「この協定の効力発生の日に、」という文言が追加されている。(34)

吉野は、日米双方とも返還までに手続が完了するよう全力をつくすべきである、手続が完了しない場合を懸念するには及ばない、と述べている。それでも、スナイダーは、施設・区域に関する明確な保証が必要であることを強調した。(35)

翌九日、条約局の井川克一が、沖縄返還協定の署名の際に、施設・区域に関する了解覚書に両国がイニシャルするので、その表の冒頭部分に、新たな文言を挿入することを提案した。実務レベルの地位協定タスク・グループ(SOFA Task Group)が、沖縄返還時にアメリカ側に提供される施設・区域を一覧表にする作業を進めていた。この表はつぎのようになっていた。

A表　引き続きアメリカ側へ提供される施設・区域

B表　沖縄返還後、一定期間をおいて日本側に返還される施設・区域

C表　沖縄返還時またはそれ以前に、日本側に全部または一部返還される施設・区域

このA表の冒頭に、「以下は、日米間で他に合意しない限り、合同委員会において、返還日に、現行の境界内で、合衆国軍が使用するための施設および区域として、日米両国政府が合意する軍事設備および用地である。」との文言

を挿入するというのである。(36)

井川は、これによって、表に掲載される施設・区域は、日本政府が合衆国政府に許与することを保証するものである、と説明している。アメリカ側は、日本政府が沖縄の施設・区域を縮小するつもりがないことを明らかにしている点で、この案を歓迎した。とはいえ、アメリカ側は、合同委員会で指定が間に合わない場合のセーフガードをあらためて求めた。アメリカ側は依然としてその要求を充たすものではないとして井川の案に難色を示したのである。(37)

以上を整理してみよう。日本側は、アメリカ案を受け入れられないとした。なぜなら、同案には、占領終結の際に交わされた岡崎・ラスク方式と同様の文言が用いられていたからである。つまり、米軍の既存の設備・用地は、合同委員会の手続が完了するまで、施設・区域として指定したものとみなすとの原則を日本側は受け入れられないという意味である。沖縄返還協定に岡崎・ラスク方式と同様の文言が盛り込まれると、両国政府の関係が対等ではないと受け取られる可能性があることを日本側は懸念した。

結局、この問題は、つぎのように決着する。まず、沖縄返還協定の第三条第一項は、日本案を採用する。その結果、「日本国は、千九百六十年一月十九日にワシントンで署名された日本国とアメリカ合衆国との間の相互協力及び安全保障条約及びこれに関連する取極に従い、この協定の効力発生の日に、アメリカ合衆国に対し琉球諸島及び大東諸島における施設及び区域の使用を許す。」となった。

また、前述のA表における冒頭の文言は、つぎのとおりである。

次の設備及び用地は、日本政府及びアメリカ合衆国政府がその間で別段の合意をしない限り、千九百六十年一月十九日に署名された日本国とアメリカ合衆国と［の］間の相互協力及び安全保障条約第六条に基づく施設及び区域並びに日本国における合衆国軍隊の地位に関する協定（以下「地位協定」という。）第二条の規定により、現在の境界線内で又は備考欄に記載するところに従い、合衆国軍隊が沖縄の復帰の日から使用する施設及び区域として合同委員会において合意する用意のある設備及び用地である。合同委員会における協定は、琉球諸島及び大東諸島に関する日本国とアメリカ合衆国との間の協定の効力発生の日に締結される。その準備作業が同日前に十分な余裕をもつて終了するように、あらゆる努力が払われる。(38)

右の文言の最後に、「その準備作業が同日前に十分な余裕をもつて終了するように、あらゆる努力が払われる。」とある。「十分な余裕」とはどのくらいなのか。それを明確にするため、合同委員会の日本側代表(吉野アメリカ局長)からアメリカ側代表に、つぎを内容とした秘密書簡の発出を提案した。

A表の冒頭部分に関して、本官は、日本政府が、合同委員会を通じ、沖縄返還協定発効日の少なくとも一ヶ月前に、合意のための手続を含め、必要な準備作業を完了することを貴官に通知いたします。本官は、合衆国政府がまた、その目標に向け最大限の努力をはらうよう希望します。(39)

つまり、協定発効の一ヶ月前を目途に準備手続をすべて完了するという内容である。国務省もこの提案に同意する。これで、沖縄返還協定第三条の施設・区域に関する問題は解決した。(40)

三　那覇空港の返還とP3移転

那覇空港と普天間移転

普天間飛行場の辺野古への移転問題は、那覇空港とはまったく関係がないようにみえる。しかし、二〇一七年六月一五日の参議院外交防衛委員会における稲田朋美防衛大臣の発言からは、那覇空港を米軍が再使用できる密約があったかのような印象を受ける。そこで、まず、この委員会でのやりとりからみていくことにしよう。

その前提として、二〇一三年四月、普天間飛行場の返還条件として、以下の八つの項目に、日米両政府が合意していることに着目する必要がある。

（1）飛行場関連施設等のキャンプ・シュワブへの移転

（2）航空部隊、司令部機能、関連施設のシュワブへの移設
（3）必要に応じた飛行場能力の代替に関連する航空自衛隊新田原基地・築城基地の緊急時の使用のための施設整備
（4）長い滑走路を使う活動のための緊急時の民間施設使用
（5）地元住民の生活の質を損じかねない交通渋滞、諸問題の発生回避
（6）隣接する水域の必要な調整の実施
（7）施設の完全な運用上の能力の取得
（8）KC—一三〇飛行機による岩国飛行場の本拠地化(41)

これらの条件を充たさないと、普天間は返還されないこととなる。このなかで、とくに注目すべきは（4）である。沖縄における在日米軍の施設・区域に関する統合計画では、普天間飛行場の代替施設によっては確保されない長い滑走路を用いた活動のため、緊急時における民間施設の使用改善が普天間飛行場の返還条件となっている。これについては、現時点では具体的な内容が決まっていないため、アメリカ側との間で協議・調整をしていくことになっている。ただ、この協議・調整が整わない場合、返還条件が整わず、普天間飛行場が返還されない。以上が防衛省の見解、ならびに、二〇一七年六月六日における稲田防衛大臣の答弁の要約である(42)。

これを踏まえ、民進党の藤田幸久議員が、「辺野古の新基地が建設されても、アメリカ側との調整が整わなければ普天間基地は返還されないということで間違いございませんですね。」と稲田防衛大臣に確認している。普天間飛行場の辺野古への移設は、普天間飛行場の危険性を除去するためである。アメリカ側との調整が整わなければ、普天間飛行場は返還されず、同飛行場の危険性除去も実現できない、という趣旨なのかを問うている(43)。

これに対し、稲田大臣は、こうした協議が整わないということがないよう対応したいという趣旨の発言を繰り返した。そのたびに、質問に答えていないとして、速記が止まっている。結局、稲田大臣は、「仮定を置いた上で、協議

が整わなければ、普天間の前提条件であるところが整わないということになれば、究極の危険性除去という意味においては実現はいたしません、でよろしいでしょうか。」と答弁している。(44)

また、沖縄タイムスの記事に、「緊急時の辺野古新基地の「代替施設」を巡っては、米政府監査院が今年[二〇一七年]四月に作成した報告書で、普天間の滑走路が約二八〇〇メートルであるのに対し、辺野古新基地は約一八〇〇メートルのため「固定翼機の訓練や緊急時に対応できない」と指摘。日米両政府が緊急事態に使用可能な滑走路として県内一カ所を含む国内一三カ所を特定したことを明らかにし、早期の確定を促した。」とある。(45)

この記事によれば、「県内一カ所」とはどこなのか、アメリカ側は公表していない。前記の返還条件(4)から勘案すると、沖縄県内で三〇〇〇メートル級の滑走路を有する民間施設は那覇空港以外にない。ということは、沖縄県側は、この「県内一カ所」とは、那覇空港ではないかと推測している。また、翁長雄志沖縄県知事は、六月五日の沖縄県議会六月定例会で、「(米軍には)絶対に那覇空港を使わせない」と述べたという。(46)

一般論として述べれば、米軍による民間空港の使用は、地位協定第五条により可能である。ただ、那覇空港の場合、沖縄返還時に全面返還された結果、同空港を使用していた軍用機は、他に移転することとなった経緯がある(ただし、対潜哨戒機(P3)の移転は遅れることになる)。そこで、沖縄返還時にさかのぼり、那覇空港の移転、また、もっとも論議をよんだP3の移転を中心に、施設・区域の問題を掘り下げてみたい。

那覇空港の位置づけ

沖縄の施政権が返還された際、沖縄の米軍基地の整理統合は、施政権返還後の沖縄の政情安定、ひいては、在沖縄米軍基地の有効な機能維持という観点から必要である、と日本政府は考えていた。(47) また、「核抜き・本土並み」のとくに「本土並み」が、たんに安保条約・地位協定を適用(そのなかでもっとも重要なのが事前協議制度である)するだけでは、沖縄の人々の理解が得られないと政府は認識していた。そのため、返還の際、米軍基地の返還、また、基地の整理・縮小という問題が、日本政府にとって、おおきな課題となったのである。

すでに第二節で紹介したように、一九七〇年八月三一日の愛知・マイヤー会談で、施設・区域に関するアメリカ案が提示されていた。それは、返還後の施設・区域は、基本的には現状のまま引き継がれるというものであった。日本側の返還要望が具体的に伝えられるのは、同年一一月一六日の愛知・マイヤー定例会談においてである。

この席上、愛知大臣は、「米側が自からのイニシアティヴにより積極的に、特に政治上象徴的価値のある若干の基地(これに限るものでない旨明らかにした上、例示的に(イ)那覇空港を民間航空基地として返還すること、(ロ)那覇軍港の返還、(ハ)牧港《マチナト》住宅地区の移転、及び(ニ)与儀《ヨギ》等の石油貯蔵所の移転をあげた)を返還することが肝要である」と要望した。これに、マイヤー大使は、「(ロ)沖縄返還の基本的な前提は、在沖米軍の削減ないし縮少《ママ》ではなく、その機能の維持にあることは、米政府が議会に対し繰りかえし説明してきた点であり、また、(ハ)国防総省においては、沖縄復帰は米側の財政支出を伴なわない旨議会に対し固く約束してきたこともあり、特に牧港《マチナト》住宅地区の移転については強い抵抗がある」と述べ、日本側の要求に消極的な姿勢を示した。[48]

日本政府は、国会および沖縄の人々からの圧力に応えるため、たんに現状を受け入れるのではなく、施設・区域の見直しをおこない、個々の施設・区域を「許与」したという積極的な決定をおこなう必要があった。この見直し作業をてこに、沖縄の施設・区域を減らすことを目論んでいたのである。[49]

これに先立ち、千葉一夫北米一課長が準備した「沖縄基地返還問題」と題する文書に、那覇空港について、つぎのような感触が記されている。

> アメリカ側は、那覇空港を自衛隊基地として返還することにより、地位協定第二条第四項に基づき、共同使用を望んでいるのではないかと思われる。同空港にある軍用機は、今後、他へ移駐するか否かはまだはっきりしない。情報を総合すると、アメリカ側は、Ｃ１３０輸送機は嘉手納基地に移転させ、対潜哨戒機(Ｐ３)はそのまま那覇空港に置くのではないかとみられる。この点は明らかでなく、Ｐ３を嘉手納基地に移駐させる案もあるようだ。ただ、空軍は

この案の受け入れに強硬に反対しているという。日本側としては、復帰に伴い沖縄の表玄関たる那覇空港は、当然、民間空港として日本側に返還されるべきだとの声が強い。とくに政府部内には、国会に対する説明上、上記のアメリカの考え方は適当ではないとの意見が多い。また、アメリカ側は、たとえ那覇空港から米軍用機がすべて撤退したとしても、極東防衛上の見地から、自衛隊基地としておき、re-entry rights の確保を要請する可能性がある。(50)

一九七〇年一二月二二日の愛知・マイヤー会談で、施設・区域(沖縄返還協定案第三条)について、はじめてその考えを文書にした日本側のトーキング・ペーパーがマイヤー大使に手交された。このペーパーの概要は以下である。

一.一九六九年一一月二一日の共同声明において、合衆国は、両国の相互安全保障に必要な沖縄における施設及び区域を、相互協力及び安全保障条約の条件の下で、保持することに合意した。

同条約第六条は、施設及び区域の使用を許与する目的を、日本の安全及び極東における国際的な平和と安全を維持するのに貢献することと規定している。とすれば、沖縄における特定の施設及び区域の使用を許与するにあたって、これら施設及び区域が上述の安保条約第六条の目的に合致することに両国政府が合意しなければならない。

二.一.に述べた合意に達するため、沖縄における合衆国の設備及び用地の完全かつ詳細な見直しをおこなう必要があり、これは、安保条約及び地位協定の下で、返還後、施設及び区域として使用を許与するためである。かかる見直しは、日米の地位協定タスク・グループの枠組みでおこなわれ、その後、外交チャネルをとおして、実質的に合意される。(51)

愛知大臣は、既存の米軍基地をアメリカ側の既得権としてそのまま存続させることは認められない。日米安保条約の目的に照らしたうえで、施設・区域として妥当なものをアメリカ側に許与するとの考えを明らかにしている。また、政府として、なぜ施設・区域として米軍に提供したのか、国会その他の場で国民に十分に説明する必要がある。そのために施設・区域の見直しが必要であると強調した。(52)

Ｐ３移転とその費用

那覇空港の問題は、一九七一年三月になっても決着しなかった。日本側は、沖縄の本土復帰時に、那覇空港を運輸省所管の日本の空港にすることが内政上不可欠であると認識していた。米海軍哨戒機（Ｐ３）部隊が引き続き那覇空港に常駐するとなれば、同空港は米軍への提供施設（前述のＡ表）とせざるを得なくなる。それでは民間空港への移管に決定的な障害となる。そこで、Ｐ３部隊の移転が必要であると考えていた。ただ、唯一の移転先と考えられていた嘉手納基地について、空軍には同基地の拡張計画があったため、海軍機を受け入れる設備の建設にアメリカ側は反対していた。しかし、日本側は、上記の理由から、あくまで移転を主張すべきだと考えていた(53)。

こうした日本側の意向は、三月二五日の吉野・スナイダー会談でも吉野からスナイダーに伝えられている。日本政府としては、海軍のＰ３を那覇空港から撤去することで、完全な民間空港にしなければならないというのである。これに対し、スナイダーは、Ｐ３の移転はアメリカ側にとってきわめて困難である。那覇空港のＰ３は最小限のプレゼンスであると反論した(54)。

この問題の協議が進むうち、アメリカ側にとって重要なのは、嘉手納基地にＰ３を受け入れる物理的な余裕があるかどうかではなく、移転に必要な経費であることが明らかになってくる。統合参謀本部第五部のスミス准将（空軍）の話では、Ｐ３を受け入れる以上、同機種に見合った高度なエレクトロニクス関係の地上施設を同基地に構築する必要がある。そのために、約一三〇〇万ドルを要する。米軍側はこの費用を捻出できないというのだ(55)。

この費用の問題を含めてＰ３移転は、四月二一日の吉野・スナイダー会談で、さらに具体的に話し合われている。スナイダーはつぎのように述べた。

Ｐ３の嘉手納および普天間への移駐は考えたが、（イ）沖縄のＰ３は在日本、フィリピン間のＡＳＷ［Anti-submarine warfare 対潜戦］のギャップを埋める対潜哨戒上の要衝となっている。本土移駐は無理である。（ロ）嘉手納については、向う二年間、空軍は費用切詰のため台湾等の基地を縮小して嘉手納に統合をおこなう方針であり、使用増大が見込まれるほか、必要施設(駐機場、エプロン、ハンガー、特殊機器機内施設)の建設(宿舎は別)に一八〇〇万ドルを要する。また(ハ)普天間については、移転費用は一六〇〇万ドルであるが、滑走路、気象、地理条件等嘉手納に比して遜色がある等問題がある、むしろP3移駐については、復帰後合同委の枠内の問題として処理することが、費用の面等からも得策ではないか。[56]

これに対して、移転費用を日本側が負担する場合もP3移駐は困難なのかと吉野が質すと、それが自分の印象であるとスナイダーは答えている。加えて、スナイダーは、「仮に那覇空港を全面返還の場合でも、緊急の場合等必要に応じての同空港再使用の保証をえたい」と要請している。[57] ここにも、緊急時の那覇空港の再使用問題が登場する。

四月二六日の愛知・マイヤー会談で、愛知大臣は、那覇空港からP3部隊を移転させ、復帰時点で返還する、つまり、那覇空港をC表に含めることを強く要望した。マイヤー大使は、「これらに関する米側の立場は不変であり、空港については日本側へ無償で管理権を渡すが、P3は引続き駐在の必要あり(移転は可能だがきわめて高価につき、その負担は二〇〇の枠外として日本政府にかかるということなら考えてみてもよい。)、かつ、有事再駐留の権利が確保されねばならぬ」と述べている。[58] このP3の移転費用は、約二〇〇〇万ドルと見積もられている。[59]

マイヤーが挙げた二〇〇という数字は、すでに日米間で了解されていた基地移転費二億ドル(二〇〇×百万ドル)を指している。P3の移転費用はこの基地移転費でまかなうのではなく、別途、日本政府が負担するという意味である。マイヤーは、那覇空港への有事再駐留の権利が確保されなければならないとも述べている。

P3移転問題の決着

五月末にいたるも、P3移転問題の交渉は難航していた。これが決着するのは、六月に入ってからである。六月二日、愛知・マイヤー会談が開かれた。愛知大臣は、「P—3についてはただ今大蔵省から連絡があり、ジューリック特別補佐官が台北から柏木氏に電話で、ケネディ大使はP―3を［の］追加費用要求をやめてそのまま移転させるとの考えをACCEPTするに至つた趣なので、これにて三二〇、P―3、請求権、第八項及びVOAについて全部実質的合意をみたというべく、これらの点につき確認をえたい」と述べている。マイヤー大使は、「P―3については初耳だが、本当であればまことに喜ばしいことである。ここだけの話だがジョンソン国務次官はこの点きわめて熱心に日本のために動き、軍部説得に大きな役割を果している。財政面についても同じように努力しているのではないかと思う」と応じた。(60)

「ケネディ大使はP―3を追加費用要求をやめてそのまま移転させるとの考えをACCEPTするに至つた趣」とは、P3移転費用の二〇〇〇万ドルは、基地改善費六五〇〇万ドルから支出されるという意味である。(61)このことは、六月四日の愛知・マイヤー会談でもつぎのように確認されている。「今朝本国より来電があり、那覇空港をその管理権を含んで日本側に返還することは決つており、またP―3を嘉手納に移転させ、その経費は六五より支出することも決つた。ただし、問題は復帰の日までに移転が完了しそうもないというタイミングの点である。すなわち、六五のかねは復帰後でなければ支出されえないと了解しており、かつ、国防省には立替えるための手持ちの財源もないので、「復帰後できるだけ早く、但し遅くとも一年以内に移転」ということで御了承願いたい」とマイヤー大使は述べた。(62)

愛知大臣が、「かねが復帰前に早期に出れば移転を早めることができるか」とたずねると、「その点は早速本国にとりついでみたい」とマイヤーは答えている。さらに、愛知大臣は、「復帰日に一時的にせよP―3が残り、那覇空港を地位協定下の提供施設とする(C表よりB表に移す)ことは政治的にきわめて好ましくない結果をもたらす」旨を強調した。愛知大臣とマイヤー大使は、那覇空港が復帰と同時に返還されるとの原則を確認したうえで、愛知大臣は、費用の早期支出につき早速大蔵省と協議すると述べている。(63)

大蔵省との協議はただちにおこなわれた。格納庫等の復帰日前の建設につき大蔵省との間に別紙のごとき了解に達したという。この別紙には、大蔵省は、返還前に那覇空港からP3を移転できるよう、嘉手納基地でハンガー等の設備の建設をおこなうための必要な措置をとる。また、二〇〇〇万ドルと見積もられている費用は、六五〇〇万ドルから充当される、と記されていた(64)。したがって、日本側は、P3の移転問題が解決したことから、那覇空港は復帰日にP3なしで完全返還されるものと了解した。

P3移転問題のその後

復帰前のP3移転に合意はしたものの、設備の建設という物理的な問題が待ち受けていた。この問題はその後も長く尾を引く。アメリカ側はP3の移転を決め、返還前に代替施設を建設するための費用の手当てについて日本側の要請を受け入れた。その結果、那覇空港をA表からC表に移動させることに同意する。ただ、代替施設建設の工事が完了しないおそれがあった。そのため、もし工事が完了しない場合、返還後もアメリカ側による那覇空港の使用が可能であることを確認する秘密の書簡が吉野・スナイダー間で交わされた(65)。

また、基地の改善・修理費として、日本側が六五〇〇万ドルを支払うとなっていたものの、この費用は、地位協定第二四条によれば、本来、アメリカ側が負担すべきものである。同条によれば、日本側は施設・区域を提供する費用は負担するけれども、その改善・修理費はアメリカ側の負担となっていたからだ。

一九七一年六月九日、パリでの愛知・ロジャーズ会談において、ウィリアム・ロジャーズ国務長官は、改善・修理費の六五〇〇万ドルの使用について、日本側が地位協定をリベラルに解釈することを確約するよう愛知大臣に求めた。愛知大臣はこの要望を受け入れている。この問題は、その前日のアメリカ側事務当局者との会談の際、愛知大臣が、外務省事務当局の反対を押し切る形で、自らの責任で対処することを確約していた。ちなみに、外務省事務当局が反対した理由は、地位協定第二四条に明らかに反するからだけではなく、リークの可能性を危惧したからである。結局、P3の移転費二〇〇〇万ドルは、この六五〇〇万ドルから支払われることとなった。

沖縄返還協定が調印された一九七一年六月一七日、A表、B表、C表からなる基地に関する了解覚書も調印される。

那覇空港の場合、那覇空軍・海軍補助施設として残留する部分がA表に、那覇空港として返還される部分がC表に記載された。この那覇空軍・海軍補助施設とは、那覇空港の補助施設としての、主に将校、下士官および軍属用の住宅地域、ならびに、それに関連する施設である。したがって、空港としての実質的な部分は那覇空港である。この那覇空軍・海軍補助施設の返還がすべて完了するのは一九八六年になってからである[66]。

那覇空港からP3を移転する問題は、その後も紆余曲折を経る。結局、P3の移転は、沖縄の本土復帰には間に合わなかった。嘉手納基地への移転が完了するのは、沖縄海洋博が始まる直前の一九七五年五月である[67]。

最後に、那覇空港の緊急時の再利用について触れておきたい。この問題は、前述のように、アメリカ側から何度も提示されていた。しかし、具体的な取極にはいたらなかったと思われる。その要因として、沖縄返還後も那覇空港にP3が残留したことがおおきかったのだろう。残留の根拠として用いられたのが、地位協定第二条第四項(b)である。同項には、「合衆国軍隊が一定の期間を限つて使用すべき施設及び区域に関しては、合同委員会は、当該施設及び区域に関する協定中に、適用があるこの協定の規定の範囲を明記しなければならない。」とある。

この日本語はきわめてわかりにくい。その意味は、合衆国軍隊が一定の期間を区切って使用する施設・区域に関しては、合同委員会は、かかる施設・区域を規定する取極の中に、この地位協定の規定が適用される範囲を明記しなければならない、ということである。一定の期間とはどのくらいなのかが問題となる。那覇空港の場合、移転先の決定、および、その後、工事が完了するまでに三年以上を要した。したがって、期間があってなきが如き状態となったのではないかと推測される。このような経緯から、緊急時における那覇空港の再使用という問題はうやむやになってしまったのではないかと推測される。

四　沖縄の施政権移行期

日米協議委員会

一九六九年一一月の日米首脳会談で、一九七二年中のアメリカから日本への沖縄の施政権返還がきまったことはすでに述べたとおりである。一九七一年六月には、沖縄返還協定が締結される。また、施政権の移行を容易にするためのさまざまな準備がおこなわれ、一九七二年五月一五日に沖縄は本土に復帰した。

二〇一五年一二月二四日の外交記録公開で、沖縄の施政権移行期(一九六九年一一月の日米首脳による合意から一九七二年五月一五日の施政権返還までの期間)における、密約を示す文書があらたに明らかとなった。密約文書が作成されたのは、一九七〇年一一月一九日に開催された第二〇回日米協議委員会においてである。

同委員会は、一九六四年一月、「琉球諸島に対する経済援助に関する協議委員会の設置に関する日本国政府とアメリカ合衆国政府との間の交換公文」により設置された。沖縄の経済開発および沖縄の人々の福祉・安寧を増進するため、援助の供与を目的としている(68)。

第一回日米協議委員会は、一九六四年四月に開催され、一九七一年一月の第二一回でその役割を終えている(69)。この委員会は、右に記したように、もともと沖縄の経済・福祉の面を扱うとなっていた。その後、機能が拡大され、沖縄住民に対する旅券発給事務の日本への委譲(一九六六年)、沖縄船舶の日の丸掲揚(一九六七年)、国政参加(一九六八年)などの問題に取り組んだ。さらに、一九七〇年三月、「沖縄の復帰準備に関する日本国政府とアメリカ合衆国政府との間の交換公文」に基づき、同委員会は、施政権返還の準備作業に対する全般的な責任を負うこととなった。

第二〇回日米協議委員会

一九七〇年一一月に開催された第二〇回日米協議委員会の主な議題は、すでに準備委員会で合意されていた「返還時におけるアメリカ合衆国の民政の諸権限の日本国への移行を容易にするための合意」(以下、権限移行合意と呼ぶ)案を承認することであった。準備委員会については後述する。ただ、これまで、この協議委員会は、会議の進行および発言に台本が作られ、その台本通りに議事が進行するのが通例となっていた。ところが、委員である山中貞則総務長官が、この「権限移行合意」案の一部に異論を唱え、同委員会に出席しないと言い出した。山中は、日本政府から琉球政府への援助計画に、依然としてアメリカ政府の承認が必要とされている項目を削除するよう要求した。協議委員会の進行としては前代未聞のことが起こったのである。

なお、この協議委員会の構成メンバーは、日本側は外務大臣および総理府総務長官、アメリカ側は駐日大使である。第二〇回協議委員会では、外務大臣が愛知揆一、総務長官が山中貞則、駐日大使はアーミン・H・マイヤーであった。このうち、山中長官は、一九七〇年一月に総務長官に就任、翌一九七一年七月の内閣改造で総務長官留任、さらに、一九七二年五月の沖縄復帰時には、初代の沖縄開発庁長官に起用された。三期連続で「沖縄担当相」をつとめた経歴を有する。(70)

結論からいえば、山中長官の異論の一部は、アメリカ側の了解も得て、「権限移行合意」案から削除される。ただし、この部分は、不公表の「了解覚書」(英文・日本文)に盛り込まれ、当初の「権限移行合意」案の趣旨はそのまま残される。

これまで、密約といわれる文書はいくつか存在するものの、その文書が作られた経緯がわかる例はほとんどない。これに対し、「権限移行合意」案に基づく「了解覚書」は、明らかな密約で、また、文書作成にいたる経緯が明確にわかるという意味で例外的な事例といえよう。どのような場合に、密約が作成されるのかが判明したという点で重要である。以下、「権限移行合意」案をめぐる議論の推移をたどりながら、密約が締結される手口を明らかにしたい。

「権限移行合意」案

前述のように、日米協議委員会では、進行・発言内容はすべて台本が決まっている。それにしたがい議事が粛々と進められる慣行になっていた。また、委員のフリートークは、委員会閉会後におこなわれ、委員会自体の議事内容には含まれない。ところが、一九七〇年一一月一九日に開催された第二〇回協議委員会で、これまでにない「事件」が起きた。山中総務長官が、議題の「権限移行合意」案の文言に異論をとなえ、一一月一三日頃から、協議委員会に出席しない旨を明らかにしたのである。同委員会開催前日の一八日になっても、山中長官の意向は変わらないことが判明した。総務長官が出席しないと言い出すなど、異例中の異例というほかない。この経緯を明らかにしておこう。

まず、沖縄の本土復帰に向け、準備にあたる組織について整理しておきたい。一九六九年一一月二一日に発表された日米共同声明第一〇項に、「総理大臣と大統領は、沖縄の復帰に伴う諸問題の複雑性を認め、両国政府が、相互に合意されるべき返還取決めに従って施政権が円滑に日本政府に移転されるようにするために必要な諸措置につき緊密な協議を行ない、協力すべきことに意見の一致をみた。両者は、東京にある日米協議委員会がこの準備作業に対する全般的責任を負うべきことに合意した。総理大臣と大統領は、琉球政府に対する必要な助力を含む施政権の移転の準備に関する諸措置についての現地における協議及び調整のため、現存の琉球列島高等弁務官に対する諮問委員会に代えて、沖縄に準備委員会を設置することとした。準備委員会は、大使級の日本政府代表及び琉球列島高等弁務官から成り、琉球政府行政主席が委員会の顧問となろう。同委員会は、日米協議委員会を通じて両国政府に対し報告及び勧告を行なうものとする。」と記されている。[71]

ここから明らかなように、沖縄の本土復帰の準備は、すでに東京に置かれていた日米協議委員会、および、沖縄に設置される準備委員会が協力してあたることとなった。日米協議委員会が、復帰のための準備作業に対する全般的責任を負う。沖縄の準備委員会は、琉球政府に対する必要な助力を含め、施政権移転の準備に関する諸措置につき、現地で協議・調整の機能を果たすというものである。[72]

一九七〇年一一月九日に開かれた第七回準備委員会で、「権限移行合意」案が承認された。これにより、「沖縄におけるアメリカ合衆国の施政権は、返還の時迄そのまま保持されるが、返還時における施政権の移転を円滑にするため、アメリカ合衆国政府は、(以下、米国政府という)米国民政府の機能の一定のものを復帰以前に琉球政府に委任すること、および琉球政府がこれらの追加された諸機能を遂行するにあたり、同政府を援助するため、同政府の業務に対する日本国政府の職員の参加を増加することに同意する。さらに、米国政府は、一定の諸機能を停止し、日本国政府は、相互に合意された方法でそれらの機能を新たに遂行する。また、米国政府および日本国政府は、日本国政府が米国政府に保留される一定の諸機能の遂行に米国政府とともに参加することに同意する。」となった。[73]

この米国民政府の諸機能の琉球政府への委任および停止は、以下の段階でおこなわれることとされた。

第一段階　現在から日本国および米国間における返還協定署名の日まで。

第二段階　返還協定署名の日から必要な立法府の支持がえられる日まで。

第三段階　必要な立法府の支持がえられた日から返還の日まで。

その手始めとして、一九七〇年一二月一日より、アメリカ政府が遂行を停止する機能のリストとして、「権限移行合意」案3.に、以下の一四項目が列挙されている。

(1)　琉球政府に対する日本国政府援助計画の管理に関する監督
(2)　琉球政府農林局に対する助言と援助
(3)　琉球政府建設局に対する助言と援助
(4)　琉球政府文教局に対する助言と援助
(5)　琉球政府裁判所、法務局および検察庁に対する助言と援助
(6)　琉球政府総務局に対する助言と援助
(7)　琉球政府通商産業局に対する助言と援助

(8) 琉球政府厚生局に対する助言と援助
(9) 労働計画の管理および労働組合の育成についての琉球政府に対する助言と援助
(10) 経済統計の収集、分析報告および予測についての琉球政府に対する助言と援助
(11) 琉球政府刑務所および少年院に対する助言と援助
(12) 琉球列島における消防関係部門に対する助言と援助
(13) 米国の所有に属さない航海路標識の運営と維持についての琉球政府に対する助言と援助
(14) 琉球人が所有し、経営する企業に対する助言と援助

このように、一二月一日より、日本政府が米国民政府に代り、琉球政府の農林、文教、法務、通商産業等各局がはたしている諸機能に対し、沖縄・北方対策庁沖縄事務局を通じて、助言と援助を与えることとなったのである。(74) ただ、このリストに掲載されたすべての事項で、米国民政府からの助言と援助が停止されるというわけではない。項目によっては、例外規定、つまり、米国民政府の助言と援助が引き続きおこなわれるとの規定も置かれていた。

山中長官の異論

「権限移行合意」案のなかで、山中長官はふたつの点で異論をとなえた。

第一の異論は、「(1) 琉球政府に対する日本国政府援助計画の管理に関する監督」についてである。準備委員会で承認された原案は、つぎのようになっていた。

これには、日本国政府年次援助計画案の日本国政府大蔵省提出に先立つて行なわれる検討、承認の機能は含まれない。また、米国政府は、日本国政府の閣議で承認を求める前に行なう日本国政府の援助計画案の最終的検討、承認機能の遂行を継続する。さらに、援助計画に関する閣議承認後その計画の軽微な変更以外のいかなる変更も、米国政府の同意を必要とする。(75)(傍点は引用者による強調)

傍点部分が、一一月一九日の第二〇回協議委員会で削除される。この文言は、いささかわかりにくいものの、第一文の「これには、……含まれない。」とある「これ」とは、停止のことである。この文は、日本国政府年次援助計画案において、大蔵省が提出するのに先立っておこなわれるアメリカ政府の検討・承認の機能は、引き続きおこなわれる、という意味である。第二文および第三文の内容はつぎのようになる。琉球政府への日本政府援助計画案は、これまで閣議の承認前にアメリカ政府が承認してきた。その手続を継続する。閣議の承認後は、同計画案に変更がある場合(軽微なものを除く)、アメリカ政府の同意をあらためて必要とする。つまり、一九七二年中の沖縄返還が決まっているにもかかわらず、日本政府の沖縄援助計画案に対するアメリカ政府の承認が、引き続き必要とされていたのである。

第二の異論は、「(5) 琉球政府裁判所、法務局及び検察庁に対する助言と援助」についてである。そこには、「米琉法案審査委員会の機能は、この機能に関する米国の助言と援助の停止によつていかなる制限を受けるものではなく、またこの停止には、琉球列島への出入に関する助言と援助の付与は含まれない。」とある。(76)

密約が問題となるのは第一の異論についてである。これはつぎの節で検討する。ここでは、第二の異論について触れておきたい。それが、第一の異論を理解するうえでも役立つと思われる。

この第二の異論のなかで、とくに問題となったのは、琉球列島への出入が、従来通り、アメリカ政府の助言と援助の下に置かれるという点であった。山中長官は、「累次国会答弁と矛盾する印象を与える」として問題視したのである。(77) その経緯は以下である。

一九七〇年一〇月七日の参議院決算委員会で、野党議員から、沖縄への渡航拒否の理由、または、許諾の基準について、米国民政府がどのように考えているのか、その回答が山中長官に求められた。山中長官は、「施政権者である米側としては、公安局の立場から入域許可という立場をもって拒否件数がありますことは私も承知いたしておりますし、原則的にたいへん遺憾なことだと思っております。かりにその権利を行使し続けても、あと残るところわずかの年数であり、日米友好ということを念ずるならば、そのような、私たちから見れば不必要あるいは神経過敏に近いそういうチェックというものは、必要ないのではなかろうかと私は思うわけです。」と答弁している。(78)

山中長官は、返還も間近にせまっており、沖縄への出入について、アメリカ政府が依然として助言をするような制度に、不満をいだいていたのである。この問題は、第二〇回協議委員会で、原案通り承認される。しかし、山中長官がつぎの発言をすることで決着をみた。

米国が沖縄列島への出入管理問題を返還時まで留保することは施政権者として当然であり、かかる米国の施政権に異を唱えるつもりは毛頭ないが、返還も間近い沖縄の出入国につき日本政府は何ら関与しないということでは国民感情の上から問題もあるので、その点配慮願いたい。(79)

これに対し、マイヤー大使は、「山中大臣の発言は理解しており、米側においても誤解はない。復帰準備委員会の活動振りに満足している」と発言している。(80) これで、この問題は落着した。

五 「了解覚書」での処理

「了解覚書」

山中長官の第一の異論に移りたい。権限移行合意の原案は、すでに述べたとおりである。合意案の後段について、「我国内部の手続的事項にかかわる文言が入っていることが不適当なり」と、山中長官は指摘したという。(81) 閣議に触れている部分である。

なぜこのような異論が出たのだろうか。外務省の調査によると、協議委員会の議題について、沖縄・北方対策庁より山中長官にまったく報告されておらず、また、山野幸吉対策庁長官から山中長官への説明ぶりも不手際であったことによるとされている。(82)

この問題は、協議委員会開催の前日である一一月一八日になって、愛知外務大臣の指示を受け、急遽、アメリカ側とも協議された。その結果、「合意」の本文より、以下にある文書5-1の手書きの線で囲まれた部分を削除する。その部分を不公表の「了解覚書」に盛り込む。協議委員会の席上、これに外務大臣、総務長官、米大使がイニシャルすることとなった(83)。

この「了解覚書」は、日英両文が存在する(文書5-2を参照(84))。そのいずれにも、愛知外務大臣、マイヤー駐日大使、山中長官のイニシャルがある。マイヤー大使のイニシャルはahmである。興味深いことに、愛知外務大臣は、英文の「了解覚書」には、「KA.」と記したのに対し、日本文の「了解覚書」には、「愛知」と漢字で姓の部分のみを記している。日本文へのイニシャルということで、愛知大臣が戸惑った様子がうかがえる。

右の「了解覚書」の日本文は以下である。

　本日採択された「返還時におけるアメリカ合衆国の民政の諸権限の日本国への移行を容易にするための合意」3・(1)に関し、日本国政府の閣議で承認を求める前に行なう日本国政府の援助計画案の最終的検討、承認の機能を米国政府が引続き遂行することが了解される。また、本件援助計画の閣議承認後は、その計画の軽微な変更以外のいかなる変更も、米国政府の同意を必要とすることが了解される。

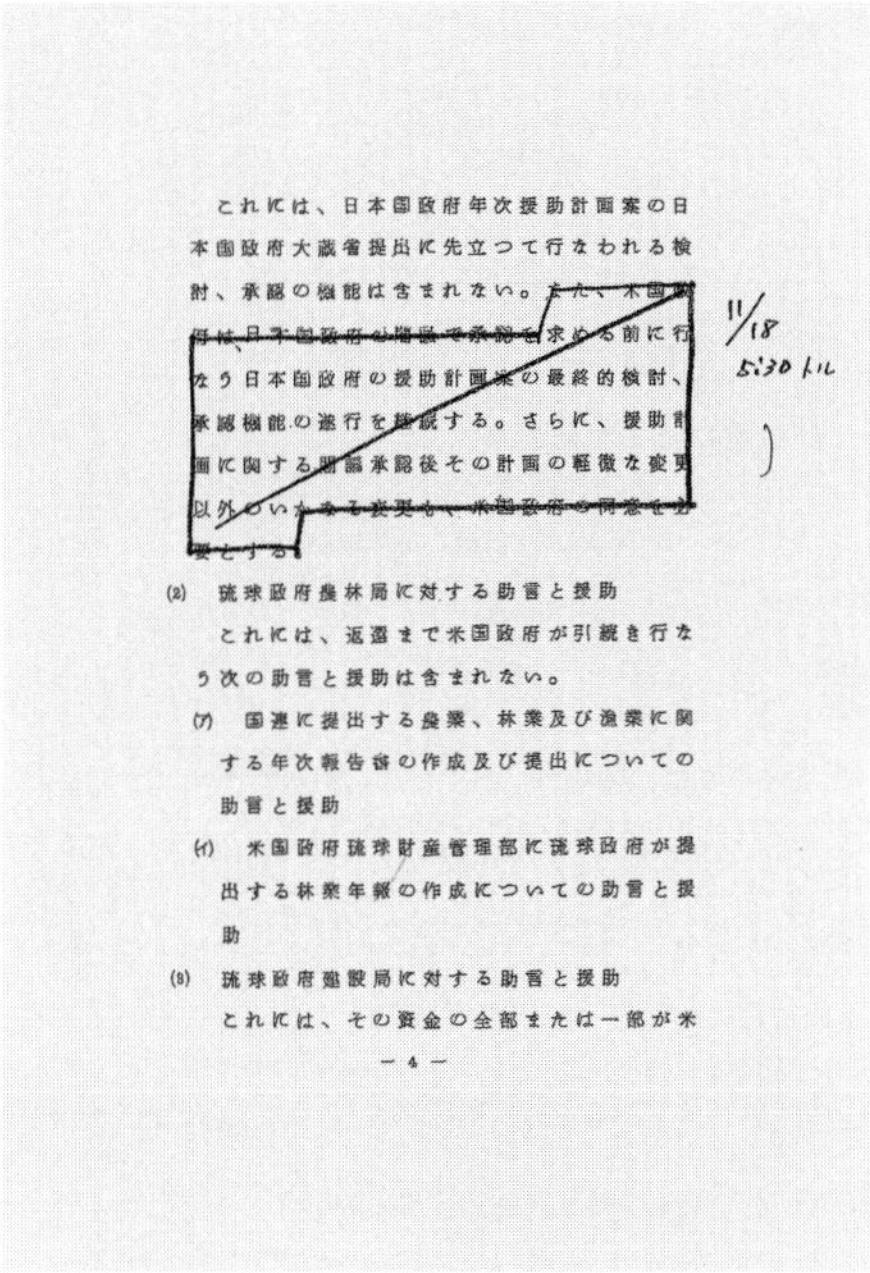
　これには、日本国政府年次援助計画案の日本国政府大蔵省提出に先立つて行なわれる検討、承認の機能は含まれない。また、米国政府は、日本国政府の閣議で承認を求める前に行なう日本国政府の援助計画案の最終的検討、承認機能の遂行を継続する。さらに、援助計画に関する閣議承認後その計画の軽微な変更以外のいかなる変更も、米国政府の同意を必要とする。

(2)　琉球政府農林局に対する助言と援助

　これには、返還まで米国政府が引続き行なう次の助言と援助は含まれない。

(ア)　国連に提出する農業、林業及び漁業に関する年次報告書の作成及び提出についての助言と援助

(イ)　米国政府琉球財産管理部に琉球政府が提出する林業年報の作成についての助言と援助

(3)　琉球政府建設局に対する助言と援助

　これには、その資金の全部または一部が米

― 4 ―

文書5-1　「権限移行合意」案の削除部分

出典：「返還時におけるアメリカ合衆国の民政の諸権限の日本国への移行を容易にするための合意」(秘), 1970年11月9日,『沖縄関係／日米協議委員会開催関係』, 平成27年度外交記録公開, H27-001, A'.3.0.0.7-1(197), 外交史料館.

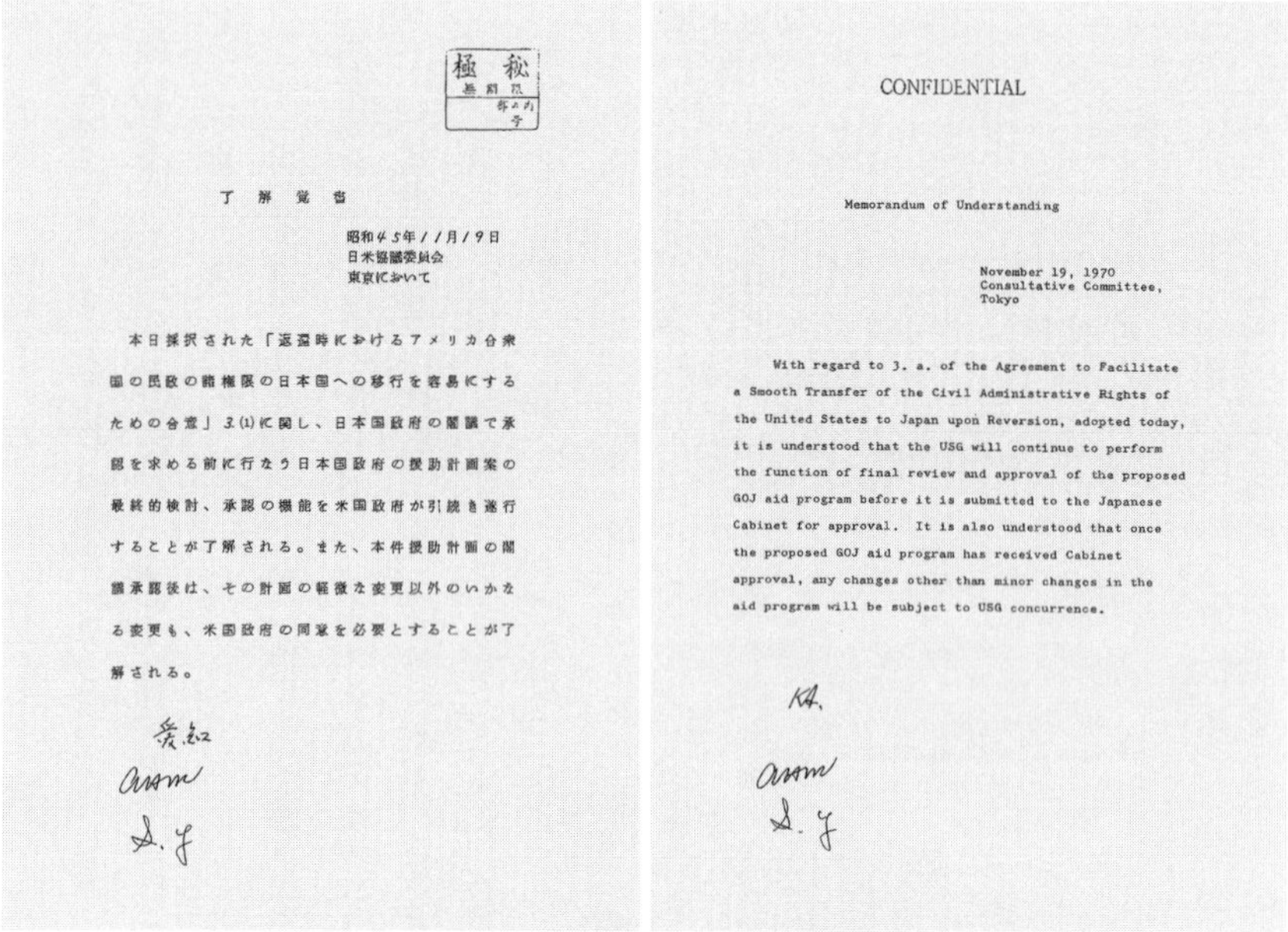

極秘
無期限

了解覚書

昭和45年11月19日
日米協議委員会
東京において

本日採択された「返還時におけるアメリカ合衆国の民政の諸権限の日本国への移行を容易にするための合意」3.(1)に関し、日本国政府の閣議で承認を求める前に行なう日本国政府の援助計画案の最終的検討、承認の機能を米国政府が引続き遂行することが了解される。また、本件援助計画の閣議承認後は、その計画の軽微な変更以外のいかなる変更も、米国政府の同意を必要とすることが了解される。

CONFIDENTIAL

Memorandum of Understanding

November 19, 1970
Consultative Committee,
Tokyo

With regard to 3. a. of the Agreement to Facilitate a Smooth Transfer of the Civil Administrative Rights of the United States to Japan upon Reversion, adopted today, it is understood that the USG will continue to perform the function of final review and approval of the proposed GOJ aid program before it is submitted to the Japanese Cabinet for approval. It is also understood that once the proposed GOJ aid program has received Cabinet approval, any changes other than minor changes in the aid program will be subject to USG concurrence.

文書 5-2　「了解覚書」の英文・日本文

出典：「了解覚書」(極秘)，1970年11月19日，『沖縄関係／日米協議委員会開催関係』，平成27年度外交記録公開，H27-001，A'.3.0.0.7-1(197)，外交史料館．

「合意」案の3.(1)の第二文および第三文が削除され、その部分が「了解覚書」となっている。

協議委員会でのやりとり

協議委員会でのやりとりはどのようになっていたのか。まずは、委員会の進行を記した「議長用メモ」を確認してみよう。以下の「　」で示した部分が、議長(愛知外務大臣)の発言で、その他の部分は、(　)で記されている。(85)

「ここで、お手許の代表会議［注：準備委員会を指す］における合意文書中の一部修正について御説明したいと存じます。同文書の3.(1)「琉球政府に対する日本国政府援助計画の管理に関する監督」の項目に関する表現の中に、「米国政府は、日本国政府の閣議で承認を求める前に行なう日本国政府の援助計画案の最終的検討、承認機能の遂行を継続する。さらに、援助計画に関する閣議承認後その計画の軽微な変更以外のいかなる変更も、米国政府の同意を必要とする。」というところがありますが、今般協議の結果、お手許の合意文書からはこの部分を削除することとし、代つてこの点については了解覚書によつて確認を行なうこととし、米側に御異存なければ、上記覚書に本日この席でイニシアルをすることといたしたいと思います。」

（通訳）

（マイヤー大使より異議ない旨発言）

（通訳）

「では、イニシアルを行ないます。」

（通訳）

（ここで愛知大臣、山中長官、マイヤー大使、イニシアル）

イニシャルの後、山中長官は発言を求め、つぎのように述べている。

今次会議の直前に至り一一月九日の第七回準備委代表会議において採択された合意案文中の第三項(1)の後段を急遽削除の運びとなったことをお詫びする。沖縄の返還交渉がマイヤー大使、ランパート高等弁務官の努力により友好円満裡にはこばれている折柄、かかる申入れは外交上異例とは思うが、上記削除部分に述べられている米側の機能は手続的、形式的なものであり、復帰時まで米側が特に留保する他の助言と援助の実質的な機能とは趣を異にするので、国内的な誤解を防ぐためにも右部分の削除をお願いしたもので何等他意のあることではない[86]。

おそらく、ここに山中長官の本音が表れているのだろう。外務省が調査した文書では、わが国の手続的事項にかかわるからという、いささかわかりにくい削除の理由が挙げられていた。閣議に関連する部分である。協議委員会における山中長官の発言でも、削除部分は手続的、形式的なものであることが強調されている。しかし本音は、「国内的な誤解を防ぐためにも」というところにあったのだろう。この誤解の意味は、アメリカ側の公文書から明らかである。もし削除部分が公表されると、日本政府からアメリカ政府に、新たな機能が委任されたのではないかという誤解を生むというのである[87]。

山中長官の第二の異論からも明らかなように、復帰が目前に迫っているなか、施政権をスムーズに移行させる必要があった。したがって、施政権返還前とはいえ、依然として、日本政府から沖縄への援助計画案について閣議に諮る前に、アメリカ側による承認を必要とする、また、閣議後に同計画案を大幅に変更する場合、アメリカ側の同意を必要とするというのは実態にそぐわない、と山中長官は判断したのである。この事実が公表されれば、日本からの援助計画が、アメリカ側の強い監督下にあることが明らかとなる。それでは、日米の友好関係を損ないかねない。野党からは、なぜこのような文言が依然としてあるのか、追及されることも懸念したであろう。

この件の新聞発表についても触れておきたい。関連部分は以下である。

3．日米双方はさらに、一一月九日の復帰準備委員会第七回代表会議において合意された「返還時におけるアメリカ合衆国の民政の諸権限の日本国への移行を容易にするための合意」を承認した。その際日本側より、右合意中の琉球列島の出入問題については、日本政府は従来どおり、今後とも米側に対して友好的な観点から協議を続けて行く所存なる旨述べ、米側もこれを了承した[88]。

沖縄への出入問題には触れているものの、不公表の「了解覚書」への言及はない。この点、一一月一九日の『朝日新聞』(夕刊)は、「九日の復帰準備委員会でまとまった米民政府の権限の一部を日本政府に委譲する案について、字句を一部修正しただけで承認した。委譲されるのは琉球政府への助言機能十四項目などで、いわば、〝形式的〟なもの。」と報じている[89]。字句の一部修正は出てくるけれども、形式的なものである旨が強調されている。

琉球政府への日本政府援助計画

琉球政府への日本政府援助計画の実態についても触れておきたい。第二〇回協議委員会の議題は、すでに明らかにした(1)「権限移行合意」案の承認のほかに、(2)昭和四六年度沖縄復帰対策費に関する日本側説明、(3)「沖縄復帰対策要綱」案に関する日本側説明、（4）新聞発表ぶり協議、（5）フリートークである。

このうち、（2）と（3）は、表裏一体の関係にある。（3）の要綱にしたがい、一九七一年度の沖縄に対する日本政府援助金の要求額が決まるという関係になっていた。これが、沖縄・北方対策庁による琉球政府に対する一般会計援助予算（「沖縄復帰対策費」）である。この沖縄復帰対策費は、一九七二年中に沖縄が本土に復帰することに備え、「施政権の移転及び沖縄県への移行等諸般の復帰施策を円滑に行なうとともに、社会福祉及び教育水準の充実向上、産業経済の開発等豊かな沖縄県を建設するための施策に要する経費」となっていた。[90]

この日本政府から琉球政府への直接援助が開始されるのは、一九六〇年七月、アメリカで「琉球列島の経済的、社会的発展を促進する法律」（プライス法）が成立したことによる。さらに、一九六一年六月の池田勇人総理とジョン・F・ケネディ大統領との日米首脳会談がきっかけであった。[91] それまで、アメリカ側は、日本政府による沖縄への直接援助をゆるすことで、日本政府の発言権が増すことをおそれ、消極的だったのである。

池田・ケネディ会談の際に発表された共同声明では、この点に関し、つぎのように記されている。

大統領と総理大臣は、米国の施政下にあるが、同時に日本が潜在主権を保有する琉球および小笠原諸島に関連する諸事項に関し、意見を交換した。大統領は、米国が琉球住民の安寧と福祉を増進するため一層の努力を払う旨確認し、さらに、この努力に対する日本の協力を歓迎する旨述べた。総理大臣は、日本がこの目的のため米国と引続き協力する旨確認した。[92]（傍点は引用者による強調）

傍点部分にあるように、アメリカ側は、「日本の協力を歓迎する」と日本政府の積極的な関与をはじめて承認した。この結果、一九六一年度の日本政府による琉球政府への援助額は、五億四〇〇〇万円ほどであったのに対し、その後、一一億円（一九六二年度）、二〇億円（一九六三年度）、二〇億円（一九六四年度）と推移した。さらに、一九六五年度以降は、二九億円（一九六五年度）、五六億円（一九六六年度）、一〇四億円（一九六七年度）、一五四億円（一九六八年度）、二一七億円（一九六九年度）、二三〇億円（一九七〇年度）、五六七億円（一九七一年度）と増大していった。[93]

これに対し、アメリカによる琉球政府への援助額の推移をみてみよう。プライス法によって、援助額には上限が設けられていた。プライス法が成立した一九六〇年の時点で、援助額の上限は六〇〇万ドル(二一億六〇〇〇万円)である。その後、同法は、一九六二年および一九六七年に改正された。上限額は、それぞれ一二〇〇万ドル(四三億二〇〇〇万円)および一七五〇万ドル(六三億円)へと引き上げられている。実際の援助額は、一九六五年度から一九六八年度までほぼ同額で一二〇〇万ドル(四三億二〇〇〇万円)である。それ以降、日本円で示すと、一九六九年度が約五六億円、一九七〇年度が約六三億円となっている。(94)

先の日本の援助額と比較すると、一九六七年度以降、日米の援助額におおきな開きがあることがわかる。その背景として、一九六七年一一月の佐藤栄作総理とリンドン・B・ジョンソン大統領との会談で、両三年以内に、沖縄の施政権の返還時期を定めることがほぼ決まったことが挙げられる。(95)それがおおきく影響したと思われる。つまり、沖縄への財政支援という視点から施政権返還をとらえると、一九六七年度を境に、事実上、施政権の返還が始まっていたのである。

こうしたことが、第二〇回日米協議委員会における山中長官の異論の背景にあった。山中長官としては、財政的に琉球政府を支援しているのは日本政府である。その援助計画に依然としてアメリカ政府の承認が必要であるというのは実態にそぐわない、との思いがあった。結局、「権限移行合意」案から、アメリカ側の承認が依然として残っていることを示すあからさまな表現は削除された。それに代り、不公表の「了解覚書」にイニシャルすることで決着したのである。

密約の手口

「了解覚書」が密約として締結された経緯は明らかとなった。最後に、これまでの分析から、以下の二点を指摘しておきたい。ひとつは、「了解覚書」がなぜ密約といえるのかを確認しておく。もうひとつは、密約締結の手口をあらためて振り返るとともに、「了解覚書」の意義に触れる。

第二〇回日米協議委員会が開催された一九七〇年一一月の時点では、一九七二年のいつ返還が実現するのか、具体的には確定していなかった。ただ、最長でも、二年ほど(一九七二年末まで)で返還されることは明らかであった。アメリカが行使してきた施政権を、段階的に日本側に移行し、施政権の返還がスムーズにおこなわれるよう、「権限移行合意」が締結されたのである。

その第一段階として、「権限移行合意」案３．(1)で、「琉球政府に対する日本国政府援助計画の管理に関する監督」を、一九七〇年一二月一日をもって停止することとされた。ただし、「合意」案には、「米国政府は、日本国政府の閣議で承認を求める前に行なう日本国政府の援助計画案の最終的検討、承認機能の遂行を継続する。さらに、援助計画に関する閣議承認後その計画の軽微な変更以外のいかなる変更も、米国政府の同意を必要とする。」との文言が盛り込まれた。

これがアメリカによる「監督」の中身である。直截にいえば、日本政府から琉球政府への援助計画は、返還時期が間近に迫っていたにもかかわらず、従前どおり、アメリカ政府の承認や同意を必要とするというものであった。

これに山中総務長官は反発する。この文案では、国内に誤解を招くおそれがあるとして、この文案の削除を要請した。アメリカ側もそれを了承する。このままで済めば、密約うんぬんという問題は生じない。ところが、この削除された部分は、そのまま「了解覚書」という不公表文書にまとめられ、愛知外務大臣、山中長官、マイヤー駐日大使がイニシャルした。

山中長官は、同会合で、削除された部分について、「米側の機能は手続的、形式的なものであり、復帰時まで米側が特に留保する他の助言と援助の実質的な機能とは趣を異にする」と述べている(96)。この「手続的、形式的」という点は、まったくそのとおりである。援助計画案は、まず、アメリカ側が提示した後、日本側が対案を出し、最終的に協議委員会で合意に至るという手順になっていた。ただ、このアメリカ側の提案は、日米間の非公式折衝においてある程度合意したうえで、協議委員会に提示される慣行であった。[97]

そうであるならば、削除のままでもよかったはずである。しかし、アメリカ側の監督機能が継続されることを明らかにするため、「了解覚書」が結ばれた。つまり、「琉球政府に対する日本国政府援助計画の管理に関する監督」は、アメリカ側がこれまで通りおこなう権利を有し、日本側は監督される義務を負う。これを不公表文書であらためて定めたのである。

なぜここで、権利・義務を持ち出したかといえば、二〇一〇年三月に公表されたいわゆる「密約」問題に関する有識者委員会報告書では、「二国間の場合、両国間の合意あるいは了解であって、国民に知らされておらず、かつ、公表されている合意や了解と異なる重要な部分(追加的に重要な権利や自由を他国に与えるか、あるいは重要な義務や負担を自国に引き受ける内容)を持つもの」[98]と限定的な密約の定義が用いられていたからだ。密約をこのようにわざわざ限定する必要はまったくない(約束である以上、なんらかの権利・義務が生ずるのは当然ともいえる)。重視されるのはその点ではなく、政府にとって不都合な約束であることから、国会・国民の目からその約束を隠蔽するために利用されるのが密約である。

不公表の「了解覚書」の存在が明らかになったことによって、密約がどのようにして締結されるのか、その手口も明確になった。「了解覚書」の作成経緯から、日本側にとって公表が不都合であるものの、アメリカ側は文書で残しておきたい場合、密約が用いられることがわかる。まるでマニュアルでもあるかのような手際の良さであった。

---

(1) "Memorandum From the President's Assistant for National Security Affairs (Kissinger) to President Nixon, March 12, 1969"(Top Secret), *FRUS*, 1969–1976, Japan, Volume XIX, Part 3, Document 4.
(2) 若泉敬『他策ナカリシヲ信ゼムト欲ス』文藝春秋、一九九四年、六〇七頁。

（3）五・一五メモについては、沖縄県知事公室基地対策課『沖縄の米軍基地』（ウェブ版）、二〇一三年三月、八一―一〇頁を参照。
（4）外務省ウェブサイトの「日米地位協定各条及び環境補足協定に関する日米合同委員会合意」を参照。
（5）アメリカ局・条約局「沖縄返還交渉全般について」（極秘）、一九七一年三月二〇日、「省内ブリーフ」『沖縄関係一七』、平成二二年度外交記録公開⑶ No. 4, H22–012, 0600–2010–00029, 外交史料館。
（6）細谷千博・他編『日米関係資料集　一九四五―九七』東京大学出版会、一九九九年、七八七頁。
（7）“Okinawa Reversion U.S. Draft General Agreement”(Confidential), August 31, 1970,「案文」『沖縄関係一七』、平成二二年度外交記録公開⑶ No. 4, H22–012, 0600–2010–00029, 外交史料館。
（8）“Telegram From the Embassy in Japan to the Department of State, No. 6800, September 1, 1970”(Confidential), RG59 Subject-Numeric Files, 1970–1973, Box 2571, National Archives at College Park, MD.
（9）愛知大臣発米・牛場大使宛、公電第二一二六号「部内連絡」（極秘）、一九七〇年一一月一六日、「米来往電」『日米関係（沖縄返還）三七』、平成二六年度外交記録公開⑵、H26–004, 2014–4126, 外交史料館。
（10）鹿島平和研究所編『日本外交主要文書・年表』第一巻、原書房、一九八三年、五〇三頁。
（11）同上、五〇四頁。
（12）外務省編纂『日本外交文書　平和条約の締結に関する調書　第五冊（Ⅷ）』外務省、二〇〇二年、一〇二頁。
（13）“Memorandum of Conversation, Participants: Ambassador Rusk, Assistant Secretary Johnson, Mr. Bond, Minister Okazaki, Mr. Nishimura, Subject: Informal Discussion with Japanese Delegation Concerning Administrative Agreement Negotiations, January 30, 1952”(Secret), RG59 Central Decimal Files, 1950–1954, Box 2866, National Archives at College Park, MD.
（14）「日本国とアメリカ合衆国との間の行政協定案（一九五一年一二月二一日）」（極秘）、一九五二年一月二五日、外務省編纂『日本外交文書　平和条約の締結に関する調書　第五冊（Ⅷ）』、二〇二頁。
（15）外務省編纂『日本外交文書　平和条約の締結に関する調書　第五冊（Ⅷ）』、一〇四頁。
（16）“Memorandum of Conversation, Participants: Ambassador Rusk, Assistant Secretary Johnson, Mr. Bond, Minister

Okazaki, Mr. Nishimura, Subject: Informal Discussion with Japanese Delegation Concerning Administrative Agreement Negotiations, January 30, 1952"(Secret), RG59 Central Decimal Files, 1950–1954, Box 2866, National Archives at College Park, MD.

（17）"Memorandum of Conversation, Participants: Ambassador Rusk, Assistant Secretary Johnson, Mr. Bond, Minister Okazaki, Mr. Nishimura, Subject: Informal Discussion with Japanese Delegation Concerning the Administrative Agreement Negotiations, February 7, 1952"(Secret), RG59 Central Decimal Files, 1950–1954, Box 2866, National Archives at College Park, MD.

（18）外務省編纂『日本外交文書　平和条約の締結に関する調書　第五冊（Ⅷ）』、一〇四頁。

（19）"Memorandum of Conversation, Participants: Ambassador Rusk, Assistant Secretary Johnson, Mr. Bond, Minister Okazaki, Mr. Nishimura, Subject: Informal Discussion with Japanese Delegation Concerning Administrative Agreement Negotiations, February 13, 1952"(Secret), RG59 Central Decimal Files, 1950–1954, Box 2866, National Archives at College Park, MD.

（20）Ibid.

（21）琉球新報社編『外務省機密文書　日米地位協定の考え方・増補版』高文研、二〇〇四年、三五頁。

（22）宮澤喜一『東京―ワシントンの密談』中公文庫、一九九九年、一二七―一二八頁。なお、同書は、一九五六年一二月に実業之日本社により刊行された同名の書の文庫版である。

（23）同上、一二八頁。

（24）外務省編纂『日本外交文書　平和条約の締結に関する調書　第五冊（Ⅷ）』、三〇八頁。

（25）宮澤『東京―ワシントンの密談』、一二八―一二九頁。

（26）同上、一二九頁。

（27）同上、一二九―一三〇頁。

（28）"Telegram From the Embassy in Japan to the Department of State, No. 9344, November 18, 1970"(Confidential), RG59 Subject-Numeric Files, 1970–1973, Box 2571, National Archives at College Park, MD.

(29) "Telegram From the Embassy in Japan to RUAOADA/HICOMRY, No. 9296, November 17, 1970"(Confidential), RG260[Entry A1 2452]USCAR, Records of Liaison Department, Reference Paper Files Relating to Reversion, 1971–1972, Box 190, National Archives at College Park, MD.

(30) 米局、大河原「沖縄返還協定交渉の件(スナイダーとの懇談)」(極秘)、一九七〇年一二月一〇日、「一二・一〇・大河原スナイダー懇談」『日米関係(沖縄返還)三七』、平成二六年度外交記録公開(2)、H26-004, 2014-4126, 外交史料館。

(31) "Telegram From the Embassy in Japan to RUAOADA/HICOMRY, No. 9296, November 17, 1970"(Confidential), RG260[Entry A1 2452]USCAR, Records of Liaison Department, Reference Paper Files Relating to Reversion 1971–1972, Box 190, National Archives at College Park, MD.

(32) 愛知大臣発米牛場大使宛公電第二三六六号「沖縄返還問題(本大臣、米大使定例会談)往電北米一第二三六〇号別電六」(極秘・限定配布)、一九七〇年一二月二二日、いわゆる「密約」問題に関する調査結果、報告対象文書四―一、外務省。

(33) "Telegram From the Embassy in Japan to the Department of State, No. 10255, December 18, 1970"(Confidential), RG59 Subject-Numeric Files, 1970–1973, Box 2571, National Archives at College Park, MD.

(34) "Telegram From the Embassy in Japan to the Department of State, No. 3266, April 10, 1971"(Secret), RG59 Subject-Numeric Files, 1970–1973, Box 2572, National Archives at College Park, MD.

(35) Ibid.

(36) Ibid.

(37) Ibid.

(38) 外務省『わが外交の近況』昭和四七年版(第一六号)、第三部Ⅰ資料、4.沖縄返還協定及び関係資料、5.了解覚書。外務省ウェブサイトによる。

(39) "Telegram From the Embassy in Tokyo to the Department of State, No. 3978, April 30, 1971"(Secret), RG59 Subject-Numeric Files, 1970–1973, Box 2572, National Archives at College Park, MD.

(40) "Telegram From the Department of State to the Embassy in Japan, No. 80270, May 7, 1971"(Secret), RG59 Subject-Numeric Files, 1970–1973, Box 2572, National Archives at College Park, MD.

(41)『琉球新報』(ウェブ版)二〇一七年六月一五日。

(42)「第一九三回国会参議院外交防衛委員会会議録」第二七号、二〇一七年六月一五日、四頁。

(43)同上。

(44)同上。

(45)『沖縄タイムス』(ウェブ版)二〇一七年七月六日。

(46)同上。

(47)牛場大使発外務大臣宛公電第二九九四号「オキナワ米軍基地の整理統合(米側内話)」(極秘)、一九七〇年一〇月八日、「米来往電」『日米関係(沖縄返還)三七』、平成二六年度外交記録公開(2)、H26–004, 2014–4126, 外交史料館。

(48)愛知大臣発米・牛場大使宛公電第二一二六号「部内連絡」(極秘)、一九七〇年一一月一六日、「米来往電」『日米関係(沖縄返還)三七』、平成二六年度外交記録公開(2)、H26–004, 2014–4126, 外交史料館。

(49)"Telegram From the Embassy in Japan to the Department of State, No. 10255, December 18, 1970"(Confidential), RG59 Subject-Numeric Files, 1970–1973, Box 2571, National Archives at College Park, MD.

(50)北米一長「沖縄基地返還問題」(極秘)、一九七〇年一〇月三〇日、「那ハ空港、軍港、上之屋住宅区域、与儀(千葉課長メモ)」『日米関係(沖縄返還)三七』、平成二六年度外交記録公開(2)、H26–004, 2014–4126, 外交史料館。

(51)愛知大臣発米牛場大使宛公電第二三六六号「沖縄返還問題(本大臣、米大使定例会談)往電北米一第二三六〇号別電六」(極秘・限定配布)、一九七〇年一二月二二日、いわゆる「密約」問題に関する調査結果、報告対象文書四―一、外務省。

(52)同上。

(53)アメリカ局・条約局「沖縄返還交渉全般について」(極秘)、一九七一年三月二〇日、「省内ブリーフ」『沖縄関係一七』、平成二二年度外交記録公開(3) No. 4, H22–012, 0600–2010–00029, 外交史料館。

(54)"Telegram From the Embassy in Japan to the Department of State, No 2855, March 30, 1971"(Confidential), RG59 Subject-Numeric Files, 1970–1973, Box 2571, National Archives at College Park, MD.

(55)愛知大臣発米・牛場大使宛公電第八六六号「オキナワ返かん協定(ナハ空港)」(極秘)、一九七一年三月三〇日、「米

来往電」『日米関係(沖縄返還)三七』、平成二六年度外交記録公開(2)、H26–004, 2014–4126, 外交史料館。

(56) アメリカ局北米第一課「沖縄返還問題(吉野・スナイダー会談)」(極秘)、一九七一年四月二二日、「会談(大臣、総理)」『沖縄関係一七』、平成二二年度外交記録公開(3) No. 4, H22–012, 0600–2010–00029, 外交史料館、および、いわゆる「密約」問題に関する調査結果、報告対象文書四―二、外務省。

(57) "Telegram From the Embassy in Japan to the Department of State, No. 3786, April 24, 1971"(Confidential), RG59 Subject-Numeric Files, 1970–1973, Box 2572, National Archives at College Park, MD.

(58) アメリカ局北米第一課「沖縄返還問題(愛知大臣・マイヤー大使会談)」(極秘)、一九七一年四月二六日、「会談(大臣、総理)」『沖縄関係一七』、平成二二年度外交記録公開(3) No. 4, H22–012, 0600–2010–00029, 外交史料館。

(59) アメリカ局北米第一課「沖縄返還交渉(現状の問題点)(総理ブリーフ用資料)」(極秘)、一九七一年四月二七日、いわゆる「密約」問題に関する調査結果、その他関連文書四―九、外務省。

(60) アメリカ局北米第一課「沖縄返還問題(愛知大臣・マイヤー大使会談)」(極秘)、一九七一年六月二日、いわゆる「密約」問題に関する調査結果、報告対象文書四―五、外務省。

(61) "Telegram From the Embassy in Japan to the Department of State, No. 5206, June 2, 1971"(Secret), RG59 Subject-Numeric Files, 1970–1973, Box 2572, National Archives at College Park, MD; "Telegram From the Department of State to the Embassy in the Republic of China, No. 96348, June 2, 1971"(Secret), RG59 Subject-Numeric Files, 1970–1973, Box 2572, National Archives at College Park, MD.

(62) アメリカ局北米第一課「沖縄返還問題(愛知大臣・マイヤー大使会談)」(極秘)、一九七一年六月四日、「会談(大臣、総理)」『沖縄関係一七』、平成二二年度外交記録公開(3) No. 4, H22–012, 0600–2010–00029, 外交史料館。

(63) 同上。

(64) 同上。

(65) 外務大臣代理発仏・中山大使宛公電第五五二号「沖縄返還交渉(Ｐ３の移駐)」(極秘)、一九七一年六月八日、「仏来第八七七号電報⑤」『沖縄関係一八』、平成二二年度外交記録公開(3) No. 4, H22–012, 0600–2010–00030, 外交史料館。
"Telegram From the Embassy in Japan to the Department of State, No. 5449, June 8, 1971"(Secret), RG59 Subject-Nu-

meric Files, 1970–1973, Box 2572, National Archives at College Park, MD.

(66) 沖縄県ウェブサイト、「那覇空軍・海軍補助施設(那覇市、豊見城市)」より。

(67)『朝日新聞』一九七五年四月二六日。

(68)『朝日新聞』一九六三年一二月六日。日米協議委員会の設置は、一九六二年一一月の大平外務大臣とエドウィン・O・ライシャワー駐日大使との間で、原則的な合意にいたっていた。詳しくは、在日米国大使館「沖縄の経済援助に関して、ライシャワー駐日米大使が二日大平外相に対して行なつた声明全文」、一九六二年一一月二日、『日米協議委員会(協議委設置関係)(I)』、平成二二年度外交記録公開⑵ No. 5, H22–005, 0120–2001–02664, 外交史料館を参照。ただ、実際に設置されたのは、一九六四年一月であり、設置までに時間を要した。この背景には、日米の思惑の違いがあった。日本側は、施政権返還問題も協議委員会の協議事項に含め、沖縄の本土復帰の足がかりにしようとした。これに対し、アメリカ側は、もっぱら沖縄の経済開発と沖縄の人々の福祉・安寧の増進だけを考えていた。結局、アメリカ側の意向に沿う形で、同委員会は設置された。

(69) 日米協議委員会第一回から第二一回の会議の様子については、平成二二年度外交記録公開⑵ No. 5, H22–005, および、平成二七年度外交記録公開、H27–001, 外交史料館を参照。

(70)「私の履歴書　山中貞則⑳」『日本経済新聞』一九九七年六月二一日。

(71) 細谷・他編『日米関係資料集　一九四五—九七』、五二二頁。

(72)「沖縄の復帰準備に関する日本国政府とアメリカ合衆国政府との間の交換公文」、一九七〇年三月三日を参照。

(73) 第七回準備委員会については、「第七回(昭和四五・十一・九)」、『沖縄復帰準備委員会(代表会議議事録)(３)』、平成二二年度外交記録公開⑵ No. 5, H22–005, 0120–2001–02688, 外交史料館を参照。

(74) アメリカ局北米第一課「沖縄に関する日米協議委員会第二〇回会合について」(取扱注意)、一九七〇年一一月一九日、『沖縄関係／日米協議委員会開催関係』、平成二七年度外交記録公開、H27–001, A'.3.0.0.7–1(197), 外交史料館。

(75)「第七回(昭和四五・十一・九)」、『沖縄復帰準備委員会(代表会議議事録)(３)』、平成二二年度外交記録公開⑵ No. 5, H22–005, 0120–2001–02688, 外交史料館。

(76)「返還時におけるアメリカ合衆国の民政の諸権限の日本国への移行を容易にするための合意」(秘)、一九七〇年一一

月九日、『沖縄関係／日米協議委員会開催関係』、平成二七年度外交記録公開、H27–001, A'.3.0.0.7–1(197), 外交史料館。

(77) 北米一「第二〇回協議委員会議題について」(秘)、一九七〇年一一月一九日、『沖縄関係／日米協議委員会開催関係』、平成二七年度外交記録公開、H27–001, A'.3.0.0.7–1(197), 外交史料館。

(78)「参議院決算委員会(第六十三回国会閉会後)会議録」第七号、一九七〇年一〇月七日、一〇―一一頁。

(79) 愛知外務大臣発在米牛場大使・在沖縄高瀬大使宛公信北米一合第四三六五号「沖縄に関する日米協議委員会第二〇回会合の記録の送付」(極秘)、一九七〇年一二月三日、『沖縄関係／日米協議委員会開催関係』、平成二七年度外交記録公開、H27–001, A'.3.0.0.7–1(197), 外交史料館。

(80) 同上。

(81) 北米一「第二〇回協議委員会議題について」(秘)、一九七〇年一一月一九日、『沖縄関係／日米協議委員会開催関係』、平成二七年度外交記録公開、H27–001, A'.3.0.0.7–1(197), 外交史料館。

(82) 同上。

(83)「返還時におけるアメリカ合衆国の民政の諸権限の日本国への移行を容易にするための合意」(秘)、一九七〇年一一月九日、『沖縄関係／日米協議委員会開催関係』、平成二七年度外交記録公開、H27–001, A'.3.0.0.7–1(197), 外交史料館。

(84) "Memorandum of Understanding"(Confidential), November 19, 1970,「了解覚書」(極秘)、一九七〇年一一月一九日、『沖縄関係／日米協議委員会開催関係』、平成二七年度外交記録公開、H27–001, A'.3.0.0.7–1(197), 外交史料館。「了解覚書」はアメリカ側でも公開されている。"Airgram From the Embassy in Japan to the Department of State, No. A-1125, November 30, 1970"(Confidential), RG59 Subject-Numeric Files, 1970–1973, Box 2571, National Archives at College Park, MD.

(85)「沖縄に関する日米協議委員会第二〇回会合　議長用メモ」、一九七〇年一一月一九日、『沖縄関係／日米協議委員会開催関係』、平成二七年度外交記録公開、H27–001, A'.3.0.0.7–1(197), 外交史料館。

(86) 愛知外務大臣発在米牛場大使・在沖縄高瀬大使宛公信北米一合第四三六五号「沖縄に関する日米協議委員会第二〇回会合の記録の送付」(極秘)、一九七〇年一二月三日、『沖縄関係／日米協議委員会開催関係』、平成二七年度外交記録公開、H27–001, A'.3.0.0.7–1(197), 外交史料館。

（87）“Airgram From the Embassy in Japan to the Department of State, No. A-1201, December 17, 1970”(Confidential), RG59 Subject-Numeric Files, 1970–1973, Box 2571, National Archives at College Park, MD の “Scenario-20th Meeting of the U.S.-Japan Consultative Committee on Okinawa - November 19, 1970”(Confidential), Enclosure 3 を参照。
（88）「沖縄に関する日米協議委員会第二〇回会合後の共同新聞発表」(秘)、一九七〇年一一月一九日、『沖縄関係／日米協議委員会開催関係』、平成二七年度外交記録公開、H27–001, A'.3.0.0.7–1(197), 外交史料館。
（89）『朝日新聞』(夕刊)一九七〇年一一月一九日。
（90）「日米協議委員会における総務長官発言」、『沖縄関係／日米協議委員会開催関係』、平成二七年度外交記録公開、H27–001, A'.3.0.0.7–1(197), 外交史料館。
（91）この点で参考になるのは、池宮城秀正『琉球列島における公共部門の経済活動』同文舘出版、二〇〇九年、および、櫻井溥「祖国復帰前の沖縄に対する財政措置のあらまし——昭和財政史で語られない事実」『弘前大学経済研究』、二二号、一九九九年一一月、四一—五三頁である。
（92）細谷・他編『日米関係資料集　一九四五—九七』、五二二頁。
（93）各年度の援助額は、日米協議委員会に関する資料を収録してある平成二二年度外交記録公開⑵ No. 5, H22–005, および、『沖縄関係／日米協議委員会開催関係』、平成二七年度外交記録公開、H27–001, A'.3.0.0.7–1(197), 外交史料館による。
（94）池宮城『琉球列島における公共部門の経済活動』、一六六—一六八頁。
（95）細谷・他編『日米関係資料集　一九四五—九七』、七四九頁。
（96）愛知外務大臣発在米牛場大使・在沖縄高瀬大使宛公信北米一合第四三六五号「沖縄に関する日米協議委員会第二〇回会合の記録の送付」(極秘)、一九七〇年一二月三日、『沖縄関係／日米協議委員会開催関係』、平成二七年度外交記録公開、H27–001, A'.3.0.0.7–1(197), 外交史料館。
（97）北米「昭和四四会計年度日本政府沖縄向援助に関する日米協議委員会開催の経緯」(極秘)、一九六八年一〇月二六日、『沖縄関係／日米協議委員会開催関係』、平成二七年度外交記録公開、H27–001, A'.3.0.0.7–1(197), 外交史料館。
（98）有識者委員会『いわゆる「密約」問題に関する有識者委員会報告書』二〇一〇年三月九日、四頁。

第六章　伊江島事件

一　伊江島事件の概要

伊江島とは

伊江島は、沖縄本島の北部にある本部港からフェリーで三〇分の距離に位置する。島のやや東には、伊江島の象徴ともいえる標高一七二メートルの城山《グスクヤマ》が聳え立つ。二〇一七年六月末現在で、人口は約四六〇〇人、島の面積は二二・七八平方キロである。東京都の品川区とほぼ同じ大きさだ。ちなみに品川区の人口は約三八万人である。

伊江島のおもな産業として、サトウキビの栽培や肉用牛の繁殖がある。したがって、島には、住宅地を除き、サトウキビ畑や肉用牛のための牧草地がひろがっている。そのため、一見すると、のどかな島のように見える。また、最近では、同島での民泊修学旅行に人気がある。県内外から多くの生徒が同島を訪れている。

しかしながら、伊江島は米軍の基地の島でもある。沖縄県知事公室基地対策課がまとめた『沖縄の米軍基地』によれば、米軍が使用する伊江島補助飛行場の概要はつぎのとおりである(1)。同飛行場は島の北西部に位置し、面積は約八平方キロである。島全体の三五％を占めている。同飛行場の北西部にハリアーパッド(垂直短距離離着陸攻撃機ハリアーの訓練場)、西側に射爆場、東側に通信施設、兵舎、事務所等がある。同飛行場の使用目的は、補助飛行場および訓練場である。具体的には、空対地射爆撃訓練、パラシュート降下訓練、重量物投下訓練がおこなわれている。

ハリアーパッドの建設は、国頭村で反対にあったため、場所選定が困難な状況にあった。そうしたなか、伊江村当局が、条件付きで、建設を受け入れたのである。これを受け、一九八九年、施設管理権が空軍から海兵隊に移管されるとともに、ハリアーパッドが同飛行場に建設された。

伊江島補助飛行場および帰属する訓練水域や空域では、復帰後、二〇一二年末までの間に、沖合での墜落事故が三件、パラシュート降下訓練中のフェンス外への落下を含む落下事故が三九件、その他の事故が二三件発生している。また、射爆撃訓練による原野火災が一件である。県や村は、米軍および沖縄防衛局に、事故の再発防止を強く申し入れてきた。

重量物投下訓練では、二〇〇二年一〇月に施設外への落下事故が発生している。これを契機に、県は、同施設での重量物投下訓練の廃止を米軍側に働きかけた。これに対し、米軍側は、原因が究明され、安全対策が講じられたとして、二〇〇三年三月から同訓練を再開している。このように、伊江島補助飛行場をめぐっては、さまざまな事故が起きている。

また、二〇一二年に、米新型輸送機オスプレイが沖縄に配備された。その訓練飛行ルートに伊江島補助飛行場がある。そのため、同飛行場でのオスプレイによる離着陸がおこなわれている(2)。

伊江島の米兵銃撃事件

伊江島補助飛行場をめぐって、さまざまな事件が発生してきているなか、人的な被害も出ている。沖縄が本土に復帰してから二年余り後の一九七四年七月一〇日、ジラード事件によく似た銃撃事件が起こる(以下、伊江島事件と称す)。伊江島事件とは、米軍伊江島射爆場に草刈に来ていた地元の青年、山城安次さんが、米第五空軍第三一三空軍師団の第八三四戦闘支援グループ第一分遣隊に所属するキャロル・E・ロック三等軍曹が発砲した信号銃によって、左手首に全治三週間のケガをしたというものである。米軍側の主張では、山城さんは空薬莢拾いのため射爆場に侵入していた。山城さんが草刈のために射爆場に入っていたというのは、そこが山城さん一家のもともと暮らしていた土地だったからだ。

一九五五年三月、伊江島の北西の真樹地区に住んでいた安次さんの父・盛安さんの家が、武装した三〇〇名くらいの米兵によって、いわゆる「銃剣とブルドーザー」といわれた土地の接収にあった。沖縄のガンジーといわれた阿波根昌鴻の『米軍と農民』という著書に、盛安さんの家が焼かれる様子がつぎのように描写されている。

山城盛安(三十歳)さんの屋敷に彼等〔武装した米兵〕が踏みこんだとき、畜舎の豚を首に縄をかけて引きずり出し、それを見た山城さん一家があわてて家財道具を外に持ち出そうと立働いていたら、裏側の方から「火をつけたから早く出ろ」と追い立てられ、あぶなく焼き込まれるところでさえありました。(3)

このとき、息子の安次さんは、生まれてまもないころだったと思われる。

話を伊江島事件に戻すと、米軍側は、当初、米兵の行為は「公務外」であるため第一次裁判権を日本側に渡すと非公式に通知した。ところが、公務証明書の発給期限ぎりぎりになって、方針を転換する。公務証明書を発給したのである。日本政府はこれに反発する。この事件は、日米合同委員会で半年以上にわたり協議が続けられる。しかし、同委員会では決着がつかず、日米両政府の判断に委ねられた。一九七五年五月六日、「問題を遷延させるのは日米間の友好上好ましくない」との理由で、日本政府は米兵に対する裁判権を行使しないとし、問題の終結を図ったのである。(4)

本章の目的は、まず、この伊江島事件の全容を可能なかぎり明らかにすることである。この事件は新聞で一部報じられているものの、いまだその全容を解明した論考はおおやけにされていない。同時に、第三章で取り上げたジラード事件と比較してみる。その理由は、両事件とも、米兵の行為がはたして公務執行中のものといえるのかが争われた事件だからである。一九五三年九月、行政協定が改正され、刑事裁判権の規定がNATO軍地位協定並みとなったことは第一章で詳述した。それ以降、米兵の行為が公務執行から生じたとの理由で、米軍側が公務証明書を発給したのに対し、日本側が異議を申し立てた事例は、ジラード事件および伊江島事件の二件しかない。

二　第五空軍の決定

事件発生の直後

伊江島事件は、ジラード事件とは異なり、事件発生から約一週間後の七月一八日、第五空軍は公務証明書を発給しないとの決定をくだしている。この間の経緯について、まず、明らかにしておこう。

前述のように、山城安次さんが銃撃されたのは、七月一〇日である。七月一五日、在日米軍司令部(第五空軍司令部を兼務)の法務官が、本事件の検証のため沖縄を訪れている。翌一六日、ロック軍曹、ならびに、ロックと行動をともにしていたハロルド・W・ジョンソン軍曹の法律顧問[注:法律顧問とはロックおよびジョンソンの弁護士の役割を果たす]が、本件の事実関係および関連する法律問題を協議するため、第三一三空軍師団の司令官に面会を求めた。しかし、その要請は却下される。第三一三空軍師団および第五空軍の法務官によれば、本件は基本的に政治問題であるため、ロックとジョンソンは「利害関係者」ではないというのがその理由であった(5)。

「基本的に政治問題」であるとは、法律に照らし解決すべきものではなく、政治的に判断すべき問題であるという意味なのだろう。つまり、過去にジラード事件が日米それぞれでおおきな耳目を集める問題になったことを考え、米軍としても、そうした事態になる前に、本件を収束させようとしていたのである。

ロックとジョンソンの法律顧問は、七月一八日、在日米軍司令官に同様の要請をおこなったものの、その要請も却下された。同日、在日米軍司令官(第五空軍司令官を兼務)は、「公務証明書」を発給しないとの決定をくだしている。したがって、第五空軍は第一次裁判権行使の権限を放棄したのである。これにより、日本側が両名を裁判に付すことが可能となった。

両名は、この決定に不服であった。自分たちの主張はまったく聞き入れられず、政治的な方便として決定がくだされた、と思われたからだ。また、第三一三空軍師団および第五空軍法務官の助言は不適切であると受けとった(6)。

この決定を受け、七月二二日、両名の法律顧問から、在日米軍司令官に本件の再検討を要請する異議申し立ての電報が送付される(7)。同電報のコピーは、国防長官、空軍長官、および、太平洋空軍最高司令官にも送付された。この要請に対し、翌二三日、在日米軍司令官からメッセージが届いた。そこには、決定に変更はない、と記されていた(8)。この七月二二日付の両名の法律顧問による電報は、後に第五空軍の決定が覆る伏線となる。この電報は次節で紹介する。

第五空軍の判断

第五空軍から空軍参謀総長宛にこの事件の概要を記した電報が送られている。その内容は、七月二三日付の東京電第九六〇二号に詳しく記されている(9)。以下、この公電に沿って、事件発生の経緯を明らかにしておきたい。後に開かれる刑事裁判権分科委員会で、これがアメリカ側事実記載書の原型をなすものになるからだ。事実関係を明確にするため、若干、補足し、また、後の事実記載書に記載されない部分は傍点で示す。

ロック軍曹およびジョンソン軍曹は、同時期に伊江島射爆場に配属された。両名は、フランク・マルティネス軍曹、ラリー・グリンプス軍曹、射爆場管理者のペッパード少尉の指揮下にあった。両名の任務は、射爆場の空薬莢を拾い集めること、空薬莢を盗もうとする地元民を追い払うことである。さらに、両名が日本人を捕らえた場合には、地元警備員に引き渡し、警備員が地元警察に引き渡すこととなっていた。両名は、任務遂行にあたって、だれも傷つけてはならないとの命令を受けていた。

ロックとジョンソンは、七月一〇日、射爆場で勤務についていた[注：両名は、射爆場の南塔という監視塔で勤務している」。一三時三〇分頃、ジョンソンは、射爆場の近くに、数名の日本人がいるのを目撃している。ジョンソンは、日本人たちを射爆場から追い払うため、南塔から下りると、彼らは丘の上を走っていった。ジョンソンは、日本人たちに向け大きな石を四つ投げた。

当日の演習が終了したのは、一七時三〇分頃である。ロックとジョンソンは、弾薬箱に保管されている信号銃を取り出し、信号銃、双眼鏡、および、無線機を携え南塔から下りた。それらをピックアップトラックに詰め込んだ。両名は、射爆用標的[注：演習がおこなわれる際、標的として張られる幕のこと。これをめがけて軍用機が射爆する]近くに何名かの日本人がいるのを認めている。その場所は、南塔から四〇〇メートルほどのところで、日本人たちは空薬莢を拾い集めていた。

ジョンソンはロックに、「やつらを追っ払いに行こう」と声をかけると、ロックは「ちょっと待て」と応える。ロックは、ピックアップトラックの後部に行き、信号銃および信号弾二発を取り出し、信号銃に信号弾を装塡した。

ロックとジョンソンが射爆用標的に向かうと、日本人たちは走っていった。両名は、海岸から三六〇メートルくらいのところに到着する。トラックを降り、ロックが信号弾を発射すると、日本人たちから四―五メートルくらいのところに着弾した。つぎに両名は射爆用標的の北端に行き、射爆用標的および音響式命中表示機を回収する。

両名がトラックに戻ると、射爆用標的の南端で、一五名から二〇名の日本人が空薬莢を拾っているのを認めた。ジョンソンはその集団に向け、車を走らせる。その間、ロックは信号銃にふたたび信号弾を装塡する。両名が日本人集団から九〇メートルくらいのところに近づいたとき、日本人たちは北と南の二手に分かれ、歩き出した。一人だけフェンスの方に走っていき、信号銃で撃たれた[注：被害者の山城安次さんである]。山城さんは鉢巻をしており、左手に袋を持っていた。

ロックはジョンソンに山城さんを追いかけろと口走る。ふたつの集団の間を抜け、山城さんの背後約四―五メートルのところに来たとき、ジョンソンは、窓から山城さんに「止まれ」と叫んだ。山城さんは金網に到達する。車は山城さんから六メートルくらいのところに位置していた。ジョンソンが車のハンドルを切ると、助手席のロックの側が山城さんの方を向くことになった。トラックが停まる。ロックの供述によれば、ロックは山城さんの左側を狙って信号銃を発射したという。信号弾は山城さんの左手首に命中する。ふたつの骨を砕き、火傷を負わせる。山城さんはフェンスの外約六〇センチのところに落ちた。山城さんの父がロックとジョンソンのところにやってきて、山城さん父子は訓練場警備員に引き渡される。

翌日、ジョンソンは空軍犯罪捜査機関（ＯＳＩ）の係官から事件の状況を聴取されている。山城さんを除き、他の人々はみな歩いていたのに、なぜその人たちを捕まえなかったのかと問われた。ジョンソンは、「走っていないと面白くない」と答えている。さらに、ジョンソンは、「自分が現場にいたとき、演習場から盗人たちが走っているところだった。盗人たちは、ケーブルや音響式命中表示機を盗み出すので、自分の仕事が増え、頭にきていた。」とも供述している。この供述は、ジョンソンの心理状態を反映していると思われる。

この事件が起こったとき、塔に赤旗が掲げられていたか否か［注：演習中は、赤旗が掲げられる］、争いがある。しかしながら、「演習場内立ち入り禁止」という日本語および英語の標識が依然として掲示されていた。日本人たちが不法侵入者なのは疑いなく、射爆用標的のところにいた唯一の理由は、空薬莢を盗むことであった。

山城さんの手記

以上は、あくまでも、第五空軍による事実認定である。被害者の山城さんの認識とは、肝心の部分で異なっている。山城さんたち附近の住民が、演習終了後、草刈のため射爆場に入ることは、慣行として認められていた。したがって、草刈のために射爆場に入ったのであれば、不法侵入にはならない。これに対し、空薬莢を拾うために入ったということになれば、不法侵入が疑われる。山城さんは、このときの様子を「私は米兵に狙撃された」という手記にまとめている。以下、引用する。

米軍の演習も終り、危険表示の赤旗もおりた午後六時頃、いつものように父と二人で、演習場に草刈に入りました。その途中、二人の米兵に会いました。二人は演習に使った標的の幕をかたづけ、ジープに積み込んでいる所でした。その側を通りぬけ、車から降りて私達は草を刈りはじめました。すると突然、さっきのジープが猛スピードでこちらに向かってくるのです。一瞬私は、何だろうと思って見ていました。すると、ジープは私を目がけて突っ込んで来るのです。ビックリして私は逃げ出しました。近くの金網を飛び越え、七メートルぐらい走ると、後ろで銃声がしました。私はその場に倒れ、しばらくして気がつくと、あたりがもうもうと煙でいっぱいです。その時初めて、撃たれたのだ！　と思いました。金網の内側で米兵二人が私に銃を向けて立っています。米兵は手まねで「来い」と言っています。私は足がガクガクして声も出ません。ゆっくりと、米兵の方へ歩み寄ると、彼等は、何かしきりに英語で喋っているのですが、何を言っているのか、さっぱりわかりません。その間も、手首からは血が泡をブクブクさせながら噴き出していました。その時父が急いで走って来て、私達二人はジープに乗せられ、そこから約一キロメートル離れた監視塔に連れて行かれました。そこには日本人のガードがいました。私達は一生懸命、ガードを通して、私達を自分らの車のある所まで乗せて行ってくれるように頼んだのですが、米兵は、自分達だけベラベラとしゃべりまくってそのままどこかへ行ってしまいました。その間ずうっと、私達に拳銃を向けたままでした。あとで、米兵が何と言っていたか、ガードに聞きますと、「演習場に入るやつはみんな撃ってやる。」と言っていたそうです。(10)

この手記によれば、山城さんは、草刈のため演習場に入っている。日本弁護士連合会などからなる調査団が、事件発生後、この事件を調査している。その報告書が「伊江島米兵狙撃事件に関する特別報告」である。この報告書によれば、犯罪事実はつぎのようになっている。

七月一〇日午後五時三〇分頃伊江村所在の伊江島射爆場において、被害者がその父母や、その他の村民多数とともに、右射爆場着弾地附近に立入り、草刈りをはじめようとしていたところ、被害者をめざして、加害者ジョンソンが加害者ロックを同乗させて軍用小型貨物自動車を運転して突進して来たので、被害者がこの危険を避けようとして逃げまどっていたところ、加害者ロックは所携の信号砲(口径三八ミリ、銃身一〇〇ミリ)を被害者の背後から発射した。この信号弾は被害者の左手首に命中し、これによって被害者に左前腕射創(尺骨茎状突起骨折)全治三週間の傷害を負わせた。

受傷後被害者が立上がると加害者は彼を招きよせ、再び信号弾を装塡した信号砲を被害者と、近くに走りよった被害者の父山城盛安に擬し、両名を前記自動車に乗せ、約七〇〇m東側の監視塔附近まで連行し、そこで下車させ、受傷の事実を知りながら放置したまま立ち去った。[11]

この報告書でも、演習場への立ち入りは、草刈が目的とされている。調査団によれば、伊江村は、肉牛肥育が盛んで、現に、山城さんの家でも四頭の肉牛を飼育していたという。ただ、飼料としての草は夏場に不足する。そこで、「この草の大部分は演習地内に依存せざるをえず、演習地はあたかも入会採草地のような機能も果している」と同報告書に記されている。とくに、仔牛の発育には柔らかな草が必要とされ、こうした草は犯行現場附近の演習場内に多かったという。同報告書は、「これらの事実については附近住民の主張に真実性があるように思える」と結論づけている。[12]

山城さんが射爆場に入った目的が採草のためとなると、山城さんが空薬莢を盗み、それを取り戻すために、ロックが信号銃を発射したという米軍側の事実認定とは異なる。この事実認定の問題は、容疑者の確保とからみ、重要な論点である。本章では、最後に論ずることとしたい。

この報告書によれば、第一次裁判権をめぐる交渉の経過はつぎのようになっている。七月一二日、米空軍のOSIは、事件は公務中であるから身柄引き渡しはできないと沖縄県警に言明している。七月一六日、同県警は、ロックの逮捕状をとったうえで、米軍側と身柄引き渡し交渉を開始する。米軍側は、那覇地検に対し、「身柄は米空軍の手中にあり、日本側が逮捕状をとり、身柄要求するのは地位協定一七条五項C[注：被疑者の身柄がアメリカ側にあるときは、日本側より起訴されるまでの間、アメリカ側が引き続き被疑者を拘束する]に違反する」と抗議した。[13]

公務証明書を発給せず

ロックの信号銃発射という行為が、地位協定第一七条第三項(a)(ii)の公務執行にあたるか否かが本件の最大の争点となった。ロックとジョンソンが、空薬莢を盗もうとしている者を追い払うために信号銃を発射したと仮定すると、その行為が公務にあたると解釈される可能性があった。ところが、第五空軍は、両名の行為の「公務性」をあっさり否定してしまったのである。

その理由として、ロックとジョンソンの行為は、その権限を大幅に逸脱していることが挙げられている。つまり、両名には、誰も傷つけてはならないとの明確な命令がくだされていたからだ。また、不法侵入者を確保した場合、地元の警備員に引き渡すこととなっていた。逃げ惑う日本人に向け、停止した車両から信号銃を発射するというロックの行為は、約六メートルという至近距離から考えても、意図的かつ悪意に基づくものだという認定である。ジョンソンは、ロックの幇助者と判断された(14)。その結果、七月一八日、在日米軍司令官は、「公務証明書」を発給しないとの決定をくだしたのである(15)。

外務省によると、翌一九日、アメリカ側(第五空軍)は、那覇地検に事件の発生を通知した。その際、公務証明書は発給しない、と口頭で伝えたという(16)。また、第三一三空軍師団司令官のマックレイン准将は、七月二二日付の屋良朝苗沖縄県知事への文書で、「日本の裁判権に委ねられることになった」と伝えている(17)。ただし、これらの通知はいずれも非公式なものであった。とはいえ、こうした事実から、ロックとジョンソンの裁判権の問題に決着がつき、後は、日本側による裁判を待つのみかと思われた。

ロックとジョンソンによる提訴

七月二六日にいたって、ロックとジョンソンの法律顧問は、合衆国統一軍法典の第一三八条にしたがい、太平洋空軍最高司令官であるルイス・L・ウィルソン二世大将に対し、在日米軍および第五空軍司令官のウォルター・T・ギャリガン中将を提訴した[18]。この合衆国統一軍法典第一三八条は、つぎのように規定されている。

兵籍にあるいかなる者も、司令官から不当に扱われていると信ずるに足る事由があり、かつ、当該司令官に対し正当な申し出をしたにもかかわらずその是正を拒否されたときは、当該司令官の上級にあるいかなる将校に対しても、提訴を行なうことができる。提訴を受けた将校は、右の提訴を当該司令官に対して一般軍事裁判所の裁判権を行使する権限を有する者に送付しなければならない。この場合において、一般軍事裁判所の裁判権を行使する権限を有する者は、当該提訴について調査し、提訴にかかる不当行為を是正するための適宜な手段を講じなければならず、また、できる限り速かに、提訴にかかる事実の真相についての報告書及びこれに関してとられた手続を国防長官及び陸、海、空軍長官に送付しなければならない[19]。

ギャリガン中将は公務証明書を発給しないとの決定をくだしている。ロックとジョンソンは、その決定を不服として公務証明書の発給を求めたものの、その要求は拒否された。そこで、両名は、ギャリガン中将の上級者たるウィルソン大将に提訴したのである。

七月二九日、午前六時、ロックとジョンソンは、ウィルソン大将からメッセージを受け取る。そこには、合衆国統一軍法典第一三八条に基づき、是正を求める申請が承認され、公務証明書が発給される、と記されていた。同日、八時三〇分までに、公務証明書は発給された[20]。

三　決定の撤回

米軍側は、当初、公務証明書を発給しないとしていたものの、七月二九日に、ロックとジョンソンの公務証明書を発給した[21]。両名の行為は公務内のため、裁判権はアメリカ側にある、と主張したのである。

第五空軍が、公務証明書を発給しないとの決定をくだしたのは七月一八日である。二四日、アメリカ空軍参謀総長から第五空軍司令部宛の電報で、第五空軍がもし公務証明書を発給した場合、日本でどのような反応が起きるか、在京米大使館にコメントが求められた。これに大使館はつぎのように回答している。

もし公務証明書を発給すると、日本国民の反発をまねくだけではなく、日本政府もこれに異議を唱えることは間違いない。アメリカ側が裁判権を有するとするなら、明確かつ強固な論拠を用意しなければならない。米軍当局が調査した事実関係および法律上の意見に基づくと、そうした明確な論拠は見当たらない。したがって、在京米大使館は、第五空軍司令官が公務証明書を発給しないとした結論を支持する。(22)

このように、在京米大使館は、公務証明書を発給しないとした第五空軍の決定を覆すことに異論を唱えていたのである。その決定を覆すだけの論拠がないというのがその理由だ。もし覆せば、日本国民および日本政府から猛烈な反発をまねく。それにもかかわらず、公務証明書は発給された。アメリカ側は、どのような論拠により公務証明書を発給したのであろうか。

ロックとジョンソンの主張

七月二二日付のロックとジョンソンの法律顧問から第五空軍宛の異議申し立ての電報を紹介したい。(23) ロックとジョンソンは、自分たちの行為をどのようにとらえていたのかがわかる。

まず、ロックとジョンソンの一般的な任務である。七月一〇日、両名は、射爆用標的の採点および射爆場の管理という任務についていた。この管理には、無許可の者を射爆場に立ち入らせないようにする任務も含まれる。標的めがけて銃撃する軍用機が原因でケガをする場合もあり、また、演習場にころがっている空薬莢には、不発弾も混じることがあったからだ。両名は、軍の財産である空薬莢の盗難を防止する任務を帯び、違反者を逮捕する権限も与えられている。地元の人々が演習場の端の草むらに隠れ、軍用機が通りすぎるやいなや、空薬莢を探すために走り出すという問題に両名は慢性的に直面していたのである。ロックはまた、空薬莢を盗もうとする者を捕らえた場合、地元の警備員に引き渡せとの命令も受けていた。これは、演習場を管理する兵士にとっては標準的な任務とされる。七月一〇日、両名は、侵入者を演習場から追い払う任務を遂行していたというのである。

また、ロックが侵入者に向け、なぜ信号銃を発射したかである。この電報によると、過去、担当下士官や演習場担当兵が、軍の財産を盗難から防止し、演習場から侵入者を追い払うため、侵入者に向け信号銃を発射するのを両名は目撃したことがあるという。ロック軍曹は、前任の担当下士官の指示を受け、以前にも信号銃を発射した経験があった。つまり、信号銃の発射は、侵入者を追い払うため、「日米合同委員会刑事裁判管轄権分科委員会において合意された事項」第三九項の公務の定義にある「軍慣習」になっていたというのである。

演習終了後、演習場の担当士官は、ロックとジョンソンに射爆用標的の幕を下ろすよう命じた。監視塔にいた両名は、監視塔にあった装備品をすべてまとめ、それを箱に詰め、地上に下りた。その装備には信号銃も含まれている。両名は、装備品をトラックに詰め込み、射爆用標的に向けトラックを走らせた。

両名は、標的の幕をトラックに載せ、演習場担当士官と会合するため、塔に戻った。その際、一五名から二〇名の地元民が空薬莢を拾うため侵入しているのを見かけている。トラックが侵入者たちの方へ向かうと、一団はトラックの左右にわかれ、歩いていった。このとき、空薬莢を集め、袋にそれを入れていたひとりの地元民［山城安次さん］が、空薬莢の入った袋を抱え、逃げ始める。走って逃げたのは同人だけだった。ロックとジョンソンは、トラックでかれを追いかけ、停止させるため大声で叫んだ。不法侵入者が歩いている場合、軍の担当者が近づくと、集めた空薬莢を自発的に捨て、その場を去る、というのが通例だったという。

空薬莢入りの袋を抱えた山城さんだけが走り始めたことになる。そのため、追いかけられたのである。ロックとジョンソンは、空薬莢を回収するため、山城さんを捕まえて、地元当局に引き渡そうとした。山城さんは、捕まらず、蛇腹形鉄条網(金網のこと)まで行き着いた。この蛇腹形鉄条網とは、演習場の境界を示すものではないものの、演習場の射爆領域に不法侵入者が立ち入るのを防止するために設置されていた。

トラックは鉄条網から七―八メートルのところで停まる。そのとき、山城さんは鉄条網の穴をくぐり抜け走っていた。両名は止まれと叫び、ロック軍曹がトラックから信号銃を発射する。山城さんは鉄条網の向こう側約一・五メートルから三メートルのところにいた。トラックからは一〇メートルくらい離れている。トラックから逃げるなか、山城さんは信号銃で左手首を撃たれた。

信号銃は、警告のため、逃げた山城さんのそばに向け発射されたという。ロック軍曹によれば、同人を撃つために信号銃を用いたのではないとのことだった。七月一二日、ロック軍曹は空軍特別捜査官に以下のように語っている。

「意図的に同人にあたらないように信号銃の狙いをつけたのである。そうすれば、傷つける危険もなければ、その可能性もないと思った。信号銃を発射した唯一の目的は、軍の財産を盗難から防止するという自分の任務をはたし、軍の財産を盗む者を捕まえるためだった。自分は、つねに、標準作業手続および上官の承認の下で行動していたと思う。」

山城さんは、捕まった後、地元の警備員詰め所に連れていかれ、引き渡された。日本側の診断書によれば、山城さんは左の手首の骨が砕かれ、全治三週間であった。

以上が、この電報に記された事実関係である。ここから見えてくるのは以下の三点である。第一に、信号銃の発射は、ロックひとりの判断というよりも、侵入者を追い払うため、軍慣習としておこなわれていた。ロックが信号銃を発射したのはそれにならったにすぎないというのである。第二に、ロックが山城さんを撃った理由が明らかになっている。通常、空薬莢拾いが見つかると、その場に空薬莢を捨てて、立ち去る。だが、山城さんは空薬莢の入った袋を抱えて、走って逃げたからだという。第三に、ロックは山城さんを狙って信号銃を撃ったわけではなく、あくまで逃走をやめさせるための威嚇発射だったというのだ。

公務執行であるとの論理構成

ロックの行為は、どのような論理を用いると、「公務執行中の作為から生ずる罪」だといえるのだろうか。ロックとジョンソンが、公務についていたことは間違いない。すでに述べたように、彼らは、演習場の管理という任務を帯びていたからだ。アメリカ側の説明では、そのなかに、演習場への不法侵入を防止する、侵入があった場合、演習場から追い出す、また、場合によっては侵入者を捕らえる、さらに、軍の財産である空薬莢の盗難を防止することが含まれる。したがって、問題は、信号銃の発射が本当に公務執行のために必要な行為といえたかどうかである。この点については、すでに、「日米合同委員会刑事裁判管轄権分科委員会において合意された事項」第三九項を紹介した。ただ、同項は、公務にあたる例を挙げているだけである。これによって、どのような場合に、犯罪を生じさせた行為が、個々の任務と合理的に関連しているのか、明らかになるわけではない。

ロックとジョンソンの法律顧問による異議申し立ては、ウィル・H・キャロルの“Official Duty Cases under Status of Forces Agreements: Modest Guidelines toward a Definition”という論文を参照している。これにより、ロックの犯罪は、公務執行中の作為から生じたものであるとの結論が導かれている。このキャロルの論文をもとに、どのような論理が展開されたのかを明らかにしておきたい。なお、キャロルは、この論文執筆当時、米空軍司令部の法務部国際法課長であった。

キャロルは、ジラード事件を引き合いに出して、公務犯罪を論じている。すでに述べたように、ジラード事件では、ジラードの犯罪(坂井なかさんの殺害)が、公務執行中の作為から生じたものであるか否かは判断されていない。キャロルは、この点について、有権的な解釈を試みたものといえよう(24)。

キャロルによれば、ジラードが、任務遂行、つまり、機関銃を警護する際、不法侵入者を撃退するために違法な力を用いたとするなら、かかる違法な力の行使は犯罪を構成する。つまり、犯罪は、公務の執行(機関銃の警護)による作為(不法侵入者を撃退するための武器の発砲)から生じたというのだ。かかる事実関係によれば、ジラード事件の場合、アメリカ側にジラードに対する裁判権を行使する第一次の権利があることになる。[25]

このキャロルの事実認定が、表面的かつ形式的なものであることは多言を要しないであろう。たしかに、ジラードは機関銃の警護という公務を遂行していたかもしれない。しかし、ジラードは、機関銃を狙う不法侵入者を撃退するため、グレネード・ランチャーに空薬莢を込め、発砲したわけではない。弾拾いが機関銃を狙うことなどなかったからだ。

異議申し立てに戻ると、ジラード事件と伊江島事件の違いも指摘されている。ジラード事件の場合、ジラードの上官は、空薬莢が盗まれることを承知していた。しかし、地元民による盗難行為を防止するための命令は、ジラードにくだされていなかった。ジラードに対する命令は、機関銃およびフィールドジャケット数点を警護せよというものにすぎない。さらに、ジラードの発砲は、機関銃の警護のためではなく、地元民を驚かせるためであった。これに対し、ロックとジョンソンは、軍の財産、とくに、空薬莢の盗難防止という具体的な任務を帯びていた。したがって、違反者を逮捕することも可能である。山城さんは、不法侵入、それに、軍の財産である空薬莢の窃取というふたつの違反を犯したというのだ。[26]

加えて、ジラード事件の場合、ジラードは、空薬莢をグレネード・ランチャーに込め、発砲している。その使用法は規則違反であった。これに対し、ロックは、不法侵入者を追い出す、あるいは、空薬莢の窃取を防ぐため、信号銃を発射してはならないとの命令を受けていなかった。というよりも、上官が信号銃を発射する場面を、ロックは目撃したことがある。また、ロックは、上官の承認を得て、以前、同じような状況下で信号銃を発射したことがあった。したがって、ロックの信号銃の発射は、少なくとも、上官から黙認されていたことになる。[27]

さらに、ロックの行為が、過剰な力の行使だったのではないか、という問題がある。この点についてはつぎのように説明されている。ロックの行為は、軍の財産を盗難から防ぎ、違反者をつかまえる任務に関連しないわけではない。上官の命令を受けたからこそ、ロックはその行為に及んだ。ロックの行為はその公務をまさに実施することから生じている。アメリカ側が第一次裁判権を行使する要件に合致する。[28]

以上の論理構成を整理するとつぎのようになる。まず、ロックが公務に従事していたことは間違いないだろう。ロックは、演習場の管理という任務を遂行していた。そのなかに、演習場から不法侵入者を追い出すことや、空薬莢という軍の財産を盗難から防止することも含まれていたからだ。また、場合によっては、不法侵入者を捕らえ、地元の警備員に引き渡す権限も与えられていた。つぎに、ロックの信号銃の発射という作為が、公務執行によって生じたのかである。異議申し立てによれば、これも肯定されている。つまり、ロックの行為は公務執行によるものであったというのだ。

公務証明書はなぜ発給されたのか

以上は、ロックとジョンソンの法律顧問から第五空軍への異議申し立ての内容である。七月二六日付の東京電第九七二〇号には、公務証明書を発給する理由がつぎのように述べられている。[29]

犯罪(暴行と思われる行為)は、空軍の公務(射爆場および軍の財産の警護)から生じた。その公務には、不法侵入者を追い払う権限が含まれる。また、必要ならば、不法侵入者を確保のうえ、現地の警備員に引き渡すこともできる。射爆場には、日本語および英語で、立ち入りを禁止する表示が掲げられていた。さらに、射爆用標的の近くにいた日本人たちは、使用済み薬莢を盗もうとする不法侵入者であったことは疑いない。そのため、一定の実力の行使、たとえば、演習場の外に連れ出すために手をかける、あるいは、銃を向けるといったことは、最低限、この目的を達するために予想されたところである。

そこで、信号銃の発射(これにより傷を負わせた)によって、過剰な力が用いられたか否かという問題のみが残る。空軍兵士が、軍の財産を盗難から防止することおよび人員の保護という公務の遂行に際し、過剰な力を用いたならば、それが懲罰に値するのか、値するとしたらどの程度かという問題が生じる。これは、空軍の懲戒部門の職務である。

この理由から、地位協定では、公務執行中の作為または不作為から生ずる罪について、アメリカに第一次裁判権があると規定されている。公務執行に該当する場合、米軍の懲戒権限は、受入国の権限に優先する。両名の行為が「公務」にあたらない場合とは、演習場の警護とかけはなれ、無関係の行為の場合に限られる。力を過剰に使用したこと、あるいは、演習場の警護の際、その権限を超えたことだけでは、その行為が公務の範疇に入らないと判断する十分な理由とはならない。他国における先例や類似の事例によれば、本件は公務執行中に起こったと判断される。したがって、日米地位協定および日米合同委員会の合意手続にしたがい、公務証明書が発給される。

これは、巧妙な論理の組み立てである。まず、公務をきわめて広く解釈する。最低限、演習場の警護、あるいは、空薬莢の盗難を防ぐための警護にあたっていれば、それらはすべて「公務」の範疇に入る。そのうえで、本来の正当な公務の範囲と、過剰な力の行使という公務の範囲を超えた部分が想定される。後者については、アメリカ側が第一次裁判権を行使して懲戒するという論法である。米兵が演習場にいれば、外形上は公務執行と判断される可能性が高い。その場合、アメリカ側が裁判権を行使するとされ、あとはどの程度の懲戒処分を課すかという問題となる。公務執行という網で米兵の行為を広くすくい上げ、結局は、アメリカ側の判断に委ねるという論理である。

国務省は、七月二六日、第五空軍から公務証明書を発給するとの通報を受けた。国務省から在京米大使館に訓令が発せられ、つぎのような善後策を講じるよう指示された(30)。

米軍は、公務証明書を発給して、第一次裁判権を行使することになる。そこで、ただちに合同委員会を開催できるよう、在京米大使館は準備をおこなう。合同委員会では、在日米軍および在京米大使館は、新たな事実が明らかになり、被疑者の行為が公務とはなんら関係のないことが判明すれば、公務証明書発給の撤回も考慮する旨を述べる。さらに、在京米大使館は、この件で裁判権を行使しないとなると他国と締結している地位協定にも影響が及ぶだけでなく、警護の任務に従事する兵士の士気にもかかわることを外務省に通報する。一方で、アメリカ側は本件の迅速かつスムーズな解決を望み、政治問題に発展しないようにすることを外務省に伝え、その了解を得る。

水面下での話し合い

七月二七日正午頃、在京米大使館のトーマス・P・シュースミス首席公使とリチャード・W・ペトリー政務担当参事官が、山崎敏夫アメリカ局長(山下新太郎安全保障課長同席)を訪ねた。その際、ロックとジョンソンの事件で、公務証明書を発給するとの米軍側の決定が、同局長に通知された。シュースミス公使は、訓令(国務省電第一六三四九九号)にしたがい、公務証明書発給の理由を説明している。同時に、日本政府にとって非常にやっかいな問題であることをアメリカ政府も十分に承知している、政治問題にならないよう協力する旨が山崎局長に伝えられた。(31)

これに対し、山崎局長は、アメリカ側が決定にいたった理由は理解できるとほのめかしたものの、事態がおおきく転換したことに重大な懸念を表明している。日米安保の反対派にとってこの問題は、国会において政府への格好の攻撃材料となるからだ。日本側は、合同委員会の開催を要請するとともに、アメリカ側の決定に異を唱えることになると伝えた。いずれにせよ、山崎局長は、本件をただちに木村俊夫外務大臣に報告すると述べ、会談を終えている。

同日午後四時頃、山崎局長はシュースミス公使に電話をいれ、木村外務大臣の反応を伝えている。それによると、同大臣は、かかる事態にいたったことに重大な懸念を表明している。さらに、アメリカ政府はその立場を再検討のうえ、公務証明書の発給をとりやめるよう要請した。公務証明書が発給されると、「沖縄や日本各地で強烈な政治的反響が引き起こされる」ことを、外務大臣は懸念したのである。

シュースミス公使は、山崎局長に、アメリカ側は時間的に切羽詰った状況にあることも伝えている。というのも、「日米合同委員会刑事裁判管轄権分科委員会において合意された事項」第四〇項によれば、公務執行中の犯罪(アメリカ側が第一次裁判権を行使する)であると考えられ、その通知が日米いずれかからなされた場合、「合衆国は、被疑者の所属する部隊の司令官を通じ、当該犯罪の行われた地の検事正に対して合衆国において裁判権を行使するか否かを通告するものとする。」と規定されているからだ。(32) また、同第四〇項には、「当該検事正は、当該犯罪についての最初の通知のあった日の翌日から起算して十日以内に右の通告を受けなかった場合には、日本国はかかる事件につき裁判権を行使することができる。」とある。前述のように、第五空軍から那覇地検へのロックとジョンソンの犯罪通知は、七月一九日になされている。同時に、公務証明書を発給しない旨が非公式に伝えられた。つまり、七月一九日の翌日から起算して、一〇日後の七月二九日までに日本側に裁判権を行使する旨を通告しないと、アメリカ側は第一次裁判権を失う事態にいたるのであった。

公務証明書の発給

このような状況から、公務証明書の発給はドタバタ劇となる。(33) 七月二九日午前四時頃、在日米軍司令官から在京米大使館に、以下の通報があった。第五空軍司令官はロックとジョンソンに対し、公務証明書を発給しないとの決定をくだした。しかし、太平洋空軍最高司令官によってこの決定を覆す申し立てが承認される。そこで、太平洋空軍最高司令官は、第五空軍司令官に対し公務証明書をただちに発給するよう命じた。

これを受け、在京米大使館は、同日午前七時三〇分頃、このことを外務省に緊急通知した。同時に、公務証明書を発給するとの決定を再考するようにとの外務大臣の要請には応じられない旨を通知する。さらに、太平洋空軍最高司令官の命令を受け、午前九時頃、公務証明書を発給するとの決定が那覇地検事正に通知されている。午前九時三〇分頃、公務証明書は発給された。

在京米大使館は、公務証明書発給の段取りについて、蚊帳の外に置かれていた。七月二八日、在京米大使館が太平洋空軍司令部および第五空軍の関係者と協議した際には、公務証明書の発給は七月二九日正午頃になる予定であった。公務証明書の発給への対応について、日本政府と協議する時間が必要だったからだ。事態が急速に動いたため、在京米大使館は、公務証明書の発給前に、日本側と協議することができなかった。そのため、在京米大使館はこれら一連のできごとを不快に感じる。(34)

シュースミス公使とペトリー参事官が、山崎アメリカ局長（山下安全保障課長が同席）と会談したのは、同日午前一〇時である。その際、すでに紹介したような公務証明書を発給した理由が伝えられた[35]。ことここにいたって、日本側に残された途は、合同委員会に本件を付託することだけであった。外務省は、翌三〇日午前一一時に合同委員会を開催するよう要請する。

四　日米合同委員会および刑事裁判権分科委員会

刑事裁判権分科委員会での協議

日米合同委員会および刑事裁判権分科委員会における伊江島事件の協議の様子を振り返ってみよう。七月三〇日、日米合同委員会が開催され、ジラード事件同様、本件は、刑事裁判権分科委員会に付託されることになった。第一回刑事裁判権分科委員会は、八月五日に開催される。席上、日本側代表は、アメリカ側がなぜ公務証明書を発給したのか、その説明を求めた。アメリカ側代表は、その理由を述べる前に、事実関係を確定する必要があるとして、事実記載書を日本側に手渡した[36]。

この事実記載書は、すでに述べたように、七月二三日の時点で、アメリカ側が把握していた事実関係をもとに作成されている。ただ、アメリカ側が把握していたにもかかわらず、この事実記載書に掲載されていない事項がいくつかある。

整理しておくと、まず、演習場内に空薬莢を盗もうとする不法侵入者がいる場合、ロックとジョンソンには、彼らを傷つけてはならないとの命令がくだされていた。また、空薬莢を拾いにきている日本人たちを追い払うために信号銃が使われている。さらに、山城さんを追いかけた経緯について、ジョンソンは「走っていないと面白くない」と、いわばゲーム感覚で山城さんを追いかけ、ロックが信号銃を発射した結果、ケガを負わせたという事実が記載されていない。これらの事実は、両名の行為が公務執行中ではないことを示す証拠となる可能性があったため、アメリカ側は事実記載書から省いたのであろう。

この第一回委員会で、日本側は、両名の任務について、アメリカ側とは意見が異なる旨を示唆している。日本側は、次回の委員会で、事実関係を明らかにしたいとした。結局、この会議では、なにも決まらなかった。

第二回刑事裁判権分科委員会は、八月一二日に開かれている。今度は、日本側の事実記載書がアメリカ側に手渡された。日米の事実記載書における相違点を明らかにしておこう[37]。

まず、ロックとジョンソンの任務についてである。両名は、事件当日、軍用機が利用する射爆場で、爆撃・射撃演習に必要な任務を遂行していた。両名の任務とは、(1)演習開始の準備、(2)演習中における採点の補助、(3)演習終了後のさまざまな機器の片付け、演習場の整理整頓である。日本側の事実記載書では、これ以外の任務については触れていない。つまり、不法侵入者を捕まえ、さらに、日本側警備員に引き渡す行為は、本来の任務ではないことが示唆されている。

つぎに、日本側の事実記載書では、信号銃と信号弾の取り扱いについて詳しく述べられている。アメリカ側の事実記載書にも、ロックとジョンソンは、演習終了後、演習場の整理整頓のため、南塔を下り、軍用のピックアップトラックに乗り込んだことが記されている。その際、信号銃と信号弾もトラックに詰め込んだ。日本側の事実記載書には、「信号銃は、緊急の場合、つまり、通信施設のトラブルのため、演習場の管制塔と演習に参加している軍用機とのあいだの連絡がとれないような場合にのみ使用が許可されている。」とある。さらに、「信号銃と信号弾は、演習場内にある保管庫の鉄の箱に保管されている。演習が始まる前に木箱に移し替え、ピックアップトラックで塔に運びこまれる。信号銃は塔の定位置に四五度の角度で設置される。したがって、信号銃の携行は許されておらず、ロック軍曹は、信号銃に関する厳格な規則を破り、信号銃を携行したものである。」と記されている。信号銃を携行すること自体、軍の規則違反であったとの主張である。

また、被害者の山城さんが撃たれたときの状況について、日本側によれば、「ロック軍曹は信号銃を水平に構え、二三秒間、被害者に狙いをつけ、すでに射爆場の外にいた犠牲者の背後から信号銃を発射した。」とある。つまり、山城さんは、射爆場の外にいたところをロックに撃たれたというのだ。

つぎに、山城さんとその父親に対するその後の扱いについてである。日本側の事実記載書によれば、ロックとジョンソンは、山城父子をトラックに乗せ、日本人警備員のもとに連行している。その際、警備員に、「両名を窃盗の疑いで地元警察に引き渡すようにとの指示はしておらず、また、窃盗事件として本件を地元警察に通知するようにとの指示もしなかった。被害者あるいは父親から、空薬莢を取り戻すこともなく、持ち物を調べるための身体検査もしなかった。」という。このように、空薬莢を盗んだ疑いで捕まえたにもかかわらず、その後、必要な対応をまったくとっていなかった。

八月以降一〇月中旬までに、刑事裁判権分科委員会は七回開かれている[38]。本事件をめぐる事実関係について、日米双方はほぼ合意に達していた。しかしながら、事実の解釈をめぐり基本的な違いがあることが明らかになる。日本側は、ロックとジョンソンの行為は、公務との関係がきわめて薄く、私的行為であると解していた。これに対し、アメリカ側は、公務証明書の発給を覆すに足る新たな証拠はないとして、両名の行為は公務の執行にあたると主張した。

山崎アメリカ局長は、ジラード事件の先例にならい、第一次裁判権の問題に触れることなく、アメリカ側が自発的に裁判権を放棄するのが問題解決にとって望ましい、とシュースミス公使に伝えている。これに対し、アメリカ側は、そのような解決策に同意するのはきわめて困難だとして、日本側の提案に難色を示した。

その後、この事件は、日米それぞれの政治的混乱が加わり、解決が先延ばしにされる。アメリカでは、ニクソン大統領が一九七四年八月九日、ウォーターゲート事件を理由に、辞任に追い込まれた。その後を継いだのが副大統領のジェラルド・フォードである。一九七三年八月の田中・ニクソン会談の共同声明には、アメリカ大統領の訪日が謳われていた。ニクソンに代わり、フォードが来日する時期が迫っていた。フォードは、一九七四年一一月一八日から二二日まで日本を訪問している。フォード大統領の訪日を歓迎するなか、日米双方とも、伊江島事件を再燃させるわけにはいかなかった。一方、日本では、田中角栄総理が窮地に立たされていた。金権問題で、与野党双方の追及を受けていたからだ。結局、田中総理は一二月九日に退陣する。こうして、日米双方の政治的混乱のため、伊江島事件の解決は宙に浮いてしまった。

アメリカ政府内での検討

年が明け、前年一〇月中旬の山崎局長の提案(アメリカ側が第一次裁判権を行使しない)を受け入れるか否か、国務・国防両省では検討が進んでいた[39]。最終的な決定にはいたっていなかったものの、この提案の受け入れは困難だとする要因がいくつか浮上する。まず、両省の専門家の間では、ロックとジョンソンの行為は地位協定が規定する「公務」にあたるとの意見が大勢を占めていた。また、一九五七年のジラード事件の先例から、公務に関連する事件で、アメリカ側が裁判権を行使しないとなると、大統領がまず検討のうえ、さらに、議会と協議する必要があった。議会は、ジラード事件の際、米兵の裁判権に強い関心を示したからだ。そこで、アメリカ側が山崎提案に同意しない場合、日本側がどのような反応を示すか、また、日米関係にどのような影響が及ぶか、在京米大使館に意見を求める訓令が、一九七五年一月一〇日に発せられている。

この訓令に対し、在京米大使館は、一月二一日に本省に報告している(東京電第八〇五号[40])。それはつぎのようなものであった。アメリカ側に第一次裁判権があるとの決定をくだすと、日本側では、強烈かつ感情的な反応がわきおこる。とくに、沖縄では、この事件が、伊江島演習場の反対運動に利用される。伊江島の対岸にあたる本部半島では、一九七五年七月二〇日から沖縄海洋博覧会が開かれる予定になっている。反対運動が激化すると海洋博にも悪影響を及ぼしかねない。

一方、日本側では、本件が合同委員会に付託されたことから、ジラード事件の先例にならい、日本側の裁判権行使をアメリカ側は容認するのではないかとの期待が高まっていた。ところが、合同委員会での解決が長引いたため、前年一二月の田中退陣を受け、発足したばかりの三木武夫新政権への批判が高まることが懸念された。さらに、地位協定そのものへの疑問も投げかけられるようになる。

伊江島事件の状況、合同委員会での協議の様子、さらには、三木新政権への批判の高まりにもかかわらず、在京米大使館は、本件は世間の注目を集める出来事にはならないと分析している。その理由として、まず、事件が発生した当初は人々の怒りが爆発したものの、本件に対する一般の人々の関心は薄れていることが挙げられている。これは、本件を合同委員会の手続に委ねたことが一役買っているというのが在京米大使館の見方であった。また、本件の場合、死者や重症者が出なかったことも幸いであったと在京米大使館は分析している。この結果、在京米大使館は、アメリカ側が第一次裁判権を行使したとしても、日米関係に長期にわたって重大な影響が及ぶことはないとの見通しを本省に伝えた。

こうしたなか、在京米大使館は、アメリカ側に第一次裁判権があるとの前提の下、その場合の政治的影響を最小限にとどめるため、外務省と協議を重ねていた。大使館は、具体的な策として以下の案を検討している。

第一に、本件が合同委員会で解決にいたらない場合、それを遺憾とする声明をアメリカ側が発表する。同時に、このような事件の再発を防止するための方策を明らかにする。具体的には、信号銃を使用する際の管理を厳格にすること、地元民が演習場に入る場合の規則を明確にすることである。第二に、アメリカ側は本件に関する調査を引き続きおこない、法・規則にのっとって、米兵の行為に適切な措置がとられるとの声明を出す。第三に、アメリカ側が伊江島演習場の移転を十分に検討していると発表する。

しかし、外務省は、この時点では、こうした案の検討に抵抗を示している。この電報(東京電第八〇五号)によれば、ジラード事件の先例にならい、第一次裁判権は日本側にあると法務省が強硬に主張していたからである。それが、外務省が抵抗する理由ではないかと在京米大使館は推測している。そこで、在京米大使館としては、右の案によって解決への途が開けるのか、それとも、日本政府は日米の政府間協議への付託を考えているのか、判断できないとしている。

国務・国防両省は、在京米大使館からの報告を受け、本件の取り扱いを徹底的に議論した。一月二八日、本省から在京米大使館に発せられた電報によると、アメリカ側は山崎提案(アメリカ側が第一次裁判権を行使しない)に同意できないとの結論にいたっている(41)。それは、前述の一九七四年七月二六日の本省から在京米大使館宛の訓令にあるように、公務証明書を発給した理由と同じである。つまり、ロックとジョンソンは、演習場の警護および盗難防止の任務についており、公務を執行していたというのだ。ただし、信号銃の発射は過剰な力の行使にあたるため、その行為はアメリカ側の懲戒権の対象になる。したがって、アメリカ側が第一次裁判権を行使することになる。

その結果、本省から在京米大使館に、日本側の非公式提案(山崎アメリカ局長の提案)に同意できず遺憾に思う、と外務省に通報するよう指示がくだされた。また、その政治的影響を最小限におさえるため、外務省と引き続き協議することとなる。前述のように、一月二一日付の東京電第八〇五号には在京米大使館が検討した案が記されていた。本省としては、第一および第二の線に沿って外務省と協議すべきとの考えである。しかし、第三の伊江島演習場の今後については、公表する立場にないとして協議対象から除かれた(42)。

合同委員会での決定

刑事裁判権分科委員会でどのような協議がおこなわれたのかは明らかでない。一九七五年五月七日に開かれた衆議院外務委員会で、山崎アメリカ局長は、その後の経緯をつぎのように説明している(43)。

刑事裁判権分科委員会で、日本側は、ロックとジョンソンの行為は地位協定第一七条第三項(a)(ii)にいう公務執行中の犯罪にはあたらず、地位協定に基づき第一次裁判権は日本側にあると主張した。これに対し、アメリカ側は、公務執行中の犯罪であることから、第一次裁判権はアメリカ側にあると主張している。双方の見解が対立したので、分科委員会では最終的な解決にいたらなかった。そこで、分科委員会は、四月一七日、第一次裁判権の帰属について日米双方の立場を併記した報告書を合同委員会に提出した。

合同委員会で同報告書が検討された結果、日米双方の法的立場の違いは合同委員会でも解決できないとの結論にいたる。四月二四日、日米それぞれの法的な立場を害することなく、地位協定第二五条第三項(「合同委員会は、問題を解決することができないときは、適当な経路を通じて、その問題をそれぞれの政府にさらに考慮されるように移すものとする。」)に基づき、問題解決を両政府間の交渉に委ねるとの決定がくだされた。

さらに、山崎局長はつぎのように述べている。

政府は、合同委員会から問題が移されました次第にかんがみまして、アメリカ政府と協議を重ねました結果、五月六日、昨日、わが方としましては最終的に次の諸点を考慮して、この事件の裁判管轄権の帰属に関する日本側の法的立場を維持しつつも、本件の早期解決を図るという実際的見地から、本事件については日本側は裁判権を行使しない旨をアメリカ側に通報した次第であります。(44)

ところが、裁判権を行使しないとする日本側の通報は、もっと早い段階でおこなわれていた。というよりも、日本側が裁判権を行使しないとの決定をくだした結果、日米双方の立場を記した報告書が合同委員会に提示されたのである。さらに、最終的な決定が日米両政府に委ねられる形式になったという次第である。次節では、この点を明らかにする。

五　裁判権を行使せず

日本政府の決定

四月二四日、日米双方の法的立場の相違を合同委員会では解決できなかったため、この問題は両政府間の交渉に委ねられた、と山崎アメリカ局長は説明している。ところが、三月一九日付東京電第三五六四号によれば、三月一七日、外務省は在京米大使館に、日本政府が本件の裁判権を要求しないとの決定をくだしたと通報している[45]。つまり、合同委員会において解決できなかったので、両政府間の交渉に委ねられたのではない。それ以前に、日本政府は裁判権を行使しないとアメリカ側に通報していた。したがって、合同委員会で本件を解決できず、両政府間の交渉に委ねるとの決定は、まったく形式的なものにすぎなかった。同時に、日本政府は、解決のシナリオを提案している。それは以下である。

アメリカによる裁判権の行使に反対しないとの日本政府の決定は、合同委員会において発表される。日本側は、以下を条件として、裁判権を行使しない。(a)当初、アメリカ政府は公務証明書を発給しないと発表している。これが誤解を招いた。アメリカ政府はこれに遺憾の意を表する。(b)アメリカ政府は、事件の発生を遺憾とする。再発防止のためあらゆる措置をとることを保証する。(c)アメリカ政府は、被害者に補償する用意がある。(d)アメリカ政府は、統一軍法典にしたがい、犯罪者に適切な措置をとる。その結果を日本政府に通報する。ただし、これらの手続の結果がどうなるか、アメリカ政府は約束できないことを日本政府は了解する[46]。

これらの条件は、前述のアメリカ案を参考にしていることは明らかである。

五月、日本政府は、国会で、伊江島事件における裁判権不行使の見返りとして、アメリカ側が譲歩した内容を説明する。右の(a)から(d)の四条件は、最終案の原型となる。ただ、このことが事前に公表されると、猛烈な反発が予想される。そこで、四月の統一地方選挙をひかえ、国会休会中に発表したいというのが外務省の希望であった。在京米大使館は、四月一〇日に合同委員会が予定されているので、その際、必要な事項を取り決めることを考えていた。在京米大使館は、このような内容・手順で合同委員会において協議を進めてよいか、本省に請訓している。本省からの回訓には、このシナリオに異存はない、と記されていた[47]。

有田・シュースミス覚書

四月二四日、合同委員会が開催される。本件をさらに協議するため、日米両政府に付託することが合意された。翌二五日、山崎アメリカ局長とシュースミス公使が会談した結果、最終的に、つぎのような段取りが決められた。まず、有田圭輔外務審議官とシュースミス公使が会談する。その際、日本政府は、アメリカ政府の裁判権行使に同意する。有田とシュースミスは、本件の最終的な措置を記録として残すため、覚書に署名する。この覚書案とは以下である。

伊江島補助飛行場で、一九七四年七月一〇日発生の銃撃事件について、一九七五年四月二四日、外務省担当者とアメリカ大使館とが協議した結果、合同委員会は決定に至った。一連の協議に基づき、有田外務審議官とシュースミス合衆国大使館首席公使は、両国政府を代表して、以下の会談をおこなった。

シュースミス氏：「アメリカ合衆国政府は、銃撃事件が発生したことを遺憾とし、かかる事件の再発防止のためあらゆる手段をとった。それには以下がある。(a)伊江島演習場に適用される規則を修正し、施行した。すべての兵士に指示をくだし、説明会を実施した。より恒久的な新警告標識を設置した。責任ある当局者による監督回数を増やした。(b)アメリカ合衆国政府はまた、当初、信号銃銃撃事件は地位協定第一七条第三項(a)(ii)の公務にあたらず、公務証明書を発給しないと非公式に宣言した。これによって誤解を招いたことを遺憾とする。(c)アメリカ政府は、統一軍法典にしたがい、関係空軍兵士を迅速に処罰し、その結果を日本国政府に通知する。(d)合衆国政府は、地位協定第一八条に基づき、銃撃の結果、負傷した被害者に十分な補償をする用意がある。」

有田氏：「当該空軍兵士に対し第一次裁判権を行使する権利の帰属を損なうことなく、シュースミス氏の上述の陳述を考慮し、日本国政府は、当該空軍兵士に対する裁判権を行使しない。」(48)

在京米大使館によれば、日本政府はこの覚書の存在を公表しないようアメリカ側に要請したという。この覚書はアメリカ側の基本的要求を充たすものと在京米大使館は受けとめ、この案に異議がないか、本省に請訓した。

本省からの回電に、右の覚書案の(c)は受諾できないとあった。理由は、「統一軍法典のもと、当該空軍兵士の有罪あるいは無罪の法的な決定がくだされる前に、アメリカ政府が当該空軍兵士の処罰を約束しているように思われるから」とある。これに代る案は、「アメリカ合衆国政府は、統一軍法典のもとで適切に対処するため、本件を当該アメリカ当局に付託し、その結果を日本国政府に通知する。」となっていた。[49]

外務省と在京米大使館は、このアメリカ側の代替案を協議した。外務省の考えはつぎの通りである。アメリカ政府が関係空軍兵士の処罰を約束できないことは了解する。ただ、代替案は受諾できない。日本側が裁判権を行使しないと決めるにあたって、政府内に意見の対立があった。また、こうした決定は国民から強い反発をまねくことが予想される。日本政府はアメリカ政府の立場に譲歩している。したがって、アメリカ政府の意図が明確に示された解決策を必要とする。[50]

協議の結果、外務省は、以下の代替案を提示した。「当該アメリカ当局が、統一軍法典にしたがい、関係空軍兵士に対し、迅速に、適切な刑事手続および懲戒手続の双方、あるいは、いずれか一方の手続を取り、その結果を日本国政府に通知する。」これに大使館側は、「刑事あるいは懲戒」よりも、「懲戒」という用語が望ましいと提案している。外務省は、「両方の語を用いたのは、地位協定第一七条にある用語法を反映させようとするもので、同条における懲戒手続はより軽い印象がある」と指摘した。[51] 地位協定第一七条第一項(a)には、合衆国の軍当局は、「刑事及び懲戒」の裁判権を行使できると記されている。刑事に比して、懲戒の方が軽く感じられる。そのため、「懲戒」の文言だけを盛り込んだ大使館案は受け入れられない、と外務省は主張したのである。

この日本側代替案の提示を受け、大使館は日本案を受諾するよう本省に提案している。また、今後の予定として、まず、シュースミス公使は、五月六日朝、有田外務審議官と会談する。その後、アメリカ側は裁判権を行使する。日本政府は国会開会中の五月七日にこの結果を公表することが話し合われた。[52] 実際、日本側は、同日に開催された衆議院外務委員会で、裁判権を行使しないこと、また、アメリカ側の措置を条件にしていることを明らかにしている。なお、この五月六日の有田・シュースミス会談で、本件の最終的な決定を記した覚書に署名がなされたと思われる。

国会での審議

政府間交渉の結果、五月六日、日本政府は、「諸点」を考慮したうえで、この事件の早期解決を図るという実際的な見地から、この事件について、裁判権を行使しないとアメリカ側に通報した。これを受け、翌七日、那覇地検は米兵を不起訴処分にすることを決めている(53)。

五月七日以降、本件が国会で審議される。有田・シュースミス覚書の存在は、国会審議でも明らかにされていない。この覚書の存在は秘密とするものの、その内容は公表してもよい、と日米は合意したのだろう。以下、国会審議の様子を明らかにしておきたい。

日本政府が考慮した「諸点」について、山崎アメリカ局長は、五月八日の衆議院内閣委員会で、その詳細を説明している。以下の通りである。

第一に、本事件をいつまでも未解決のままにしておくことは、加害者の処罰、被害者の救済の観点から問題である。

第二に、この事件において加害者の行為はさほど悪質なものとは認められない。

第三に、米国政府は次に述べるとおり、本事件についてその立場をわが方に説明しており、本件につき適正な措置がとられるものと判断される。すなわち、

一、米側はかかる事件の発生を深く遺憾とするものであり、将来の同様な事件の再発防止のため万全の措置をとった。

二、本事件発生直後米側は、非公式にではあるが、公務証明書を発給しない旨の意向を表明したにもかかわらず、その後公務証明書を発給し、誤解を招いた点は遺憾である。

三、米側は加害者に対し速やかに刑事あるいは懲戒の手続、すなわち処罰のための手続をとり、その結果は日

本側に通報する。

四、被害者に対しては補償する。

以上が米側がわが方に説明している諸点である。

最後に第四として、本事件の解決をさらに遷延せしめることは、日米友好関係を維持する見地から好ましくないと判断される。(54)

右のなかで、山崎アメリカ局長は、「この事件において加害者の行為はさほど悪質なものとは認められない。」と説明している。これに、沖縄選出の上原康助議員が、「聞き捨てならないことは、この事件はさほど悪質なものでないと認めた。一体、人間に向かって発砲をしてけがを負わしておきながら、その行為が、法のいかんを問わず、どういう環境で行われようが、さほど悪質でないという政府の答弁に対しては、どうしても合点がいかないわけです。」と猛反発した。そのため、委員会は紛糾した。(55)

その後、五月二二日に開かれた衆議院沖縄及び北方問題に関する特別委員会で、宮澤喜一外務大臣が、本件について、正式に説明している。宮澤大臣の説明は、先の山崎局長の説明を敷衍するものであった。山崎局長が「加害者の行為はさほど悪質なものとは認められない。」と述べた点は、「本事件における加害者の行為については、それが許すべからざるものであることはもちろんでありますが、刑事法上懲役刑または禁錮刑の求刑に相当するとは判断されなかった」に変更されている。(56)

また、米軍は、ロックとジョンソンにどのような処罰の手続をとったのであろうか。この点も、右の特別委員会で、山崎局長がつぎのように説明している。ロックとジョンソンは、「統一軍法第一三四条[注：同条は、統一軍法典に特段の規定のない秩序・規律違反、または、軍の信用を失墜させる行為への処罰を定めた一般条項]に違反し、人命に危険を及ぼすような状況の下で山城安次氏の方向に火気を不当且つ故意に発射したことが、両名の部隊長によつて明らかにされた。(57)」この事実認定の結果、両名に下された処分とは以下である。

（１）両名とも軍曹から伍長の階級に下げられた(但し、六ヶ月間その執行は猶予される)。
（２）両名とも公式にけん責された。
（３）キャロル・ロック軍曹は百五十ドルの没収、ハロルド・ジョンソン軍曹は百ドルの没収を課された。[58]

このように、ロックとジョンソンの処罰は、刑事罰ではなく、懲戒処分にしかすぎなかった。それもきわめて軽いもので済まされたのである。

公務執行といえたのか

ロックとジョンソンの行為が、公務執行によるものといえたのか、日本側、とくに検察当局は疑問に思っていた。この点、安原美穂法務省刑事局長が、五月八日の衆議院内閣委員会での答弁で、かなり詳細に説明している。まず、アメリカ側の主張を明らかにしたうえで、検察側の反証についてみていこう。

アメリカ側の主張を概観すると、つぎのようになる。[59]ロックとジョンソンの行為は公務執行中のものである。両名は、演習開始前に射撃場の準備をする、射撃が始まると採点の補助をする、演習終了後は演習場の片づけをするといった任務についていた。さらに、米軍の主張では、演習場へ不法に立ち入る者は排除され、また、空薬莢拾いは認めていない。空薬莢を拾おうとする者があれば、それは窃盗にあたる。それゆえ、空薬莢の回収をはかり、犯人を日本側の警察に引き渡すことも公務に含まれる。

本件の場合、演習終了後、いまだ立ち入り禁止の道路標識が解除される以前、被害者は演習場に立ち入り、袋を持って空薬莢を拾い集めているところをロックとジョンソンによって現認された。両名が被害者を追跡したところ、制止の呼びとめにもかかわらず、被害者は逃走しようとした。そのため、被害者を停止させ、逮捕してその所持する空薬莢を回収すべく、信号銃の発射におよんだ。

信号銃の発射それ自体は、たしかに米空軍の信号銃の使用に関する規則違反である。ただ、それは公務遂行のためになされ、必要以上の力の行使がともなったものである。したがって、地位協定にいう公務執行中の作為から生じた犯罪である。

このアメリカ側の主張を、那覇地検はどのようにとらえていたのか。同じく安原刑事局長の答弁から明らかにしておきたい[60]。まず、那覇地検としては、空薬莢の回収とか逮捕といったように、不法に立ち入る者の排除までも職務であるといえるのか、その点に疑問を呈している。ただ、反証を挙げて、アメリカ側の主張を覆すまでにはいたらなかった。そこで、信号銃による発砲は、公務執行中であったと認めざるを得ないとの結論になった。

しかし、信号銃の発射が公務執行のためであったとしても、それが不相応に強力であったというアメリカ側の主張には根拠がないと検察側はとらえていた。つまり、本件では、ロックとジョンソンは、その公務執行とは無関係に、いたずら心を満足させるため、逃げる被害者の背後から信号銃を発射したものと認められる合理的な証拠があるというのである。具体的には、まず、ひとつおどかしてやろうかということで、グッドアイデアだということで信号銃を取り出している。また、威嚇のためならば、信号銃を天に向けて撃つのが普通である。それにもかかわらず、信号銃を水平に構えて撃っている。したがって、被疑者の行為は、一見、公務執行のように見えるけれども、内心の意図に立ち入ると、いたずら心ではないか、というのが検察側の見方であった。

「さほど悪質ではない」の意味

山崎アメリカ局長は、加害者の行為は、「さほど悪質なものとは認められない」と述べていた。また、それを撤回する形で、宮澤大臣は、「刑事法上懲役刑または禁錮刑の求刑に相当するとは判断されなかった」と述べている。このように述べた根拠はどこにあったのだろうか。この点についても、安原刑事局長は、五月八日の衆議院内閣委員会での答弁で、かなり詳細に説明している。安原局長の答弁を参照しながら、日本側が重大な犯罪ではないと判断した根拠を明らかにしておく。

第一は、犯行の態様である。ロックは、被害者の身辺をおどかすためにねらって撃っている。ただ、捜査の結果、被害者の身体を直接ねらったとは判断できなかった。被害者の横をねらった弾が、たまたま命中したと認定するのが妥当である。

第二に、本件で使用された信号銃は、本来、地上と航空機との間の非常用連絡手段として用いられる。殺傷を目的とするピストルなどとは、銃および弾丸の構造を異にしている。鑑定の結果、その命中率あるいは危険性の程度において、ピストル等とは格段の差があると認められた。

第三に、被害者の事情である。本件の現場である射爆場は、本来、住民の立ち入りが禁止されている場所である。しかも、本件が発生したのは、演習終了後間もない時刻である。演習場に通ずる道路などは、いまだ立ち入り禁止の標識が設置されていた。それにもかかわらず、被害者はここに立ち入ったうえ、軍の財産である空薬莢を、袋を持参して拾っている。これは明らかに窃盗罪にあたる行為である。さらに、ロックとジョンソンは、英語によってではあるけれども、口頭で停止を命じている。それでも、被害者は逃走を続けようとした。被害者側にも、本件犯行を誘発したと見られる落ち度がなかったとはいいがたい(61)。

以上の三点から、起訴するにしても、懲役あるいは禁錮といった自由刑を求刑するほど、悪質、重大な犯罪とはいえない、というのが検察当局の判断であった。

ここに、刑事裁判権密約が顔を覗かせている。伊江島事件は、公務執行中か否かだけが問題だったのではない。仮に公務執行中ではないとしても、刑事裁判権密約によれば、アメリカ側に第一次裁判権があると考えられる事例である。山崎アメリカ局長が、「加害者の行為はさほど悪質なものとは認められない」と述べたことは、日本側が本件を実質的に重要な事件とは考えていない証左である。傷害は重要な事件の範疇には入っていないからだ。

アメリカが得た教訓

ジラード事件は、アメリカ側が裁判権を行使しないと決定した。これに対し、伊江島事件では、日本側が裁判権を行使しないという結果になった。いずれも演習場内で起こった出来事であり、事案が類似している。なぜ正反対の結果になったのかを分析することは、刑事裁判権の問題点を浮き彫りにするうえで重要である。

アメリカ側は、ジラード事件の教訓を、結果として、伊江島事件に活かしたことになる。当初、マックレイン准将が、「日本の裁判権に委ねられることになった」と回答した趣旨は、米兵の行為は公務執行中のものではないと認め、裁判権を放棄するという意味であった。ところが、公務証明書が発給される。その後は、前述のように、日米合同委員会、さらに、刑事裁判権分科委員会に判断が委ねられた。

一九七四年一〇月の時点で、刑事裁判権分科委員会は七回開催されている。それにもかかわらず、交渉は完全に行き詰ってしまう。一〇月一二日付の在京米大使館から本省宛の電報によれば、刑事裁判権分科委員会のアメリカ側代表は、「第一次裁判権の問題に言及することなく、日本側が裁判権を放棄する」よう提案している。これに日本側代表の山崎アメリカ局長は、「日本政府は絶対に同意できない」と同提案を拒否した(62)。

また、同電報によれば、山崎局長とシュースミス公使との会談で、米空軍は公務証明書の発給を取り下げることはない、とのアメリカ側の立場を同公使は伝えている。これに、山崎局長は、ジラード事件の先例にならった解決を望むと述べた。さらに、同公使は、ジラード事件では並々ならぬ困難があったことを思い起こしてほしいと述べ、私見として、山崎局長の解決案、つまり、ジラード事件と同様の解決案に同意することはきわめて困難である旨を説明している(63)。

ここに、この種の事件における問題解決の限界が見えてくる。ジラード事件では、公務の解釈をめぐる日米それぞれの主張を棚上げにしたうえで、アメリカ側が裁判権を行使しないことで日米は合意した。米兵の犯罪が公務執行中か否かが問題となった場合、結局は、日米両政府間の協議に委ねられ、問題解決の具体的方策は講じられていない。

とくに、演習場で事件が起きたような場合、米兵はなんらかの公務に就いている、あるいは、勤務中(on duty)と考えられる。米軍側が公務執行中であるとして公務証明書を発給すれば、合同委員会で協議を重ねても、日本側の主張がとおることはない。残る解決方法は、伊江島事件のように日米政府間の交渉に委ねることである。

こうして、公務証明書は、容疑者にとって、免罪符の役割を果たすことになる。「日米合同委員会刑事裁判管轄権分科委員会において合意された事項」第四三項に、「この証明書［公務証明書］は、反証のない限り、公務中に属するものであるという事実の充分な証拠資料となる。」と記されている。(64) ジラード事件の場合、陸軍省は裁判権を行使しないとの失策をおかした。伊江島事件では、米軍は、当初、裁判権を日本側に委ねると通知したにもかかわらず、ロックとジョンソンの提訴を受け、公務証明書は発給された。

アメリカ側にとって、伊江島事件が重要であったのは、公務の執行による犯罪であるか否かを判断する、新たな論理を見出した点にある。つまり、公務の執行を幅広く認め、公務の執行と過剰な力の行使とを区別する論理である。これにより、外形上、公務執行にあたる行為であれば、容疑者の意図を問うことなく、アメリカ側による第一次裁判権の行使が、広く可能となったのである。

六　伊江島事件から今日の課題へ

論点の解明

伊江島事件をめぐる論点について、整理しておきたい。

まず、第五空軍が、当初、ロックとジョンソンの公務証明書を発給しないとしていたにもかかわらず、その決定を覆し、なぜ公務証明書を発給したのかである。とくに、不可解なのは、両名の行為の事実認定は、公務証明書の発給前後で、おおきな違いはない。もし違いがあるとすれば、両名の公務の範囲をどの程度、厳格に解釈するかである。

第五空軍が公務証明書を発給しないとした当初の根拠は、ロックの行為が「誰も傷つけてはならない」という軍の命令違反にあたる点にあった。また、信号銃を人に向けて発砲することも規則違反である。さらに、軍の取調べに、ジョンソンは、「走っていないと面白くない」と供述している。いわばゲーム感覚で山城さんを追いかけ、ロックが山城さんを銃撃したというのが真実に近いと思われる。この点、日本の検察も、ロックの行為は、いたずら心からではなかったか、と推定している。

第五空軍がこの事件を政治問題に発展させないよう気を配っていたことも、公務証明書を発給しないとした理由だろう。一九七二年の本土復帰後、沖縄では、一九七二年九月二〇日、米軍キャンプ・ハンセン基地で、従業員射殺事件が発生している。一九七三年四月一二日には、金武ブルービーチ訓練場で、戦車による日本婦人轢殺事件が起きている。伊江島事件では、幸いなことに、生命が失われる事態にはいたらなかった。しかし、あいつぐ事件・事故の発生で、沖縄県民の怒りの声が高まるのは必死だった。

それでは、なぜこの決定が覆ったのかである。ロックとジョンソンの法律顧問が第五空軍に対する異議申し立てをおこない、さらに、統一軍法典に基づき、両名から第五空軍(在日米軍)司令官の上官(太平洋空軍最高司令官)宛に提訴したことが功を奏したといえるのだろう。その際、用いられた論法が、ある行為が公務執行にあたるか否かという問題と、過剰な力の行使とを分ける論理であった。つまり、ロックにとって、演習場における通常の任務のほか、空薬莢の盗難を防ぎ、さらに、窃盗犯を捕まえることもその任務にあたるとまず認定する。そのうえで、窃盗犯を捕まえ、空薬莢を取り戻すため、信号銃が用いられたと判断する。ただし、信号銃を用いた部分は、過剰な力の行使にあたり、米軍による懲戒の対象になる。とはいえ、行為自体は公務の執行によるものである。よって、裁判権はアメリカ側にあるという論理であった。

合同委員会および刑事裁判権分科委員会で、本件がどのように取り扱われたのかは、これら委員会の議事録が公開されていないため不明である。結局、日米の主張は平行線をたどった。その結果、合同委員会には、刑事裁判権分科委員会から日米双方の主張を併記した報告書が提出される。ところが、実際の流れは、まず、日本側が裁判権を行使しないと譲歩したのである。ただし、事件の発生を遺憾とする、当初公務証明書を発給しないとして誤解を招き遺憾とする、再発防止策をとる、加害者を処罰する、といったアメリカ側の対応を条件として、合同委員会への報告書が提出された。さらに、地位協定第二五条にしたがい、本件は日米両政府の協議に委ねられた。米軍兵士に関する事件では、日本政府の対応は弱腰だと批判されることが多い。伊江島事件に関して言えば、日本側が先に裁判権を行使しないとの申し出をおこない、決着がはかられている。実質的に重要な事件を除き、日本側は裁判権を行使しないとした刑事裁判権密約にしたがってこの事件が処理された可能性が高い。

ジラード事件と伊江島事件とを比較すると、公務執行とは何かを考えるうえで、重要な示唆が得られる。ジラード事件の場合、ジラードの任務は、演習地で機関銃ならびにフィールドジャケットを警護することであった。空薬莢拾いに関しては、なんらの命令もくだされていない。ジラードの行為は、空薬莢がたくさんあるとの言により、坂井なかさんをおびき寄せ、至近距離からグレネード・ランチャーに空薬莢を装塡し発砲するという卑劣なものであった。公務の執行とは明らかに無関係である。アメリカ側が裁判権を行使しないとしたのは当然であった。

これに対し、伊江島事件の場合、ロックの発砲は、外形としては、公務執行にあたる可能性が高かった。現に、米軍側は、公務執行にあたると主張している。ただ、伊江島事件の問題点は、外形上、公務の執行にあたる行為がおこなわれても、それがどのような意図のもとにおこなわれたのかを十分に捜査できなかった点にある。ロックとジョンソンの身柄が日本側に引き渡されなかったことも一因である。この点については、つぎに触れておきたい。

容疑者の身柄引き渡し

一九九五年に沖縄県で発生した少女暴行事件を受け、容疑者の身柄引き渡し問題が世間の注目を集めた。日米地位協定上、身柄の確保については、第一七条第五項(c)で、「日本国が裁判権を行使すべき合衆国軍隊の構成員又は軍属たる被疑者の拘禁は、その者の身柄が合衆国の手中にあるときは、日本国により公訴が提起されるまでの間、合衆国が引き続き行うものとする。」と規定されている。

これによれば、日本側が裁判権を行使する犯罪であっても、容疑者の身柄がアメリカ側にある場合、起訴されるまで、その身柄は日本側に引き渡されず、アメリカ側で確保することになる。伊江島事件の場合、ロックとジョンソンは、日米どちらに裁判権があるのか合同委員会でも合意にいたらなかった。そのため、両名は起訴されておらず、容疑者の身柄は、終始、米軍側が確保した。

また、この規定では、「拘禁」(custody)という用語が使われている。この用語がどの程度容疑者の自由を制限する意味なのか、明確でない。ロックとジョンソンがジョン・O・パストーレ上院議員に宛てた一九七四年一〇月三一日付の書簡によれば、両名はこれまでの任務につくことはできないものの、別の部署に配属され、違う任務についている、とある。[65] 両名は、伊江島補助飛行場における任務ではなく、嘉手納空軍基地で他の任務についていたのである。また、両名が連名で書簡を出しており、常時、接触することも容易だったのだろう。

「拘禁」とはいっても、嘉手納空軍基地からの外出が禁止されている程度であったと思われる。米軍でも、拘禁は監禁(confinement)と同義ではないと解釈されている。[66] それでも、両名は、小さな島の小さな基地に閉じ込められていると右の書簡で訴えている。ロックは既婚で二児の父親でもあった。帰郷が許されず、また、いつ何時、裁判と投獄のため、日本側に引き渡されるかもしれないとの不安を書簡に綴っている。さらに、ロックには、妻が離婚を申請するつもりだとの連絡もあったという。[67] 容疑者の身柄を米軍側が確保し、日本側に引き渡されないとなると、このような「拘禁」のあり方を含め、事実の究明に支障が出るおそれがある。

なお、この容疑者の引き渡しの問題は、前述の一九九五年の少女暴行事件を受け、地位協定の運用上の改善がはかられている。一九九五年一〇月の刑事裁判手続に係る日米合同委員会合意によれば、つぎのようになっている。

一　合衆国は、殺人又は強姦という凶悪な犯罪の特定の場合に日本国が行うことがある被疑者の起訴前の拘禁の移転についてのいかなる要請に対しても好意的な考慮を払う。合衆国は、日本国が考慮されるべきと信ずるその他の特定の場合について同国が合同委員会において提示することがある特別の見解に十分に考慮する。

二　日本国は、同国が一にいう特定の場合に重大な関心を有するときは、拘禁の移転についての要請を合同委員会において提起する。(68)

これによれば、起訴前であっても、殺人または強姦という凶悪な犯罪の場合、日本側が被疑者の身柄の引き渡しを要請すると、アメリカ側はこれに好意的な考慮を払う、となっている。ただし、凶悪な犯罪に限定されているだけでなく、日本側の身柄の引き渡し要請に、アメリカ側が一〇〇%応じる保証はない。「好意的な考慮を払う」にすぎないからだ。

また、日本側が考慮されるべきとする「その他の特定の場合」とはいかなる場合なのかがあいまいなままとなっていた。この点、二〇〇四年四月、日米合同委員会で、容疑者の取調べに米軍代表者の同席を認めるとともに、「その他特定の場合」について、「いかなる犯罪も排除されない」と口頭での確認がなされている。したがって、「殺人又は強姦」以外の犯罪についても、日本側が身柄の引き渡しを要請しうる制度上の仕組みはできた。とはいえ、この場合も、アメリカ側の「好意的な考慮」に期待しなければならない。この点では、日本側の身柄引き渡しの要請が十分に保証されているわけではない。

地位協定の新たな課題

一九五七年のジラード事件、および、一九七四年の伊江島事件が発生した当時と今日とでは、地位協定のあり方が、冷戦終焉という国際情勢のおおきな変化にともない変わってきている。日本でも国連平和維持活動協力法(ＰＫＯ協力法)の制定により、日本から外国の地に自衛隊が派遣され、自衛隊員の地位の問題が生じているからだ。日米地位協定の場合、アメリカが派遣国、日本が受入国という一方的な関係にある。ところが、自衛隊の海外派遣によって、日本が派遣国の立場になることとなった。したがって、日本は、受入国としてだけではなく、派遣国の立場でも地位協定のあり方を考える必要が出てきた。そこで、まず、海外に派遣される自衛隊員の地位はどうなっているのかを確認しておきたい。

自衛隊がおこなう国際活動は、おおきく三つにわけられる(69)。

第一に、PKO協力法に基づく平和維持活動などの諸活動である(以下、PKO派遣という)。同法では、自衛隊がおこなう平和協力活動として、①国連平和維持活動(PKO)、②人道的な国際援助活動、③国際的な選挙監視活動がある。このうち、実際におこなわれてきたのは①と②である。たとえば、自衛隊がはじめて国連平和維持活動に参加したのはカンボジアPKOである(一九九二年九月—一九九三年九月)。陸上自衛隊の施設部隊が派遣され、道路や橋の修理などを実施した。人道的援助活動は、ルワンダPKOが最初である(一九九四年九月—一二月)。周辺国において医療・給水・物資輸送などが実施された。

第二に、国際緊急援助法に基づく援助活動である(以下、国際緊急援助派遣という)。地震のほか、ハリケーンや大津波などによる自然災害が発生した場合、物資輸送をはじめ、各種の援助活動が実施されている。これまで、ホンジュラス、トルコ、インド、パキスタン、インドネシアなどにおいて実施された。

第三に、PKO協力法が想定する自衛隊派遣の枠組みに当てはまらない活動である。特措法という時限立法によっておこなわれてきた(以下、特措法派遣という)。たとえば、イラクの復興支援特措法では、国連決議や国際機関の要請がなくとも自衛隊の派遣が可能であった。また、PKO参加五原則のひとつである受入国の同意が条件とはなっていない。これは、イラク戦争後のイラクの国家建設を目的としたものだからである。なお、これに関連し、人道復興関連物資の輸送のためにクウェートに航空自衛隊が派遣されている。このイラク復興支援のような、時限立法である特措法によって自衛隊を派遣する方法は、二〇一六年三月以降、国際平和支援法という恒久法の下で実施されている。

以上の三つの態様における自衛隊の海外派遣のうち、国際緊急援助派遣に関しては、地位協定等の締結は確認されていない[70]。そこで、以下、ＰＫＯ派遣および特措法派遣における自衛隊員の刑事裁判権について明らかにしておこう[71]。

受入国における派遣部隊の法的地位について、各ＰＫＯによって若干の違いはあるものの、基本的には、国連軍地位協定モデル案をもとにしていると考えてよい。同モデル案の四八項(b)によれば、「国連平和維持活動の軍事部門の軍事構成員は、「受入国・地域」で犯すことのあるすべての犯罪について、各参加国の専属管轄に服する。」とある[72]。したがって、ＰＫＯ要員は、公務上の犯罪だけではなく、公務外の犯罪についても、受入国に刑事裁判権はなく、派遣国が刑事裁判権を専属的に行使できる。

つぎに、特措法派遣の場合、イラク復興支援に関しては、自衛隊は、連合暫定施政当局(Coalition Provisional Authority, CPA)に参加する多国籍軍の一員として活動した。多国籍軍によるイラク占領中、多国籍軍要員の法的地位は、「CPA命令第一七号——連合国及び外国連絡ミッションの要員並びに請負業者の地位——」(二〇〇三年六月二六日)に基づき、また、イラクへの主権移譲後は、同改正によっている[73]。それによると、イラク駐留の自衛隊員の刑事裁判権は、公務中であるか否かを問わず、派遣国たる日本側が専属的に有していた。

また、クウェートに自衛隊員を派遣したときには、自衛隊員の法的地位を定めるため、「クウェート国における日本国の自衛隊員等の地位に関する日本国政府とクウェート国政府との間の交換公文」が取り交わされている。それによると、自衛隊員には、「クウェート国の領域において、千九百六十一年四月十八日の外交関係に関するウィーン条約に基づいて事務及び技術職員に与えられる特権及び免除をクウェート国により与えられる」(第三項)とされている。これにより、クウェート駐留の自衛隊員は、受入国の刑事裁判権から完全に免除され、派遣国たる日本の専属的裁判権に服することとなった。

以上を概括すると、海外に派遣される自衛隊員の刑事裁判権は、自衛隊員が公務執行中であるか否かを問わず、日本側に専属的裁判権がある。日本が日米地位協定に基づき、米軍の受入国の場合には、公務執行の概念を明確化することや身柄の引き渡しを強く求めている。これに対し、派遣国の場合には、公務の執行であるか否かを問わず、日本側が専属的裁判権を有する。これにより、受入国の場合と派遣国の場合とでは、基準が違うのではないかという疑問が生ずる。

これを、ここで詳細に論ずる必要はないと思う。要は、状況がまるで異なる。自衛隊が海外に派遣される場合とは、たとえば、イラク復興支援が典型的な例である。イラクに主権が存在しない、あるいは、イラクの主権回復直後という状況にあった。イラクの治安が回復されず、司法制度も十分に整っていなかった。これに対し、駐留米軍の場合、日本の治安状況もよく、司法制度への信頼性も高い。そのため、米兵の行為をより厳格にあつかうことには合理性がある。

この点に関連し、日本側で改善すべき点として、日本における逮捕・勾留期間が最長二三日間にわたること、また、被疑者と弁護人との接見がきわめて制限されていることが挙げられよう。これらは、米兵に限らず、誰にでも等しくあてはまるわが国の刑事手続上の問題点である。したがって、この問題は、米兵特有のものというわけではない。

（1）伊江島補助飛行場に関する記述は、沖縄県知事公室基地対策課『沖縄の米軍基地』(ウェブ版)、二〇一三年三月による。
（2）『朝日新聞』(夕刊)二〇一二年一〇月四日。
（3）阿波根昌鴻『米軍と農民——沖縄県伊江島』岩波新書、一九七三年、九〇—九一頁。
（4）『琉球新報』(ウェブ版)二〇〇八年五月一八日。
（5）“Letter From Carroll E. Locke and Harold W. Johnson to Senator John O. Pastore, October 31, 1974,” James R. Schlesinger Papers, Box 47, Library of Congress, Washington DC.
（6）Ibid.

（7）"Telegram From USAF JUDICIARY - AREA & CIRCUIT DEFENSE COUNSEL KADENA AB JAPAN to 5AF FU-CHU AS JAPAN/CC, SUBJ: SHOOTING INCIDENT (10 JULY 1974) - IE SHIMA BOMBING AND GUNNERY RANGE, OKINAWA, JAPAN, July 22, 1974," James R. Schlesinger Papers, Box 47, Library of Congress, Washington DC.

（8）"Letter From Carroll E. Locke and Harold W. Johnson to Senator John O. Pastore, October 31, 1974," James R. Schlesinger Papers, Box 47, Library of Congress, Washington DC.

（9）Tokyo 9602, July 23, 1974[Electric Telegram].

（10）伊江村教育委員会編『証言・資料集成　伊江島の戦中・戦後体験録――イーハッチャー魂で苦難を越えて』伊江村教育委員会、一九九九年、六四四―六四五頁。

（11）日本弁護士連合会、東京弁護士会、第二東京弁護士会、沖縄弁護士会合同調査団「伊江島米兵狙撃事件に関する特別報告」、沖縄シンポジウム(四九・八・二四―二五)、於沖縄・那覇市民会館、三―四頁。

（12）同上、七頁。

（13）同上、八頁。

（14）Tokyo 9602, July 23, 1974[Electric Telegram].

（15）"Letter From Carroll E. Locke and Harold W. Johnson to Senator John O. Pastore, October 31, 1974," James R. Schlesinger Papers, Box 47, Library of Congress, Washington DC.

（16）『読売新聞』一九七四年七月三〇日。

（17）Tokyo 9758(Confidential), July 25, 1974[Electric Telegram],『朝日新聞』一九七五年五月八日。

（18）"Letter From Carroll E. Locke and Harold W. Johnson to Senator John O. Pastore, October 31, 1974," James R. Schlesinger Papers, Box 47, Library of Congress, Washington DC.

（19）法務省刑事局『合衆国軍隊構成員等に対する刑事裁判権関係実務資料[検察提要六]』(秘)、検察資料一五八、一九七二年三月、三九〇頁。

（20）"Letter From Carroll E. Locke and Harold W. Johnson to Senator John O. Pastore, October 31, 1974," James R. Schlesinger Papers, Box 47, Library of Congress, Washington DC.

（21）『読売新聞』一九七四年七月三〇日。
（22）Tokyo 9758(Confidential), July 25, 1974［Electric Telegram］.
（23）“Telegram From USAF JUDICIARY - AREA & CIRCUIT DEFENSE COUNSEL KADENA AB JAPAN to 5AF FUCHU AS JAPAN/CC, SUBJ: SHOOTING INCIDENT (10 JULY 1974) - IE SHIMA BOMBING AND GUNNERY RANGE, OKINAWA, JAPAN, July 22, 1974,” James R. Schlesinger Papers, Box 47, Library of Congress, Washington DC. 以下の記述もこの電報による。
（24）Will H. Carroll, “Official Duty Cases under Status of Forces Agreements: Modest Guidelines toward a Definition,” *United States Air Force JAG Law Review*, Vol. 12, No. 4, 1970, pp. 284–289.
（25）Ibid., p. 286.
（26）“Telegram From USAF JUDICIARY - AREA & CIRCUIT DEFENSE COUNSEL KADENA AB JAPAN to 5AF FUCHU AS JAPAN/CC, SUBJ: SHOOTING INCIDENT (10 JULY 1974) - IE SHIMA BOMBING AND GUNNERY RANGE, OKINAWA, JAPAN, July 22, 1974,” James R. Schlesinger Papers, Box 47, Library of Congress, Washington DC.
（27）Ibid.
（28）Ibid.
（29）Tokyo 9720, July 26, 1974［Electric Telegram］.
（30）State 163499(Confidential), July 26, 1974［Electric Telegram］.
（31）Tokyo 9819(Confidential), July 27, 1974［Electric Telegram］. 以下の記述もこの電報による。
（32）「日米合同委員会刑事裁判管轄権分科委員会において合意された事項」第四〇項は、法務省刑事局『合衆国軍隊構成員等に対する刑事裁判権関係実務資料［検察提要六］』(秘)、一四一頁を参照。
（33）公務証明書発給の経緯は、Tokyo 9859(Confidential), July 29, 1974［Electric Telegram］を参照。
（34）Ibid.
（35）Ibid.
（36）Tokyo 10235, August 7, 1974［Electric Telegram］.

(37) 第二回刑事裁判権分科委員会の状況は、Tokyo 10534, August 14, 1974［Electric Telegram］による。以下の日本側の事実記載書についてもこの電報による。
(38) 以下については、Tokyo 13262(Confidential), October 12, 1974［Electric Telegram］による。
(39) State 5929(Confidential), January 10, 1975［Electric Telegram］.
(40) 以下は、Tokyo 805(Confidential), January 21, 1975［Electric Telegram］による。
(41) State 19317(Confidential), January 28, 1975［Electric Telegram］.
(42) Ibid.
(43)「第七十五回国会衆議院外務委員会議録」第一六号、一九七五年五月七日、八頁。
(44) 同上。
(45) Tokyo 3564(Confidential), March 19, 1975［Electric Telegram］.
(46) Ibid.
(47) State 64334(Limited Official Use), March 21, 1975［Electric Telegram］.
(48) Tokyo 5555(Confidential), April 25, 1975［Electric Telegram］.
(49) State 98516(Confidential), April 28, 1975［Electric Telegram］.
(50) Tokyo 5816(Confidential), May 1, 1975［Electric Telegram］.
(51) Ibid.
(52) Ibid.
(53)『毎日新聞』一九七五年五月八日。
(54)「第七十五回国会衆議院内閣委員会議録」第一六号、一九七五年五月八日、一三頁。
(55) 同上、一四頁。
(56)「第七十五回国会衆議院沖縄及び北方問題に関する特別委員会議録」第四号、一九七五年五月二二日、六頁。
(57) 同上、七頁。
(58) 同上。

（59）「第七十五回国会衆議院内閣委員会議録」第一六号、一九七五年五月八日、一三頁。

（60）同上。

（61）同上、一四頁。

（62）Tokyo 13262(Confidential), October 12, 1974[Electric Telegram].

（63）Ibid.

（64）法務省刑事局『合衆国軍隊構成員等に対する刑事裁判権関係実務資料[検察提要六]』(秘)、一四三頁。

（65）“Letter From Carroll E. Locke and Harold W. Johnson to Senator John O. Pastore, October 31, 1974,” James R. Schlesinger Papers, Box 47, Library of Congress, Washington DC.

（66）“US Custody after German Trial while Appeal is pending, USAREUR 1A Conference, October 27, 1969,” RG342[Entry P 93]United States Air Force in Europe, Legal Files, 1956–1969, Box 2, National Archives at College Park, MD.

（67）“Letter From Carroll E. Locke and Harold W. Johnson to Senator John O. Pastore, October 31, 1974,” James R. Schlesinger Papers, Box 47, Library of Congress, Washington DC.

（68）外務省のウェブサイト、「刑事裁判手続に関する運用の改善」による。

（69）松尾和成「自衛隊と海上保安庁の国際活動をめぐる論点」『レファレンス』六〇巻一号、二〇一〇年一月、七—一三頁参照。

（70）髙井晉「国際平和協力活動に従事する自衛隊員の損害賠償責任」『防衛法研究』三九巻、二〇一五年、一一頁。

（71）この点で参考になるのは、岩本誠吾「海外駐留の自衛隊に関する地位協定覚書——刑事裁判管轄権を中心に——」『産大法学』四三巻三・四号、二〇一〇年二月、一一五—一四〇頁である。

（72）「国際連合と受入国との間の国連軍の地位に関するモデル協定案」『外国の立法』三一巻一号、一九九二年一月、一八頁。

（73）The Coalition Provisional Authority のウェブサイトによる。

終章　日米密約の構造

本書は、米軍の基地権という概念を用い、日米密約がなぜ、どのように交わされるのかを明らかにすることを目的とした。基地権とは、米軍の軍事的要請そのものといってよい。本来、米軍の権利は、日米安保条約に基づく行政協定・地位協定によって規定されているはずである。ところが、アメリカ側は、規定された以上の権利を要求してきた。日本側は、アメリカ側の要求に抵抗は示す。しかし、結果として、不公表の取極を結び、アメリカ側の要求をのんできた。それが、日米密約が交わされる構図である。これまで、第一章の刑事裁判権から第六章の伊江島事件まで、個々に事例を論じてきた。終章では、事例を横断し、基地権の物的・人的というふたつの面から振り返ってみたい。

基地権の物的面(施設・区域)

基地権の物的面の問題が端的にあらわれるのは、領土返還の場合である。その嚆矢が一九五三年の奄美返還であった。奄美返還は、アメリカによる基地権の要求がもっとも強くあらわれた。その理由はいくつか考えられる。

第一に、日本が主権を回復した一九五二年四月から、まだ一年半ほどしか経っていなかった。アメリカの占領気分が抜けていない時期だったともいえる。

第二に、戦後の日本の政治状況が安定しておらず、主権回復の反動として、日本が左傾化する、あるいは、中立化する可能性があった。つまり、アメリカとしては、日本の政治状況の行く末を見据えられず、奄美群島の軍事的価値を重視しなければならなかった。

第三に、朝鮮半島情勢の不安定性である。一九五三年七月に朝鮮戦争の休戦協定が締結され、それを契機に奄美群島は返還された。その際、奄美群島と沖縄との関係に注目する必要がある。沖縄が有する戦略的重要性は、日本の主権回復によって、逆に高まったといえる。本土には安保条約・行政協定が適用され、米軍は沖縄のように無制限にその権利を行使できるわけではなかったからだ。奄美群島が、沖縄と鹿児島の中間に位置することから、沖縄の基地の防衛という点で、同群島がはたす役割を米軍は重視した。

こうした背景のもと、奄美群島の返還がなった。したがって、アメリカ側は、奄美群島は行政協定の制約を受けず、将来にわたり、米軍がなるべく自由に使えるよう要求した。その表れが、奄美群島の「特異の関係」を強調することであった。これにはふたつの意味合いがある。ひとつは、奄美群島が、日本本土と沖縄の軍事施設の双方に近接しているため、極東の防衛および安全にとって特異の関係を有する面である(岡崎・アリソン交換公文)。もうひとつは、奄美群島が日米両国の防衛および安全にとって特異の関係を有する点である(合意された公式議事録)。つまり、この特異の関係とは、極東の防衛および安全、ならびに、日米両国の防衛および安全の双方に関連していた。

国会で、この特異の関係について野党から質問を受けた岡崎外務大臣は、「特に別段の意味はない」と答弁している。しかしながら、重大な意味を有していた。それは、アメリカ側が返還後の奄美群島をどのようにとらえていたのかに起因する。おおきくふたつにわけられる。

ひとつは、アメリカ側は、将来、日米安保条約およびそれに関連する行政協定の失効も想定していたことである。日本に反米政権が誕生する、あるいは、日本が中立化する可能性もあったからだ。そのことを前提に、アメリカ側は奄美群島の軍事的価値に注目していた。それは、行政協定とは別に、奄美群島の領水および領空を自由に航行する権利が確保されている点に端的にあらわれている。

もうひとつは、沖縄の防衛線上に奄美群島が位置づけられていたことである。同群島は沖縄の防衛に資する役割を担っていた。とくに奄美群島は沖縄のレーダー・システムの周縁に位置し、もし同群島にこのシステムへの妨害装置が設置されれば、沖縄のレーダー・システムに重大な障害が生じる懸念があった。統合参謀本部もこの沖縄のレーダー・システムをとくに重視している。奄美群島に敵対的な電波妨害施設が設置された場合、日本側はこれら施設を除去または破壊する特別な義務を負った所以である。さらに、奄美群島内では、行政協定の枠組みとは別に、施設・区域の設定を容易かつ迅速におこなえるよう、機構の設置も検討されていた。

なお、行政協定に定められた以上の権利を記録に残す方法として、合同委員会の議事録が用いられている点にも注目する必要があろう。当初のアメリカ案では、合同委員会における議事録の内容は、そのほとんどが公式議事録に記されることになっていた。したがって、公表を前提としていたのである。それが、日本側の要請によって、合同委員会の議事録というブラックボックスに入れられた。合同委員会の議事録はもともと不公表の扱いである。秘密を盛り込むのに都合がよかったからだ。今日にいたるも、合同委員会の議事録は不公表が原則である。その嚆矢が奄美返還における合同委員会の議事録にあったといえよう。

つぎに、一九六八年の小笠原返還の場合も、奄美返還のときと同様、施設・区域について協議されている。しかし、全体として、地位協定の枠内、あるいは、日本の法令の範囲内で処理されている。小笠原の場合、地理的に、奄美のような「特異の関係」は存在せず、また、その軍事的価値も薄れていた。

ところが、小笠原返還では、奄美返還とはまったく次元の異なる施設・区域の問題が登場する。返還後の小笠原への核持ち込み問題である。この問題がクローズアップされる背景に、一九六〇年の安保条約の改定で、事前協議制度が導入されたこと、それに、一九六八年一月、佐藤総理が国会での施政方針演説で、非核三原則を日本政府の公式の政策として打ち出したことがある。かりにアメリカ側が小笠原に核を持ち込もうとすると、装備における重要な変更にあたる。そのため、事前協議の対象となる。その際、非核三原則の「持ち込ませず」との関係で、これをどのように扱うのかという問題が登場した。ただ、小笠原の核は返還前にすでに撤去されている。また、将来、小笠原に核を貯蔵する計画も米軍にはなかった。したがって、アメリカ側にとって、小笠原への核持ち込みとは、非常時の際、いかにその権利を確保するかという問題である。

小笠原への核持ち込み問題では、「討議の記録」という不公表文書に、三木外務大臣とジョンソン駐日大使がイニシャルすることで決着をみるはずだった。同文書の内容は、まず、ジョンソン大使が、非常事態の際、小笠原に核兵器の貯蔵を必要とするとの問題を三木大臣に提起する。このような事態が起これば、日本を含むこの地域の安全にとって、核貯蔵は不可欠なことから、アメリカ側は、日本政府による好意的な反応を期待すると述べる。これに、三木大臣は、ジョンソン大使が挙げた事例は、米軍の装備の重要な変更にあたる。したがって、事前協議の主題となる。しかし、日本政府としては協議をおこなうであろうとしか言えない、と答えるものであった。この文書が重要なのは、先に述べたように、一九六八年一月、佐藤総理が施政方針演説で、非核三原則を明確に提示した後に作成された点である。というのも、日本政府は、このような事態で、事前協議に応じるとの態度を公式には明らかにしてこなかったからだ。この「討議の記録」で、アメリカ側の要求は充たされるはずだった。

ところが、三木大臣は、小笠原返還協定に署名する数日前になり、非核三原則をたてに、返還後の小笠原への核貯蔵を認めないと言い出す。土壇場になって前言を翻す三木にアメリカ側は立腹する。一時は、ジョンソン大使が返還協定への署名を拒否する事態も想定された。結局、この問題は、「(「事前協議」の補足)――口頭」という口頭発言で決着する。この口頭発言では、三木大臣が、まず、佐藤総理の施政方針演説(非核三原則)に言及する。ジョンソン大使は、この言及が、すでに確定した「討議の記録」の内容、つまり、協議をおこなうであろうという三木大臣の先のステートメントを変更するものではないとの解釈を示す。三木大臣はこれを首肯する、というものであった。

この三木大臣の突然の変心、さらに、非常時に、小笠原へ核を持ち込めるのかが不確実なことから、米軍部はこの解決方法に不満であった。この不満を解消するため、戦略的により重要な沖縄の返還にあたっては、佐藤総理とニクソン大統領が、緊急時に沖縄への核持ち込みを容認する秘密の合意議事録に署名することとなる。

つぎに、沖縄返還時の施設・区域の問題として、岡崎・ラスク方式を取り上げた。日本が主権を回復した当時、それまで米軍が使用していた設備・用地を引き続き使用するには、合同委員会によって施設・区域として指定される必要があった。ところが、一九五二年の主権回復時、この指定が遅れる場合、アメリカ側が引き続き施設・区域として使用できることを、岡崎・ラスク交換公文で日米は合意した。占領の継続と変わらない運用が一部おこなわれた。

この岡崎・ラスク方式は、奄美返還および小笠原返還でも踏襲されている。ただし、このふたつの返還事例では、施設・区域の指定とはいっても、その数が限られ、また、住民の生活との関連性も薄い。そのため、おおきな問題とはならなかった。ところが、沖縄返還では、岡崎・ラスク方式が踏襲されると、占領の継続とあからさまに受け取られることになる。また、沖縄にある基地(設備・用地)の数は多く、住民の生活とも密接に関連していた。その結果、日本側はこの方式の踏襲に強く反対したのである。

この解決策として、これまで設備・用地であったもので、返還後も引き続き米軍の使用が認められるもの(A表)、返還後一定期間を経て日本側に引き渡されるもの(B表)、返還時またはその前に引き渡されるもの(C表)を内容とする了解覚書を交わすことで、米軍が使用可能な施設・区域を明確にする方法がとられた。この表には前文が付けられ、この施設・区域の指定は、返還日前に、十分な余裕をもっておこなわれると明記された。この十分な余裕とは、返還日の少なくとも一ヶ月前であることが、合同委員会日本側代表の吉野アメリカ局長の書簡で明らかにされている。

施設・区域の問題で最後まで難航したのは、那覇空港の返還問題である。那覇空港は沖縄の空の玄関として、返還の象徴と考えられた。同空港が返還時に民間空港に移管されるか否かが、沖縄返還を明確に示す重要な試金石となったのである。また、一見、関連性がないと思われる普天間基地の辺野古移転問題が、那覇空港の移転と関連していることも明らかとなった。現在、普天間基地を移転する際の条件のひとつに、米軍が那覇空港を利用する可能性が挙げられているからだ。那覇空港の返還交渉で、アメリカ側は、緊急時における那覇空港の再利用を何度も提案している。

ただ、この問題がどのように決着したのかははっきりしない。それが、普天間移設の条件として現れているのかもしれない。

この那覇空港の移転問題では、同空港に駐留していた対潜哨戒機（P３）の移転問題もおおきなテーマとなる。移転先をどこにするのか、また、移転先の基地の改築等も必要になるため、その費用を日米どちらが負担するかという問題も持ち上がった。結局、一九七五年五月、P３は嘉手納基地に移転するとともに、その費用は、沖縄返還時の改善・修理費六五〇〇万ドルのなかから二〇〇〇万ドルを支出することで決着した。

沖縄返還に関連して、本書では、アメリカから日本への権限移行期の密約問題も取り上げた。一九七〇年一一月に開催された第二〇回日米協議委員会で、山中総務長官が「権限移行合意」案に異を唱え、同委員会に出席しないと言いだした出来事である。この問題自体は、基地権ではなく施政権に関連する。しかし、密約がどのように締結されるのか、その手口が明らかとなる事例として興味深く、本書で紹介した。

「権限移行合意」案のなかに、日本から沖縄への財政援助の項目がある。一九六七年度を境に、日本による沖縄への援助額は飛躍的に増大する。そのきっかけとなったのが、一九六七年一一月の佐藤・ジョンソン会談により、両三年以内に沖縄返還の時期を決める道筋がつけられたからだ。一九六九年一一月の佐藤・ニクソン会談で、一九七二年中の沖縄返還が決まる。それにもかかわらず、「権限移行合意」案では、日本政府による沖縄への財政援助は、依然として、アメリカ側の承認事項となっていた。これがあらたに承認事項となったと誤解される懸念を山中長官がいだいたため、これを「権限移行合意」案に盛り込むことに異を唱えたのである。その部分は、急遽、「権限移行合意」案から削除され、別途、了解事項として、日英のふたつの文書が作成された。それに愛知外務大臣、山中長官、マイヤー駐日大使がイニシャルしている。

この了解事項は不公表である。不公表の了解事項が用いられた理由は、前述のように、公表すると誤解される可能性があり、日本政府は国会等でやっかいな説明をしなければならず、それを回避するためであった。このように、密約とは、政府にとって都合の悪い部分を隠蔽する手段として用いられるのである。

基地権の人的面(刑事裁判権)

アメリカ側が基地権の物的面を強く主張した例に、一九五三年の奄美返還がある。この同じ年、アメリカ側は、基地権の人的面(刑事裁判権)で、米兵が犯した罪のうち、特に重要な事件を除き、裁判権を行使しないよう日本側に強く求めた。行政協定第一七条の改正の際である。物的面では、領土の返還が転換点となったのに対し、人的面では、行政協定一七条の改正がきっかけであった。それまでアメリカ側は、米軍所属員が犯した罪の場合、専属的裁判権を有していた。それが、NATO軍地位協定並みとなったからである。

このNATO軍地位協定並みとは、米軍兵士の公務執行による犯罪等の場合を除き、日本に裁判権があることを意味する。この裁判権とは、検察官が米軍兵士を起訴する権利があるかどうかという問題である。今日でも、このNATO方式が、外国軍隊に対する裁判権を行使する際の標準的な方法として用いられている。ところが、この行政協定第一七条を改正する際、アメリカ側は、特に重要な事件を除き、日本側が裁判権を行使しないよう、つまり、検察官が起訴しないよう求めたのである。日本側は、これでは、行政協定第一七条がNATO軍地位協定並みとなる意味が失われるとして、アメリカ側の要求に強く抵抗した。

もともとこの問題は、行政協定第一七条を改正する前に、日本に駐留する国連軍の地位を定める協定の締結が必要であったことに端を発している。サンフランシスコ平和条約の発効と同時に、本来ならば、連合国軍はすべて撤退しなければならなかった。この例外が米軍である。米軍の場合、サンフランシスコ平和条約とほぼ同時に締結された安保条約、その後の行政協定によって、アメリカはその軍隊を日本国内に配備する権利を有し、日本はそれを許与したからである。これに対し、国連軍の場合、この安保条約・行政協定に相応するような取極は存在しなかった。あるとすれば、吉田総理とアチソン国務長官との間で、サンフランシスコ平和条約、安保条約に続き交わされた吉田・アチソン交換公文である。同交換公文により、日本は、国連加盟国が国連行動に参加する場合、同加盟国の軍隊を「日本国内及びその附近において支持すること」を約束している。

一九五二年四月に日本が主権を回復した後も、国連軍の地位に関する取極は締結されず、その協議が進められる。しかし、刑事裁判権の問題には決着がつかなかった。国連軍側は、当時の行政協定にある刑事裁判権と同様の規定を要求したのに対し(国連軍側に専属的裁判権が認められる)、日本側はNATO軍地位協定並みを主張したからである。アメリカ上院でNATO軍地位協定の批准の動きが出てくるにつれ、行政協定第一七条を改正する問題も浮上する。同条では、NATO軍地位協定が発効した暁には、NATO軍地位協定並みとすることが約束されていたからだ。国連軍地位協定を締結する交渉が先行したものの、行政協定第一七条が先に改正される。

前述のように、NATO軍地位協定では、公務執行等の場合を除き、刑事裁判権は受入国側にある。行政協定第一七条の改正交渉において、日本側はこれと同等の刑事裁判権を要求した。アメリカ側が、特に重要な事件を除き、日本側に裁判権を行使しないよう求めた背景には、NATO軍地位協定というすべてのNATO加盟国に適用される包括的な取極とは別に、個別に刑事裁判権に関する取極の交渉をおこなっていたことが挙げられる。

具体的には、一九五一年八月、アイスランドはアメリカと刑事裁判権に関する協定を結んでいる。その内容は、アイスランドにとって特に重要と考えられる事件を除き、アイスランドは裁判権を行使しないというものであった。これが刑事裁判権密約の先例となったのである。その後、アメリカは、オランダ、ギリシャ、西ドイツ等と同様の協定を結ぶ。オランダとは、一九五四年八月、協定が成立している。オランダ当局が特に重要と決定する場合を除き、アメリカ当局の要請があれば、オランダ当局は第一次裁判権を放棄する、という内容であった。これがオランダ方式といわれるものである。アメリカ側は、これらと同様の協定を結ぶよう日本側に求めたのである。

オランダとの協定は公表されている。したがって、密約でも何でもない。日本側の場合、刑事裁判権の問題について、合同委員会の下部組織である刑事裁判権分科委員会において、日本側代表の津田實法務省総務課長が一方的に陳述している。内容は、日本国の当局が方針として、日本国にとって実質的に重要であると考えられる事件を除き、米軍関係者に対する第一次裁判権を行使する意図を通常有しないというものである。問題はこれが密約といえるのかである。

否定すべき理由は明白である。津田課長の陳述は一方的なものにすぎず、約束ではないからだ。二〇一一年、日米は、この件に関し、合同委員会を開き、約束ではないことを確認している。しかし、これは一方的陳述に名を借りた約束である。文書の形式を見ただけではわからないものの、交渉過程を詳細に解き明かした結果、この結論が導かれる。

本書では、日米が、一方的陳述という形式に歩み寄ったことを明らかにした。つまり、実質的に重要な事件を除き、日本側が起訴するつもりがないことをアメリカ側に保証する形式として、一方的陳述が用いられたのである。さらに、この刑事裁判権密約の真の意味は、検察官が米軍関係者を起訴する場合、その件数を最小限にとどめることをアメリカ側に約束していた点にある。これは法務省内で制度化されている。それが、「処分請訓規程」(部外秘)である。同規程によれば、米軍所属員を起訴する場合は、外患や外国の使節に対する犯罪等と同列におかれ、上職への請訓のうえ、最終的には、法務大臣の指揮をあおぐこととなっている。したがって、現場の検察官が米軍所属員を起訴しようとする場合、「処分請訓規程」が起訴の重大な制約要因となる。

つぎに、刑事裁判権に関する個別の事例として、一九五七年一月に起こったジラード事件を取り上げた。群馬県の相馬ヶ原演習場に弾拾いに来ていた地元の主婦坂井なかさんが、ジラード三等特技兵の放った空薬莢を背中に受け、即死した事件である。この事件は、ジラードの遊び心で起きたものとされている。亡くなったなかさん、それに、残された遺族の心情を考えると、言語道断の非道な事件といってよい。まして、ジラードは懲役三年の刑に処せられたものの、執行猶予がついた。ジラードは控訴期限満了をもって、事件発生後に結婚した日本人の新妻を連れ、アメリカに帰国している。日本人の目から見れば、なんのお咎めも無く、無罪放免になったに等しい。

この事件は、このように罪もない婦人が、米兵により殺害されたことでおおきな話題となった。同時に、アメリカでもセンセーショナルに取り上げられた。当初、米兵を外国の裁判所に引き渡すなという感情的な面が強調され、この事件がどういうものであったかが、アメリカ国内に十分に伝えられていなかったことが原因である。その後、ジラードの行為が女性を背中から撃つという卑劣なものであることが明らかになるにつれ、ジラード擁護の熱気は冷めていく。

このジラード事件の焦点は、傷害致死を超える重い罪でジラードを起訴せず、さらに、情状を酌量し、なるべく軽い罪とするよう裁判所にうながす密約があったか否かにある。この密約については、アメリカの公式外交文書集であるFRUS(*Foreign Relations of the United States*)に何度も登場する。そのため、密約の存在は疑う余地がない。この密約が締結される経緯とは以下である。

この事件で、米軍側は、いち早く、ジラードの行為は公務執行中のものであるとして、公務証明書を発給した。同証明書が発給されると、日本側が異議を申し立てない限り、裁判権はアメリカ側が行使する。この件では、日本側が反対の証拠があるとして、異議を申し立てた。そのため、両者の主張が対立する。それを調整するため、日米合同委員会で協議が重ねられた。結果的に、アメリカ側は、ジラードの裁判権を行使せず、それとの引き換えに、日本側に傷害致死を超える罪でジラードを起訴しないよう求め、日本側もそれに応じた。

アメリカ側が、裁判権を行使しないとした理由に、ジラードの同僚ニクルの供述がある。さらに、ジラードを嘘発見器にかけた結果などから、ジラードはクロであり、公務執行中の犯罪ではないとの判断に傾いたのである。では、なぜ密約が公になっているかである。本書の分析によって、ジラードに対する裁判権不行使の決定が、陸軍省(国防省)によって一方的におこなわれ、また、その責任を国務省に転嫁するような動きもあったことが明らかになった。そのため、後年、国務省はFRUSでその事実を公表するにいたったのである。

ジラード事件によって、日本で米兵を裁く難しさも露呈する。それだけではなく、米兵の行為が公務執行中のものであるか否かの判断が、結局は、政治的な決定に委ねられるという問題点が浮き彫りになった。これがさらに明らかになるのが、一九七四年七月に起きた伊江島事件である。

伊江島事件はジラード事件と類似している。まず、いずれも米軍の演習場で起こった出来事である。したがって、基地外での犯罪とは異なり、米兵の行為が公務の執行中であった蓋然性は高くなる。また、被害者は弾拾いあるいは草刈に従事中、米兵により撃たれている。さらに、銃器の使用の仕方である。ジラード事件では、M1ライフルに取り付けられたグレネード・ランチャーという手榴弾発射装置に空薬莢を込め発射された。伊江島事件では、信号銃が用いられている。このように、本来の用途とは異なる使用がなされている。

このふたつの事件の違いとして、ジラード事件では、公務証明書がただちに発給されたのに対し、伊江島事件では、当初、米軍側は公務証明書を発給しないと非公式に日本側に伝えた。後に、同証明書は発給される。また、ジラード事件では、アメリカ側が裁判権を行使しないとしたのに対し、伊江島事件では、逆に日本側が裁判権を行使しない結果となった。なぜこのような正反対の結論にいたったのであろうか。ジラード事件の場合、結果の重大性はもとより、米軍側もジラードが坂井なかさんを狙って撃ったとの心証を得ていたことが挙げられよう。伊江島事件の場合には、アメリカ側の主張では、少なくとも、空薬莢を取り戻すという公務が存在している。ただ、その行為が過剰なものであったというのがアメリカ側の論理であった。

結局、伊江島事件の場合、合同委員会ではこの問題の決着はつかず、政府間の協議に委ねられる。その結果、アメリカ側は、一度は公務証明書を発給しないと表明して誤解をまねいたことを遺憾とする、再発防止策を講じる、加害者を適正に処罰する等を条件として、日本側は裁判権を行使しないこととなった。この内容は、有田・シュースミス覚書に記されている。同覚書は不公表であるものの、国会ではこの内容に沿って説明されている。

また、伊江島事件では、日本側が進んで裁判権を行使しないとの決定をおこなっている。政府の説明では、刑事裁判権分科委員会で裁判権の問題に決着がつかず、日米両政府の意見を併記した報告書が合同委員会に提出された。その後、同委員会で、この問題を政府間の協議に委ねると決定した、とされている。しかし、実際には、日本側が裁判権を行使しないと決定したことが、右の流れの発端となっていたのである。

伊江島事件で、日本政府は、何故、裁判権を行使しないとの決定をくだしたのであろうか。ひとつの要因として、沖縄海洋博の開催時期が迫っていたことがある。伊江島は、沖縄海洋博が開催された本部町の対岸に位置する。もうひとつの要因は、山崎アメリカ局長が国会で、この事件はさほど悪質なものとは認められないと発言をしていたことが鍵になる。刑事裁判権密約を想い起こす必要がある。同密約によれば、日本政府は、実質的に重要な事件を除き、米兵に対する刑事裁判権を行使するつもりがないとされていた。傷害罪は、実質的に重要な事件にはあたらない。したがって、伊江島事件では刑事裁判権密約に沿って対処されたとも考えられる。

アメリカ側が公務証明書を発給した事件で、日本側が異議を申し立てたのは、ジラード事件および伊江島事件の二件だけである。前者は、無罪放免に近い形となった。後者は、アメリカ側が裁判権を行使し、微罪で済まされている。結果として、米兵の公務執行が問題となった事件では、公務執行中であるか否かの判断は棚上げにされ、米兵に対しきわめて有利な結論が導かれている。

以上、基地権の物的および人的面から日米密約問題を明らかにした。問題は、常に、アメリカが基地権として何を望んでいるかであった。安保条約・地位協定に規定されたアメリカ側の権利を超え、アメリカの要求は何かである。それと同時に、米軍を受け入れている日本政府にも問題がある。つまり、説明に困ること、野党からの追及を受けそうな問題は、密約で安易に処理してきた日本政府の姿勢である。

本書では、アメリカ側が要求し、その要求を日本側は受け入れ、密約で対処してきた状況を、構造的な問題として包括的にとらえてきた。その意味は、ひとつには、個々の事例に共通する問題点が横たわっていることを明らかにしようとしたことである。もうひとつ、構造的とは、密約問題が日米関係の深層に係り、その解決が容易ではないことを意味する。本書はその解決策の提示を目的としたものではない。ただ、本書によって、問題点が何かを明確にとらえ、その解決策を考えるよすがとなれば幸いである。

一次史料

本書執筆にあたり利用した日米の一次史料は以下のとおりである。史料は、ファイル単位、あるいは、アメリカ側史料の場合、ボックス単位で示すこととし、章ごとに掲載する。

序章　基地権をめぐる日米の相克

RG59[Entry A1 1175C]Bureau of European Affairs, Subject Files, 1949–1960, Box 2, National Archives at College Park, MD.

RG319[Entry A1 145]Background Files to the Study "History of the Civil Administration of the Ryukyu Islands," 1945–1978, Container 8, National Archives at College Park, MD.

第一章　刑事裁判権密約

『日米安全保障条約関係一件　第三条に基づく行政協定関係　刑事裁判権条項改正関係(第一七条)』第一巻、B'.5.1.0.J/U3-1-2, 外交史料館。

『日米安全保障条約関係一件　第三条に基づく行政協定関係　刑事裁判権条項改正関係(第一七条)』第二巻、B'.5.1.0.J/U3-1-2, 外交史料館。

『日米安全保障条約関係一件　第三条に基づく行政協定関係　刑事裁判権条項改正関係(第一七条)』第三巻、B'.5.1.0.J/U3-1-2, 外交史料館。

『日本国における国際連合の軍隊の地位に関する協定関係一件』第一巻、B'.2.7.0.3, 外交史料館。

『日本国における国際連合の軍隊の地位に関する協定関係一件』第二巻、B'.2.7.0.3, 外交史料館。

『日本国における国際連合の軍隊の地位に関する協定関係一件　刑事裁判権　吉田書簡関係』、B'.2.7.0.3-2-2, 外交史料館。

RG59 Central Decimal Files, 1950–1954, Box 2865, National Archives at College Park, MD.

RG59 Central Decimal Files, 1950–1954, Box 2867, National Archives at College Park, MD.

RG59 Central Decimal Files, 1950–1954, Box 2869, National Archives at College Park, MD.

RG59 Central Decimal Files, 1950–1954, Box 2870, National Archives at College Park, MD.
RG59 Central Decimal Files, 1950–1954, Box 4242A, National Archives at College Park, MD.
RG59[Entry UD 33]Records of the Bureau of Far Eastern Affairs, 1957, Box 1, National Archives at College Park, MD.
RG84[Entry UD 2525D]Germany Bonn Embassy Political (Status of Forces) Subject Files, 1952–1959, Box 8, National Archives at College Park, MD.
RG84[Entry UD 2828A]Japan; U.S. Embassy, Tokyo; Classified General Records, 1952–1963, Box 2, National Archives at College Park, MD.
RG84[Entry UD 2828A]Japan; U.S. Embassy, Tokyo; Classified General Records, 1952–1963, Box 3, National Archives at College Park, MD.
RG84[Entry UD 2828A]Japan; U.S. Embassy, Tokyo; Classified General Records, 1952–1963, Box 18, National Archives at College Park, MD.
RG153[Entry A1 1012]Office of the Judge Advocate General, Moral and Impact Reports, 1955–1960, Box 1, National Archives at College Park, MD.
RG260[Entry A1 2172]USCAR Records of the Administrative Office(HCRI-AO), Box 81, National Archives at College Park, MD.
RG319[Entry A1 60]Security Classified Correspondence of the Public Affairs Division, 1950–1964, Box 7, National Archives at College Park, MD.
RG335[Entry A1 63]Correspondence Relating to Japanese Treaty Negotiations, 1951–1952, Box 2, National Archives at College Park, MD.

第二章　奄美返還

『南西諸島帰属問題』、リール番号 A'-0146, 外交史料館。

『南西諸島帰属問題　奄美群島、日米間返還協定関係』第一巻、リール番号 A'-0146, 外交史料館。

『南西諸島帰属問題　奄美群島、日米間返還協定関係』第二巻、リール番号 A'-0146, 外交史料館。

『南西諸島帰属問題　奄美群島、日米間返還協定関係』第三巻、リール番号 A'-0146, 外交史料館。

『南西諸島帰属問題　奄美群島、日米間返還協定関係』第四巻、リール番号A'-0146, 外交史料館。

『南西諸島帰属問題　奄美群島、日米間返還協定関係』第五巻、リール番号A'-0146, 外交史料館。

『南西諸島帰属問題　奄美群島、日米間返還協定関係』第六巻、リール番号A'-0146, 外交史料館。

『小笠原諸島帰属問題』、A'.6.1.1.5, 外交史料館。

RG59 Central Decimal Files, 1950–1954, Box 4261, National Archives at College Park, MD.

RG84[Entry UD 2828A]Japan; U.S. Embassy, Tokyo; Classified General Records, 1952–1963, Box 24, National Archives at College Park, MD.

第三章　ジラード事件

『日米安全保障条約関係一件　第三条に基づく行政協定関係　刑事裁判権条項改正関係(第一七条)』第一巻、B'.5.1.0.J/U3-1-2, 外交史料館。
『日米安全保障条約関係一件　第三条に基づく行政協定関係　刑事裁判権条項改正関係(第一七条)』第三巻、B'.5.1.0.J/U3-1-2, 外交史料館。
『在本邦駐留軍人刑事事件関係　米国軍人関係　相馬ヶ原事件』第一巻、リール番号D'-0001, 外交史料館。
前橋地方検察庁提供のジラードの検面調書。
前橋地方検察庁提供のニクルの供述調書。
RG59 Central Decimal Files, 1950–1954, Box 2870, National Archives at College Park, MD.
RG59 Central Decimal Files, 1955–1959, Box 2837, National Archives at College Park, MD.
RG59 Central Decimal Files, 1955–1959, Box 2918, National Archives at College Park, MD.
RG59[Entry A1 1341]Subject Files Relating to Japan, 1954–1959, Box 8, National Archives at College Park, MD.
RG84[Entry UD 2828A]Japan; U.S. Embassy, Tokyo; Classified General Records, 1952–1963, Box 18, National Archives at College Park, MD.
RG84[Entry UD 2828A]Japan; U.S. Embassy, Tokyo; Classified General Records, 1952–1963, Box 45, National Archives at College Park, MD.
RG218[Entry UD 25]Geographic File, 1957, Box 11, National Archives at College Park, MD.

RG319[Entry A1 60]Security Classified Correspondence of the Public Affairs Division, 1950–1964, Box 7, National Archives at College Park, MD.
RG550[Entry UD WW76]Classified Correspondence Files, 7–1957, Box 7, National Archives at College Park, MD.
John Foster Dulles: Papers, General Correspondence Series, Box 1, Dwight D. Eisenhower Presidential Library.
John Foster Dulles: Papers, Telephone Conversations Series, Box 6, Dwight D. Eisenhower Presidential Library.
Frank C. Nash, United States Overseas Military Bases: Report to the President (Secret), December 1957, Dwight D. Eisenhower Presidential Library.

第四章　小笠原返還

『藤山外務大臣第一次訪米関係一件(一九五七、九)』第二巻、A'.1.5.2.5, 外交史料館。
『小笠原諸島帰属問題　小笠原返還協定関係』第一巻、A'.6.1.1.5–1, 外交史料館。
「三木武夫関係文書」、明治大学史資料センター。
RG59 Subject-Numeric Files, 1967–1969, Box 1898, National Archives at College Park, MD.
RG59 Subject-Numeric Files, 1967–1969, Box 2243, National Archives at College Park, MD.
RG59 Subject-Numeric Files, 1967–1969, Box 2249, National Archives at College Park, MD.
RG59[Entry A1 5379]Records of Secretary of State Dean Rusk, Box 60, National Archives at College Park, MD.
RG59[Entry A1 5413A]Records Relating to Japanese Political Affairs, 1960–1975, Box 3, National Archives at College Park, MD.
RG59[UD 33]Records of the Bureau of Far Eastern Affairs, 1957, Box 1, National Archives at College Park, MD.
National Security File, Country File, Japan, Box 252, Lyndon B. Johnson Presidential Library.
National Security File, Country File, Japan, Box 253, Lyndon B. Johnson Presidential Library.
Papers of Morton H. Halperin, Box 1, Lyndon B. Johnson Presidential Library.
Papers of U. Alexis Johnson Diaries[Transcripts of Tapes 1–30], Tape 17–1–2, Lyndon B. Johnson Presidential Library.
Frank C. Nash, United States Overseas Military Bases: Report to the President (Secret), December 1957, Dwight D. Eisenhower Presidential Library.

第五章　沖縄返還

『沖縄復帰準備委員会(代表会議議事録)(3)』、平成二二年度外交記録公開(2) No. 5, H22-005, 0120-2001-02688, 外交史料館。

『日米協議委員会(協議委設置関係)(I)』、平成二二年度外交記録公開(2) No. 5, H22-005, 0120-2001-02664, 外交史料館。

『沖縄関係一七』、平成二二年度外交記録公開(3) No. 4, H22-012, 0600-2010-00029, 外交史料館。

『沖縄関係一八』、平成二二年度外交記録公開(3) No. 4, H22-012, 0600-2010-00030, 外交史料館。

『日米関係(沖縄返還)三七』、平成二六年度外交記録公開(2)、H26-004, 2014-4126, 外交史料館。

『沖縄関係／日米協議委員会開催関係』、平成二七年度外交記録公開、H27-001, A'.3.0.0.7-1(197), 外交史料館。

RG59 Central Decimal Files, 1950-1954, Box 2866, National Archives at College Park, MD.

RG59 Subject-Numeric Files, 1970-1973, Box 2571, National Archives at College Park, MD.

RG59 Subject-Numeric Files, 1970-1973, Box 2572, National Archives at College Park, MD.

RG260[Entry A1 2452]USCAR, Records of Liaison Department, Reference Paper Files Relating to Reversion, 1971-1972, Box 190, National Archives at College Park, MD.

第六章　伊江島事件

Department of State, Electric Telegrams, 1974.

Department of State, Electric Telegrams, 1975.

RG342[Entry P 93]United States Air Force in Europe, Legal Files, 1956-1969, Box 2, National Archives at College Park, MD.

James R. Schlesinger Papers, Box 47, Library of Congress, Washington DC.

その他

いわゆる「密約」問題に関する調査結果、報告対象文書、二〇一〇年三月、外務省。

いわゆる「密約」問題に関する調査結果、その他関連文書、二〇一〇年三月、外務省。

National Security Archive.

主要参考文献

アイゼンハワー、ドワイト・D(仲晃・他訳)『アイゼンハワー回顧録』2、みすず書房、一九六八年。

明田川融『日米行政協定の政治史——日米地位協定研究序説』法政大学出版局、一九九九年。

——『沖縄基地問題の歴史——非武の島、戦の島』みすず書房、二〇〇八年。

——『日米地位協定——その歴史と現在』みすず書房、二〇一七年。

阿波根昌鴻『米軍と農民——沖縄県伊江島』岩波新書、一九七三年。

——『人間の住んでいる島』私家版、一九八二年。

——『命こそ宝　沖縄反戦の心』岩波新書、一九九二年。

伊江村教育委員会編『証言・資料集成　伊江島の戦中・戦後体験録——イーハッチャー魂で苦難を越えて』伊江村教育委員会、一九九九年。

五十嵐武士『戦後日米関係の形成——講和・安保と冷戦後の視点に立って』講談社学術文庫、一九九五年。

池宮城秀正『琉球列島における公共部門の経済活動』同文舘出版、二〇〇九年。

石井修『ゼロからわかる核密約』柏書房、二〇一〇年。

——『覇権の翳り——米国のアジア政策とは何だったのか』柏書房、二〇一五年。

伊勢﨑賢治・布施祐仁『主権なき平和国家——地位協定の国際比較からみる日本の姿』集英社、二〇一七年。

伊藤栄樹『検察庁法　逐条解説』(新版)、良書普及会、一九八六年。

伊奈久喜『戦後日米交渉を担った男——外交官・東郷文彦の生涯』中央公論新社、二〇一一年。

植村秀樹『再軍備と五五年体制』木鐸社、一九九五年。

梅林宏道『在日米軍——変貌する日米安保体制』岩波新書、二〇一七年。

NHK取材班『戦後五〇年その時日本は　沖縄返還・日米の密約・列島改造・田中角栄の挑戦と挫折——NHKスペシャル』第四巻、日本放送出版協会、一九九六年。

「NHKスペシャル」取材班『沖縄返還の代償——核と基地　密使・若泉敬の苦悩』光文社、二〇一二年。

エルドリッヂ、ロバート・D『奄美返還と日米関係――戦後アメリカの奄美・沖縄占領とアジア戦略』南方新社、二〇〇三年。

――『硫黄島と小笠原をめぐる日米関係』南方新社、二〇〇八年。

遠藤誠治編『日米安保と自衛隊(シリーズ日本の安全保障2)』岩波書店、二〇一五年。

大河原良雄『オーラルヒストリー日本外交』The Japan Times, 二〇〇六年。

大熊良一『歴史の語る小笠原島』南方同胞援護会、一九六六年。

太田昌克『盟約の闇――「核の傘」と日米同盟』日本評論社、二〇〇四年。

――『日米「核密約」の全貌』筑摩書房、二〇一一年。

――『秘録――核スクープの裏側』講談社、二〇一三年。

外務省編纂『日本外交文書　平和条約の締結に関する調書　第五冊(Ⅷ)』外務省、二〇〇二年。

――『日本外交文書　サンフランシスコ平和条約　準備対策』外務省、二〇〇六年。

――『日本外交文書　サンフランシスコ平和条約　対米交渉』外務省、二〇〇七年。

――『日本外交文書　サンフランシスコ平和条約　調印・発効』外務省、二〇〇九年。

――『日本外交文書　日中戦争』第四冊、六一書房、二〇一一年。

鹿島平和研究所編『日本外交主要文書・年表』第一巻、原書房、一九八三年。

我部政明『沖縄返還とは何だったのか――日米戦後交渉史の中で』NHKブックス、二〇〇〇年。

――『戦後日米関係と安全保障』吉川弘文館、二〇〇七年。

軽部謙介『ドキュメント機密公電――日米経済交渉の米側記録は何を語るか』岩波書店、二〇〇一年。

――『ドキュメント沖縄経済処分――密約とドル回収』岩波書店、二〇一二年。

川名晋史『基地の政治学――戦後米国の海外基地拡大政策の起源』白桃書房、二〇一二年。

楠田實(和田純・五百旗頭真編)『楠田實日記――佐藤栄作総理首席秘書官の二〇〇〇日』中央公論新社、二〇〇一年。

栗山尚一(中島琢磨・服部龍二・江藤名保子編)『外交証言録　沖縄返還・日中国交正常化・日米「密約」』岩波書店、二〇一〇年。

黒崎輝『核兵器と日米関係――アメリカの核不拡散外交と日本の選択　一九六〇―一九七六』有志舎、二〇〇六年。

河野康子『沖縄返還をめぐる政治と外交――日米関係史の文脈』東京大学出版会、一九九四年。

国立国会図書館調査立法考査局『日米安全保障条約改定問題資料集』国図調立資料A九四、一九五九年一一月。

――『西ドイツに駐留するNATO軍の地位に関する諸協定』調査資料七五―三、一九七六年三月。

後藤乾一『「沖縄核密約」を背負って――若泉敬の生涯』岩波書店、二〇一〇年。

坂元一哉『日米同盟の絆――安保条約と相互性の模索』有斐閣、二〇〇〇年。

――『日米同盟の難問――「還暦」をむかえた安保条約』PHP研究所、二〇一二年。

信夫隆司『若泉敬と日米密約――沖縄返還と繊維交渉をめぐる密使外交』日本評論社、二〇一二年。

――『日米安保条約と事前協議制度』弘文堂、二〇一四年。

下田武三(永野信利構成・編)『戦後日本外交の証言――日本はこうして再生した』上・下、行政問題研究所、一九八四―一九八五年。

シャラー、マイケル(市川洋一訳)『「日米関係」とは何だったのか――占領期から冷戦終結後まで』草思社、二〇〇四年。

衆議院外務委員会調査室・衆議院沖縄及び北方問題に関する特別委員会調査室編『沖縄返還協定・復帰に伴う諸問題及び北方問題審議概要』一九七二年一二月。

ジョンソン、U・アレクシス(増田弘訳)『ジョンソン米大使の日本回想――二・二六事件から沖縄返還・ニクソンショックまで』草思社、一九八九年。

榛東村誌編さん室編『榛東村誌』榛東村、一九八八年。

末浪靖司『9条「解釈改憲」から密約まで　対米従属の正体――米公文書館からの報告』高文研、二〇一二年。

瑞慶山茂『沖縄返還協定の研究――幻想の「核ぬき・本土なみ」返還論』汐文社、一九八二年。

外岡秀俊・本田優・三浦俊章『日米同盟半世紀――安保と密約』朝日新聞社、二〇〇一年。

平良好利『戦後沖縄と米軍基地――「受容」と「拒絶」のはざまで　一九四五～一九七二年』法政大学出版局、二〇一二年。

竹内俊隆編著『日米同盟論――歴史・機能・周辺諸国の視点』ミネルヴァ書房、二〇一一年。

田中明彦『安全保障――戦後五〇年の模索』読売新聞社、一九九七年。

地位協定研究会『日米地位協定逐条批判』新日本出版社、一九九七年。

知念正行『新聞で見る伊江島の動き――沖縄タイムス記事集録(昭和四〇年～五二年)』私家版、一九八六年。

辻友衛編『小笠原諸島概史』私家版、一九八五年。

津田實・古川健次郎『外国軍隊に対する刑事裁判権――日米行政協定及び国連軍協定を中心として』帝国判例法規出版社、一九五四年。

東郷文彦『日米外交三十年――安保・沖縄とその後』中公文庫、一九八九年。

豊下楢彦『安保条約の成立――吉田外交と天皇外交』岩波新書、一九九六年。

豊下楢彦編『安保条約の論理――その生成と展開』柏書房、一九九九年。

豊田祐基子『「共犯」の同盟史――日米密約と自民党政権』岩波書店、二〇〇九年。

――『日米安保と事前協議制度――「対等性」の維持装置』吉川弘文館、二〇一五年。

中島琢磨『沖縄返還と日米安保体制』有斐閣、二〇一二年。

中島敏次郎(井上正也・中島琢磨・服部龍二編)『外交証言録　日米安保・沖縄返還・天安門事件』岩波書店、二〇一二年。

永田浩三『奄美の奇跡――「祖国復帰」若者たちの無血革命』WAVE出版、二〇一五年。

南方同胞援護会『南方諸島の法的地位』南方同胞援護会、一九五八年。

――『小笠原関係資料』南方同胞援護会、一九五九年。

――『小笠原問題の概要』(増補改訂)、南方同胞援護会、一九六四年。

西村熊雄(鹿島平和研究所編)『サンフランシスコ平和条約――日本外交史二七』鹿島研究所出版会、一九七一年。

――『サンフランシスコ平和条約・日米安保条約』中公文庫、一九九九年。

西山太吉『沖縄密約――「情報犯罪」と日米同盟』岩波新書、二〇〇七年。

――『機密を開示せよ――裁かれる沖縄密約』岩波書店、二〇一〇年。

野添文彬『沖縄返還後の日米安保――米軍基地をめぐる相克』吉川弘文館、二〇一六年。

波多野澄雄『歴史としての日米安保条約――機密外交記録が明かす「密約」の虚実』岩波書店、二〇一〇年。

林博史『米軍基地の歴史』吉川弘文館、二〇一二年。

原彬久『戦後日本と国際政治――安保改定の政治力学』中央公論社、一九八八年。

――『日米関係の構図――安保改定を検証する』NHKブックス、一九九一年。

春名幹男『仮面の日米同盟――米外交機密文書が明かす真実』文春新書、二〇一五年。

フィン、リチャード・B(内田健三監訳)『マッカーサーと吉田茂』上・下、角川文庫、一九九五年。

福永文夫編『第二の「戦後」の形成過程――一九七〇年代日本の政治的・外交的再編』有斐閣、二〇一五年。

藤本博・島川雅史編著『アメリカの戦争と在日米軍――日米安保体制の歴史』社会評論社、二〇〇三年。

藤原書店編集部編『「日米安保」とは何か』藤原書店、二〇一〇年。

布施祐仁『日米密約――裁かれない米兵犯罪』岩波書店、二〇一〇年。

法務省刑事局『刑事関係報告規程及び処分請訓規程』(部外秘)、検察資料二二、一九五二年八月。

――『刑事関係報告規程及び処分請訓規程』(部外秘)、検察資料二九、一九五二年八月。

――『刑事関係報告規程及び処分請訓規程――附　破壊活動防止法違反事件請訓規程――』(部外秘)、検察資料六三、一九五三年六月。

――『刑事関係報告規程及び処分請訓規程――附　破壊活動防止法違反事件請訓規程――』(部外秘)、検察資料七一、一九五四年一二月。

――『合衆国軍隊構成員等に対する刑事裁判権関係実務資料[検察提要六]』(秘)、検察資料一五八、一九七二年三月。

法務府検務局『刑事関係報告規程及び処分請訓規程――附属通牒――』(部外秘)、検察資料二一、一九五一年六月。

細谷千博『サンフランシスコ講和への道』中央公論社、一九八四年。

細谷千博・他編『日米関係資料集　一九四五―九七』東京大学出版会、一九九九年。

本間浩『在日米軍地位協定』日本評論社、一九九六年。

本間浩・他『各国間地位協定の適用に関する比較論考察』内外出版、二〇〇三年。

マイヤー、アーミン・H(浅尾道子訳)『東京回想』朝日新聞社、一九七六年。

真崎翔『核密約から沖縄問題へ――小笠原返還の政治史』名古屋大学出版会、二〇一七年。

宮川徹志『僕は沖縄を取り戻したい――異色の外交官・千葉一夫』岩波書店、二〇一七年。

宮澤喜一『東京―ワシントンの密談』中公文庫、一九九九年。

村山家國『新訂　奄美復帰史』南海日日新聞社、二〇〇六年。

室山義正『日米安保体制』上・下、有斐閣、一九九二年。

山本英政『米兵犯罪と日米密約――「ジラード事件」の隠された真実』明石書店、二〇一五年。

有識者委員会『いわゆる「密約」問題に関する有識者委員会報告書』二〇一〇年三月九日。

吉田敏浩『密約――日米地位協定と米兵犯罪』毎日新聞社、二〇一〇年。

琉球新報社編『外務省機密文書　日米地位協定の考え方・増補版』高文研、二〇〇四年。

琉球新報社・地位協定取材班『検証[地位協定]日米不平等の源流』高文研、二〇〇四年。

若泉敬『他策ナカリシヲ信ゼムト欲ス』文藝春秋、一九九四年。

Bitar, Sebastian E., *US Military Bases, Quasi-Bases, and Domestic Politics in Latin America*, London: Palgrave, 2016.

Cochran, Charles L. and Hungdah Chiu, *U.S. Status of Force Agreements With Asian Countries: Selected Studies*, Occasional Papers/Reprints Series in Contemporary Asian Studies, No. 7, School of Law, University of Maryland, 1979.

Cooley, Alexander, *Base Politics: Democratic Change and the U.S. Military Overseas*, Ithaca: Cornell University Press, 2008.

Craft, Stephen G., *American Justice in Taiwan: The 1957 Riots and Cold War Foreign Policy*, Lexington, Kentucky: University Press of Kentucky, 2015.

Department of State, *Foreign Relations of the United States*, 1950, East Asia and the Pacific, Volume VI.

——, *Foreign Relations of the United States*, 1952–1954, China and Japan, Volume XIV, Part 2.

——, *Foreign Relations of the United States*, 1955–1957, China, Volume III.

——, *Foreign Relations of the United States*, 1955–1957, South East Asia, Volume XXII.

——, *Foreign Relations of the United States*, 1955–1957, Japan, Volume XXIII, Part 1.

——, *Foreign Relations of the United States*, 1958–1960, Japan; Korea, Volume XVIII.

——, *Foreign Relations of the United States*, 1964–1968, Japan, Volume XXIX, Part 2.

——, *Foreign Relations of the United States*, 1969–1976, Japan, Volume XIX, Part 3.

Department of State, *United States Treaties and Other International Agreements*, Volume 2 in Two Parts, Part 2, 1951, Washington DC: United States Government Printing Office, 1952.

——, *United States Treaties and Other International Agreements*, Volume 4 in Two Parts, Part 2, 1953, Washington DC: United States Government Printing Office, 1955.

——, *United States Treaties and Other International Agreements*, Volume 6 in Five Parts, Part 1, 1955, Washington DC: United States Government Printing Office, 1956.

——, *United States Treaties and Other International Agreements*, Volume 7 in Three Parts, Part 3, 1956, Washington DC: United States Government Printing Office, 1957.

——, *United States Treaties and Other International Agreements*, Volume 16 in Two Parts, Part 2, 1965, Washington DC: United States Government Printing Office, 1966.

Dodd, Joseph W., *Criminal Jurisdiction under the United States-Philippine Military Bases Agreement: A Study in Conjurisdictional Law*, The Hague: Martinus Nijhoff, 1968.

Fleck, Dieter(ed.), *The Handbook of the Law of Visiting Forces*, Oxford: Oxford University Press, 2001.

Hoey, Fintan, *Satō, America and the Cold War: US-Japanese Relations, 1964–72*, London: Palgrave Macmillan, 2015.

Johnson, Chalmers(ed.), *Okinawa: Cold War Island*, Cardiff, CA: Japan Policy Research Institute, 1999.

Komine, Yukinori, *Negotiating the U.S.-Japan Alliance: Japan Confidential*, Oxford: Routledge, 2016.

Snee, Joseph M. and A. Kenneth Pye, *Status of Forces Agreements and Criminal Jurisdiction*, New York: Oceana Publications, 1957.

Voetelink, Joop., *Status of Forces: Criminal Jurisdiction over Military Personnel Abroad*, The Hague: Springer, 2015.

あとがき

本書は、これまで筆者が発表した以下の論考をもとにしている。

「在日米軍の刑事裁判権放棄に係る日米密約の原型」『法学紀要』五七巻、二〇一六年三月、一三三―一八二頁。

「奄美返還と日米密約」『政経研究』五三巻二号、二〇一六年一〇月、一七一―二〇五頁。

「ジラード事件と刑事裁判権」『法学紀要』五八巻、二〇一七年三月、一〇五―一五八頁。

「小笠原返還における核持ち込み問題」『政経研究』五四巻二号、二〇一七年九月、一―四一頁。

「沖縄の施政権移行期に交わされた密約」『政経研究』五二巻四号、二〇一六年三月、一二九―一四九頁。


本を書き上げる際、いつも思うことがある。各論考を積み上げただけでは、本にならない。各論考を貫く、統一的な視点が必要になってくる。とくに、本書のように、さまざまな問題を、時代を超えて論ずる場合、そうした視点の重要性をあらためて痛感した。本書の場合、その視点が序章に記した「基地権」という概念である。

全体を統一する過程で、各章のもとになっている右の論考に、かなり大幅に手を加えた。また、必要な章を付け加えた。もとの論考にあった誤りも訂正している。それら論考を読み返してみると、不十分な点も目に付く。本にするにあたって、そうした不備を少しでも是正できたのではないかと思う。さらに、新たな資料の発掘によって、考えを深めることができた。ただ、これらの作業に終わりはない。本書の出版によって、一区切りをつけることができたにすぎない。

本書の出版の労をとってくださったのは、早稲田大学名誉教授の後藤乾一先生である。まずは、先生に御礼を申し上げたい。先生とは、本書にも登場する若泉敬・元京都産業大学教授とのご縁で、親しくさせていただいている。先生は、二〇一〇年に、『「沖縄核密約」を背負って——若泉敬の生涯』(岩波書店)という、若泉先生の伝記の決定版を出版されている。また、後藤先生の大学院生とわたしのゼミ生が、姉弟だったという奇縁もある。姉弟の名字が珍しいものであったことから、わかった次第である。さらに、若泉先生との関係では、ご子息の若泉聡一郎さんと交誼を結んでいることは、わたしにとっては望外の喜びである。

つぎに、岩波書店編集局部長の馬場公彦さんには、学術図書の出版がきびしいなか、本書の刊行にご尽力いただいた。この場をお借りして、御礼を申し上げたい。馬場さんは後藤先生のもとで学位をお取りになられている。出版社の編集者、それに、研究者という二足の草鞋を履きながら、いずれの分野においても、優れた成果・業績を挙げておられる。

本書は、平成三〇年度日本大学法学部の出版助成を受け、出版された。最後に、日本大学法学部の関係者のみなさまに感謝申し上げたい。

二〇一八年一一月

信夫隆司

「沖縄核密約」を背負って
若泉敬の生涯
後藤乾一
四六判四三〇頁
本体三六〇〇円

「共犯」の同盟史
――日米密約と自民党政権――
豊田祐基子
四六判三一六頁
本体二八〇〇円

ドキュメント 沖縄経済処分
――密約とドル回収――
軽部謙介
四六判二六八頁
本体二五〇〇円

僕は沖縄を取り戻したい
異色の外交官・千葉一夫
宮川徹志
四六判二八八頁
本体二四〇〇円

日米密約 裁かれない米兵犯罪
布施祐仁
B6判一九〇頁
本体一五〇〇円

外交証言録 沖縄返還・日中国交正常化・日米「密約」
栗山尚一 著
中島琢磨
服部龍二
江藤名保子 編
A5判二八六頁
本体四八〇〇円

外交証言録 日米安保・沖縄返還・天安門事件
中島敏次郎 著
井上正也
中島琢磨
服部龍二 編
A5判二八六頁
本体五七〇〇円

信夫隆司

1953年生まれ，山形市出身．日本大学法学部卒，修士，ポートランド州立大学修士．武蔵野短期大学助教授・岩手県立大学教授を経て日本大学法学部教授．博士(政治学)．

主な著書に，
『国際政治理論の系譜――ウォルツ，コヘイン，ウェントを中心として』(信山社，2004年)
『若泉敬と日米密約――沖縄返還と繊維交渉をめぐる密使外交』(日本評論社，2012年)
『日米安保条約と事前協議制度』(弘文堂，2014年)
などがある．

米軍基地権と日米密約
――奄美・小笠原・沖縄返還を通して

2019年1月17日　第1刷発行
2019年9月13日　第2刷発行

著　者　信夫隆司《しのぶたかし》

発行者　岡本　厚

発行所　株式会社　岩波書店
〒101-8002 東京都千代田区一ツ橋2-5-5
電話案内 03-5210-4000
https://www.iwanami.co.jp/

印刷・理想社　カバー・半七印刷　製本・松岳社

ISBN 978-4-00-024726-9　　Printed in Japan

本書は、平成三〇年(二〇一八年)度日本大学法学部出版助成を受け、日本大学法学部叢書第四〇巻として刊行された。

索　引

こ

さ

し

す

せ

そ

た

ち

つ

て

の

は

ひ

関連年表

1951年	6月19日	NATO軍地位協定に署名
1952年	2月28日	日米行政協定に署名
	4月28日	サンフランシスコ平和条約・日米安全保障条約・日米行政協定発効，日本の主権回復
	5月2日	国連軍の地位に関する暫定協定案妥結
	5月22日	国連軍の地位に関する暫定協定案を取り止め
	5月28日	国連軍の地位に関する吉田書簡発出
	6月25日	国連軍地位協定の交渉開始
	6月29日	神戸英水兵事件
	12月	国連軍地位協定の交渉中断
1953年	6月25日	米第151回国家安全保障会議で奄美返還を決定
	7月27日	朝鮮休戦協定に調印
	8月	日米行政協定第17条(刑事裁判権)の改正交渉開始
	8月8日	ダレス国務長官，奄美返還を表明
	8月23日	NATO軍地位協定が発効
	9月29日	日米行政協定第17条(刑事裁判権)が改正される(10月29日に発効)
	10月28日	刑事裁判権分科委員会において，津田課長が，実質的に重要な事件を除き，米兵を起訴するつもりがないとの日本政府の方針を一方的に陳述する
	11月	奄美返還協定の交渉開始
	12月24日	奄美返還協定が締結される
	12月25日	奄美群島が本土に復帰
1954年	2月19日	国連軍地位協定の締結
1957年	1月30日	相馬ヶ原演習場で，弾拾いの日本人女性が米兵ジラードにより射殺されるジラード事件発生
	2月8日	米軍側，ジラードの公務証明書発給
	2月9日	前橋地検検事正から公務証明書発給に対する異議申し立て．ジラードを前橋地検に送検
	3月7日	日米合同委員会でジラード事件の協議開始
	4月26日	陸軍省からレムニッツァー極東軍司令官宛の電報で，ジラードの裁判権を日本側に委ねることを指示
	5月16日	米側がジラードの裁判権を行使しないことで日米合同委員会で合意
	5月18日	前橋地検，ジラードを傷害致死容疑で起訴
	5月24日	レイノルズ事件(台北暴動)起こる
	6月4日	国務・国防両長官，ジラードの裁判権を日本側に渡すと声明

	6月19日	岸総理訪米(6月21日まで)
	8月26日	前橋地裁でジラードの公判開始
	9月23日	藤山・ダレス会談で，ダレスは旧島民の小笠原への墓参を認めず
	11月19日	前橋地裁でジラードに懲役3年(執行猶予4年)の判決
	12月6日	ジラード，新妻の末山ハルと共に横浜港から帰国
1964年	10月～12月	父島から核巡航ミサイルを撤去
1965年	1月13日	日米共同声明で，米側，旧小笠原島民の墓参の好意的検討を約す
	5月	旧小笠原島民の墓参がおこなわれる(1966年5月にも)
1967年	11月15日	日米共同声明により，小笠原返還が決定
1968年	1月27日	佐藤総理，施政方針演説で，非核三原則を打ち出す
	4月5日	小笠原返還協定に署名，「討議の記録」「口頭発言」を交わす
	6月26日	小笠原諸島が本土に復帰
1969年	11月19日	佐藤総理とニクソン大統領，緊急時，返還後の沖縄に核持ち込みを認める秘密合意議事録に署名
	11月21日	日米共同声明で，1972年中の沖縄返還が決定
1970年	11月19日	第20回日米協議委員会開催，権限移行合意の秘密了解交わされる
1971年	6月17日	沖縄返還協定に調印
1972年	5月15日	沖縄が本土に復帰，合同委員会で施設・区域に関する5・15メモ交わされる
1974年	7月10日	伊江島補助飛行場で，日本人青年が米兵の信号銃により銃撃を受ける伊江島事件発生
	7月18日	第5空軍，ロック軍曹とジョンソン軍曹の公務証明書を発給しないと決定
	7月26日	ロック軍曹とジョンソン軍曹，公務証明書を発給しないとの決定に異議申し立て
	7月29日	第5空軍，ロック軍曹とジョンソン軍曹の公務証明書を発給
	7月30日	日米合同委員会で伊江島事件の審議開始
	8月9日	ニクソン大統領辞任
	12月9日	田中総理退陣
1975年	3月17日	日本政府，ロック軍曹とジョンソン軍曹に対する裁判権を行使しないことをアメリカ側に通報
	4月24日	合同委員会で伊江島事件の問題解決を両政府間の交渉に委ねることを決定
	5月6日	伊江島事件の解決策を示した有田・シュースミス覚書が交わされる
	5月	那覇空港から対潜哨戒機(P3)移転
	7月20日	沖縄海洋博始まる